Herausgeber: A. Blank, Dr. H. Christ, Dr. K. H. Schneider

Andreas Blank
Maria Rösener

Fachschule
für
Wirtschaft

MARKETING

3. Auflage

Bestellnummer 1670

Bildungsverlag EINS – Stam

www.bildungsverlag1.de

Gehlen, Kieser und Stam sind unter dem Dach
des Bildungsverlages EINS zusammengeführt.

Bildungsverlag EINS
Sieglarer Straße 2, 53842 Troisdorf

ISBN 3-8237-**1670**-0

Berufliches Handeln unterliegt in zunehmendem Maße dem Prozess gesellschaftlicher und technologischer Entwicklungen. Lebenslanges Lernen ist dabei eine Grundvoraussetzung für die Entwicklung einer modernen Industriegesellschaft. Neben der beruflichen Erstausbildung gewinnt daher zunehmend die **berufliche Weiterbildung** an Bedeutung.

Für die Fachschule für Wirtschaft ist ein **Konzept** entwickelt worden, das nicht nur dem wachsenden Weiterbildungsbedarf im postsekundären Bereich Rechnung trägt, sondern darüber hinaus auf die Veränderungen im Bildungs- und Beschäftigungssystem reagiert. Das Lernen in komplexen betrieblichen Handlungssituationen und die Vermittlung umfassender beruflicher Handlungskompetenz stehen dabei im Mittelpunkt.

Entsprechend den curricularen Zielsetzungen der Fachschule für Wirtschaft bringt der Bildungsverlag EINS für diesen Bildungsgang eine **neu konzipierte Lehrbuchreihe** heraus. Inhalt, Struktur und Intention der Werke folgen den Anforderungen des Lehrplanes für die Fachschule für Wirtschaft in Nordrhein-Westfalen. Sie berücksichtigen eine **erwachsenengerechte Didaktik und Methodik** und stellen den **praxisbezogenen Fall in den Mittelpunkt** der Erarbeitung. Ziel der Buchreihe ist die **Erweiterung beruflicher Handlungskompetenz**, d. h., die Fähigkeit und Bereitschaft, in beruflichen und außerberuflichen Situationen problemorientiert und sachgerecht, durchdacht sowie in gesellschaftlicher Verantwortung zu handeln.

Aus diesem Verständnis heraus wurde die Buchreihe so konzipiert, dass alle Inhalte der **Lernfelder** in den fachsystematisch strukturierten Büchern enthalten sind. Sie ermöglichen den Studierenden so eine Erarbeitung schulischer Lernsituationen im Rückgriff auf die Buchreihe. Die Studierenden können ihr vorhandenes Wissen auf neue Situationen übertragen, ihre **Fachkompetenz** vertiefen und die **Methodenkompetenz** erweitern.

Die Herausgeber

Das vorliegende Buch orientiert sich an der in Literatur und Praxis vorherrschenden Systematik des Handlungsfeldes Marketing.

Durch Einbindung der fachwissenschaftlichen Inhalte in konkrete betriebliche Handlungssituationen wird der **Prozessorientierung** der Praxis Rechnung getragen. Die **Entscheidungsorientierung** der vorgestellten Handlungssituationen unterstützt den Transfer der fachwissenschaftlichen Inhalte auf die betriebliche Realität und die Integration des erworbenen Wissens in die Erfahrungen der Studierenden. Der **Problemorientierung** wird durch die Erörterung von Vor- und Nachteilen der vorgestellten Lösungen und der Überprüfung der Sachinhalte vor dem Hintergrund der Erfahrungen der Praxis Rechnung getragen.

Am Ende jedes Kapitels kann das erworbene Wissen anhand von Wiederholungsaufgaben und in einer konkreten betrieblichen Handlungssituation überprüft werden. Zur Erleichterung der Arbeit im Selbststudium oder in Gruppen werden **methodische Hinweise für die Bearbeitung der Handlungssituationen und von Klausuren** gegeben.

Wie die erarbeitete Lösung beurteilt wird, hängt nicht nur von der Qualität der Lösung ab, sondern ebenso von der Form, in der sie vorgetragen wird. Aus diesem Grund schließt jedes Kapitel mit ausführlichen **methodischen Empfehlungen zur Präsentation** ab. Die Studierenden haben so die Möglichkeit, das erworbene Wissen im Rahmen einer empfängerorientierten Präsentation vorzustellen und sich der Beurteilung ihrer Arbeit zu stellen.

Die Verfasser

Vorwort zur dritten Auflage

Lehrer und Studierende haben sowohl die Konzeption als auch die praxisnahe und systematische Darstellung des Buches Marketing voll akzeptiert. Die vielfältigen Anregungen machten recht bald diese dritte, erweiterte Auflage erforderlich. Dabei wurde das neue Curriculum für die Fachschule für Wirtschaft berücksichtigt und die Verbindungen zwischen den weiteren Titeln der Fachbuchreihe konnte stärker berücksichtigt werden um ein fächerübergreifendes Arbeiten zu ermöglichen.

Alle Beteiligten wünschen sich, dass sich der rege Austausch zwischen Lesern und Verfassern fortsetzt.

Herausgeber und Verfasser

1 Marktinformationsbeschaffung

Ein weltweit operierender Elektronikkonzern plant die Einführung eines „Memory-Chip" – ein universelles Speichermedium, das alle Arten digitaler Dateien speichert: Musik, Texte, Fotos, PC-Dateien, MPEG-Filme usw.
Der Speicherchip passt in den Steckplatz einer Vielzahl von Geräten.
Steckt man den Speicherchip in den Steckplatz eines PC's, kann er dort Musikdaten speichern, die aus dem Internet heruntergeladen werden. Schiebt man ihn dann in ein Speicherchip-kompatibles Abspielgerät – z. B. in einen kompatiblen Walkman, ein kompatibles Handy oder in eine kompatible HiFi-Anlage im Auto – kann man die Musik sofort genießen.
Den „Memory-Chip" gibt es in mehreren Ausführungen:
32 MB   50,00 €
64 MB   70,00 €
128 MB   100,00 €
Das Speichermedium ist bereits formatiert. Es werden zwei Schutzhüllen mitgeliefert.
Als zuständiger Produktmanager werden Sie beauftragt, die für die Markteinführung erforderlichen Informationen zu beschaffen.

„Am Anfang steht die Information". Dieses Wort gilt für alle Unternehmen, die am Markt operieren, gleichgültig ob Investitionsgüterhersteller, Konsumgüterhersteller oder Dienstleistungsunternehmen. Ohne Informationen über vergangene, gegenwärtige und zukünftige Entwicklungen der Märkte lassen sich keine unternehmerischen Entscheidungen treffen.

Das Unternehmen benötigt dabei Informationen über **die Wettbewerbssituation** und über die **relevanten Kundenschichten**. Diese Informationen sind in Beziehung zur **unternehmensspezifischen Ausgangslage** zu setzen und zu bewerten. Nur auf der Grundlage dieser Informationen lassen sich Marketingkonzeptionen formulieren und erfolgreiche Strategien entwickeln (vgl. S. 281 ff.).

Informationsbedarf des Marketing

Die systematische Erhebung, Analyse und Interpretation von Daten über den Markt ist Aufgabe der **Marktforschung**.

Bereiche der Marktforschung

Werden zu einem bestimmten Zeitpunkt Daten über einen abgegrenzten Markt erhoben, handelt es sich um eine **Marktanalyse**. Findet eine zeitraumbezogene Erhebung von Daten über den Markt statt, wird dies als **Marktbeobachtung** bezeichnet. Um eine **Marktprognose** handelt es sich, wenn systematische Aussagen über mögliche Entwicklungen eines Marktes in der Zukunft gemacht werden.

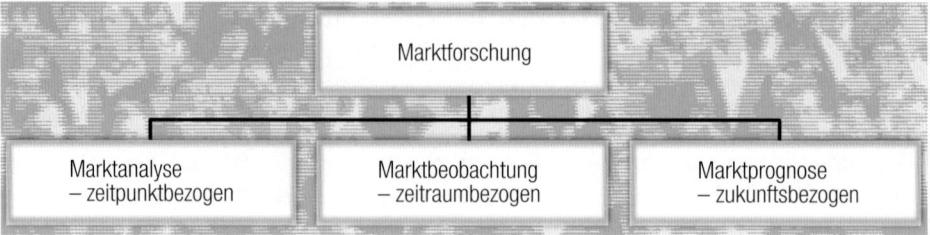

Die Erhebung von Daten über den Markt kann sich auf vorhandenes Material stützen, oder das Material kann für den Untersuchungszweck neu erhoben werden.

**Primär- und
Sekundär-
markt-
forschung**

◆   Werden die Daten für eine konkrete marketingpolitische Fragestellung **neu erhoben**, handelt es sich um **Primärmarktforschung**.

◆   Greift man bei der Analyse, Auswertung und Aufbereitung auf **bereits vorhandener Daten** zurück, handelt es sich um **Sekundärmarktforschung**.

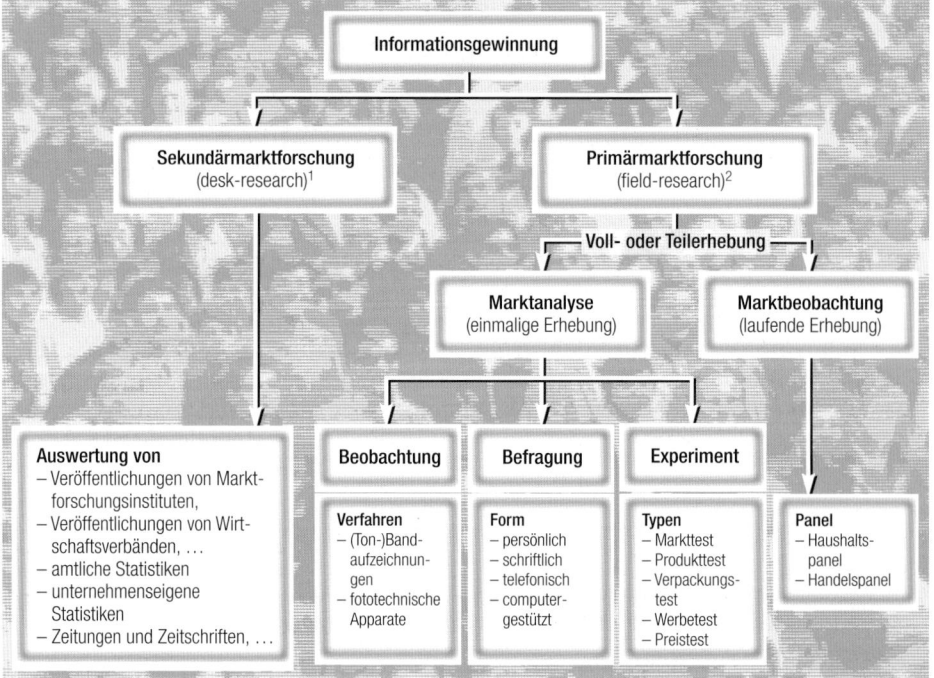

1.1   Analyse der unternehmensspezifischen Ausgangslage

Im Rahmen der Analyse der unternehmensspezifischen Ausgangslage muss zunächst die **Stellung des Marketing im eigenen Unternehmen** ermittelt werden. Nur wenn die Stellung des Marketing klar definiert ist, können Marketingziele festgelegt und Marketingstrategien formuliert werden und sind Zielkonflikte zu vermeiden.

---

[1] **field** = engl. Feld, Platz, Bereich, Sektor; research = engl. Forschung; field-research = demnach Feldforschung
[2] **desk** = engl. Schreibtisch; desk-research = demnach Schreibtischforschung

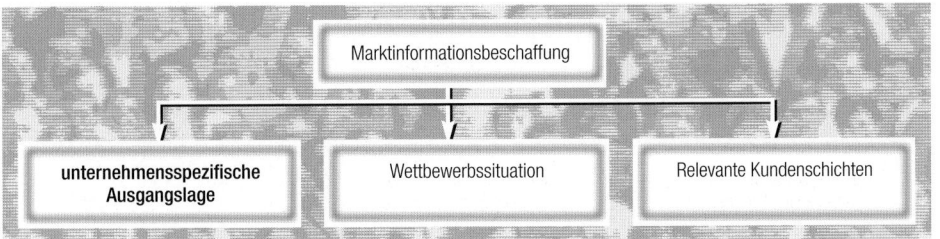

1.1.1 Die Entwicklung des Marketing

Die Stellung des Marketing im Unternehmen spiegelt in vielen Fällen die **Entwicklung des Marketing in der Bundesrepublik Deutschland** seit dem 2. Weltkrieg wider. Dabei konnten in den vergangenen 50 Jahren die nachfolgenden fünf Phasen unterschieden werden (vgl. Bruhn, Manfred, Marketing, Wiesbaden 2001).

1. Phase der Produktionsorientierung

In den 50er-Jahren stand der Wiederaufbau des zerstörten Deutschland im Vordergrund. Es bestand große Nachfrage nach Gütern aller Art. Engpass war die Produktion der Unternehmen, die die starke Nachfrage oft nicht befriedigen konnten. Nur Unternehmen, denen es gelang, ihre Produktion auszubauen, waren am Markt erfolgreich. Diese Situation wird auch als **Verkäufermarkt** (vgl. S. 137) bezeichnet.

Phasen der Marketing-entwicklung

Verkäufer-markt

2. Phase der Verkaufsorientierung

In den 60er-Jahren stellte der Handel den Engpass dar, der sich einem stark steigenden Angebot der Unternehmen gegenübersah. In dieser Phase waren die Unternehmen erfolgreich, denen es durch eine starke Verkaufsorganisation gelang, ihre Produkte beim Handel zu plazieren.

3. Phase der Kundenorientierung

In den 70er-Jahren kam es zu einem Überangebot im Handel. Durch die daraus resultierenden Sättigungserscheinungen wurde der Kunde zum Engpass. Unternehmen, denen es gelang, sich auf die Bedürfnisse der Kunden einzustellen, waren am Markt erfolgreich. Der Verkäufermarkt der Nachkriegszeit hatte sich zum **Käufermarkt** (vgl. S. 137) gewandelt.

Käufermarkt

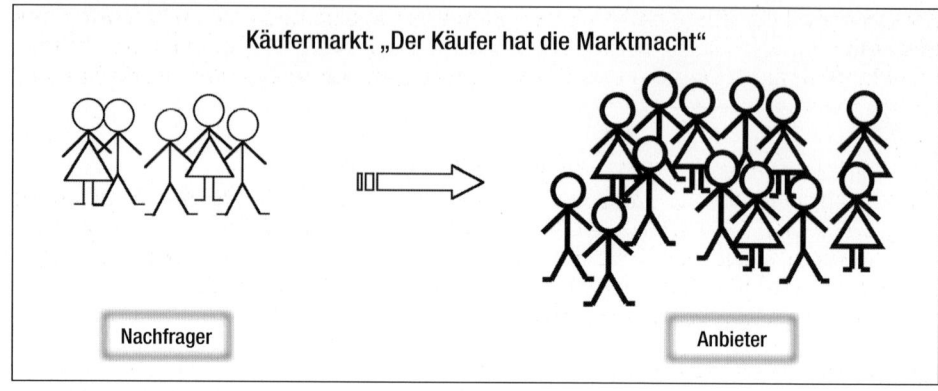

4. **Phase der Wettbewerbsorientierung**

In den 80er-Jahren verstanden es immer mehr Unternehmen, sich an den Bedürfnissen der Kunden zu orientieren. Der Engpass war jetzt die Profilierung gegenüber den Wettbewerbern. Wer am Markt erfolgreich sein wollte, musste Wettbewerbsvorteile gegenüber seinen Mitbewerbern aufbauen und diese am Markt durchsetzen.

Von einem Wettbewerbsvorteil wird immer dann gesprochen, wenn die folgenden Kriterien erfüllt werden (vgl. Bruhn, 2000, S. 16 f.).

Kundenwahrnehmung: Die Leistungsvorteile müssen vom Kunden als wesentliches Differenzierungsmerkmal erkannt werden.

Bedeutsamkeit: Der Vorteil muss bei einer vom Kunden als besonders wichtig eingeschätzten Leistung des Anbieters erzielt werden und kaufrelevant sein.

Dauerhaftigkeit: Der Wettbewerbsvorteil muss eine zeitliche Stabilität aufweisen und darf nicht kurzfristig zu imitieren sein.

Wettbewerbsvorteile lassen sich in unterschiedlichen Bereichen realisieren. Zur Verdeutlichung folgen einige ausgewählte Beispiele:

– Hohe Produktqualität: BMW, Mercedes, Sony u.a.m.
– Hohe Dienstleistungsqualität: American Express, Hilton u.a.m.
– Konsequente Markenpolitik: Coca-Cola, Nivea, Pampers u.a.m.
– Regelmäßige Innovationen: Microsoft, Nokia u.a.m.
– Exklusives Image: Chanel, Rolex, Rolls Royce u.a.m.
– Niedriger Preis: Aldi, Fielmann, ratiopharm u.a.m.

Neben dem Begriff des Wettbewerbsvorteils werden auch andere Begriffe, wie z. B. USP (Unique Selling Proposition, vgl. S. 111), verwendet.

5. **Phase der Umfeldorientierung**

In den 90er-Jahren hat sich die Profilierung der Unternehmen am Markt durchgesetzt. Für den Erfolg am Markt gewinnen Umfeldfaktoren wie die Ökologie, politische oder technologische Entwicklungen oder gesellschaftliche Veränderungen an Bedeutung. Das rechtzeitige Erkennen relevanter Umfeldfaktoren wird zum Engpass. Nur Unternehmen, denen es gelingt, sich kurzfristig an diese Entwicklungen anzupassen, werden in Zukunft am Markt erfolgreich sein.

Entsprechend der dargestellten Entwicklung haben sich auch die **Definitionen des Marketing** gewandelt. Es besteht heute jedoch bei allen Autoren Einigkeit darüber, dass Marketing als **Denken und Führen eines Unternehmens vom Markt her** verstanden werden muss.

Definitionen des Marketing

Meffert nennt folgende klassische Marketingdefinition:

„Marketing bedeutet (...) Planung, Koordination und Kontrolle aller auf die aktuellen und potenziellen Märkte ausgerichteten Unternehmensaktivitäten. Durch eine dauerhafte Befriedigung der Kundenbedürfnisse sollen die Unternehmensziele im gesamtwirtschaftlichen Güterversorgungsprozess verwirklicht werden."

(Meffert, Heribert, Marketing, Wiesbaden 1997, S. 31)

Bruhn definiert Marketing als

„Planung, Organisation, Durchführung und Kontrolle sämtlicher Unternehmensaktivitäten, die durch eine Ausrichtung des Leistungsprogramms am Kundennutzen darauf abzielen, absatzmarktorientierte Unternehmensziele zu erreichen."

(Bruhn, Manfred, Marketing, Wiesbaden 2001, S. 13)

Für **Weis** ist Marketing eine umfassende Konzeption des Planens und Handelns, bei der

„alle Aktivitäten eines Unternehmens konsequent auf die gegenwärtigen und künftigen Erfordernisse der Märkte ausgerichtet werden, mit dem Ziel der Befriedigung von Bedürfnissen des Marktes und der individuellen Ziele."

(Weis, Hans Christian, Marketing, Ludwigshafen 2001, S. 19)

1.1.2 Die Stellung des Marketing im Unternehmen

Der Grad der Umsetzung des Marketinggedankens in den Unternehmen spiegelt die dargestellte Entwicklung der letzten 50 Jahre in Deutschland wider. Er kann in Anlehnung an die dargestellten fünf Phasen der Entwicklung des Marketing wie folgt erläutert werden.

1. Phase Beim **traditionellen Verkaufs- oder Marketingkonzept** ist das Produkt Ausgangspunkt aller Überlegungen. Die Verkaufs- oder Marketingabteilung ist ein gleichberechtigter Funktionsbereich im Unternehmen. Ihre Aufgabe besteht darin, für das Produkte durch entsprechende Maßnahmen der Werbung und des Verkaufs die geeigneten Kunden zu finden.

Marketing-konzepte

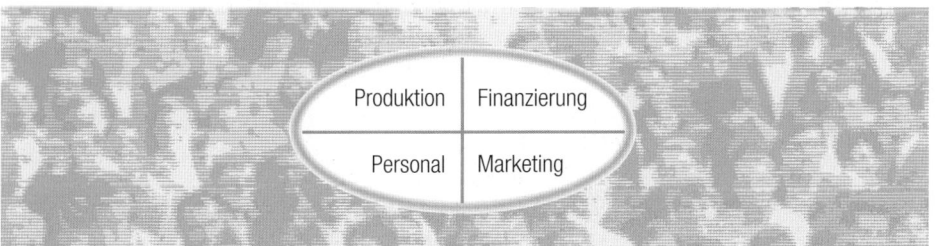

| Produktion | Finanzierung |
| Personal | Marketing |

2. Phase In der Phase der Verkaufsorientierung nimmt das **Marketing** gegenüber den anderen Funktionsbereichen des Unternehmens eine **vorrangige Funktion**

ein. Der Erfolg des Unternehmens wird hier durch den Aufbau einer schlagkräfti-
gen Verkaufsorganisation gesichert.

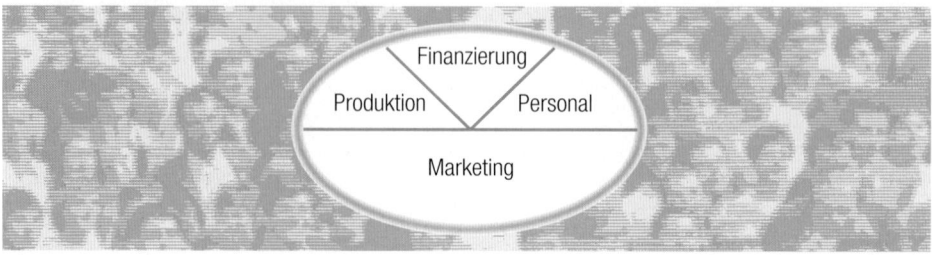

3. Phase   In der Phase der Kundenorientierung wird das **Marketing** zur **zentralen Funktion**. Das Unternehmen soll „vom Markt her" geführt werden. Die Marktforschung und der gezielte Einsatz des absatzpolitischen Instrumentariums treten in
den Vordergrund.

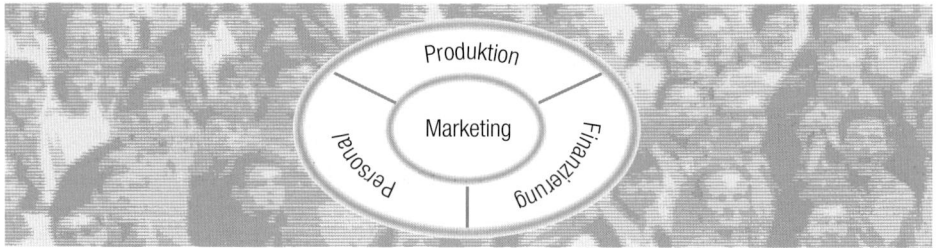

4. Phase   In der Phase der Wettbewerbsorientierung steht die Profilierung des
Unternehmens oder Produktes beim Kunden im Vordergrund. Es werden **kundenorientierte Marketingorganisationen** (vgl. S. 312) aufgebaut.

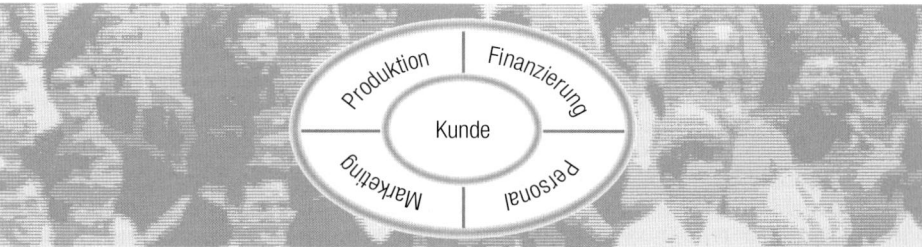

5. Phase   Um Marketing im Sinne der Umfeldorientierung so effizient wie möglich
zu gestalten, bietet sich das **integrierte Marketingkonzept** an. Hier werden alle
betrieblichen Funktionen durch das Marketing koordiniert und kundenorientiert
ausgerichtet.

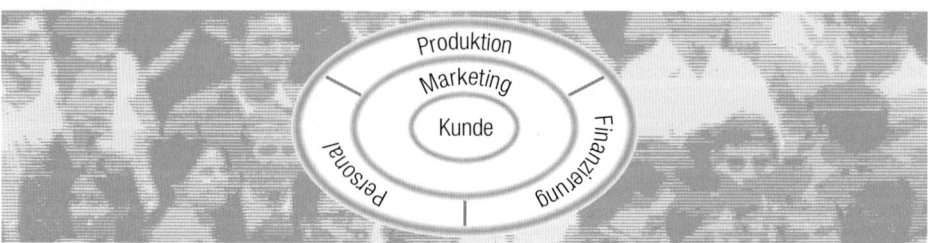

◆ Anwendungsgebiete des Marketing

Schon lange wird nicht mehr allein von „dem Marketing" gesprochen, sondern man unterscheidet im Rahmen des Marketing nach unterschiedlichen Einsatzbereichen:

Im **Profit-Marketing** sind die Bereiche des Konsumgütermarketing, des Investitionsgütermarketing und des Dienstleistungsmarketing zusammengefasst.

Profit-Marketing

◆ Konsumgütermarketing

Hierbei handelt es sich um die Vermarktung von Konsumgütern auf mehr oder weniger anonymen Massenmärkten.
Das Marketing beschäftigt sich schwerpunktmäßig mit der Kommunikation, dem Preis, dem Aufbau einer „Marke" und dem Vertrieb der Produkte.

◆ Investitionsgütermarketing

Hier erfolgt der Vermarktungsprozess in einer persönlichen Interaktion zwischen Anbieter und Nachfrager und nicht mehr in einem anonymen Massenmarkt; Zielgruppe sind andere Unternehmen bzw. die Industrie; die Marktbeziehungen sind üblicherweise langfristig und stabil.
Marketingtechnisch stehen hier der persönliche Verkauf und der Service im Vordergrund. Hinzu kommen geforderte Systemlösungen.

◆ Dienstleistungsmarketing

Im Vordergrund steht die Vermarktung von Dienstleistungen (Beratung, Schulung, Unterhaltung etc.). Dienstleistungen sind vielfach auch mit dem Verkauf von Produkten verbunden (Installation, Änderungsdienst etc.).
Zielgruppe sind in diesem Fall Privatpersonen und die Industrie.
Im Vordergrund des Marketings steht die Kommunikation, das Produkt/die Marke, Image und Service.
Aufgrund der gesellschaftlichen Entwicklung haben sich folgende – nicht erwerbswirtschaftlich orientierte – Anwendungsbereiche im **Non-Profit-Marketing** herauskristallisiert:

Non-Profit-Marketing

Sozio-marketing

◆ Im Rahmen des **Sozio(Social)-Marketing** geht es um den Einsatz des Marketing zur Erfüllung sozialer Ziele.

`Beispiel` Greenpeace, Brot für die Welt, Misereor

Da Sozio-Marketing-Kampagnen in der Vergangenheit in die Diskussion geraten sind, z. B. weil Spendengelder nicht zu den Hilfsbedürftigen gelangt sind, ist hier die Herausstellung der Marketing Erfolgskontrolle (Marketing-Audit) von großer Bedeutung.

`Beispiel` Eine Hilfsorganisation garantiert, dass 100 % der Spendengelder an die Empfänger gelangen. Die Einhaltung dieser Garantie wird von gesellschaftlich anerkannten Persönlichkeiten überwacht.

Ökomarketing

◆ Das **Öko-Marketing** stellt den Umweltschutz als Unternehmensziel in den Vordergrund.[1] Dieses lässt sich als Ressourcenziel, als Risikoziel und als Emissionsziel definieren.

– Das Unternehmensziel als **Ressourcenziel** beschäftigt sich mit der Schonung der knappen Ressourcen.

`Beispiel` Mercedes fertigt Kunststoffteile aus recyceltem Material.

– Das **Risikoziel** legt die Verminderung von Gefahrenpotenzialen und die Vermeidung von Störfällen fest.

`Beispiel` Ein Chemiekonzern stellt die Sicherheit seiner Anlagen und die Effizienz seiner Werksfeuerwehr heraus.

– Das **Emissionziel** stellt das Vermeiden, Vermindern, Verwerten oder Entsorgen belastender Emissionen oder Abfälle in den Vordergrund.

`Beispiel` Fast alle Pkw-Hersteller bieten eine Rücknahmegarantie für Neuwagen nach Ablauf der Nutzungsdauer an.

1.1.3   Neue Formen des Marketing

Veränderte Rahmenbedingungen im Sinne der Umfeldorientierung sind die europäische Integration, das zunehmende Umweltbewusstsein, die Frage der gesellschaftlichen Verantwortung und die globale Vernetzung. Diese Einflüsse haben zu **neuen Ausprägungen des Marketing** in Form des Euro-Marketing geführt.

Euromarketing

◆ Das **Euro-Marketing** entstand in der Folge des 1993 realisierten EG-Binnenmarktes und dem damit verbundenen Abbau der Binnengrenzen. In einer Euro-Marketingstrategie wird festgelegt, welche Geschäftsbereiche einer Unternehmung in welchen Ländern mit welchen absatzpolitischen Instrumenten (vgl. S. 28) aktiv sind.

Hierzu sind folgende Fragen und Aspekte zu klären:

1. Analyse und Auswahl der Euro-Märkte
2. Klärung der Markteintrittsbedingungen

---

[1] *Vergleiche dazu Schneider, K. H., Betrieb, Troisdorf 2002*

3. Festlegung einer Euro-Basisstrategie
4. Festlegung des Euro-Marketing-Mix

Im Rahmen einer Euro-Produktpolitik muss zwischen „culture-free-products" und „culture-bound-products" unterschieden werden.

„Culture-free-products"[1] werden in gleicher Form und Aufmachung allen Konsumenten in den angesprochenen EU-Ländern angeboten.

Beispiel   Kodak, Marlboro, Esso

„Culture-bound-products"[2] werden nach nationalen Gesichtspunkten ausgerichtet. Hier werden nationale Kampagnen geplant und durchgeführt.

Beispiel   Der Süßegrad von Coca-Cola variiert je nach dem Geschmack der europäischen Konsumenten von Land zu Land.

◆ Das **Online-Marketing** beschäftigt sich mit dem Marketing für Produkte und Dienstleistungen in Datennetzen.[3] Spezielle Online-Agenturen übernehmen die Beratung und die technische Abwicklung.

Online-Marketing

1.2   Die Unternehmensanalyse

Nachdem die Stellung des Marketing im Unternehmen ermittelt ist, werden im Rahmen der Unternehmensanalyse die Ziele des Unternehmens und die Bedingungen der Umwelt analysiert.

Entscheidungen im Marketing müssen dabei immer vor dem Hintergrund des **Zielsystems der Unternehmung** getroffen werden.

„Unternehmensziele stellen ganz allgemein Orientierungs- bzw. Richtgrößen für unternehmerisches Handeln dar. Sie sind konkrete Aussagen über angestrebte Zustände bzw. Ergebnisse, die aufgrund von unternehmerischen Maßnahmen erreicht werden sollen."
(Becker, 2001, S. 7)

Der Produktmanager des Elektronikkonzerns handelt zwar selbstständig, er kann Entscheidungen aber immer nur innerhalb eines gewissen Rahmens treffen. Dieser Rahmen bildet das Zielsystem der Unternehmung mit seinen übergeordneten Zielen und den konkreten Handlungszielen. Der Produktmanager wird sich also zunächst fragen, was das Unternehmen will, d.h. was es von seinem Produkt erwartet. Die Antwort auf diese Frage findet er durch die Analyse des Zielsystems seines Unternehmens.

---

[1] **culture** = engl. Kultur, Zivilisation; free = engl. frei; products = engl. Produkte, culture-free-products = demnach kulturunabhängige Produkte

[2] **bound** = engl. gebunden; culture-bound-products = demnach kulturgebundene Produkte

[3] Es werden kommerzielle Online-Dienste (z.B. T-Online, Compuserve, AOL etc.) für Kommunikations-, Distributions- und Servicezwecke genutzt. Anwendungsbeispiele sind in der Kommunikation „E-Mail" und in der Distribution interaktive Bestellsysteme.

Zielsystem der Unternehmung

Das **Zielsystem einer Unternehmung** stellt sich als zielhierarchisches Bild dar. Folgende Zielebenen sollten bei der Zielbildung zugrundegelegt werden:

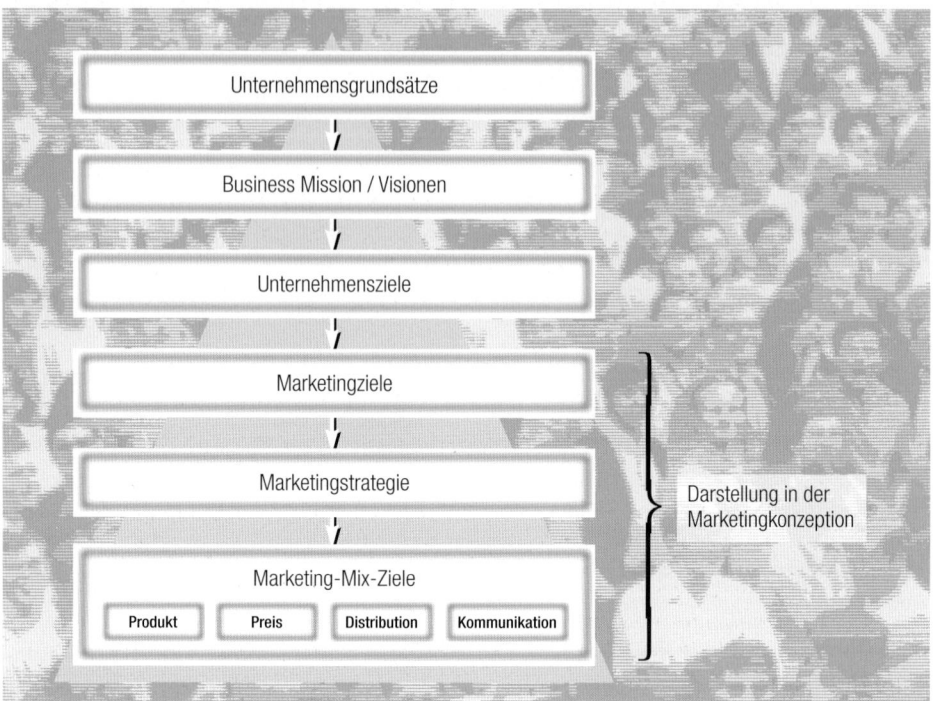

◆ Unternehmensgrundsätze

Unternehmens-grundsätze

Die Mitarbeiter eines Unternehmens können nur dann erfolgversprechend geführt werden, wenn ihnen Selbstverständnis und Grundsätze des Unternehmens bekannt sind und von ihnen als wichtig anerkannt werden. Die Unternehmensgrundsätze stellen die Grundorientierung des Handels eines Unternehmens dar; sie sollen die Prinzipien des täglichen Handels sein. Angesprochen wird das Verhalten in bezug auf

- auf die Gesellschaft
- die externen Anspruchsgruppen
- die internen Anspruchsgruppen

Beispiel   **Die Nestlé Unternehmensgrundsätze:**
- Nationale Gesetzgebung
- Konsumenten
- Gesundheit und Ernährung von Säuglingen
- Menschenrechte
- Kinderarbeit
- Geschäftspartner
- **Umweltschutz**
- Die Nestlé-Wasserpolitik
- Landwirtschaftliche Rohstoffe
- Selbstverpflichtung zur Einhaltung der Grundsätze

Umweltschutz

Schon seit ihren frühen Tagen hat sich Nestlé zur Umweltverträglichkeit ihrer weltweiten Geschäftspraktiken verpflichtet und tätigt weiterhin beträchtliche Investitionen in den Umweltschutz. Auf diese Weise trägt Nestlé zu einer nachhaltigen Entwicklung bei, indem sie gegenwärtige Bedürfnisse erfüllt, ohne die Fähigkeit künftiger Generationen zur Erfüllung ihrer jeweiligen Bedürfnisse zu gefährden. Die Nestlé-Umweltpolitik unterstreicht dieses Engagement. (...)

◆ **Business Mission / Visionen**

Unternehmen können nur erfolgreich agieren, wenn sie einen konkreten Unternehmenszweck (Mission) verfolgen. Hierbei sollte man verbindlich die Frage klären: „Was ist unser Geschäft und was sollte es sein?"

Die „Business Mission" gibt dem Unternehmen damit eine bestimmte Handlungsrichtung vor.

Business
Mission

Beispiel **Auszug aus der Business Mission der Fraport AG**

Im Jahr 2005 sind wir einer der drei leistungs- und renditestärksten Airport-Konzerne weltweit
Als größter Flughafen Kontinentaleuropas sind wir in einer Branche mit hohen Wachstumszahlen tätig. Die größtmögliche Effizienz unserer Geschäftsabläufe sichert unseren Kunden exzellenten Service. Unsere Geschäfte betreiben wir wertschaffend und garantieren überragende Qualitätsstandards. Wir führen das Airport-Geschäft hoch profitabel und bieten unseren Aktionären eine attraktive Verzinsung ihrer Anlage.

Wir verknüpfen Verkehrssysteme
Die optimale Verknüpfung der Verkehrssysteme Schiene, Straße und Luft ist einer unserer Schlüsselerfolgsfaktoren am Standort Frankfurt. Die Anbindung an das Hochgeschwindigkeitsnetz der Bahn vergrößert das Einzugsgebiet des Flughafens, steigert die Passagierzahlen und verschafft uns so einen Wettbewerbsvorteil im Vergleich mit unseren Wettbewerbern.

Wir bieten unseren Kunden attraktive, integrierte Dienstleistungen
Unsere Kernkompetenz besteht im Management komplexer Luftverkehrsdrehscheiben (Hubs). Als Full-Service-Provider am Standort Frankfurt bieten wir den Kunden ein umfassendes Dienstleistungsangebot aus einer Hand. Unser wesentlicher Wettbewerbsvorteil besteht darin, dass wir die gesamte komplexe Prozesskette am Standort Frankfurt beherrschen. So sind wir in der Lage, die Prozesse fortlaufend im Interesse unserer Kunden – der Passagiere und Fluggesellschaften – zu optimieren und eine hervorragende Qualität zum fairen Preis sicherzustellen.

2002 Fraport AG Impressum **www.fraport.de**

Der Unternehmenszweck konkretisiert dabei vor allem die Leistung (**Problemlösung**), die Zielgruppen (**Kunden**) und die Grundkonzepte (**Technik und Vermarktung**).

Beispiel **Auszug aus der Business Mission von IKEA**

Ein besserer Alltag
Die IKEA Geschäftsidee besteht darin, ein breites Sortiment formschöner und funktionsgerechter Einrichtungsgegenstände zu Preisen anzubieten, die so günstig sind, dass möglichst viele Menschen sie sich leisten können.
Meistens sind schöne Einrichtungsgegenstände nur einem kleinen Kreis Wohlhabender vorbehalten. Von Anfang an ist IKEA einen anderen Weg gegangen. Wir haben uns auf die Seite der vielen Menschen gestellt.
Wir haben uns auf die Einrichtungswünsche von Menschen in der ganzen Welt eingestellt. Menschen mit unterschiedlichen Bedürfnissen, Vorlieben, Träumen, Ansprüchen

... und Geldbeuteln. Menschen, die ihr Zuhause verschönern und damit einen besseren Alltag schaffen möchten.

Es ist leicht, schöne, aber teure Möbel zu entwerfen. Schwieriger hingegen ist es, schöne und qualitativ hochwertige Möbel herzustellen, die nicht viel kosten. Dafür ist ein anderer Ansatz nötig: Einfache Lösungen finden, sparen und knausern – aber nicht an Ideen!

Das können wir nicht alleine. Unsere Arbeit basiert auf der Partnerschaft mit unseren Kunden. Zuerst leisten wir unseren Teil: Unsere Designer tüfteln mit den Herstellern zusammen Möglichkeiten aus, wie bestehende Produktionsprozesse für die Herstellung unserer Möbel genutzt werden können. Dann suchen unsere Einkäufer in der ganzen Welt nach guten Lieferanten und passenden Preisen für die Rohmaterialien. Schließlich kaufen wir in großen Mengen ein, um die besten Konditionen zu erhalten – und Sie die niedrigsten Preise.

Dann machen Sie Ihren Teil: Sie schauen den IKEA Katalog durch und besuchen eines unserer Einrichtungshäuser. Dort wählen Sie den gewünschten Artikel aus, transportieren ihn selbst nach Hause und montieren ihn dort. Deshalb zahlen Sie für nichts, was Sie nicht selber machen können. So sparen Sie Geld ... für einen besseren Alltag!

www.ikea.de

◆ **Unternehmensziele**

Unternehmens-
ziele

Gewinn- und Rentabilität stellen grundlegende Unternehmensziele dar. Diese sind grundlegend für den Bestand und Fortschritt der Gesellschaft.

> Beispiel **Unternehmensziele der Fraport AG**
>
> **Nachhaltige Wertschaffung**
> Fraport erzielt eine nachhaltige Wertschaffung mindestens in der Höhe der von den Aktionären erwarteten Verzinsung und zählt zu den drei Airport-Konzernen mit dem höchsten Börsenwert/Marktkapitalisierung.
> Über die interne Vorgabe von kapitalmarktabgeleiteten Wertbeitragszielen wird die kontinuierliche Steigerung des Unternehmenswertes angestrebt.
>
> **Kapitalrendite**
> Fraport erreicht eine Kapitalrendite mindestens in Höhe der aus dem Kapitalmarkt abgeleiteten Gesamtkapitalkosten. Jedes Geschäftsfeld und jede Beteiligung erzielt eine spezifische Zielrendite.
>
> **Wachstum**
> Fraport erzielt nachhaltig ein wertschaffendes Umsatzwachstum. Wertschaffendes Wachstum wird in Geschäften erreicht, deren Kapitalrendite die Kapitalkosten übersteigt.
>
> **www.fraport.de**

Orientierungsgröße für die Bestimmung eines angemessenen Gewinns bzw. einer angemessenen Rentabilität stellen folgende Größen dar:

◆ **Die Rentabilität als Maßstab für die Ertragskraft eines Unternehmens**

Eigenkapital-
rentabilität

Eigenkapitalrentabilität
(Unternehmerrentabilität)

$$\frac{\text{Jahresüberschuss} \cdot 100}{\text{Eigenkapital am Jahresanfang}}$$

Der Einsatz des Eigenkapitals ins Unternehmen hat sich gelohnt, wenn es gewinnbringender ist, im Unternehmen mit dem Geld zu arbeiten, als es zur Bank zu bringen.

– Vergleich mit dem landesüblichen Zinssatz
– Die über dem Zinssatz liegende Rendite bezeichnet man als Risikoprämie.

Gesamtkapitalrentabilität
(Unternehmungsrentabilität)

$$\frac{(\text{Jahresüberschuss} + \text{Fremdkapitalzinsen}) \cdot 100}{\text{Gesamtkapital am Jahresanfang}}$$

Gesamtkapital-
rentabilität

Man rechnet so, *als ob* das gesamte Kapital Eigenkapital wäre.

Auf den Gewinn müssen die für das Fremdkapital gezahlten Zinsen aufgeschlagen werden, da diese den Gewinn im Vorfeld geschmälert haben.

◆ **Wirtschaftlichkeit**

Es wird versucht, ein möglichst günstiges Verhältnis von Ertrag und Aufwand zu erreichen.

$$\frac{\text{Ertrag}}{\text{Aufwand}}$$

Wirtschaftlich-
keit

Eine Wirtschaftlichkeitskennzahl von 1,2 besagt, dass pro 1 EUR Aufwand Erträge von 1,2 EUR geschaffen wurden.

W > 1 = gewinnbringender Einsatz der Produktionsfaktoren
W = 1 = Leistung = Kosten
W < 1 = kein gewinnbringender Einsatz der Produktionsfaktoren

Gewinn = Differenz zwischen Aufwand und Ertrag einer Periode

Deckungsbeitrag = Beitrag der Verkaufserlöse eines Produktes zur Deckung der (gesamten) fixen Kosten (vgl. S. 144)

Die Betrachtung des Zielsystems der Unternehmung ist Teil einer umfassenden Unternehmensanalyse, die ebenso die Analyse der **Marktstellung**, des **finanziellen** und des **sozialen Rahmens** umfassen sollte.

Beispiel Die Unternehmensanalyse sollte z. B. die Frage beantworten, ob die geplante Maßnahme mit den vorhandenen finanziellen Mitteln zu realisieren ist und ob sie mit dem vorhandenen Personalbestand erreicht werden kann.

Im Rahmen der Unternehmensanalyse und neben den Zielen sind die **Marktstellung**, der Marktanteil und die Marktsättigung (vgl. S. 110), der **finanzielle** und der **soziale Rahmen** von Bedeutung.

◆ **Marktstellung**

Absatz, Umsatz

Marktstellung

Beispiele Absatz = Menge der abgesetzten Leistungen

Umsatz = Wert der abgesetzten Leistungen

◆ Marktanteil

Marktanteil

Der Marktanteil (vgl. S. 135) ist das Absatzvolumen im Verhältnis zum Marktvolumen. Er drückt aus, wie stark ein Unternehmen im Verhältnis zu seinen Mitbewerbern ist.

$$\text{Marktanteil} = \frac{\text{Absatzvolumen} \times 100}{\text{Marktvolumen}}$$

◆ Marktsättigung

Marksättigung

Der Sättigungsgrad (vgl. S. 135) ist eine wichtige Kennzahl zur Prognose der zukünftigen Marktentwicklung.

$$\text{Marktsättigung} = \frac{\text{Absatzvolumen} \times 100}{\text{Marktpotenzial}}$$

◆ Finanzieller Rahmen

Finanzieller
Rahmen

Kreditwürdigkeit, Liquidität, Kapitalstruktur

| Beispiele | Kreditwürdigkeit | = Kreditwürdig sind Personen und Unternehmen, von denen eine vertragsgemäße Erfüllung einer Kreditverpflichtung erwartet werden kann |

Liquidität = die Liquidität drückt den Zusammenhang von Zahlungsmitteldeckung und Zahlungsmittelbedarf zu einem bestimmten Zeitpunkt aus.

$$\text{Barliquidität} = \frac{\text{Flüssige Mittel}}{\text{kurzfristige Verbindlichkeiten}}$$

Kapitalstruktur = Kapitalstrukturregeln gehen von einem gegebenen Finanzbedarf aus und stellen Grundsätze auf, welche Finanzierungsmittel zur Deckung des Finanzbedarfs heranzuziehen sind.

◆ Sozialer Rahmen

Sozialer
Rahmen

Der soziale Rahmen wird durch Beschäftigungsgrad, Arbeitszufriedenheit, Sicherheit des Arbeitsplatzes, persönliche Entwicklung der Mitarbeiter beeinflusst.

| Beispiel | Beschäftigungsgrad | = Der Beschäftigungsgrad bezeichnet das Verhältnis von technischer Kapazität und Ausnutzung dieser Kapazität. |

Die Durchführung der Unternehmensanalyse muss ggf. **nach Marktsegmenten und Geschäftseinheiten** differenziert werden. Hilfe hierbei leisten die Produktportfolio- und die Produktlebenszyklus-Analyse (vgl. S. 97 ff.).

Die genannten Ziele eines Unternehmens können sich ergänzen →**Zielharmonie**, sich neutral zueinander verhalten → **Zielneutralität** oder beeinträchtigen → **Zielkonflikt**.

◆ **Zielharmonie** liegt vor, wenn die Verwirklichung eines Zieles die Erreichung eines anderen Zieles begünstigt.

`Beispiel` Die Ziele der Steigerung des Marktanteils und der Steigerung des Bekanntheitsgrades begünstigen einander. Es handelt sich um Zielharmonie.

◆ **Zielneutralität** liegt vor, wenn betriebliche Ziele unabhängig voneinander verfolgt werden können.

`Beispiel` Marktstellungsziele, wie die Steigerung des Marktanteils, und innerbetriebliche Ziele, wie z. B. die Einführung eines Controllingsystems, können i. d. R. unabhängig voneinander erreicht werden.

◆ **Zielkonflikt** liegt vor, wenn die Erreichung eines Zieles nur auf Kosten eines anderen Zieles möglich ist.

`Beispiel` Das Ziel einer Steigerung des Marktanteils des Reiseveranstalters wird durch niedrige Einführungspreise erreicht. Dies hat jedoch zur Folge, dass die Gewinne sinken. Es kommt zwischen dem Marktstellungsziel und dem Ziel der Rentabilität zum Zielkonflikt.

◆ **Umweltaspekt**

Die Ziele eines Unternehmens können immer nur vor dem Hintergrund konkreter **Umweltbedingungen** formuliert werden. Rechtliche, politische und ökologische Rahmenbedingungen spielen hier ebenso eine Rolle wie die Entwicklung der gesamtwirtschaftlichen Lage, die Wandlung der Kundenansprüche oder die technische Entwicklung.

Umweltaspekt

*Aufgrund des Wertewandels in der Gesellschaft und der rechtlichen Vorgaben der Verpackungsverordnung entschließt sich der Produktmanager, im Bereich der **Produktpolitik** das Chipgehäuse aus recyceltem Kunststoff herzustellen und die Verpackung aus Altpapier fertigen zu lassen. Diese Maßnahmen werden im Rahmen der **Kommunikationspolitik** herausgestellt. Aufgrund der technischen Entwicklung im Bereich der Speichermedien erwartet das Unternehmen mittelfristig eine Verringerung des Marktpotenzials. Die Geschäftsleitung entschließt sich deshalb, keine weiteren Investitionen in Fertigungsanlagen für Chips zu tätigen. Da die Produktionskapazität durch diese Entscheidung begrenzt ist, wird im Bereich der **Kontrahierungspolitik** ein relativ hoher Einführungspreis angesetzt. Aufgrund des hohen Einführungspreises erfolgt im Bereich der **Distributionspolitik** die Entscheidung, die Chips nur über den Fachhandel anzubieten.*

◆ **Marketingkonzeption**

Marketing als marktorientierte Konzeption der Unternehmensführung lässt sich nur dann konsequent verwirklichen, wenn dem unternehmerischen Handeln eine abgesicherte **Marketingkonzeption** (vgl. Kapitel 6) zugrunde liegt.

Marketing-
konzeption

Eine Marketingkonzeption ist ein umfassender gedanklicher Entwurf,

„der sich an einer Leitidee bzw. bestimmten Richtgrößen (Zielen) orientiert und grundlegende Handlungsrahmen (Strategien) wie auch die notwendigen operativen Handlungen (Instrumenteeinsatz) in einem schlüssigen Plan (Policy Paper) zusammenfaßt".

(Becker, J., Grundlagen der Marketing-Konzeption, München 1983)

Eine Marketingkonzeption setzt gut abgestimmte Entscheidungen auf folgenden drei Ebenen voraus:

Marketing-strategie

Die Grundlage jeder Marketing-Konzeption sind also die Ziele des Unternehmens. Auf ihrer Grundlage wird die **Marketingstrategie** (vgl. S. 293) abgeleitet, die wiederum konkrete Aussagen über die operativen Maßnahmen im Rahmen des Marketing-Mix trifft. Eine Marketingstrategie kann demnach als langfristiger, globaler Verhaltensplan zur Erreichung der Unternehmens- und Marketingziele beschrieben werden.

◆ **Marketingziele**

Marketing-ziele

Marketingziele (vgl. S. 255) beschreiben einen **künftigen Zustand**, der dem Marketingbereich vorgegeben wird und der mit den Mitteln des Marketing-Mix erreicht werden soll.

Wichtige **Faktoren bei der Formulierung der Marketingziele** sind

- die Operationalisierung der Ziele,
- die Hierarchisierung der Ziele und
- die Zielkompatibilität.

Damit Marketingziele auch eine Steuerungs- und Kontrollfunktion übernehmen können, müssen sie **operationalisiert** werden. Die Operationalisierung umfasst folgende Zielelemente:

- Zielinhalt: Was soll erreicht werden?
- Zielausmaß: In welchem Umfang soll das Ziel erreicht werden?
- Zielsegment: In welchem Segment soll das Ziel erreicht werden?
- Zielgebiet: In welchem Gebiet soll das Ziel erreicht werden?
- Zielperiode: Bis wann soll das Ziel erreicht werden?

Bei den **Marketingzielen** handelt es sich um aus dem Zielsystem der Unternehmung abgeleitete Ziele, die lang-, mittel- oder kurzfristig angestrebt werden. Nachfolgende Ziele beschreiben die wichtigsten Marketing-Zielgrößen.

Absatz (Anzahl verkaufter Mengeneinheiten)

Umsatz (zu Verkaufspreisen bewertete Mengeneinheiten)

Marktanteil (Umsatz/Absatz in Relation zum Umsatz/Absatz des Marktes)

Deckungsbeitrag (Umsatz abzüglich variable Kosten)

Gewinn (Umsatz abzüglich Kosten)

Rendite (Gewinn in Relation zum Umsatz)

Beispiele Erhöhung des Fladenbrotumsatzes mit Kleinbäckereien innerhalb der nächsten zwölf Monate um 15 % gegenüber dem Vorjahr im Vertriebsgebiet Nord.

Steigerung des bundesweiten Bekanntheitsgrades für die neu einzuführende Zeitschrift MEGGY innerhalb der nächsten vier Monate von 0 auf 40% im Segment der 18–25 Jährigen.

Steigerung der Kundenzufriedenheit in der Kundengruppe A der Autoversicherung A&O um einen Indexpunkt auf dem Gesamtmarkt im Jahr 2002.

Die **Hierarchisierung** bedeutet die Einbindung in das Zielsystem der Unternehmung und die Abstimmung mit den vor- und nachgelagerten Zielen. Die Hierarchisierung der Ziele wird auch dann wichtig, wenn eine Rangfolge der Zielerreichung auf der gleichen Stufe festgelegt werden soll. So kann z.B. im Bereich des Marketing-Mix den Zielen im Bereich der Kommunikationspolitik Vorrang vor den anderen absatzpolitischen Zielen eingeräumt werden.

Beispiel Das Oberziel des Unternehmens fordert eine Ausweitung des Marktanteils. Hieraus kann das Marketingziel der Umsatzsteigerung bei Produkt X abgeleitet werden. Als Unterziel im Bereich des Marketing-Mix könnten z.B. die Folgen der geforderten Umsatzsteigerung für die Distributionspolitik formuliert werden.

Marketingziele und vor- und nachgelagerte Ziele müssen **kompatibel** sein, d.h. es muss Zielharmonie (vgl. S. 22 f.) bestehen.

Beispiel Das Oberziel „Ausweitung des Marktanteils" und das Marketingziel „Umsatzsteigerung bei Produkt X" ergänzen sich, es herrscht Zielharmonie.

◆ **Marketingstrategie**
Eine Marketingstrategie ist ein langfristiger Verhaltensplan zur Erreichung der Unternehmens- und Marketingziele. Die Strategieentscheidungen schränken dabei weder Flexibilität noch Kreativität des operativen Marketinghandelns ein.

Marketingstrategie

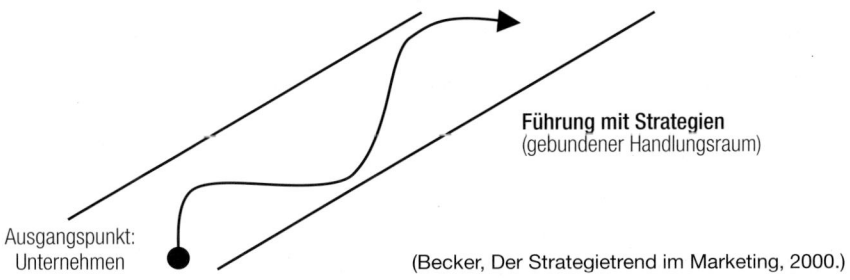

(Becker, Der Strategietrend im Marketing, 2000.)

Die Strategieentscheidungen legen in einem Unternehmen den Handlungsrahmen fest. Die Orientierung für jeden Einzelnen ist um so besser, je vollständiger das Strategiekonzept festgelegt wird.

Um in einem bestimmten Markt erfolgreich auftreten zu können, bedarf es verschiedener Teilstrategien, z. B. der Marktsegmentierungsstrategie und der Produktstrategie.

◆ Marktsegmentierungsstrategie (vgl. S. 283)

**Marktseg-
mentierungs-
strategie**

Vielen Branchen haben sich von großen standardisierten Massenmärkten auf immer differenziertere Märkte hinentwickelt. Entsprechend entwickelte sich das Marketing durch eine immer weiter fortschreitende Individualisierung vom undifferenzierten Massenmarketing zum kundenindividuellen Marketing.

Ziel der Marktsegmentierung ist es, einen möglichst hohen Grad an Übereinstimmung zwischen dem Produktangebot und den Ansprüchen der **potenziellen Kunden** zu erreichen.

Entwicklung der Marktsegmentierung

Beispiele **Undifferenziertes Massenmarketing**
– Tempo
– Odol
– Nahrungsmittel

differenziertes Massenmarketing
– Joghurt-Markt: Naturjoghurt, normaler und exotischer Fruchtjoghurt, probiotischer Joghurt.
– Biermarkt: Pils, Export, Alt, Weizen, u. a., alkoholfreies und -reduziertes Bier.

Marktsegmentierung nach demografischen, psychographischen oder kaufverhaltensbezogenen Kriterien
– Zigaretten: Jüngere Frauen mit überdurchschnittlichem Einkommen.
– klassischer Markenartikel: 4711: „life-style"-segmentierte Produkte: My Melody, Inspiré

Nischenmarketing
– Ferrari, Porsche mit 911er und Boxter.

---

[1] *einer nähert sich allen;* [2] *einer nähert sich einem*
approach *= sich nahe kommen*

Kundenindividuelles Marketing
– kundenindividuelle Produktion:
  PC: Kunden können bei Vobis ihren individuellen Computer zusammenstellen.
– kundenspezifische „Endproduktion" des Produktes im Handel:
  Salomon: Kunden können den gewählten Schuh an ihre individuelle Fußform anpassen und „aushärten" lassen.

(Vergleiche dazu: Becker, Der Strategietrend im Marketing, 2000)

◆ Produktstrategien (vgl. S. 282)

Die generell möglichen Produktstrategierichtungen können durch vier Produkt-Markt-Kombinationen beschrieben werden.

Produkt-
strategien

Produkte \ Märkte	vorhanden	neu
vorhanden	Marktdurchdringung	Markterschließung (Marktentwicklung)
neu	Sortimentserweiterung (Produktentwicklung)	Diversifikation

◆ Marktdurchdringung (vgl. S. 282)

Ziel: Man will den bereits vorhandenen Markt weiter durchdringen bzw. die bestehenden Produkte weiter bearbeiten.

Erforderliche Maßnahmen:
– Steigerung der Verwendung der Produkte
– Gewinnen von neuen Kunden
– Gewinnen von Konkurrenzkunden

◆ Markterschließung

Ziel: Man will für bestehende Produkte neue Märkte finden.

Erforderliche Maßnahmen:
– neue Marktsegmente erschließen
– geographisch neue Märkte erkunden (Internationalisierung)
– neue Absatzwege, neue Kunden suchen

◆ Sortimentserweiterung:

Ziel: Man will neue Produkte für bereits vorhandenen Märkte schaffen.

Erforderliche Maßnahmen:
– Ideen- und Produktentwicklung
– Produktvariationen

◆ Diversifikation (vgl. S. 283)

Ziel: Man will mit neuen Produkte auf neue Märkte gehen

Erforderliche Maßnahmen:
– **horizontale Diversifikation:** Erweiterung des Produktionsprogramms um Produkte, die in Zusammenhang mit den bisherigen Produkten stehen.

Beispiel Eine Bierbrauerei stellt auch alkoholfreie Erfrischungsgetränke her.

– **vertikale Diversifikation:** Erweiterung des Produktionsprogramms um Produkte aus vor- oder nachgelagerten Wirtschaftsstufen.

> Beispiel   Eine Werbeagentur betreibt eine Druckerei.

– **laterale Diversifikation:** Erweiterung des Produktionsprogramms um Produkte, die für das Unternehmen völlig neu sind und in keinem technischen oder wirtschaftlichen Zusammenhang mit den bisherigen Produkten stehen.

> Beispiel   Ein Motorradhersteller nimmt auch Musikinstrumente in sein Produktionsprogramm auf (Yamaha).

◆ **Das Marketing-Mix**

Marketing-Mix

Das **Marketing-Mix** (vgl. S. 297) ist die Kombination des absatzpolitischen Instrumentariums eines Unternehmens, das dieses zur Erreichung seiner Marketingziele einsetzt. Marketingpolitische Instrumente sind die **Produkt- und Sortimentspolitik** (vgl. Kapitel 2), die **Kontrahierungspolitik** (vgl. Kapitel 3), die **Distributionspolitik** (vgl. Kapitel 4) und die **Kommunikationspolitik** (vgl. Kapitel 5).

1.3   Ermittlung der Wettbewerbssituation

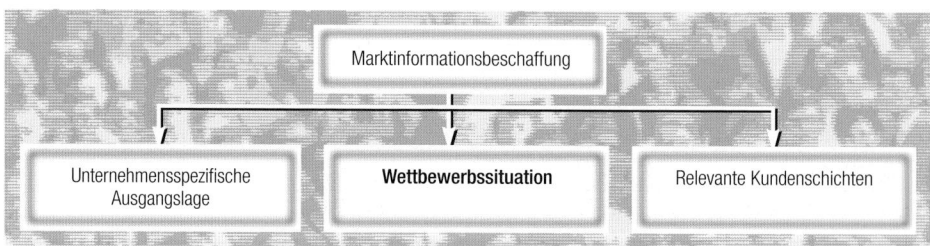

Sekundärmarktforschung

Die Ermittlung der Wettbewerbsituation wird i.d.R. im Rahmen der **Sekundärmarktforschung** erfolgen. Dabei kann auf **innerbetriebliche** und **außerbetriebliche Datenquellen** zurückgegriffen werden.

1.3.1   Innerbetriebliche Datenquellen

Innerbetriebliche Datenquellen sind z. B. das Rechnungswesen, die Außendienstberichte oder die Kostenrechnung.

Das **Rechnungswesen** kann Umsatz- und Absatzstatistiken liefern und diese nach Produkten, Produktgruppen, Kunden, Regionen, Distributionswegen oder Zeiten aufschlüsseln.

Systematisch erhobene und ausgewertete **Außendienstberichte** sind eine der wichtigsten innerbetrieblichen Datenquellen. Die Zahl der Besuche und Abschlüsse, der Reklamationen, Wünsche und Anregungen der Kunden können so erfasst und in den Entscheidungsprozess einbezogen werden. Durch den Einsatz moderner Kommunikationstechniken, wie z. B. Laptop mit Modem, sind diese Daten kurzfristig in den Unternehmen verfügbar.

Die **Kostenrechnung** gibt z. B. Aufschluss über die Kostenarten, die Deckungsbeiträge einzelner Produkte oder Produktgruppen, den Break-even-Point, die Kalkulation und das Betriebsergebnis.

Innerbetriebliche Datenquellen

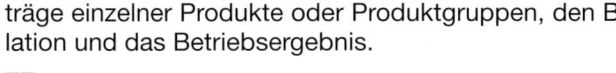

Nach Rücksprache mit dem Rechnungswesen teilt der Kostenrechner dem Produktmanager mit, dass die variablen Kosten für den Speicherchip bei 10,00 € pro Stück und die Fixkosten für die Produktion bei 600.000,00 € liegen. Der Produktmanager kann jetzt den Deckungsbeitrag und die Gewinnschwelle bzw. den Break-even-Point für den Preis von 50,00 € und 56,00 € ermitteln.

Ermittlung von Deckungsbeitrag und Break-even-Point

Der Deckungsbeitrag *ist der Beitrag der Verkaufserlöse zur Deckung der fixen Kosten. Er wird ermittelt, indem man von den Verkaufserlösen des Produktes die variablen Kosten dieses Produktes abzieht.*

	Verkaufserlös
./.	variable Kosten
=	Deckungsbeitrag

Der Break-even-Point ist die Absatzmenge, bei der die Erlöse die Kosten decken. Steigt die Absatzmenge, wird ein Gewinn erwirtschaftet, sinkt sie unter die Gewinnschwelle, entstehen Verluste.

$$\text{Break-even-Point} = \frac{\text{fixe Kosten}}{\text{Deckungsbeitrag}}$$

Verkaufspreis	*50,00 €*	*56,00 €*
./. variable Kosten	*– 10,00 €*	*– 10,00 €*
= Deckungsbeitrag	*40,00 €*	*46,00 €*

$$\text{Break-even-Point} \quad = \quad \frac{600.000\ \text{Stück}}{40,00\ €} \qquad \frac{600.000\ \text{Stück}}{46,00\ €}$$

15.000 Stück	*13.043 Stück*

Der Produktmanager weiß jetzt, dass die Gewinnschwelle bei einem Marktpreis von 50,00 € bei einem Absatz von 15.000 Einheiten erreicht wird. Bei einem Preis von 56,00 € ist der Break-even-Point schon bei 13.043 Einheiten erreicht.

Um festzustellen, ob der Preis von 56,00 € am Markt zu realisieren ist, muss der Produktmanager sich weitere Informationen beschaffen.

Innerbetriebliche Daten werden zunehmend in unternehmensinternen **Datenbanken** zusammengefasst, die es ermöglichen, Informationen jederzeit abzurufen und sie problembezogen zu verknüpfen.

1.3.2   Außerbetriebliche Datenquellen

Außerbetrieb-
liche Daten-
quellen

Außerbetriebliche Datenquellen sind z. B. veröffentlichte Statistiken, Veröffentlichungen der Verlage und in anderen Zusammenhängen durchgeführte Untersuchungen von Marktforschungsinstituten.

Die Zahl der veröffentlichten **Statistiken** ist sehr groß und kaum zu verarbeiten. Hier steht nicht die Beschaffung des Materials, sondern die Auswahl und Bewertung der Informationen im Vordergrund. Je nach Quelle kann in amtliche Statistiken, Verbandsstatistiken und Statistiken der wissenschaftlichen Institute unterschieden werden.

◆ Amtliche Statistiken

Statistisches Jahrbuch für Deutschland (Erscheinungsweise jährlich, auch auf CD-ROM erhältlich)	www.statistik-bund.de
Wirtschaft und Statistik (Wista), Monatszeitschrift	www.statistik-bund.de
Veröffentlichungen der Europäischen Union	www.europa.eu.int
Monatsbericht der Deutschen Bundesbank	www.bundesbank.de

◆ Verbandsstatistiken

Bundesverband der Deutschen Industrie	www.bdi-online.de
Centrale Marketing-Gesellschaft der Deutschen Agrarwirtschaft (CMA)	www.cma.de
Mitgliederzeitschriften und Veröffentlichungen der IHK und Handwerkskammer	www.ihk-koeln.de www.handwerkskammer-koeln.de
Berichte des Deutschen Industrie und Handelskammertages (DIHK)	www.dihk.de

◆ Statistiken der wissenschaftlichen Institute

IFO-Institut für Wirtschaftsforschung	www.ifo.de
Institut für Handelsforschung an der Universität zu Köln	www.ifhkoeln.de
Gesellschaft für Konsum-, Markt- und Absatzforschung	www.gfk.de

Beispiel   GfK-Studien

– *Themen des Monats und Studien aus dem Bereich Consumer Tracking*
   kontinuierliche Erforschung des Einkaufsverhaltens

– *Studien im Bereich Non-Food Tracking*
 kontinuierliche Handelsforschung für technische Gebrauchsgüter

– *Studien im Bereich Medien*
 Forschung zu Print, Radio, TV und den Neuen Medien

– *Studien im Bereich Ad-Hoc-Forschung*
 Forschung für professionelles Marketing

◆ Veröffentlichungen der Verlage

ABC der deutschen Wirtschaft	www.abc-online.de
Wer gehört zu wem?	www.commerzbank.de Wirtschaftsdaten und Prognosen
Wer liefert was?	www.wlw.de

◆ Marktforschungsinstitute

Jugendstudie – Shell	www.shell-jugend2002.de

Beispiel **Die 14. Shell Jugendstudie** hat vor allem zwei Schwerpunkte:

Das besondere Politik-Verständnis Jugendlicher sowie den Wertewandel der Jugend in Deutschland.

Darüber hinaus berichtet die Untersuchung in der Tradition der Shell Jugendstudien umfassend über Werte und die Lebenssituation Jugendlicher.

Die Untersuchung widmet sich den Feldern Schule und Familie genauso wie den Wünschen und Erwartungen der Jugend an die Zukunft.

Die Shell Jugendstudie gilt als Basiswerk der Jugendforschung in Deutschland. Sie genießt in Politik, Medien und Fachwelt wie auch in breiten Kreisen der Gesellschaft große Anerkennung.

◆ Markt- und Media-Studien

Hilfestellung bei der **Mediaplanung** (vgl. S. 261) und der Bestimmung von **Zielgruppen** leisten **Markt- und Mediastudien.**

– Die Arbeitsgemeinschaft Media-Analyse erstellt die Mediaanalyse **(MA)** für Pressemedien, Kino, Fernsehen und Hörfunk.

Steckbrief MA

Vollständige Bezeichnung: MA Pressemedien Trend Frühjahr (I) bzw. Herbst (II).

Herausgeber: Media-Analyse AG.MA Media-Micro-Census.

Die MA Pressemedien Trend basiert auf der 2. Welle der jeweils aktuellen MA Pressemedien ohne Berücksichtigung von überregionalen Tageszeitungen, Kombinationen und regionalen Medien inkl. deren Kombinationen.

Grundgesamtheit: Deutschsprachige Bevölkerung ab 14 Jahren in Privathaushalten (64,10 Mio.).

Erscheinungsweise: zweimal jährlich.

Stichprobengröße: 13.085 Interviews

Erhobene Medien: Publikumszeitschriften, Wochenzeitungen, Zeitungsmagazine, Lesezirkel und Supplements.
Ausgewiesen werden die Reichweiten auf Basis Werbeträger- und Werbemittelkontakt.

Untersuchungsgegenstand: Demographische Struktur der Grundgesamtheit, Informationen über den Haushalt, Freizeitverhalten, Besitz von Gebrauchsgütern, Einkaufsverhalten für verschiedene Produktbereiche, Einstellung zum Konsum, Nutzung von PCs, Reichweiten der Werbeträger.

– Die **Allensbacher Markt- und Werbeträgeranalyse (awa)** untersucht die Meinungen und das Konsumverhalten der Mediennutzer.   **www.awa-online.de**

Steckbrief awa

Vollständige Bezeichnung: Allensbacher Markt- und Werbeträgeranalyse.

Herausgeber: Institut für Demoskopie Allensbach.

Grundgesamtheit: Deutschsprachige Bevölkerung ab 14 Jahren in Privathaushalten am Ort der Hauptwohnung (64,43 Mio.).

Erscheinungsweise: einmal jährlich.

Stichprobengröße: 21.513 Interviews (AWA 2002) in 3 Erhebungswellen im Bundesgebiet durchgeführt.

Erhobene Medien: Publikumszeitschriften, regionale und überregionale Tageszeitungen, Kundenzeitschriften, Fernsehsender, teilweise nach Zeitabschnitten, Hörfunksender, Kino, Plakate, Nahverkehrsmittel, Telefonbuch, Telefonkarte, Anzeigenblätter.
Ausgewiesen werden die Reichweiten auf Basis Werbeträger- und vielfach zusätzlich auf der Basis Werbemittelkontakt.

Untersuchungsgegenstand: Demographische Struktur der Grundgesamtheit, gesellschaftliche und wirtschaftliche Rahmenbedingungen, Einstellungen, Interessengebiete, Besitz und Anschaffungsabsicht von Gebrauchsgütern, Konsumverhalten, Reichweiten der Werbeträger.

– Weitere Steckbriefe sind unter **www.mediapilot.de** beim **Axel Springer Verlag** einzusehen.
Markt- und Mediastudien findet man auch unter www.media-spiegel.de oder www.bauermedia.de

◆ **Lifestyle-Typologien** (vgl. S. 288) beschreiben das Kauf- und Konsumverhalten der Mediennutzer und deren Einstellungen und Verhalten.

Es wird angenommen, dass das Konsumverhalten von Menschen stark von ihrem Lebensstil geprägt wird. Der Lebensstil drückt sich dabei durch das beobachtbare Verhalten in der Freizeit und im Berufsleben (**a**ctivities), durch seine Interessen (**i**nterests) und durch seine Meinungen (**o**pinions) aus. Man spricht vom „AIO"-Ansatz.

Mithilfe einer Clusteranalyse werden Personen aufgrund ihrer Ähnlichkeiten (bzw. Unähnlichkeiten) zu „Typen" gruppiert. Die Personen eines Typs sind zueinander möglichst homogen, die Typen untereinander möglichst heterogen. Die Typennamen sind dabei Interpretationen.

▶ Einige Beispiele für Typologien in der Mediaplanung:

● SINUS-Milieu (vgl. Kap. 6) **www.sinus-milieus.de**

● RISC – das europäische Trend-Modell (RISC = Research Institut on Social Change)
In dieser Studie werden Lebensanschauungen und Konsumverhalten sowie sozidemographische Merkmale erhoben. Es wird die Verwendung von über 300 Marken und die Nutzung einer beschränkten Anzahl von Medien erfragt. Die Studie wird in Deutschland, Frankreich, Großbritannien, Italien und Spanien erhoben.

● Euro-Socio-Styles der GfK
Hierbei erfolgt eine länderübergreifende Typologisierung, da davon ausgegangen wird, dass die soziale Entwicklung in den berücksichtigten 15 europäischen Ländern seit dem 2. Weltkrieg ähnlich verlaufen ist. Auch die GfK berücksichtigt neben den soziodemographischen Kriterien die Merkmale Aktivitäten, Interessen und Meinungen.

▶ Im Laufe der letzten Jahre haben vor allem die großen Verlage weitere Typologien entwickelt. Im Folgenden sind einige Beispiele aufgeführt, die auf den entsprechenden Internetseiten gesichtet werden können:

Axel-Springer-Verlag: www.asv.de
● Erlebnis-Milieus

Bauerverlag: www.bauermedia.de
● OTC-Verwender-Typologie (OTC= over the counter; Freiverkäufliche Arzneimittel)
● PKW-Typologie
● Versandhauskäufer-Typologie
● Finanz-Typologie

Spiegelverlag: www.media.spiegel.de
● Outfit 5

Burda GmbH
● Typologie der Wünsche

Erlebnismilieus

Die **Erlebnismilieus** bilden gesellschaftliche Gruppen ab, die sich hinsichtlich ihres Alters oder ihrer Bildung ähneln können. Darüber hinaus wird die Zugehörigkeit zu einem Milieu durch Freizeitbeschäftigungen, Veranstaltungsarten, kulinarischen Vorlieben und durch Wohn- und Musikstile definiert.

Beispiel

Selbstverwirklichungs-Milieu: Hier fühlen sich Yuppies, Szene-Insider, aber auch Berufstätige aus dem sozialen Bereich zu Hause. Sie sind jünger als 40 Jahre und meist ledig, verfügen über ein mittleres Einkommen und eine mittlere bis höhere Bildung. Die Selbstverwirklicher sind vorwiegend in der „Szene" anzutreffen. Sie bevölkern Kneipen, Bistros, Biergärten und Flohmärkte, gehen gerne mit Freunden ins Kino oder Kabarett. Zu Hause stehen Soul- und Blues-Platten neben Jazz- und Rock-Pop-Covern. Kulinarisch muss es italienisch oder exotisch sein. Nur die „alten Yuppies" streben nach beruflicher Karriere. Alle anderen suchen ihre individuelle Erfüllung in zwischenmenschlichen Beziehungen. Ihre Entscheidungen treffen sie spontan, konforme Spießer sind ihnen verhasst. Medien-Präferenzen: Sie sehen wenig fern und wenn, dann ganz gezielt. Sie interessieren sich für Sendungen aus Politik, Wirtschaft, Kultur, Wissenschaft und Technik, aber auch für Musik-Clips. Sie sind eher Leseratten und verschlingen anspruchsvolle Literatur jeglicher Couleur.

Harmonie-Milieu: Das größte der beiden älteren Milieus. Seine Vertreter sind 50 Jahre und älter, verheiratet oder verwitwet. Der Bildungsgrad der Rentner oder (Fach-)Arbeiter ist vergleichsweise niedrig, ebenso ihr Einkommen. Sie gehen selten aus und spielen stattdessen lieber Karten zu Hause oder sehen fern. Die männlichen Vertreter ziehen es einmal die Woche zu ihrem Stammtisch in die Kneipe und die Frauen zum Kaffeeklatsch bei Freundinnen. Bei Volks- und Straßenfesten schunkeln sie zu deutscher Schlager- oder Volksmusik. Karriere machen ist ihnen fremd. Ein intaktes Familienleben, eingebettet in alte Traditionen, ist ihnen wichtiger. Medien-Präferenzen: Sie sind eher Lesemuffel und lesen, wenn überhaupt, am liebsten Groschenromane. In den Tageszeitungen finden nur die Boulevard-Seiten ihr Interesse. Sie sehen viel fern und bevorzugen seichte Unterhaltungssendungen. Reality-TV steht bei ihnen hoch im Kurs.

Quelle: o. V.: media&marketing 8-9/98, S.74

Niveau-Milieu: Dem zahlenmäßig kleinsten Milieu gehören die Bildungsbürger an, meist älter als 50 Jahre und Akademiker mit hohem Einkommen. Sie leben konventionell, wobei sie sich stark an kulturellen Werten orientieren. Geordnete Verhältnisse sind ihnen wichtig, ebenso die Anerkennung in der Gesellschaft. In ihrer Freizeit stehen Besuche von Theater, Oper, Museen und Ausstellungen an oberster Stelle. Zudem sind sie stets bestrebt, sich in Sprachkursen oder Lesungen weiterzubilden. Wenn es um das Essen geht, sind sie wahre Feinschmecker und bevorzugen teure Restaurants. Medien-Präferenzen: Sie lesen viel und nur „gute" Bücher, aber auch regionale Abonnement-Zeitungen sowie die meinungsbildende Presse. Ihr Fernsehkonsum beschränkt sich auf wenige ausgewählte Sendungen. Dazu zählen zum Beispiel Panorama, Monitor, Aspekte und philosophische Diskussionen oder Opernaufführungen.

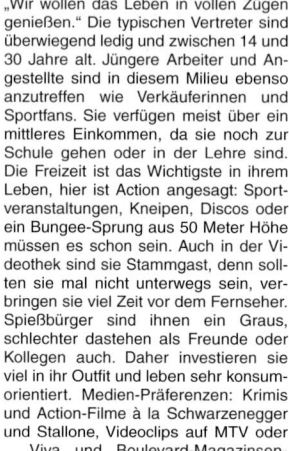

Unterhaltungs-Milieu: Das Motto dieses größten und jüngsten Milieus lautet: „Wir wollen das Leben in vollen Zügen genießen." Die typischen Vertreter sind überwiegend ledig und zwischen 14 und 30 Jahre alt. Jüngere Arbeiter und Angestellte sind in diesem Milieu ebenso anzutreffen wie Verkäuferinnen und Sportfans. Sie verfügen meist über ein mittleres Einkommen, da sie noch zur Schule gehen oder in der Lehre sind. Die Freizeit ist das Wichtigste in ihrem Leben, hier ist Action angesagt: Sportveranstaltungen, Kneipen, Discos oder ein Bungee-Sprung aus 50 Meter Höhe müssen es schon sein. Auch in der Videothek sind sie Stammgast, denn sollten sie mal nicht unterwegs sein, verbringen sie viel Zeit vor dem Fernseher. Spießbürger sind ihnen ein Graus, schlechter dastehen als Freunde oder Kollegen auch. Daher investieren sie viel in ihr Outfit und leben sehr konsumorientiert. Medien-Präferenzen: Krimis und Action-Filme à la Schwarzenegger und Stallone, Videoclips auf MTV oder Viva und Boulevard-Magazinsendungen. Ihr Lesekonsum ist eher mäßig und begrenzt sich auf die Boulevard-Themen.

Integrations-Milieu: Typische Vertreter dieses Milieus sind mittlere Angestellte und Beamte zwischen 30 und 50, mit eigenem Haus, mittlerem bis höherem Einkommen und ähnlichem Bildungsgrad. Familie, Kinder und Partnerschaft sowie eine enge Verbundenheit mit der Natur bestimmen ihr Leben. Nach vielen Entbehrungen sind sie stolz auf den erreichten materiellen Wohlstand. Sie sind aktive Vereinsmitglieder, beweisen aber zugleich einen gewissen Hang zur Hochkultur, indem sie ins Theater gehen oder Ausstellungen besuchen. Zu Hause werkeln sie im Garten, machen Handarbeiten oder verschönern ihr Zuhause. Ihr Musikgeschmack: Oldies, gelegentlich Opern, aber auch ein leichter Hang zu deutschen Schlagern. Medien-Präferenzen: hoher TV-Konsum. Sie sehen beinahe alles gern: Magazinsendungen aus Politik, Wirtschaft und Kultur, Theateraufführungen, Talk-Shows wie Reality-TV. Ihr Lesestoff reicht von der Trivialliteratur bis hin zu anspruchsvollen Büchern, inklusive Fachliteratur. In den Tageszeitungen interessieren sie sich für Lokalereignisse, Klatsch und Tratsch sowie das Feuilleton.

Welches Milieu isst welche Marke?

Niveau-Milieu		Selbstverw.-Milieu		Harmonie-Milieu		Integrations-Milieu		Unterhaltungs-Milieu	
Marke	Index	Marke	Index	Marke	Index	Marke	Index	Marke	Index
Gubor	144	Kinder-Schokolade	138	Trumpf	137	Gubor	154	Disney Family	172
Lindt	129	Nestlé Die Weiße	127	Sprengel	125	Lindt	152	Kinder-Schokolade	157
Milka	98	Yogurette	119	Sarotti	117	Sprengel	135	Nestlé Die Weiße	128
Ritter Sport	96	Lindt	112	Alpia	108	Yogourette	103	Yogourette	117
Sarotti	91	Ritter Sport	110	Lindt	101	Alpia	95	Ritter Sport	114

Lesebeispiel: Angehörige des so genannten Niveau-Milieus greifen überproportional oft zu den Schoko-Marken Gubor und Lindt. Marktführer Milka rangiert selten unter den Top-5-Marken nach Index, weil sich die Käufer der lila Tafel gleichmäßig auf die Milieus verteilen. Unterproportionale Werte erzielt Milka nur im Niveau-Milieu.

Basis-Tafelschokoladen-Esser [mind. einmal pro Woche], 17,92 Mio. Personen.   Quelle: VA '97/Erlebnis-Milie

Ein in Hamburg ansässiges Zweigunternehmen des internationalen Markt- und Mediaforschungskonzerns A. C. Nielsen ist die **Werbeforschung/Schmidt & Pohlmann (S + P)**.

Die Nielsen Werbeforschung/Schmidt & Pohlmann (S + P) informiert in der Bundesrepublik laufend über die Werbeaufwendungen in klassischen Medien, nicht jedoch über die Aufwendungen für Plakat- und Kinowerbung. S + P liefert kontinuierliche, nach Produktgruppen zusammengefasste Beobachtungsdaten, die jeweils ein ganzes Produktfeld abdecken. Ihre Berichte führen neben den aufgewendeten Bruttoaufwendungen auch die Werbeträger einzeln mit ihren Frequenzen und der Werbemittelausstattung auf. Diese Beobachtungsdaten sind vor allem für die Konkurrenzanalyse und die Beurteilung des Werbedrucks von Interesse.

1980 haben die von der Nielsen Medienforschung erfassten Publikumszeitschriften insgesamt 294.000 Anzeigen veröffentlicht. 1991 waren es bereits 371.000. Bei den rund 450 analysierten Titeln stieg das Jahresvolumen im gleichen Zeitraum von 650 auf 840 anzeigen. Parallel dazu haben sich die Formate vergrößert und die Anzeigen sind farbiger geworden.

Insgesamt wurde 1992 für mehr als 20.000 Produkte und Dienstleistungen in Zeitschriften geworben. Die Vergleichszahl des Fernsehens lautet 1800. Das entspricht einem Anteil von weniger als zehn Prozent.

Noch 1985 gab es täglich nur eine Stunde Werbefernsehen. 1988 hatte sich die Werbezeit auf zwei Stunden verdoppelt. 1993 sind daraus täglich mehr als neun Stunden geworden, in denen fast 1000 Spots ausgestrahlt werden.

◆ Die **IVW** (vgl. S. 261) (Informationsgemeinschaft zur Feststellung und Verbreitung von Werbeträgern e.V.) ermittelt, kontrolliert und veröffentlicht die Verbreitungsdaten von Werbeträgern (Tabelle siehe nächste Seite) – www.ivw.de.

1.3.3   Datenbanken

Datenbanken

Marktinformationen werden zunehmend auch in Form von Datenbanken (vgl. S. 326) angeboten. Hier besteht die Möglichkeit, Informationen unterschiedlicher Dateien beliebig miteinander **zu verknüpfen**.

 Für eine geplante Mailing-Aktion lässt sich der Werbeleiter eines Haushaltsgeräteherstellers die Adressen aller Drei-Personen-Haushalte in den Postleitgebieten 5 und 6 mit einem verfügbaren Monatseinkommen von über 5.000,00 € ausdrucken, die über keine Waschmaschine verfügen.

Datenbanken können je nach Zugriffsmöglichkeit und Datenträger in Offline-Datenbanken, Online-Datenbanken und CD-ROM-Datenbanken unterschieden werden.

Bei **Offline-Datenbanken** werden Informationen aufgrund von Aufträgen selektiert und auf den gewünschten Datenträgern bereitgestellt. Dieses Verfahren eignet sich z. B. für die Beschaffung von Adressen bei einmaligen Mailing-Aktionen. Die

IVW 3/2002

EDV Kürzel	Titel	Ersch.-weise	Druckauflage Gesamt	Verkauf Gesamt Exemplare	Ausland Exemplare	%	Sonstiger Verkauf Exemplare	%	Lesezirkel Exemplare	%	EV + ABO Inland Exemplare	%	Freistücke Exemplare
BS	Bild am Sonntag	wö	2.906.047	2.365.983	–	–	33.860	1,4	–	–	2.332.123	98,6	9.984
B	Bunte	wö	1.046.858	811.136	127.694	15,7	64.819	8,0	160.385	19,8	469.192	57,8	10.671
FOC	Focus	wö	1.007.044	786.573	43.291	5,5	128.214	16,3	90.290	11,5	524.842	66,7	11.523
N	NEUE REVUE	wö	418.265	300.622	37.161	12,4	1.697	0,6	115.419	38,4	159.789	53,2	2.602
MXX	Max	14	409.208	270.262	10.906	4,0	104.772	38,8	35.555	13,2	119.029	44,0	5.362
SUI	Super Illu	wö	789.458	604.375	7.808	1,3	11.436	1,9	6.386	1,1	578.746	95,8	7.072
SP	Der Spiegel	wö	1.365.256	1.108.589	112.340	10,1	79.341	7,2	101.026	9,1	816.652	73,7	13.490
S	Stern	wö	1.385.187	1.083.377	71.462	6,6	99.662	9,2	203.034	18,7	714.706	66,0	17.805
DB	Readers Digest Das Beste	mo	1.126.764	1.029.537	71.197	6,9	100.379	9,7	6.054	0,6	852.859	82,8	41.494
MSV	MILCHSTRASSE 14 (TSF, MXX)		2.883.558	2.341.072	137.428	5,9	271.478	11,6	40.280	1,7	1.891.886	80,8	13.281
AEB	auf einen Blick	wö	2.034.023	1.765.034	19.729	1,1	3.127	0,2	–	–	1.743.616	98,8	8.545
BIW	Bildwoche	wö	539.515	372.659	6.977	1,9	351	0,0	1.004	0,3	364.377	97,8	2.074
FW	Fernsehwoche	wö	1.053.012	873.476	6.325	0,7	2.498	0,3	–	–	864.653	99,0	4.243
FU	Funk Uhr	wö	1.240.438	1.015.031	4.277	0,4	3.266	0,3	59.750	5,9	947.738	93,4	5.228
H	Hör zu	wö	2.152.992	1.880.470	34.463	1,8	89.123	4,7	43.538	2,3	1.713.346	91,1	18.874
STV	Super TV	wö	400.645	338.761	–	–	152	0,0	25	0,0	338.584	99,9	3.435
HS	TV Hören und Sehen	wö	1.612.594	1.428.603	7.033	0,5	3.337	0,2	–	–	1.418.233	99,3	20.241
DZW	Die Zwei	wö	335.269	211.671	11.458	5,4	27.304	12,9	31	0,0	172.878	81,7	2.242
TKL	TV klar	wö	892.634	689.819	4.683	0,7	171	0,0	–	–	684.965	99,3	3.564
TNE	TV Neu	wö	563.469	385.234	5.181	1,3	220	0,0	–	–	379.833	98,6	1.066
TV	tv 14	14	2.549.644	2.113.662	33.502	1,6	396	0,0	–	–	2.080.050	98,4	31.664
TVD	TV direkt	14	1.375.167	970.275	22.513	2,3	14	0,0	25	0,0	947.723	97,7	3.421
TMV	TV Movie	14	2.663.567	2.233.606	94.756	4,2	49.704	2,2	–	–	2.090.113	93,6	25.760
TSF	TV Spielfilm	14	2.474.350	2.070.810	126.522	6,1	166.706	8,1	4.725	0,2	1.772.857	85,6	7.919
TDY	TV Today	14	1.122.500	859.468	36.034	4,2	30.047	3,5	69.298	8,1	724.089	84,2	7.216
TVP	tv pur	wö	924.412	708.580	3.157	0,4	89	0,0	–	–	705.334	99,5	460
PRW	Premiere World	mo	2.494.210	–							–	–	2.350.000
BPP	Basis Programm Kombination (HS, FW, AEB)		4.749.629	4.067.113	33.087	0,8	8.962	0,2	–	–	4.026.502	99,0	33.029
BSK	Burda Super Kombination (SUI, STV)		1.190.103	943.136	7.808	0,8	11.588	1,2	6.411	0,7	917.330	97,3	10.507
GBF	Gong plus Bild + Funk	mo	924.416	786.085	13.687	1,7	36.078	4,6	27.513	3,5	708.807	90,2	14.226
MID	Milchstraßen-Zielgruppe 3 (TSF, CIN)		2.741.084	2.258.270	137.002	6,1	259.259	11,5	5.238	0,2	1.856.771	82,2	9.970
TAN	Tandem (FU, H)		3.393.430	2.895.501	38.740	1,3	92.389	3,2	103.288	3,6	2.661.084	91,9	24.102
SUT	Super Tandem (H, FU, TNE, BIW)		4.496.414	3.653.394	50.898	1,4	92.960	2,5	104.292	2,9	3.405.294	93,2	27.242

Kosten sind abhängig von der Zahl der Adressen oder Informationen, dem Informationsumfang, den gewünschten Datenträgern und der Selektionstiefe.

Beispiel Wichtige Anbieter für Offline-Datenbanken sind z.B. Creditreform, Hoppenstedt, Bertelsmann und Kompass.

Bei **Online-Datenbanken** kann der Nutzer mithilfe von Personalcomputer, Datenübertragungssoftware, Modem und Telefon, Datex oder ISDN-Leitung direkt in der Datenbank des Anbieters recherchieren. An Kosten entstehen die Nutzungsgebühr für den Rechner, die Nutzungsgebühr für die Datenbank, die Gebühr für die abgerufene Information und die Kosten der Datenübertragung.

Beispiel Anbieter sind z.B. Creditreform, Schimmelpfeng, ABC-Verlag

Datenbanken werden zunehmend auch auf **CD-ROM** angeboten. Nachteil der CD-ROM ist, dass die Daten nach Erscheinen veralten. Aus diesem Grund werden sie von einigen Anbietern im Abonnement angeboten.

Beispiel Deutscher Adressbuch-Verlag, Creditreform, DATEV, ABC-Verlag

Beispiel **Datenbanken**

Gesellschaft für Betriebswirtschaftliche Information	www.gbi.de
Wirtschaftsdatenbanken der Creditreform	www.creditreform.de
Homepage von Hoppenstedt	www.hoppenstedt.de
Firmendatenbank von Hoppenstedt	www.firmendatenbank.de
Managerdatenbank von Hoppenstedt	www.bizbooh.de
Datenbank Schimmelpfeng	www.dbgerman.com
Business-to-Business-Suchmaschine	www.kompass.de

Beispiel **Datenbank der GBI**

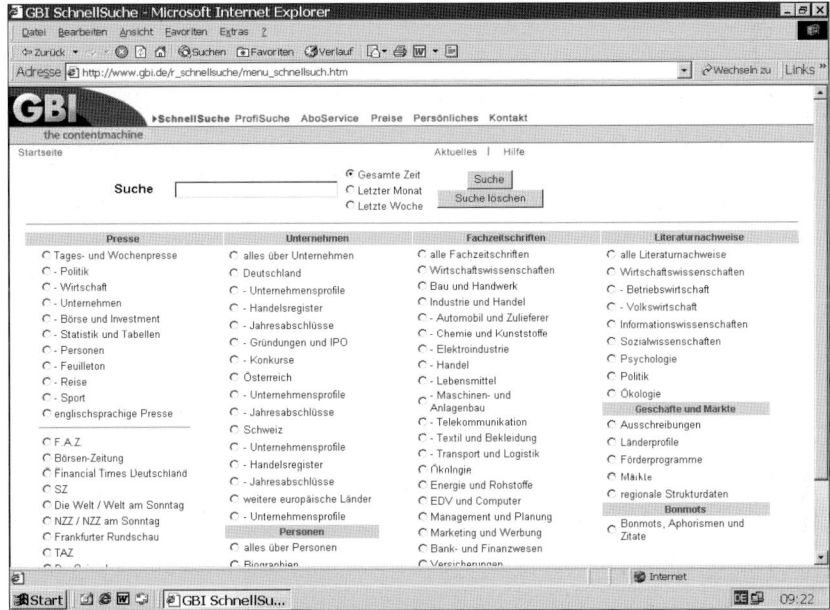

1.3.4   Vor- und Nachteile der Sekundärmarktforschung

Vorteile der Sekundärforschung
– Sekundärdaten sind i.d.R. schneller verfügbar
– Einige Daten kann man sonst nur schwer oder gar nicht erhalten (Bevölkerungsstatistik, Statistiken über Ex- und Importe)
– kostengünstige Informationsbeschaffung
– schneller Einblick in die Untersuchungsgebiete
– Häufig nimmt die Sekundärforschung eine Basisfunktion ein, auf der die Primärforschung aufbaut.

Nachteile der Sekundärforschung
– Die Informationen sind nicht immer genau für das Problem geeignet.
– Auch die Konkurrenz hat Zugriff auf diese Daten.
– Manchmal sind die Daten veraltet.

1.3.5   Ermittlung der Wettbewerbssituation in der Praxis

Direkter
Wettbewerb

Die erste Frage, die sich im Rahmen der Analyse der Wettbewerbssituation stellt, ist die nach den Wettbewerbern. Die Antwort scheint auf den ersten Blick einfach. Denkt man an Autos oder an Zigaretten, kann jeder die konkurrierenden Marken aufzählen. Hierbei handelt es sich jedoch nur um den **direkten Wettbewerb.**

Bei den Markenartikelherstellern für Speicherchips gibt es fünf große Anbieter. Der Produktmanager fragt bei einer Wirtschaftsauskunftei die Absatzzahlen der Marktführer ab.

Indirekter
Wettbewerb

Der Produktmanager muss jedoch auch den **indirekten** Wettbewerb in seine Überlegungen einbeziehen. Diesen zu analysieren, ist schon schwieriger. In direkten Wettbewerb treten Substitutionsgüter, die als Ersatz für das eigene Produkt herangezogen werden können.

Substitutionsgut für bestimmte Funktionen des Speicherchips ist die CD-ROM. Der Produktmanager recherchiert im Rahmen der Sekundärmarktforschung die Verbreitung der CD-Laufwerke in Personalcomputern und den Stand der Entwicklung der bespielbaren CD.

Auch zwischen **grundsätzlich verschiedenen** Gütern kann eine Wettbewerbssituation entstehen. Beispielsweise kann in Rezessionszeiten die schlechte wirtschaftliche Lage der Privathaushalte dazu führen, dass gespart werden muss. Hier stellt sich z. B. die Frage, ob der Kauf eines neuen Computers um ein Jahr verschoben wird oder der geplante Urlaub ausfällt. In diesem Fall konkurriert der Computer mit der Urlaubsreise.

Der Elektronikkonzern plant eine Imagekampagne, die darauf zielt, dem Kunden den Einstieg in das Computerzeitalter als wichtigste Konsumscheidung erscheinen zu lassen.

Die Analyse der Wettbewerbssituation begnügt sich jedoch nicht damit, den potenziellen Wettbewerber zu kennen. Wichtig ist auch zu wissen, welche **Kunden- und Marktstrukturen** von ihm abgedeckt werden, welche **Unternehmensziele** er verfolgt und mit welchen **Strategien** er sich bislang im Markt behauptet hat. Darüber hinaus muss der Einsatz des **absatzpolitischen Instrumentariums** der Wettbewerber so genau wie möglich ermittelt werden. Welche Kommunikationsmittel werden genutzt? Welche Serviceleistungen werden angeboten, welche Distributionswege werden genutzt und welche Preisstellung hat das Produkt der Wettbewerber?

Wettbewerbs-merkmale

1.4 Analyse der relevanten Kundenschichten

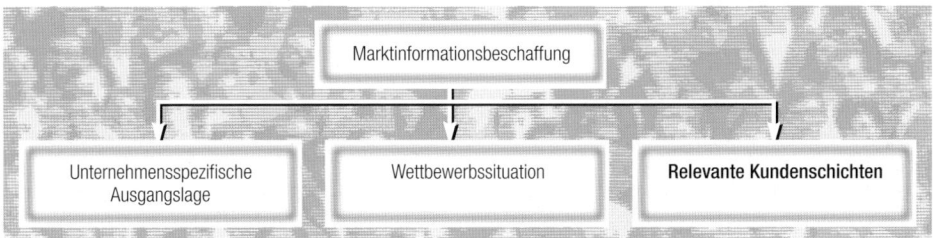

Die Analyse der relevanten Kundenschichten wird i.d.R. mithilfe der **Primärmarktforschung** erfolgen.

Überblick über die Primärmarktforschung:

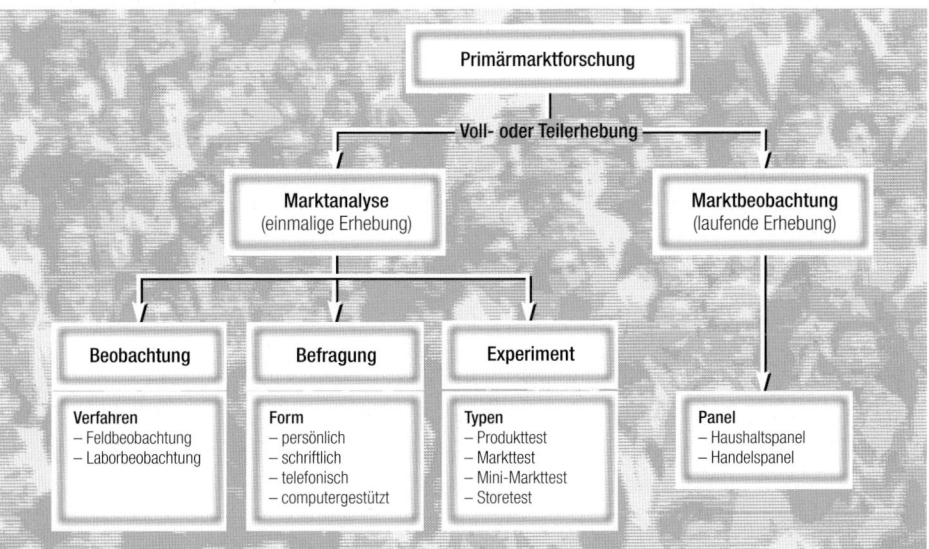

Die Gesamtmenge aller Personen, die hinsichtlich ihrer Merkmale den Befragungsgegenstand repräsentieren, wird als **Grundgesamtheit** bezeichnet.

Um die Grundgesamtheit eindeutig zu definieren, muss sie
– zeitlich
– räumlich
– sachlich abgegrenzt werden.

> **Beispiel** „Befragung aller Mercedesfahrer" ist zu allgemein.
> Abgrenzung: Zur Grundgesamtheit gehören alle Personen, die am 31.12.2001 ihren dauerhaften Wohnsitz in Deutschland haben und zu diesem Zeitpunkt Eigentümer eines Mercedes sind.

Ist die Gesamtheit der zu untersuchenden Elemente (Grundgesamtheit) klein, kann eine **Vollerhebung** durchgeführt werden. Ist die Grundgesamtheit groß, wird i.d.R. eine **Teilerhebung** durchgeführt.

1.4.1   Die Vollerhebung

Vollerhebung

Ist die Entscheidung für eine Erhebung der Daten über die relevanten Kundenschichten im Rahmen der Primärmarktforschung gefallen, muss zunächst die Frage nach dem Erhebungsverfahren geklärt werden. Grundsätzlich besteht natürlich die Möglichkeit, **die Gesamtheit** der potenziellen Kunden zu befragen. In diesem Fall spricht man von einer **Vollerhebung**. Die Ergebnisse sind genau und zuverlässig. Eine Vollerhebung bietet sich an, wenn die Grundgesamtheit, d.h. die Gesamtheit der statistisch erfassten gleichartigen Elemente, relativ klein ist.

> **Beispiel** Ein Softwarehersteller möchte die Erfahrungen mit dem Einsatz von CD-ROM-Laufwerken in Großbetrieben der chemischen Industrie erfragen. Da die Grundgesamtheit hier relativ klein ist, wird der entsprechende Fragebogen an alle Unternehmen verschickt.

Da die zu befragende Grundgesamtheit in der Praxis häufig sehr groß ist, entstehen bei einer Vollerhebung hohe Kosten. Weitere **Nachteile** sind der Zeitaufwand und die Tatsache, dass die Grundgesamtheit der zu befragenden Personen oft gar nicht bekannt ist.

1.4.2   Die Teilerhebung

Teilerhebung

Aufgrund der Nachteile der Vollerhebung werden in der Praxis nicht alle Elemente der **Grundgesamtheit** (= die Gesamtheit der statistisch erfassten gleichartigen Elemente) befragt, sondern es wird eine Teilerhebung durchgeführt. Dabei wird der Grundgesamtheit eine **Stichprobe** entnommen, die im Hinblick auf die zu untersuchenden Merkmale **repräsentativ** für die Grundgesamtheit sein soll.

Dieser Teil der Grundgesamtheit (Stichprobe) muss in seinen Merkmalen und Verteilungen ein repräsentatives Abbild der Grundgesamtheit darstellen, damit die Ergebnisse der Stichprobe auf die Grundgesamtheit übertragen werden können **(Repräsentanz)**.

Die Stichprobe stellt ein repräsentatives
Abbild der Grundgesamtheit dar.

1.4.3 Die Auswahl der Stichprobe

Bei der **Auswahl der Stichprobe** im Rahmen der Teilerhebung kommen unterschiedliche Verfahren zum Einsatz.

Stichprobenauswahl

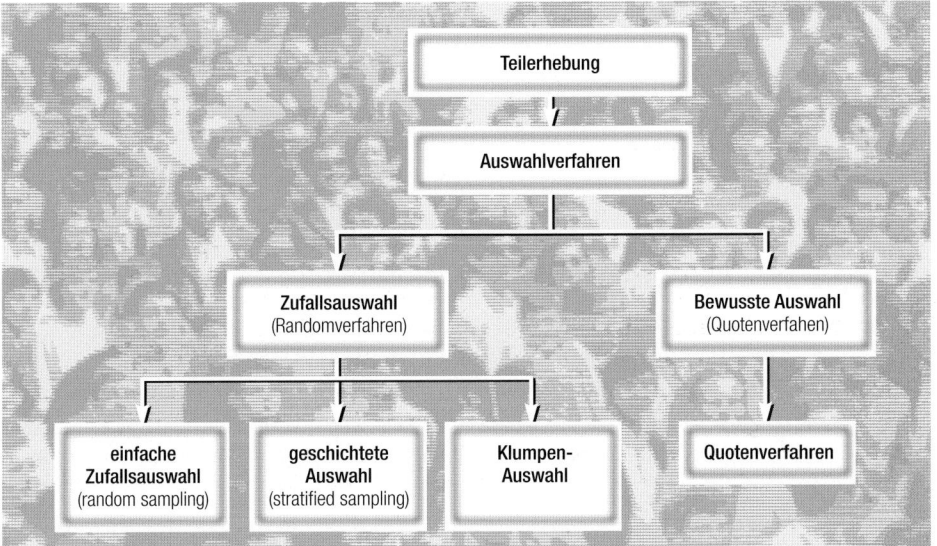

Wichtig ist die Unterscheidung, ob es sich **im Hinblick auf die Fragestellung** um eine homogene oder um eine heterogene Grundgesamtheit handelt.

Ist die Grundgesamtheit **homogen**, d.h. sind die Merkmale in der Grundgesamtheit gleich verteilt, kann das einfache Zufallsauswahlverfahren eingesetzt werden. Ist die Grundgesamtheit **heterogen** zusammengesetzt, kann die Auswahl durch das geschichtete Auswahlverfahren oder die Quotenauswahl erfolgen.

Bei der einfachen **Zufallsauswahl** (Random Sampling) muss jedes Element der Grundgesamtheit **die gleiche Chance** haben ausgewählt zu werden. Voraussetzung für dieses Verfahren ist, dass die Elemente der Grundgesamtheit z.B. in

Verfahren der Stichprobenauswahl

Form einer Liste erfasst vorliegen. Ist dies der Fall, kann die Stichprobe mithilfe des Urnen-Modells, mit Zufallszahlentabellen oder durch das Schlussziffernverfahren ermittelt werden.

◆ Beim **Urnen-Modell** werden die Elemente der Grundgesamtheit gemischt, und es wird anschließend die Stichprobe gezogen.

Beispiel   Bei der Ziehung der Lottozahlen werden die 36 Kugeln zunächst gemischt, und dann werden die 6 Kugeln und Zusatzzahl gezogen. Jede Kugel hat hier die gleiche Chance, in die Stichprobe zu gelangen.

◆ **Zufallszahlentabellen** werden mithilfe der EDV erstellt. Liegt die Grundgesamtheit in Form einer numerierten Liste vor, kann jetzt anhand der Zufallszahlen ausgewählt werden.

Beispiel   Eine Tageszeitung möchte ihre Abonnenten befragen. Die Abonnentenkartei wird zunächst fortlaufend numeriert. Anschließend wird die entsprechende Stichprobe anhand der nachstehenden Zufallszahlentabelle gezogen.

Spalte / Zeile	(1)	(2)	(3)	(4)	(5)	(6)	(7)	(8)	(9)	(10)	(11)	(12)	(13)	(14)
1	10480	15011	01536	02011	81647	91646	69179	14194	62590	36207	20969	99570	91291	90700
2	22368	46573	25595	85393	30995	89198	27982	53402	93965	34095	52666	19174	39615	99505
3	24130	48360	22527	97265	76393	64809	15179	24830	49340	32081	30680	19655	63348	58629
4	42167	93093	06243	61680	07856	16376	39440	53537	71341	57004	00849	74917	97758	16379
5	37570	39975	81837	16656	06121	91782	60468	81305	49684	60672	14110	06927	01263	54613
6	77921	06907	11008	42751	27756	53498	18602	70659	90655	15053	21916	81825	44394	42880
7	99562	72905	56420	69994	98872	31016	71194	18738	44013	48840	63213	21069	10634	12952
8	96301	91977	05463	07972	18876	20922	94595	56869	69014	60045	18425	84903	42508	32307
9	89579	14342	63661	10281	17453	18103	57740	84378	25331	12566	58678	44947	05585	56941
10	85475	36857	53342	53988	53060	59533	38867	62300	08158	17983	16439	11458	18593	64952

◆ Beim **Schlussziffernverfahren** werden die durchnummerierten Elemente der Grundgesamtheit mit einer bestimmten Schlussziffer ausgewählt.

Beispiel   Bei einem Stichprobenumfang von 20% werden z.B. alle Elemente mit der Schlussziffer 2 und 4 ausgewählt, also die Nummern 2, 4, 12, 14, 22, 24, 32, 34, 42 usw.

◆ **Random-Route-Verfahren**

Besondere Form der Zufallsauswahl:
– Interviewer erhält eine nach Zufall ausgewählte Ausgangsadresse.
– Danach wählt er die Stichprobe selbst aus, und zwar nach streng vorgegebenen, zufallsabhängigen Regeln (u.a. Gehrichtung, Straßen, Häuserblocks, Stockwerken, etc.)
– In der Literatur wird das Random-Route-Verfahren oftmals als Sonderform des Quotenverfahrens bezeichnet.

geschichtete Auswahl

Ist die Grundgesamtheit heterogen und zerfällt sie in unterschiedliche Teilgesamtheiten, die in sich wiederum weitgehend homogen sind, kann das **geschichtete Auswahlverfahren** oder das disproportional geschichtete Auswahlverfahren eingesetzt werden. Die Grundgesamtheit wird jeweils in eine Reihe von Untergruppen

(Schichten) eingeteilt, aus denen dann nach dem Zufallsverfahren die Stichproben gezogen werden. Merkmale, nach denen Schichten gebildet werden können, sind z. B. das Geschlecht, das Alter, der Beruf usw.

Beispiel Der Marketingleiter einer Tageszeitung weiß, dass 60% der Leser Frauen und 40% Männer sind. Sollen 1000 Personen befragt werden, müssen zunächst zwei Schichten von jeweils 400 Männern und 600 Frauen gebildet werden, die jeweils seperate Grundgesamtheiten bilden. Die Auswahl der zu Befragenden innerhalb der Schichten erfolgt dann im Rahmen der Zufallsauswahl.

Beispiel Die Schüler einer Berufsschule sollen hinsichtlich ihrer Zufriedenheit mit dem Ausbildungsbetrieb befragt werden. Es sollen 95 Schüler in die Stichprobe einbezogen werden.

Die **Grundgesamtheit** umfasst 950 Auszubildende, die in 5 Ausbildungsberufe zerfallen.

Hinsichtlich der Fragestellung liegt eine heterogene Grundgesamtheit vor, da die einzelnen Ausbildungsberufe unterschiedlich große Teilmengen darstellen und somit nicht die gleiche Wahrscheinlichkeit haben, in die Stichprobe zu gelangen.

Durch die Bildung von – im Hinblick auf die Fragestellung – homogenen Untergruppen wäre eine Zufallsauswahl möglich. Hierbei werden aus jeder Berufssparte 10% für die Stichprobe gezogen (durch das Urnenmodell oder die systematische Auswahl).

Innerhalb der homogenen Untergruppe besitzt nun jedes Element die gleiche Wahrscheinlichkeit, in die Stichprobe zu kommen.

	Werbe-kaufmann	Kaufmann für audiovisuelle Medien	Verlags-kaufmann	Fachangestellte für Medien und Informations-dienste	Veranstaltungs-kaufmann	Gesamt
Grund-gesamtheit	300	250	230	120	50	**950**
Stichprobe	30	25	23	12	5	**95**

Beim **disproportional geschichteten Auswahlverfahren** werden die Untergruppen entsprechend ihrer Bedeutung gewichtet.

Beispiel Sind die Berufsbilder von unterschiedlicher Bedeutung für den Befragungsgrund, gewichtet man die Stichprobe unterschiedlich:

	Werbe-kaufmann	Kaufmann für audiovisuelle Medien	Verlags-kaufmann	Fachangestellte für Medien und Informations-dienste	Veranstaltungs-kaufmann	Gesamt
Gewichtung	20%	30%	15%	25%	10%	**100%**
Stichprobe	19	28	14	24	10	**95**

Neben dem geschichteten Auswahlverfahren gibt es noch weitere Verfahren, die bei heterogener Grundgesamtheit zum Einsatz kommen können. So das **Flächenstichprobenverfahren**, das die Grundgesamtheit aufgrund einer Landkarte in Teilflächen zerlegt, oder das **Klumpenverfahren**, das die Grundgesamtheit in Klumpen, wie z. B. Betriebe, Haushalte oder Gemeinden, zerlegt und dann innerhalb der Klumpen alle Elemente oder eine Zufallsauswahl befragt.

Beispiel Die Grundgesamtheit sind z.B. alle organisierten Tennisspieler in Deutschland, wobei ein Tennisverein einen sog. Klumpen bildet.

Im Hinblick auf das Merkmal „Tennisverein" sind die jeweiligen Klumpen homogen, womit jeder Tennisverein die gleiche Wahrscheinlichkeit besitzt, in die Stichprobe zu gelangen.

Innerhalb des Klumpenverfahrens wird nun eine bestimmte Anzahl von Vereinen mittels der einfachen Zufallsauswahl ausgewählt und es werden dann **alle Mitglieder** aus den ausgewählten Vereinen befragt. Dabei sollte die Gruppe innerhalb des Klumpens sehr heterogen sein, damit alle Ansichten gleichermaßen Berücksichtigung finden.

Ein Nachteil besteht in dem evtl. Auftreten von „**Klumpen-Effekten**": Ist ein Verein zu homogen in seiner Zusammensetzung (z.B. Nobelverein), kann deren Meinung keinesfalls auf die Grundgesamtheit – auf alle Tennisspieler – übertragen werden. Es entstünde kein repräsentatives Ergebnis.

Quotenauswahl

Bei der **Quotenauswahl** handelt es sich um ein nicht-zufallsorientiertes Verfahren. Aufgrund von Vorkenntnissen des Untersuchenden wird die Stichprobe **in ihrer Zusammensetzung der Grundgesamtheit nachgeahmt**. Die erforderlichen Vorinformationen können z. B. im Rahmen der Sekundärmarktforschung erhoben worden sein. Es wird so sichergestellt, dass alle ermittelten Merkmale in der Stichprobe enthalten sind.

In einer **Quotenanweisung** werden die Interviewer angewiesen, die Befragung entsprechend der Vorgaben durchzuführen. Innerhalb der Quote treffen die Interviewer die Auswahl der zu Befragenden selbstständig.

Beim Quotenverfahren wird eine **Quotierung entsprechend der Struktur der Grundgesamtheit** vorgenommen. Ist der Umfang der Grundgesamtheit nicht bekannt (z.B. Verteilung über die gesamte Bundesrepublik) legt man den Umfang der Stichprobe fest (z.B. 1000 Personen) und berechnet die Stichprobe aufgrund eines Quotenplanes. In diesem Fall entspricht der Quotenplan den Merkmalsstrukturen der Bundesrepublik. Auf der Basis dieser errechneten Quotenanweisung wählt der Interviewer die Befragungssubjekte aus.

Ein **Nachteil** des Quotenverfahrens besteht darin, dass es zu subjektiven Verzerrungen kommen kann, da der Interviewer nach seinem Empfinden die Zielpersonen aussucht. Hinzu kommen eventuell Bequemlichkeitseffekte. Hierbei befragt der Interviewer nur Personen, die leicht erreichbar sind bzw. die ihm bekannt sind.

Der Produktmanager des Elektronikkonzerns weiß aus einer Veröffentlichung des Statistischen Bundesamtes, dass 70% der gewerblich genutzten Personalcomputer in mittelständischen Unternehmen, 15% in Großbetrieben und 15% bei Freiberuflern eingesetzt werden. Er legt in einer Quotenanweisung für die Interviewer fest, dass bei einer Stichprobe von 1.000 Interviews 700 mittelständische Unternehmer, 150 Großbetriebe und 150 Freiberufler befragt werden müsssen. Welche Freiberufler, Mittelständler oder Großbetriebe der Interviewer befragt, entscheidet dieser selbst.

1.4.4 Der Umfang der Stichprobe

Neben der Frage des Auswahlverfahrens muss der Umfang der Stichprobe ermittelt werden. Je größer der Umfang der Stichprobe, desto zuverlässiger ist das Resultat, aber desto höher sind auch die Kosten.

Umfang der Stichprobe

Zur Ermittlung des **optimalen Umfangs einer Stichprobe** müssen zunächst folgende Fragen geklärt werden:

1. Wie sicher soll es sein, dass das ermittelte Ergebnis der Teilgesamtheit mit der Grundgesamtheit übereinstimmt **(Sicherheitsfaktor/Wahrscheinlichkeit)**?

 Eine Wahrscheinlichkeit von 99% besagt, dass die Aussage der Teilgesamtheit mit einer Wahrscheinlichkeit von 99% auf die Gesamtheit zutrifft.

Bei 100 Stichproben würden 99 die Aussage der Gesamtheit ungefähr wiedergeben.

– Je größer die geforderte Sicherheit, desto größer muss der Umfang der Stichprobe sein.
– Im Allgemeinen wird der Grad der Wahrscheinlichkeit mit dem Sicherheitsfaktor (z) angegeben (s. Tabelle).

Sicherheitsfaktor	Wahrscheinlichkeit
z = 1,00	68,3%
z = 1,50	86,6%
z = 1,64	90,0%
z = 1,96	95,0%
z = 2,00	95,5%
z = 2,58	99,0%
z = 3,00	99,7%
z = 3,29	99,9%
z = 3,70	99,99%

2. Welche **Fehlertoleranz** im Ergebnis soll zugelassen werden?

 Es wurden 100 Personen befragt. **60%** der Befragten gab an, die Marke „XY" zu kennen.
Bei einer Fehlertoleranz von +/– 2% ist das Ergebnis folgendermaßen zu interpretieren:
58% bis 62% aller Haushalte kennen – mit an sehr hoher Sicherheit grenzender Wahrscheinlichkeit (oben: 99%) – die Marke „XY".

– Je größer die tolerierte Fehlertoleranz, desto kleiner kann der Umfang der Stichprobe sein.

3. Welche **Verteilung der Merkmalsanteile** (z.B. Bekanntheitsgrad) in der Grundgesamtheit ist bereits bekannt?

– Die Kenntnis der Anteile ergibt sich aus Erfahrung, aus früheren Berechnungen oder aus Abschätzungen bisheriger Entwicklungen. Können die Anteile nicht geschätzt werden, werden sie jeweils mit 50% angenommen.

– Je weniger über die Verteilung der Merkmale bekannt ist, desto größer muss der Umfang der Stichprobe sein.

Der Umfang der Stichprobe lässt sich nach folgender Formel berechnen:

$$n = \frac{z^2 \times p \times q}{e^2}$$

n = Stichprobenumfang
z = Sicherheitsfaktor (siehe Tabelle)
e = Fehlertoleranz
p = Anteilsmerkmal 1 der Stichprobe
q = Anteilsmerkmal 2 der Stichprobe

Beispiel Ein Markenartikel-Hersteller weiß aus der Studie, die vor 5 Jahren durchgeführt wurde, dass seine Markenartikel 40% der Haushalte bekannt waren. Um die aktuellen Werte zu erheben, wird eine neuerliche Befragung geplant.

Bei einem Sicherheitsfaktor von z = 2 (95,5%) und einer Fehlertoleranz von +/- 3% beträgt der Umfang der Stichprobe:

$$n = \frac{2^2 \times 0,4 \times 0,6}{(0,03)^2} = \frac{0,96}{0,0009} = 1.067 \ (1.066,667)$$

1 Der Produktmanager des Elektronikunternehmens möchte den Bekanntheitsgrad des Unternehmens in Deutschland ermitteln. Es wird eine Aussagewahrscheinlichkeit von 95,5% gewünscht. Ein Fehlerbereich von ⊕ 5% wird als tolerierbar in Kauf genommen. Da keinerlei Informationen über die Bekanntheit des Unternehmens vorliegen, müssen die Anteilsmerkmale ‚bekannt' und ‚nicht bekannt' (p und q) mit jeweils 50% angesetzt werden. Die Stichprobe wird wie folgt ermittelt:

$$n = \frac{z^2 \times p \times q}{e^2} = \frac{2^2 \times 0,50 \times 0,50}{0,05^2} = \underline{400}$$

2 Will der Produktmanager eine Aussagewahrscheinlichkeit von 99,7%, so müssen folgende Stichproben gezogen werden:

$$n = \frac{3^2 \times 0,50 \times 0,50}{0,05^2} = \underline{900}$$

3 Ist dem Elektronikunternehmen in Beispiel 1 aus einer früheren Studie schon bekannt, dass 20% der Bevölkerung der Bundesrepublik das Unternehmen kennen, so verringert sich die Anzahl der zu ziehenden Stichprobe wie folgt:

$$n = \frac{2^2 \times 0,20 \times 0,80}{0,05^2} = \underline{256}$$

1.4.5   Die Erhebungsmethoden

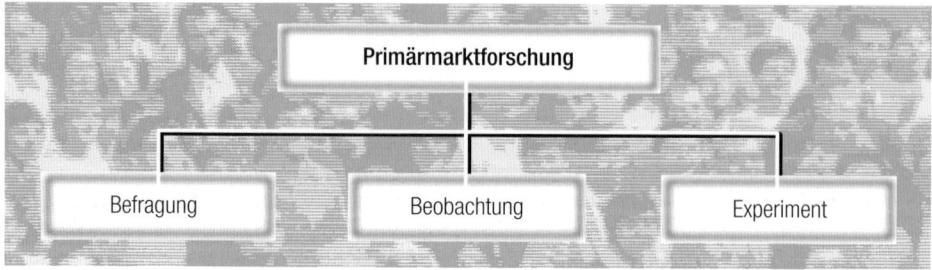

Erhebungsmethoden der Primärmarktforschung sind die **Befragung**, die **Beobachtung** und das **Experiment**. Daneben soll das **Panel** als Verfahren der Datenerhebung bei einem gleichbleibenden Personenkreis zum gleichen Gegenstand über einen längeren Zeitpunkt dargestellt werden.

Erhebungsmethoden der Primärmarktforschung

1.4.5.1 Die Befragung

Bei der **Befragung** wird versucht, durch Antworten Informationen von Personen über den Befragungsgegenstand zu erhalten.

Arten der Befragung

◆ Nach der **Kommunikationsform** kann zwischen persönlicher, schriftlicher, telefonischer und computergestützter Befragung unterschieden werden.

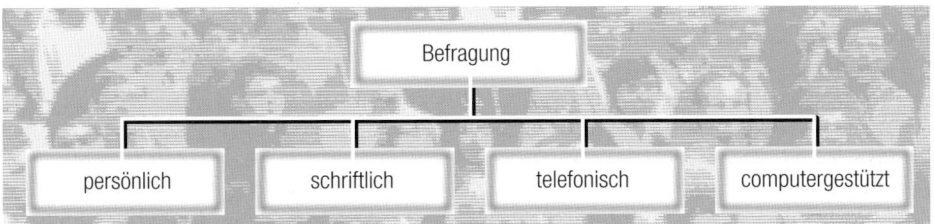

◆ **Persönliche Befragungen** haben den Vorteil, dass Interviewer und Befragter zusammenkommen und dadurch auch komplexe Fragen gestellt werden können. Der Interviewer kann Erläuterungen geben und überprüfen, ob die Frage verstanden wurde. Nachteile dieser Methode sind der Zeitaufwand und die hohen Kosten. Darüber hinaus kann der Einfluss des Interviewers das Ergebnis verfälschen.

Persönliche Befragung

| Beispiel | Bei einer Befragung zum Thema ‚Gewalt in der Ehe' werden Männer weiblichen Interviewern gegenüber anders antworten als männlichen. |

Vorteile:	Nachteile:
– hohe Antwortquoten – auch komplexe Fragestellungen möglich – Rückfragen möglich – lange Befragungen möglich (bis zu 60 min.) – alle Materialien einsetzbar (Produktproben, Bilder, ...) – Filterfragen möglich – Gewähr, dass die Zielperson selbst antwortet. – hohe Zuverlässigkeit – Sympathie/Ausstrahlung des Interviewers kann sich positiv auf die Antwortquote auswirken.	– teuer und zeitaufwendig – Interviewereinfluss möglich – hohe Verweigererquote

Bei der **schriftlichen Befragung** wird dem Befragten ein Fragebogen durch die Printmedien oder mit der Post zugestellt oder auch persönlich verteilt und wieder abgeholt. Dem Vorteil der geringen Kosten stehen wesentliche Nachteile gegenüber. So ist der Rücklauf in der Praxis sehr gering, und es ist nicht möglich zu überprüfen, ob der Interviewte die Fragestellung verstanden hat.

Schriftliche Befragung

Vorteile:	Nachteile:

– schnell und kostengünstig
– kein Intervieweinfluss
– Antworten können überlegter erfolgen
  (kein Zeitdruck)
– räumlich weit entfernte Personen sind leicht
  erreichbar
– große Stückzahlen leicht handhabbar
	– geringe Rücklaufquoten (10 – 30%)
	– eingeschränkter Fragenumfang;
	  keine erklärungsbedürftigen Fragen
	– keine Gewähr, dass auch wirklich die zu
	  befragende Person die Fragen beantwortet
	– Stichprobenfehler: Es antworten nur die Personen,
	  die dem Thema günstig oder kritisch gegenüber-
	  stehen; die Mittelgruppe bleibt außen vor.

Telefonische Befragung

Bei der **telefonischen Befragung** werden die Informationen durch einen Telefon-anruf erhoben. Nachteilig könnte sich hier auswirken, dass komplexe Fragestel-lungen am Telefon nur schwer zu erörtern sind. Die wesentlichen Vorteile sind die Aktualität, die nahezu unbegrenzte Reichweite und die geringen Kosten.

Vorteile:	Nachteile:
– schnell (Blitzumfrage) – kostengünstiger als die persönliche Befragung – kaum Intervieweinfluss – gute Kontrollmöglichkeit durch „Mithören" – hohe Antwortquoten – räumlich weit entfernte Personen leicht erreichbar	– teurer als die schriftliche Befragung – eingeschränkter Fragenumfang – keine erklärungsbedürftigen Fragen – nur kurze Befragungen (10–15 min) möglich – Befragungsmaterial wie z. B. Bilder nicht möglich – Antworten erfolgen nicht sehr überlegt

Computer-gestützte Befragung

Zunehmend gewinnen **computergestützte Befragungen** an Bedeutung. Im Rah-men der Online-Befragung werden Befragungen in Datennetzen durchgeführt.

Vorteile:	Nachteile:

– kostengünstiger und schneller als klassische
  Befragung
– keine Übertragungsfehler bei der Dateneingabe
– kein Intervieweinfluss
– Bilder und Videos durch Multimedia möglich
	– ggf. Probleme bei der Repräsentativität
	  (nur computerinteressierte Personen)
	– keine erklärungsbedürftigen Fragen
	– hoher einmaliger Aufwand (Touchscreens, Laptops)
	– Befragungsmaterial (fühlen, tasten, riechen)
	  nicht anwendbar

◆ Nach der **Befragungsstrategie** kann zwischen dem standardisierten und dem strukturierten Interview sowie dem freien Gespräch unterschieden werden.

– Beim **standardisierten Interview** ist der Wortlaut und die Reihenfolge der Fra-gen für alle Befragten festgelegt.

– Beim **strukturierten Interview** sind lediglich Leitfragen vorgegeben.

– Das **freie Gespräch** (Tiefeninterview/Exploration) besteht darin, dass der Inter-viewer in einer zwanglosen Atmosphäre durch allgemeine Fragen die Themen-bereiche anspricht, über die berichtet werden soll. Der Befragte schildert mög-lichst umfangreich und entspannt, was ihm zu diesem Thema einfällt. Das Er-gebnis besteht in einem Urteil über den Problembereich.

◆ Nach dem **Befragungsort** unterscheidet man das

– Home-Interview (zu Hause),
– Studio-Interview (im Labor/Studio) und das
– Mall-Interview (shopping-mall = Einkaufszentrum)

◆ Nach den **zu befragenden Personen** (Zielgruppe) unterteilt man die Befragung in die

– Unternehmensbefragung,
– Verbraucherbefragung,
– Expertenbefragung und die
– Gruppenbefragung.

◆ Nach der **Zahl der Untersuchungsthemen** differenziert man

– Ein-Themen (Spezial-) Befragung und
– Omnibusbefragung (Mehrthemenbefragung).

◆ Nach der **Befragungshäufigkeit** unterscheidet man

– Einmalbefragungen und
– Mehrfachbefragungen (Panels).

Entsprechend der oben aufgeführten Unterscheidungskriterien sollen bei der Planung einer Befragung folgende Schritte beachtet werden:

1. Welches **Medium** soll benutzt werden?
2. An welchem **Ort** soll die Studie durchgeführt werden?
3. Welcher Personenkreis ist als **Zielgruppe** der Befragung vorgesehen?
4. **Wie viele** Interviews sind notwendig?
5. Welche **Inhalte** sollen bei der Formulierung der Fragen berücksichtigt werden?
6. In welcher **Reihenfolge** sollen die Fragen oder Inhalte der Umfrage den Befragten dargeboten werden?
7. Mit welchem **Wortlaut** werden die Fragen formuliert?

Regeln für die Fragenformulierung

In der Praxis ist es häufig der Fall, dass der Kunde sein Anliegen in seiner Fachsprache formuliert. Aufgabe des Marktforschers ist es dann, diese Fachsprache in die Sprache des Befragten umzuformulieren.

Frage-
formulierung

Beispiel **Ein VW-Mitarbeiter möchte durch eine Befragung auf folgende Fragen eine Antwort bekommen:**

1. „Wie verändert eine neue VW-Werbekampagne das Firmenimage des Herstellers Volkswagen"?
2. „Kommuniziert die Kampagne „Benefits"[1], die sie transportieren soll?"
3. „Wie hoch ist der „Impact"[2] der Kampagne oder „Wie stark ist die Erinnerungsleistung?"

Eine mögliche Übersetzung könnte folgendermaßen lauten:

1. „Haben Sie in den letzten 4 Wochen Fernsehwerbung für PKW gesehen?"
2. „Worum ging es in der VW Werbung?"
3. „Sie sehen hier eine Liste von PKW – Herstellern.   VW   Mercedes   BMW ...
   Kreuzen Sie an, welche Hersteller
   a. technisch fortschrittliche Autos bauen.
   b. führend sind in der Umwelttechnik
   c. moderne Unternehmen sind, ..."

---

[1] **benefit** = Kundenvorteil
[2] **impact** = Eindrucksstärke

Um die Antwortquote zu erhöhen, sollte man bei der Formulierung der Fragen einen möglichst **einfachen und allgemein verständlichen Sprachstil** verwenden. Folgende Kriterien könnten dabei eine Hilfestellung geben

– Eine Beschränkung des Grundwortschatz auf 2000 Wörtern („Unser Wortschatz" aus dem Grundschulunterricht)
– Verwendung einer einfache Grammatik: keine Nebensätze, Verschachtelungen, etc.
– Für jeden Sachverhalt eine Frage formulieren. So ist ein komplizierter Fragengegenstand aufzulösen in mehrere einfache Fragen.
– Verwendung von Verben statt Substantiven
– Möglichst Verneinungen in den Fragestellungen vermeiden

In jedem Fall sollte man in der Frageformulierung Reizworte vermeiden, weil diese beim Befragten evt. negative Assoziationen hervorrufen und so die Antwort verzerren. Das Gleiche gilt für sog. Suggestivfragen, die in ihrem Wortlaut eine erwünschte Antwort bereits signalisieren.

Frageformen   Es gibt unzählige Möglichkeiten Fragen zu stellen. Die **Frageformen** sollen dabei anhand der Frage- und Antwortmöglichkeiten unterschieden werden.

Direkte, indirekte und projektive Fragen

◆ direkte Fragen:

`Beispiel`   *Was könnte man Ihrer Meinung nach an wasserfester Farbe ändern?*
Diese direkte Frage würde triviale Antworten hervorrufen: „könnte preiswerter sein, könnte ergiebiger sein, …" Hier sollte man die Frage auf die Begleitumstände des Vorgangs „Streichen von Wänden" zielen.

◆ indirekte Fragen:

`Beispiel`   *„Wenn Sie an Ihre Erfahrungen bei der Pflege Ihres Gartens denken, was hat Sie da am meisten geärgert?"*
Die Erkenntnisse zielen auf die Produktverbesserung oder Ideen für neue Produkte. Indirekte Fragen werden häufig verwendet, wenn der Befragte aus Prestige- oder Tabugründen nicht offen antwortet.

◆ projektive Fragen:

`Beispiel`   *Wie glauben Sie, fällt die nächste Bundestagswahl aus?*
Eigene Meinungen oder Gefühle eines Menschen werden auf andere Menschen oder Objekte „wie auf einen Bildschirm geworfen".

Offene und geschlossene Fragen

◆ offene Fragen:

`Beispiel`   *Wo waren Sie im letzten Urlaub?*
Offene Fragen enthalten keine festen Antwortkategorien. Sie erfassen die freien Formulierungen der Auskunftspersonen. Sie eignen sich besonders wenn nicht alle Merkmalsausprägungen bekannt sind bzw. wenn detaillierte Auskünfte erwünscht sind. Nachteilig ist, dass die Auswertung sehr zeitintensiv und schwierig ist.

◆ geschlossene Fragen:

`Beispiel`   a. Alternativfragen: Ja / Nein / weiß nicht
b. Mehrfachalternativ: ❏ bis 500   ❏ 501–1000   ❏ 1001–5000

c. Listenalternativen

Niederlande	○
Belgien	○
Frankreich	○
Schweiz	○
Österreich	○
Tschechien	○
Polen	○
Dänemark	○

„Sie finden hier eine Liste von Urlaubsländern. Geben Sie durch Einsetzen der Ziffern 1 bis 8 eine Rangfolge an, in welches Land Sie am liebsten, zweitliebsten usw. fahren würden!"

Bei geschlossenen Fragen wird die wahre Einstellung der Befragten zurückgedrängt. Zudem könnte die Meinung des Befragten in den Kategorien fehlen. Allerdings ist diese Art der Fragen schnell und kostengünstig auszuwerten.

Gestützte und ungestützte Fragen

Unter der „Stützung" versteht man den Grad der Gedächtnishilfe, den der Interviewer gibt bzw. den Grad seiner Eingrenzung einer Frage.

◆ Ungestützte Fragen

 „Von welchen Marken oder Firmen haben Sie in den letzten 14 Tagen Fernsehwerbung gesehen?"

◆ Gestützte Frage

 „Wenn Sie einmal an Automarken denken: Von welchen Marken oder Firmen haben Sie in den letzten 14 Tagen Fernsehwerbung gesehen?"
„Von welchen der folgenden Marken oder Firmen haben Sie in den letzten 14 Tagen Fernsehwerbung gesehen: Saab, Opel, Volkswagen, Mercedes, BMW, Toyota ..."

Diese Fragen werden häufig genutzt, um die Wirkung der Unternehmenskommunikation oder die Bekanntheit von Produkten zu messen.

Fragen nach Recall und Recognition

Möchte der Marktforscher etwas über die Wirkung der Werbung seines Kunden in Erfahrung bringen, wird er Fragen nach dem **Recall**[1] oder nach der **Recognition**[2] stellen.

Diese Art der Fragen sollen erfassen, ob eine bestimmte Kommunikation eines Herstellers von der Zielgruppe überhaupt gesehen wurde. Man spricht dabei von „Copytests"[3]

◆ Recall-Frage **(Erinnerung)**

Darunter versteht man eine offene Frage, welche die Erinnerung an bestimmte gesehene Sachverhalte abzurufen versucht.

– ungestützte Recall-Frage:

 „An welche Anzeigen in der Zeitschrift ‚Freundin' erinnern Sie sich?"

---

[1] *recall* = Erinnerung
[2] *recognition* = Wiedererkennung
[3] *copy* = Heft

– **gestützte Recall-Frage:** (produktgruppegestützt)

Beispiel   „Erinnern Sie sich, eine Anzeige für Schlankheitsmittel gesehen zu haben?"

◆ Recognition-Frage **(Wiedererkennung)**

Hierbei wird nach der Erinnerung an Dinge, die eine Person vorher gesehen hat, gefragt. Der fragliche Gegenstand der Erinnerung wird als Gedächtnisstütze **sichtbar präsentiert.**

Beispiel   Eine Anzeige wird vorgelegt:
1. „Haben Sie diese Anzeige bemerkt?"   Ja ( )   Nein ( )
2. „Haben Sie den Markennamen bemerkt?"   Ja ( )   Nein ( )
3. „Haben Sie mehr als 50 % vom Text gelesen
   oder weniger als 50 %?"   Mehr ( )   Weniger ( )

Hier spricht man vom sog. **„Starch-Test"** (Starch = Stärke).

– Copytests enthalten sowohl Recall- als auch Recognition-Fragen. Dabei wird der Gegenstand der Erinnerung mit dem Fortgang der Befragung immer stärker eingegrenzt, bis am Schluss die fragliche Anzeige ausgebreitet sichtbar ist.

Fragen nach der Bekanntheit „Awareness"[1]

Für den Absatzerfolg ist die „Bekanntheit" von Marken oder Firmen ein wichtiger Sachverhalt. Innerhalb der Fragestellung wird der Begriff „Bekanntheit" zunächst völlig neutral (weder positive noch negative Tönung) gesehen.

Man unterteilt die Fragen nach der Bekanntheit in gestützte und ungestützte Fragen.

◆ Ungestützte Bekanntheitsfrage

Beispiel   „Welche Automarken sind Ihnen bekannt?"
             Antwort: Golf, Seat, Mini, Audi A3, …

Die Reihenfolge der Antworten signalisiert hierbei, welche Marken im Bewusstsein des Befragten eher präsent sind. Je früher eine Marke auf die ungestützte Awareness-Frage genannt wird, umso höher ist die Anziehungskraft dieser Marke und umso höher liegt die Marke am künftigen Kaufverhalten des Autofahrers.

Die **„Top-of-Mind-Awareness"** gibt an, bei wie vielen befragten Personen die Marke als erste oder als zweite genannt worden ist.

Berücksichtigung von Skalen

Oft kann es sinnvoll sein, Fragen nach Eigenschaften oder Einstellungen nicht nur verbal beantworten zu lassen, sondern die Antworten mithilfe einer **Skala** ordnen zu lassen. Hierbei können unterschiedliche Skalentypen und Skalenformen eingesetzt werden.

◆ **Skalentypen** werden im Hinblick auf ihre Messmöglichkeiten unterschieden.

– **Nominalskalen** ermöglichen die Zuordnung der Antwort zu einem Merkmal.

Beispiel   Mein letzter Urlaub   ◯ war ein Erfolg
                                 ◯ war kein Erfolg

---
[1] **awareness** = Bewusstsein

– Mithilfe von **Ordinalskalen** lassen sich Rangstufen bilden.

Beispiel | Mein letzter Urlaub war

1 sehr gut
2 gut
3 befriedigend
4 ausreichend
5 mangelhaft
6 ungenügend

– **Intervallskalen** haben gleiche Abstände zwischen den Skalenpunkten, aber keinen echten Nullpunkt.

Beispiel | „Wie würden Sie Ihren letzten Urlaub beurteilen?"

erholsam   anstrengend

– Die **Rational- oder Verhältnisskala** hat gleiche Abstände zwischen den Skalenpunkten und einen absoluten Nullpunkt.

Beispiel | Maßeinheiten z. B. in kg oder Meter

◆ Bei den **Skalenformen** geht es um die Frage der grafischen oder verbalen Umsetzung.

– Bei **grafischen Skalen** werden die Skalenabstände bildlich veranschaulicht. Dies kann z.B. durch Quadrate, Kreise, die „Kunin-Skala" oder die Abbildung eines „Skalometer" geschehen.

Beispiel | Quadrate

☐ + 4   ☐ – 1
☐ + 3   ☐ – 2
☐ + 2   ☐ – 3
☐ + 1   ☐ – 4

Skalometer

10
9
8
7
6
5
4
3
2
1
0

größer werdende Kreise

trifft nicht zu   trifft zu

Kunin-Skala

– Bei **verbalen Skalen** wird die grafische Darstellung verbal unterstützt.

Beispiel |
☐ + 3 stimme völlig zu   ☐ – 1 stimme teilweise nicht zu
☐ + 2 stimme überwiegend zu   ☐ – 2 stimme weniger zu
☐ + 1 stimme teilweise zu   ☐ – 3 stimme nicht zu

Fragebogen-
aufbau

Der **Aufbau eines Fragebogens** ist maßgeblich für Erfolg oder Abbruch des Interviews. Deshalb sollten neben den eigentlichen Sachfragen sog. Steuerungsfragen in den Fragebogen aufgenommen werden.

◆ **Kontakt- oder Eisbrecherfragen** dienen der „Aufwärmung". Durch diese Fragen soll das Interesse des Interviewten geweckt und Vertrauen gewonnen werden.

Beispiel   Ein Fragebogen zum Thema „Bier" beginnt mit einer Frage nach der letzten Familienfeier.

◆ In der Praxis werden aus Kostengründen häufig mehrere Themen in einem Fragebogen behandelt. Man spricht in diesem Fall von einer sog. „Omnibusbefragung". Hier sollten zwischen dem Wechsel der Themen **Übergangsfragen** gestellt werden, die den Themenwechsel erleichtern.

Beispiel   Um die Kosten zu senken, führt ein Marktforschungsinstitut die Befragung einer Brauerei zusammen mit der Befragung eines Süßwarenherstellers als Omnibusbefragung durch. Zur Überleitung vom Thema „Bier" zum Thema „Süßwaren" wird eine Frage nach geselligen Anlässen und den dort angebotenen Knabberartikeln gestellt.

◆ **Filterfragen** dienen der Steuerung des Befragungsablaufs. Je nach den Antworten auf bestimmte Fragen gabelt sich die weitere Befragung (z.B. Verwender – Nichtverwender) oder es werden bestimmte Fragenkomplexe übersprungen (z.B. Fragen zur Kundenzufriedenheit bei Nichtkunden).

Beispiel   Ist der Interviewpartner kein Kunde der Firma xy, ist der Fragebogen beendet.

◆ **Motivationsfragen** sollen das Selbstvertrauen des Befragten stärken und Hemmungen abbauen.

Beispiel   „Wenn Sie die Getränke für ihre Familie beschaffen, haben Sie ja einen guten Überblick über das Angebot".

◆ Durch **Kontrollfragen** kann festgestellt werden, ob der Befragte vorhergehende Fragen verstanden und ob er sie wahrheitsgemäß beantwortet hat. Die Fragen sollten so über den Fragebogen verteilt sein, dass sie vom Befragten nicht als Kontrolle empfunden werden.

Beispiel   „Wie viel Bier trinken Sie zuhause in einer Woche?"

„Als Sie das letzte Mal Getränke gekauft haben, wie viele Flaschen haben Sie da eingekauft:

Mineralwasser ...

Säfte ...

Bier" ...

„Uns interessieren Ihre Vorräte an Getränken. Wie viele Flaschen haben Sie zurzeit im Hause

Mineralwasser ...

Säfte ...

Bier" ...

◆ **Fragen zur Person** sollten am Schluss des Fragebogens gestellt werden, da die Befragten dann auskunftsfreudiger sind.

Welches ist der Hauptgrund für Ihre heutige Reise?

☐ geschäftlich ☐ privat

In welcher Klasse reisen Sie heute?

☐ Business Class ☐ Economy Class

Fliegen Sie heute nur innerdeutsch oder sind Sie auf einem Anschlussflug vom oder ins Ausland?

☐ Ich komme jetzt von einem Auslandsflug.

☐ Nach diesem Flug fliege ich ins Ausland weiter.

☐ Der jetzige Flug ist Teil einer ausschließlich innerdeutschen Flugreise.

Sitzen Sie auf einem

☐ Gang ☐ Fenster ☐ Mittelplatz

Ist ein Sitz direkt neben Ihnen frei?

☐ Nein ☐ Ja

Was hat Ihnen auf diesem Flug besonders gut gefallen?

Service am Flughafen

Bitte geben Sie Ihr Urteil nur für den deutschen Flughafen ab, von dem aus dieser Flug gestartet ist.

	Trifft voll und ganz zu			Trifft überhaupt nicht zu		
	1	2	3	4	5	6
Durch die Mitarbeiter am Flughafen fühlte ich mich jederzeit angemessen und umfassend informiert	☐	☐	☐	☐	☐	☐
Der Check-in Bereich wirkte auf mich sauber und ansprechend	☐	☐	☐	☐	☐	☐
Das Check-in Personal war freundlich und hilfsbereit	☐	☐	☐	☐	☐	☐
Der Check-in Vorgang verlief zügig und problemlos	☐	☐	☐	☐	☐	☐
Ich habe mich im Warteraum wohlgefühlt	☐	☐	☐	☐	☐	☐
Von allen Angeboten des Gate Buffets war genügend vorhanden	☐	☐	☐	☐	☐	☐

Was war weniger gut?

1.4.5.2 Die Beobachtung

Weit geringer als die Befragung kommt in der angewandten Marketingforschung die Beobachtung zum Einsatz.

Im Rahmen einer Beobachtung werden sinnlich wahrnehmbare Vorgänge an Gegenständen oder Personen in Abhängigkeit von bestimmten Situationen erhoben, ohne dass beobachtete Personen befragt werden. Die Informationen können auch ohne die Auskunftsbereitschaft der Beobachteten ermittelt werden.

Die Notwendigkeit der Beobachtung entsteht aus den Nachteilen der Befragung:

Da **Routine- bzw. reflexartiges Verhalten** von Probanden oft schwer erklärt werden kann, wird hier die Beobachtung eingesetzt.

Reflex- bzw. routinemäßiges Verhalten liegt vor:

– beim Einkauf von sog. „low-involvement"-Produkten
– bei der Verwendung dieser Produkte
– bei der Nutzung von Werbeträgern

„Low-involvement"-Produkte[1] sind Produkte, die – ohne groß darüber nachzudenken – gekauft werden. Sie weisen folgende Merkmale auf:

– wenig Aufwand an gedanklicher Vorbereitung auf den Kauf
– „wenig Interesse"
– wenig Suchaufwand beim Kauf
– geringe Markentreue
– kaum Interesse an Kommunikation dieser Produkte

---

[1] *involvement* = Beteiligung

Der Umgang der Verbraucher mit diesen „low-involvement" Produkten lässt sich durch eine Befragung schwer erforschen und wird daher meist beobachtet.

Ziele der Beobachtung:

– Das Einkaufsverhalten (Store-Beobachtung)
– Das Handhabungs- und Nutzungsverhalten
– Das Informationsverhalten (Mediennutzung, Anzeigengestaltung)

Schwächen der Beobachtung

– Ursachen und Vorgeschichte der beobachteten Vorgänge
– verfolgte Absichten und Zwecke der beobachteten Personen
– die Bedeutung des beobachteten Verhaltens
ist meistens nicht nachvollziehbar

Nach dem Ort der Beobachtung kann in Feldbeobachtung und Laborbeobachtung unterschieden werden.

Feld-
beobachtung

Bei der **Feldbeobachtung** wird das Verhalten des Probanden in seiner natürlichen und gewohnten Umgebung erfasst wie z.B.

◆ im Supermarkt (Kundenlaufstudien)
　– Analyse der physischen Kundenbewegungen in den „Outlets" des Einzel-handels.
　– Ziel der Analysen ist, die Verkaufsflächenproduktivität zu optimieren.
　– Informationen einer **Kundenlaufstudie:**
　　● Welche Wege geht der Kunde?
　　● Welche Warengruppen und Ladenzonen werden aufgesucht?
　　● Welche Aktionsstandorte werden beobachtet?
　　● Wie reagiert der Kunde auf Sonderaufbauten oder Displays?
　　● Werden Einkaufszettel benutzt?
　　● Welche Sonderangebote werden gekauft?
　　● Wie lange halten sich die Kunden im Verkaufsraum auf?

◆ auf der Straße
　– Messung der innerstädtischen Passantenströme

◆ im Kaufhaus
　– Messung der täglichen Anzahl der Kunden mithilfe einer Lichtschranke

◆ in den Haushalten
　– Messung der Einschaltquoten mithilfe des GfK-Meters

　Beispiel　Mithilfe des „GFK-Meter" wird das Einschalten von Fernsehgeräten, unterschieden nach Haushaltsmitgliedern, festgehalten. Darüber hinaus wird die Aufnahme und Wiedergabe von Videofilmen und die Nutzung von Videospielen und Bildschirmtext erfasst. Die registrierten Daten werden täglich über Telefon abgerufen, an eine Da-tenbank übermittelt und ausgewertet.

Eine im Handel gebräuchliche Form der Feldbeobachtung ist die **Kassenbonanalyse**, die Auskunft über den Zeitpunkt des Einkaufs, Menge und Wert der eingekauften Waren und die Zusammensetzung des Warenkorbes gibt. Voraussetzung für die Durchführung der Kassenbonanalyse ist die Scanning[1]-Technik, die eine artikelgenaue Erfassung der Einkäufe je Kunde ermöglicht.

Beispiel Ein Einzelhändler bietet einen bestimmten Artikel im Sonderangebot an. Im Rahmen einer Verbundpräsentation werden komplementäre Artikel zu regulären Preisen präsentiert. Die Kassenbonanalyse gibt jetzt Aufschluss darüber, ob Sonderangebote und Verbundpräsentation die Kunden zum Kauf des gesamten Paketes veranlassen.

Laborbeobachtungen werden in einer künstlich geschaffenen Umgebung – meist in einem Studio – vorgenommen.

Labor-
beobachtung

Bei Laboruntersuchungen werden oft technische Hilfsmittel eingesetzt:

◆ Apparative Messungen von **körperlichen Reaktionen**
  – Verfahren zur Messung **physiologischer Reaktionen**
  – Erfasst wird die Intensität **emotionaler Erregungen**, die als Maß für die Wirksamkeit von Impulsen definiert ist.
  – Die Indikatoren (Anzeiger) für **emotionale Erregungen** sind Veränderungen der
    ● Lidschlagfrequenz,
    ● des elektrischen Hautwiderstandes,
    ● der Atmung,
    ● der Pulsfrequenz,
    ● des Blutdrucks,
    ● der Hirnströme,
    ● der Pupillenweite oder der
    ● Stimmfrequenz.

Eine wirksame Anzeige steigert beim Betrachter das Erregungsniveau des Zentralen Nervensystems und in der Folge werden Informationen vollständiger aufgenommen, schneller verarbeitet und wirksamer im Gedächtnis verankert.

Sinn und Bedeutung dieser Methoden sind in der Fachwelt umstritten.

◆ Apparative Messung von **Verbraucherreaktionen**

– **Tachistoskop** (vgl. S. 226) (griechisch: schnell sehen)
    ● Projektionsinstrument, bei dem es möglich ist, Produkte, Packungen, Anzeigen, Spots etc. nur Bruchteile von Sekunden auf einer Leinwand oder einem Bildschirm sichtbar zu machen.
    ● Die Darbietungszeiten können verlängert bzw. verkürzt werden.
    ● Durch die zeitliche Steuerung kann man die unbewusste und eindeutige Wahrnehmung feststellen.

Beispiel Ein Markenartikelunternehmen möchte unterschiedliche Packungsgestaltungen auf ihre Wirkung hin überprüfen. Mithilfe eines Tachistoskop werden die Verpackungen den Versuchspersonen für den Bruchteil einer Sekunde dargeboten. Anschließend werden die Versuchspersonen nach ihren Wahrnehmungen befragt. Aufgrund der geäußerten Wahrnehmungen werden Rückschlüsse auf die Wirkung der Verpackung gezogen.

---

[1] **scan** = absuchen, abtasten

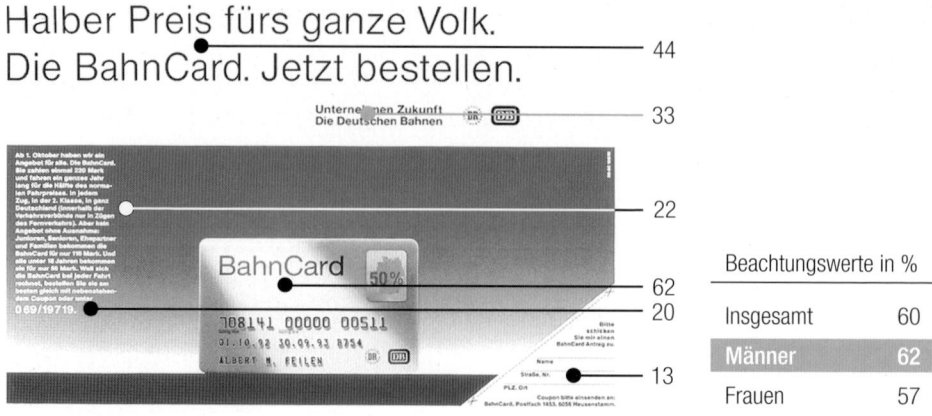

- **Blickregistrierung**
  - Aufzeichnung des Blickverlaufs durch den Einsatz einer Augenkamera.
  - Erfasst werden
    - Welche Elemente des Bildes wurden fixiert?
    - Wie häufig bzw. wie lange wurden die Bildelemente betrachtet?
    - In welcher Reihenfolge wurden die Bildelemente angeschaut (Blicksprünge)?
  - Aus der Blickregistrierung werden Schlussfolgerungen in Bezug auf die Werbewirkung abgeleitet.

- **Schnellgreifbühne:**
  - Kasten, in dem mehrere Produkte oder Packungen aufgestellt werden.
  - Die Produkte werden für eine bestimmte Zeit sichtbar gemacht.
  - Die Zeit wird so bemessen, dass es der Testperson gerade noch möglich ist, eines der ausgestellten Produkte aus dem Kasten zu nehmen, ohne dass ihr jedoch die Möglichkeit gegeben wird, länger nachzudenken oder in Ruhe auszuwählen. (Ähnlich wie „Tachistoskop").
  - Es wird versucht, durch die Schnelligkeit der Wahlhandlung rationale Einflüsse auszuschließen.

Der **Hauptvorteil** der Laborbeobachtung liegt in der Isolierung und der Kontrollierbarkeit der interessierenden Faktoren. Allerdings könnten sich die Testpersonen atypisch verhalten, da sie sich ihrer Situation bewusst sind (Beobachtungseffekt).

1.4.5.3 Das Experiment

Durch ein Experiment wird versucht, den Zusammenhang zwischen Ursache und Wirkung von mindestens zwei Faktoren (**Testfaktor** und **Wirkfaktor**) zu ermitteln. Dazu wird in einer kontrollierten Versuchsanordnung eine Variable verändert, wobei alle anderen konstant gehalten werden.

Experimente werden zur Überprüfung aller Marketingaktivitäten eingesetzt.

Beispiel Produkttests, Verpackungstests, Preistests, Platzierungstests, Werbemitteltests
   - Testfaktor: Verpackungsentwürfe, Preis, etc. und einem
   - Wirkfaktor: Einstellungen, Umsatz, Marktanteile, etc.

Ziel ist die Feststellung eines Ursache-Wirkungszusammenhangs.

Experimente können zur Prüfung des Erfolgs einer Marketingaktivität vor deren Einsatz als **Pre-Test** durchgeführt werden. Nach der Durchführung der Marketing-Maßnahme kann deren Erfolg mithilfe eines **Post-Test** festgestellt werden.

Das Experiment kann als **Feldexperiment** und als **Laborexperiment** durchgeführt werden.

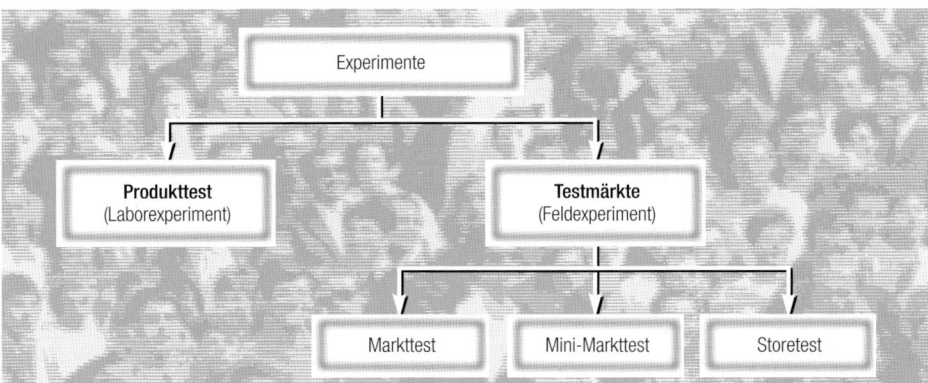

Beim **Produkttest** (vgl. S. 114) probieren ausgewählte Testpersonen bereitgestellte Produkte und werden anschließend zu ihren **subjektiven Wahrnehmungen** bzw. zur Beurteilung dieser Produkte befragt.

Produkttest

Produkttests können nach folgenden Kriterien unterteilt werden:
nach dem Testumfang:

- Volltests: Prüfen das Produkt in seiner Gesamtheit.
- Partialtests: Untersuchen nur ausgewählte Produktmerkmale (Preis, Geschmack, Markenname oder die Verpackung)
- Einzeltest: Der Testperson wird nur ein Produkt vorgelegt.
- Mehrfachtests: Es werden andere (Vergleichs-)Produkte miteinbezogen

nach dem Ort der Durchführung

- Außerhalb eines Labors: Verschicken eines Produktes in ausgewählte Haushalte
- In einem Labor; Vorteile: Kontrollmöglichkeit, Vermeidung von Beeinflussung durch andere

nach der Form der Darbietung

- Blindtest:
  Es ist nicht erkennbar, um welchen Hersteller bzw. um welche Marke es sich handelt (Geschmackstest).

- Identifizierbarer Test:
  Das Produkt wird in marktüblicher Verpackung getestet.
  - Vorteil: bessere Simulation der Wirklichkeit
  - Nachteil: andere Eigenschaften (Markenname, Image) können das eigentliche Ergebnis überlagern.

Spezielle Typenbildung

Je nach Art des Vergleichs des Endwertes eines Experiments mit dem Bezugswert können **vier Typen von Experimenten** unterschieden werden. Zur Kennzeichnung dienen die Anfangsbuchstaben der englischen Bezeichnungen:

E = experimental group (Experimentiergruppe)
C = control group (Kontrollgruppe)
B = before (vor der Veränderung der Variablen)
A = after (nach Veränderung der Variablen)

– **EBA**
Die Wirkung eines Reizes wird vor und nach seiner Veränderung in der Experimentiergruppe gemessen. Die Experimentiergruppe liefert den Bezugs- und den Endwert.

– **CB EA**
Die Wirkung eines Reizes wird vor seiner Veränderung in der Kontrollgruppe und nach seiner Veränderung in der Experimentiergruppe gemessen. Die Kontrollgruppe liefert den Bezugs-, die Experimentiergruppe den Endwert.

– **EBA CBA**
Die Wirkung eines Reizes wird vor und nach der Veränderung in der Kontrollgruppe und in der Experimentiergruppe gemessen. Die Kontrollgruppe liefert den Bezugs-, die Experimentiergruppe den Endwert.

– **EA CA**
Die Wirkung eines Reizes wird nach der Veränderung in der Kontroll- und Experimentiergruppe gemessen.

Der Warentest in Abgrenzung zum Produkttest

Der Warentest als Qualitätsprüfung erfolgt **durch neutrale Institutionen** (z.B. durch die Stiftung Warentest). Diese erfasst (objektive) **sachliche Informationen** von Produkten und macht sie dem Käufer in allgemein verständlicher Form zugänglich. Sie orientiert sich dabei an den **funktionsbezogenen Produkteigenschaften** (Gebrauchseigenschaften, Grundnutzen, etc.). Die werbliche Nutzung seiner Ergebnisse ist wettbewerbsrechtlich zulässig und keine Form der „vergleichenden Werbung".

Markttest

Beim **Markttest** (vgl. S. 115) wird ein neues Produkt für eine bestimmte Zeit in einem abgegrenzten Markt (Testmarkt) unter Einsatz aller oder ausgewählter Marketinginstrumente angeboten.

Ziel ist, die Erfolgschancen des neuen Produkts zu testen, bevor es endgültig im Gesamtmarkt eingeführt wird.

– Wird ein neues Produkt überhaupt gekauft?
– Welche Mengen eines neuen Produkts werden verkauft?

Es besteht auch die Möglichkeit, die eingesetzten Marketinginstrumente in ihrer Wirkung zu überprüfen.

– Wie wirksam ist eine Produktveränderung?
– Wie wirksam ist eine Preisvariation?
– Wie wirksam ist die Kommunikation?

Die **Repräsentanz** des Testmarktes ist dabei von großer Bedeutung: Ein Testmarkt ist dann repräsentativ, wenn das Testgebiet hinsichtlich folgender Kriterien mit dem Absatzgebiet übereinstimmt:

– demografische Daten der Konsumenten (Alter, Haushaltsgröße, Einkommen, etc.)
– Wettbewerbssituation (keine besonders starken regionalen Anbieter)
– Handelssituation (wenn über den Handel vertrieben wird)
– Medienstruktur (Tageszeitungen, regionaler Hörfunk)

Innerhalb der Testmärkte unterscheidet man zwischen dem **Markttest**, dem **Mini-markttest** und dem **Storetest**. Sie unterscheiden sich im Wesentlichen in ihrem Umfang und entsprechend in ihrer Repräsentativität.

Klassische Testmärkte für einen **Markttest** sind Berlin, das Saarland oder auch Hessen.

Das **Hauptziel** des Markttests besteht in einer Prognose der Marktchancen. Vor dem Hintergrund, dass über 85 % der neu eingeführten Produkte nach kurzer Zeit wieder vom Markt genommen werden, ist es für Unternehmen sehr wichtig, die Frage nach dem „Top oder Flop" durch eine testweise Einführung des Produktes beantworten zu können. Nebenbei besteht das Ziel darin, das gesamte Marketingkonzept zu überprüfen. Zudem erhält man dadurch Informationen über das Konsumentenverhalten und über die Akzeptanz seitens des Handels.

Um auf die Akzeptanz des Produktes zu schließen, reicht die Anzahl der Erstkäufer nicht aus. Valide Ergebnisse bekommt man erst durch eine stabile Widerkaufrate. Um diese zu erhalten, ist eine längere Testdauer notwendig. Diese variiert von Produkt zu Produkt von 4 bis 16 Monate.

Allerdings steigt mit zunehmender Dauer die Gefahr von Störaktionen der Konkurrenz, da eine Geheimhaltung kaum möglich ist. Zudem kann ein evtl. vorhandener Entwicklungsvorsprung mit zunehmender Testdauer verloren gehen.

Weiterhin ist mit hohen Testkosten zu rechnen, je länger ein Testmarkt angesetzt wird.

Der **Mini-Markttest** ist ein verkleinerter, lokaler Testmarkt, wobei bei dieser Art von Markttest die Repräsentanz eingeschränkt ist. Klassische Testmärkte für einen Mini-Markttest sind Hassloch, Buxtehude oder Bad Kreuzenach. | **Mini-Markttest**

Ziel eines solchen – in seinem Umfang etwas eingeschränkten – Testmarktes ist es, das neu einzuführende Produkt einer „Generalprobe" zu unterziehen. Hier geht es in erster Linie nicht mehr um die Frage nach dem Top oder Flop, sondern um Messung des Einflusses der Marketingmaßnahmen auf die Konsumenten, um die Prognose für das künftige Absatzvolumen, um die Messung der Einkaufsmenge und -intensität, um die Ermittlung der „Lebensfähigkeit" eines Produktes auf dem Markt oder um den Test von Werbemaßnahmen.

Innerhalb des **Storetests** werden neue oder veränderte Produkte in ausgewählten Einzelhandelsbetrieben eingeführt. Die ausgewählten Einzelhandelsbetriebe sind dabei auf die ganze Bundesrepublik oder auf Teile davon verteilt, je nach dem, ob es sich um ein regional oder national eingeführtes Produkt handelt. Beim Storetest handelt es sich um eine reduzierte Version des Mini-Markttests, der erhebliche Kostenvorteile aufweist, jedoch nicht die Grundbedingung der Repräsentanz erfüllt. | **Storetest**

Obwohl keine generellen Aussagen gemacht werden können, wann welches Verfahren eingesetzt werden kann, werden **in der Praxis** Laborexperimente häufig im Entwicklungsstadium eines Produktes oder dessen Verpackung durchgeführt. Ist so ein Prototyp entwickelt, wird die Wirkung der anderen absatzpolitischen Instrumente, wie z. B. der Preis, die Distribution oder die Kommunikationspolitik, im Feldexperiment, z. B. in Form eines Markttests, auf ihre Akzeptanz hin überprüft.

1.4.6 Das Panel

Wird ein gleich bleibender Kreis von Personen oder Institutionen über einen längeren Zeitraum in regelmäßigen Abständen zum gleichen Untersuchungsgegenstand befragt, spricht man von einem **Panel**. Mithilfe eines Panels lassen sich Verhaltensänderungen aufzeigen und die dafür verantwortlichen Ursachen ermitteln.

Panelformen   Das Panel kann grundsätzlich mündlich, schriftlich, telefonisch oder computergestützt durchgeführt werden.

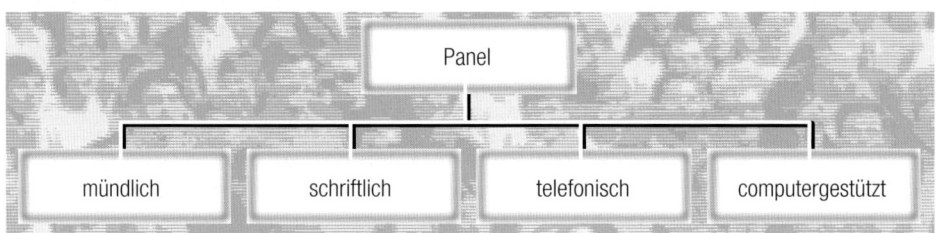

Panelarten   Es gibt unterschiedliche **Panelarten**.

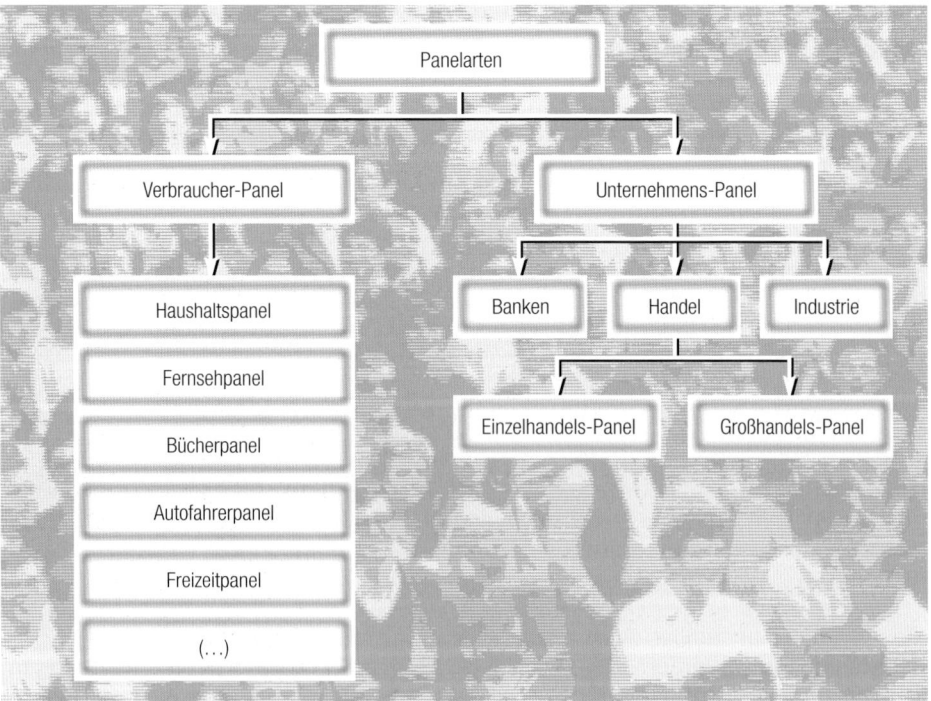

Das **Haushaltspanel** ist die wichtigste Form des Verbraucherpanels, bei der Haushalte die Befragungseinheiten sind. Es wird vor allem von den Marktforschungsinstituten

- GfM: Gesellschaft für Marktforschung (Frischeprodukte) und
- G&I: Forschungsgemeinschaft der GfK und Infratest, Nürnberg durchgeführt.

Bis vor wenigen Jahren trugen die Haushalte dabei ihre Einkäufe in einen Einkaufsbericht ein: Welcher Artikel welcher Marke wurde in welchem Geschäft zu welchem Preis gekauft. Die Berichtsblätter wurden dann per Post an die GfK geschickt.

Heute erhalten die Panelteilnehmer ein **Electronic Diary (ED)** – ein elektronisches Tagebuch anstelle der bisher üblichen Einkaufsberichte. Mit diesem Gerät sind zwei Arten der Registrierung der Einkäufe möglich: Einmal das Scannen (Einlesen) der Produkte, auf deren Verpackung sich ein Strichcode (EAN-Code) befindet und zum Anderen das Eintippen der Merkmale von Produkten, die keinen Strichcode besitzen. Einmal pro Woche sendet das ED über das eingebaute Modem an der Basisstation die gespeicherten Informationen zum Großrechner der GfK nach Nürnberg. Von der GfK werden diese Daten geprüft und bearbeitet und anschließend zu Marktforschungsergebnissen zusammengefasst.

Hierdurch werden die **Einkaufsgewohnheiten** und das **Verbraucherverhalten** der deutschen Bevölkerung nach wissenschaftlichen Methoden ermittelt und transparent gemacht.

Die wichtigsten **Handelspanels** werden im Einzelhandel, speziell im Lebensmitteleinzelhandel (LEH) unterhalten, so z.B.

- das Nielsen-LEH-Panel und
- das G&I-Basis-Panel.

Die Datenerhebung erfolgt durch Mitarbeiter der jeweiligen Institute in 2-monatigem Rhythmus durch Inventur für die jeweilige Warengruppe (= Beobachtung).

Innerhalb des Nielsen-Lebensmitteleinzelhandels-Panels erfolgt die Erhebung der Basisdaten in (ursprünglich) 1 000 LEH-Geschäften. Auswahl der Panelmasse durch eine *geschichtete, disproportionale Stichprobe.* Diese Schichtung erfolgt dabei anhand der Nielsen-Gebiete und der Geschäftstypen.

Beispiel	**Nielsen-Gebiete**	
	Nielsen 1	Schleswig-Holstein, Hamburg, Bremen, Niedersachsen
	Nielsen 2	Nordrhein-Westfalen
	Nielsen 3a	Hessen, Rheinland-Pfalz, Saarland
	Nielsen 3b	Baden-Württemberg
	Nielsen 4	Bayern
	Nielsen 5	Berlin
	Nielsen 6	Mecklenburg-Vorpommern, Sachsen-Anhalt, Brandenburg
	Nielsen 7	Thüringen, Sachsen

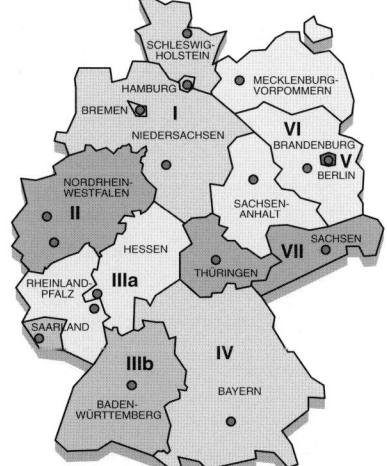

Randnotizen: Haushaltspanel — Handelspanel — Nielsen-Gebiete

Beispiel

G&I EINKAUFS-BERICHT

Woche **6**

7 4731 06 | Mo **3** | Di **4** | Mi **5** | Do **6** | Fr **7** | Sa **8** | So **9**

Senden Sie bitte alle ausgefüllten gleichfarbigen Berichtsblätter in einem Freiumschlag spätestens Montag, 10. Februar 1997 ein.

Einzutragende Warengruppen | Datum des Einkaufs | Marke und Hersteller | Art des Produkts | Packungsangaben | Preis in DM | In welchem Geschäft wurde gekauft? | Wo entnommen? | Sonderangaben

Süßwaren

Bonbons z. B. Pfefferminz-, Husten-, Frucht-, aller Art Eis-, Multivitamin-, Schokolade-, Toffeebonbons, Karamellen

Schokolinsen/Dragées mit Schokolade-, überzogene Nüsse/Mandeln/Rosinen z. B. smarties, m & m's, Schoko Bons

Lakritzen, Wein-Fruchtgummi auch Lakritz-Weingummi-Mischungen wie z. B. Colorado, PALETTI

Kaudragées z. B. mentos, mints **Kaubonbons** z. B. MAOAM, Mamba, FRITT **Kaugummi** bitte Anzahl der Streifen/Kissen/Dragées pro Packung angeben

Neger-/Schokoküsse/Mohrenköpfe Marzipan aller Art Sonst. Süßwaren z. B. Fondant-, Gelee-, Schaumartikel

Eiskonfekt

Süßstoff, Zuckeraustauschstoff Diabetiker-Zucker

Dextro/Dextro Energen

Dextro Pur/Dextro Pur plus Dextrose/Traubenzucker

Herzhafte Snacks

Mini-Salami Bi-Fi, Bi-Fi Peperami, Bi-Fi Roll, Bi-Fi Jumbo, Bi-Fi flight, Red Dog, Saletti, Ma-Na, Big Red, Snack, Tip, Spar, Trucker, Knabberle, Siesto etc.

Carazza

Bitte als Geschenk gekaufte Produkte zusätzlich noch einmal auf Seite 10 eintragen!

Schulprodukte Füller / Farben · Füllhalter / Schulfüller · Geschichtskästen (Tuschkästen) · Schulmalfarben (Temperas) · Bunt-Farbstifte im Holz gefüllt · Schüleretui / Schlampermäppchen

Glückwunschkarten Trauerkarten (keine Ansichtskarten)

FARBFILME UND DIAFILME FÜR DEN FOTOAPPARAT

Entwicklung von Farbfilmen / Anfertigung von Papierabzügen

Paß- und Ausweis-Bilder aus Foto-Studios und Foto-automaten

Audio-/Video Leer-kassetten, unbespielte DAT/DCC Kassetten/ Mini Discs (MD)

Bitte alls das Geschenk gekaufte Produkte zusätzlich noch einmal auf Seite 10 eintragen!

Datum · Marke / Hersteller · Zusatz-/ Typen-Bezeichnung · Nähere Beschreibung der Artikel · An-zahl · Packungsart · Preis pro Einheit · Gesamt-preis in DM · In welchem Geschäft wurde gekauft? · Wo wurde gekauft? · Falls mitgebracht/verschenkt, für wen?

FARBFILME für Papierbilder · DIAFILME (Art bitte ankreuzen)

Leerkassetten für Kassettenrecorder · DAT Kassetten · DCC Kassetten · Mini Disc (MD) · Video-Leerkassetten für Videorecorder und Videokamera

Beispiel   Geschäftstypen

a) SB-Warenhäuser bzw. Verbrauchermärkte
b) Discount-Geschäfte
c) Filial- und Coop-Geschäfte
d) Selbstständige Super SB-Geschäfte   nach Jahresumsatz
e) Selbstständige große SB-Geschäfte
f) Selbstständige mittlere SB-Geschäfte
g) Selbstständige kleine SB-Geschäfte

Die Grundgesamtheit der Geschäftstypen wird mithilfe der Umsatzsteuerstatistik der statistischen Landesämter ermittelt. Die sieben Geschäftstypen unterscheiden sich dabei stark in ihrem Durchschnittsumsatz. Aus den umsatzstärkeren Schichten werden mehr Geschäfte ausgewählt als aus den umsatzschwächeren (= disproportionale Schichtung).

Was lässt sich durch ein Haushaltspanel erfassen?	Was lässt sich durch ein Handelspanel erfassen?
– Das Nachfrageverhalten – Das Marktvolumen – Der Marktanteil – Eine Segmentierung (Welche Käufergruppen kaufen welche Produkte?) – Die Marktdurchdringung – Die Wiederkaufsrate – Die Käuferwanderungen (Gain/Loss-Analyse), Markentreue – Parallelverwendung von Produkten – Die Einkaufshäufigkeit, Einkaufsgewohnheiten, Einkaufsstätten	– Die Größe und Lage der Einkaufsstätte – Die Regalplatzierung und die Displayanwendung – Die Bevorratungsdauer – Die nummerische und gewichtete Distribution.

Paneleffekt

Bei den verschiedenen Panelarten können unterschiedliche **Probleme** auftreten. Ein methodisches Problem des Haushaltspanels ist der **Paneleffekt**. Dieser entsteht durch eine Verzerrung der Informationen durch eine mehr oder weniger unbewusste Verhaltensänderung der Panelteilnehmer. Dieser Effekt tritt vor allem im Haushaltspanel durch die laufende Berichterstattung der Kauftätigkeiten ein. Dadurch können das rationale Kaufverhalten, das Preisbewusstsein beim Kauf und die Informationsrecherche vor dem Kauf verstärkt werden.

Weitere Probleme stellen das sog. Over- oder Unter-Reporting dar. Beim **Over-Reporting** geben die Haushalte entweder aus Scham- oder aus Prestigegründen Käufe an, die in der Art nicht stattgefunden haben. Beim **Under-Reporting** hingegen kommt es z. B. aufgrund von Ermüdungserscheinungen zu fehlenden Angaben von stattgefundenen Käufen.

Durch die **Panelrotation** (regelmäßiger Austausch von Panelteilnehmern) und insbesondere durch eingesetzte Scanner können diese Probleme reduziert werden.

Durch die Panel-Rotation kommt es zu einer Erstarrung des Panels. Das Panel kann die sich wandelnden Konsumverhaltensweisen nicht mehr repräsentativ abbilden, da die Untersuchungseinheiten zu schnell wechseln (**Panel-Erstarrung**).

Ein weiteres Problem liegt in der **Panel-Sterblichkeit.** Die **natürliche** Panelsterblichkeit ist dabei bedingt durch Tod, Umzug oder auch der Verweigerung der Panelteilnehmer. Die **künstliche** Panelsterblichkeit ist bedingt durch die Panelrotation, um Paneleffekte zu vermeiden.

1.4.7   Die Auswertung der Marktforschungsdaten

Bevor mit der Verarbeitung der Informationen begonnen werden kann, müssen diese **für die EDV aufbereitet** werden.

Aufbereitung der Informationen für die EDV

Dies ist insbesondere bei den **offenen Fragen** wichtig, die zu Gruppen gleichartiger Antworten zusammengefasst und verschlüsselt werden müssen. Hierzu wird zunächst ein Teil der Fragebogen ausgewertet, und es werden die Antworten auf die offenen Fragen wörtlich aufgelistet. In einem zweiten Schritt wird jetzt der Versuch unternommen, die Fragen in sinnvolle gleichartige Gruppen zusammenzufassen. Jeder Gruppe wird dann der entsprechende Code zugeordnet.

Beispiel	Frage	Antwortmöglichkeit	Code
	„Sind sie im letzten Jahr in Urlaub gefahren?"	Ja	1
		Nein	2
		Keine Angabe	3

Sind die Daten codiert, können sie **eingegeben und verarbeitet** werden.

Durch den Einsatz entsprechender Software, z. B. zur statistischen Analyse, können die Daten in jeder gewünschten Form aufbereitet werden. Bei der Aufbereitung in Form von **Tabellen** kann zwischen eindimensionalen und zweidimensionalen Tabellen unterschieden werden.

◆ **Eindimensionale Tabellen** stellen ein Ergebnis im Hinblick auf ein Merkmal, wie z. B. das Alter, dar.

Beispiel	Internetnutzer gesamt in Deutschland			
	1998	1999	2000	2001*
	7 Mio.	11 Mio.	18 Mio.	25 Mio.

Quelle: ARD-Onlinestudio

Internet-Nutzungsdauer an einem normalen Tag

	2000 in Prozent	2000/2001 in Prozent
Bis zu 30 Minuten	39	27
31–60 Minuten	23	22
1 bis 2 Stunden	16	20
Mehr als 2 Stunden	10	15

Quelle: GfK Online-Monitor 6. und 7. Befragungswelle, 14–69-jährige deutschsprachige Bevölkerung 5,25 Mio., 8 021 Interviews

◆ **Zweidimensionale Tabellen** zerlegen das Ergebnis anhand weiterer Merkmale, so z. B. nach Alter, Beruf, Bildungsabschluss, Einkommen usw. Grundsätzlich können Daten anhand jedes Merkmals zerlegt werden, das statistisch erfasst wurde. Die so erfassten Daten können jetzt in jeder gewünschten Form verknüpft werden.

Beispiel Deutsche Wohnbevölkerung in Privathaushalten nach demografischen Gruppen

| | Bevölkerung ab 14 Jahre | | | | 14–49 Jahre | |
| | Gesamt | | Männer | Frauen | Gesamt | |
	Mio.	%	%	%	Mio.	%
Gesamt	64,10	100	30,61 Mio.	33,49 Mio.	35,84	100
Altersgruppen						
14–19 Jahre	5,00	8	8	7	5,00	14
20–29 Jahre	8,11	13	13	12	8,11	23
30–39 Jahre	11,97	19	20	18	11,97	33
40–49 Jahre	10,76	17	18	15	10,76	30
50–59 Jahre	9,79	15	16	15	–	–
60–69 Jahre	9,48	15	15	15	–	–
70 +	8,99	14	10	17	–	–
Monatliches HH-Netto-Einkommen						
bis unter 2.000 DM	6,39	10	6	14	2,34	7
2.000–3.000 DM	12,29	19	17	21	4,79	13
3.000–4.000 DM	14,42	23	24	22	7,67	21
4.000 DM +	31,00	48	53	44	21,03	59
Ortsgröße (nach BIK-Stadtregioner)						
– 4.990	9,11	14	14	14	5,42	15
5.000– 19.999	10,26	16	16	16	5,90	17
20.000– 99.999	9,40	15	15	15	5,24	15
100.000–499.999	11,02	17	17	17	6,13	17
500.000 +	24,29	38	38	38	13,14	37
Bundesländer/Nielsen						
Gebiet BRD West und Berlin-West	50,98	80	80	80	28,26	79
Gebiet BRD Ost und Berlin-Ost	13,11	20	20	20	7,57	21
Schleswig-Holstein	2,21	3	3	3	1,21	3
Hamburg	1,27	2	2	2	0,70	2
Bremen	0,51	1	1	1	0,27	1
Niedersachsen	6,26	10	10	10	3,45	10
= Nord / Nielsen I	10,25	16	16	16	5,62	16
Nordrhein-Westfalen / Nielsen II	13,64	21	21	21	7,45	21
Hessen	4,55	7	7	7	2,49	7
Rheinland-Pfalz	3,18	5	5	5	1,75	5
Saarland	0,86	1	1	1	0,46	1
= Mitte / Nielsen III a	8,58	13	13	13	4,70	13
Baden-Württemberg / Nielsen III b	7,69	12	12	12	4,31	12
Bayern / Nielsen IV	9,28	15	15	14	5,35	15
Berlin (Gesamt) / Nielsen V	2,59	4	4	4	1,48	4
Mecklenburg-Vorpommern	1,54	2	2	2	0,91	3
Brandenburg	2,23	4	4	4	1,34	4
Sachsen-Anhalt	2,30	4	4	4	1,26	4
= Nielsen VI	6,08	10	10	10	3,54	10
Thüringen	2,11	3	3	3	1,23	3
Sachsen	3,87	6	6	6	2,15	6
= Nielsen VII	5,96	9	9	9	3,38	9

Quelle: MA 2001

1.4.8   Die Präsentation der Marktforschungsdaten

Sind die Marktforschungsdaten ausgewertet, müssen sie zu einem **Marktfor-** **schungsbericht** zusammengefasst und präsentiert werden.

Da die Fragen eines Fragebogens nach den Gesichtspunkten der Steuerung der Befragung angeordnet waren, müssen diese zunächst **nach sachlogischen Ge-sichtspunkten gegliedert** und zu Themenbereichen zusammengefasst werden.

Im Anschluss daran erfolgt die **Formulierung des Marktforschungsberichts**. Ein Marktforschungsbericht kann folgendermaßen aufgebaut sein:

1. Titel
2. Inhaltsverzeichnis
3. Einführung
4. Zusammenfassung der Ergebnisse
5. Schlussfolgerungen und Empfehlungen
6. Tabellenteil
7. Anhang

◆ Der **Titel des Berichts** kann z. B. das Thema der Untersuchung, die Anzahl der geführten Interviews, die Zielgruppe und das Datum der Feldphase umfassen.

◆ Dem Marktforschungsbericht vorangestellt wird ein möglichst differenziertes **In-haltsverzeichnis** als Wegweiser durch das Datenmaterial.

◆ Der Bericht beginnt nach Titel und Inhaltsverzeichnis mit der **Einführung**, die alle wichtigen Ergebnisse enthalten sollte, über den methodischen Ablauf der Studie Auskunft gibt und auch die Grenzen der Ergebnisse aufzeigt. Die Einführung in einen Marktforschungsbericht könnte nach folgenden Gesichtspunkten aufge-baut sein:

Einführung in den Marktforschungsbericht	
Auftraggeber:	
Ziel der Untersuchung:	
Beschreibung der Grundgesamtheit:	
Umfang der Stichprobe:	
Auswahl der Stichprobe:	
Erhebungsmethode:	
Zahl der Interviewer:	
Zahl der Fragebogen je Interviewer:	
Einweisung der Interviewer:	
Kontrolle der Interviewer:	
Zeitpunkt der Befragung:	
Auswertung:	
Sicherheitsfaktor/Fehlertoleranz:	
Besonderheiten:	
Grenzen:	

Einführung in den Marktforschungsbericht „Computerdisketten"	
Auftraggeber:	Elektronik AG
Ziel der Untersuchung:	Akzeptanz des Einsatzes umweltfreundlicher Computerdisketten
Beschreibung der Grundgesamtheit:	Gewerbliche Nutzer von Personalcomputern in Süddeutschland
Umfang der Stichprobe:	900 Personen
Auswahl der Stichprobe:	Quotenauswahl
Erhebungsmethode:	Mündliche Befragung
Zahl der Interviewer:	18 Frauen, 10 Männer
Zahl der Fragebogen je Interviewer:	Minimum 20, Maximum 80
Einweisung der Interviewer:	Ganztägige persönliche Einweisung
Kontrolle der Interviewer:	10 % der Interviews wurden telefonisch kontrolliert
Zeitpunkt der Befragung:	18., 19., 20. Kalenderwoche
Auswertung:	Software SPSS (Statistical Package for Social Sciences)
Sicherheitsfaktor/Fehlertoleranz:	$t = 3{,}00$ Fehlertoleranz = 5 %
Besonderheiten:	Bei mittelständischen Betrieben und den Freiberuflern wurden die PC-Nutzer befragt, bei den Großbetrieben die jeweiligen Beschaffer der Verbrauchermaterialien.
Grenzen:	Aufgrund der ausgeprägt mittelständischen Struktur der Industrie in Süddeutschland und die deutlich unterschiedliche Akzeptanz ökologischer Themen in den Regionen ist das Ergebnis nicht auf die gesamte Bundesrepublik übertragbar.

◆ Auf die Einführung erfolgt eine **Zusammenfassung der Ergebnisse** der Untersuchung.

◆ Den Abschluss des Textteils bilden **Schlussfolgerungen und Empfehlungen**, die aus den Ergebnissen der Studie gezogen werden können.

◆ Im anschließenden **Tabellenteil** werden die nach sachlogischen Gesichtspunkten geordneten Daten unkommentiert dargestellt. Tabellen können dabei z.B. als ein- oder zweidimensionale Tabellen aufbereitet oder in Form von graphischen Darstellungen veranschaulicht werden.

Graphische
Hilfsmittel

Graphische Darstellungen sind unter Einsatz entsprechender Software einfach und anschaulich zu erstellen. Aus der Vielzahl unterschiedlicher Gestaltungsmöglichkeiten sollen hier das Säulendiagramm, das Flächendiagramm, das Poldiagramm und das Kartogramm dargestellt werden.

– Das **Säulendiagramm** eignet sich zur Darstellung von Häufigkeiten zu einem bestimmten Zeitpunkt oder zur Darstellung von Zeitreihen.

Säulendiagramm

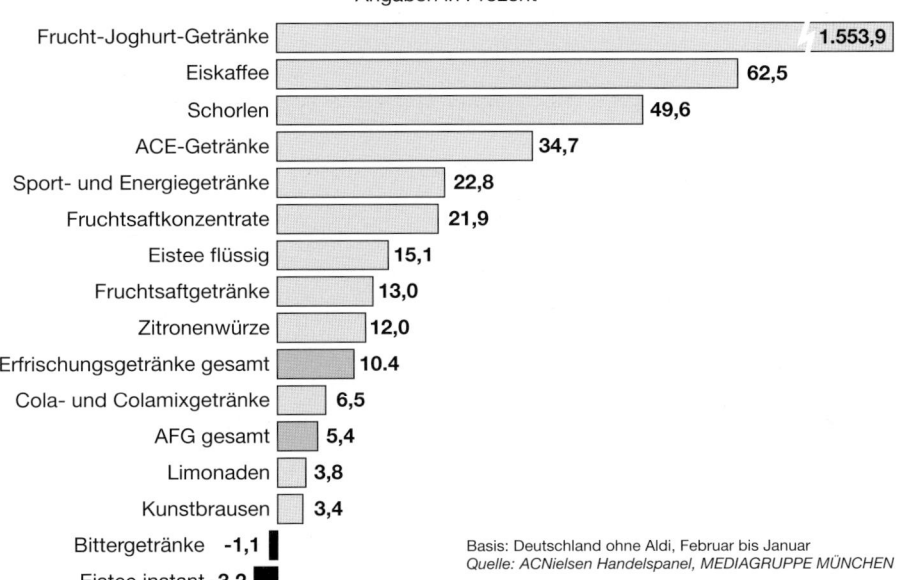

Erfrischungsgetränke, Umsatzzuwachs 2000 zum Vorjahr

Angaben in Prozent

Frucht-Joghurt-Getränke	1.553,9
Eiskaffee	62,5
Schorlen	49,6
ACE-Getränke	34,7
Sport- und Energiegetränke	22,8
Fruchtsaftkonzentrate	21,9
Eistee flüssig	15,1
Fruchtsaftgetränke	13,0
Zitronenwürze	12,0
Erfrischungsgetränke gesamt	10.4
Cola- und Colamixgetränke	6,5
AFG gesamt	5,4
Limonaden	3,8
Kunstbrausen	3,4
Bittergetränke	-1,1
Eistee instant	-3,2

Basis: Deutschland ohne Aldi, Februar bis Januar
Quelle: ACNielsen Handelspanel, MEDIAGRUPPE MÜNCHEN

– Mithilfe von **Flächendiagrammen** kann z. B. die Struktur eines Marktes als Kreisdiagramm erläutert werden.

Flächendiagramm

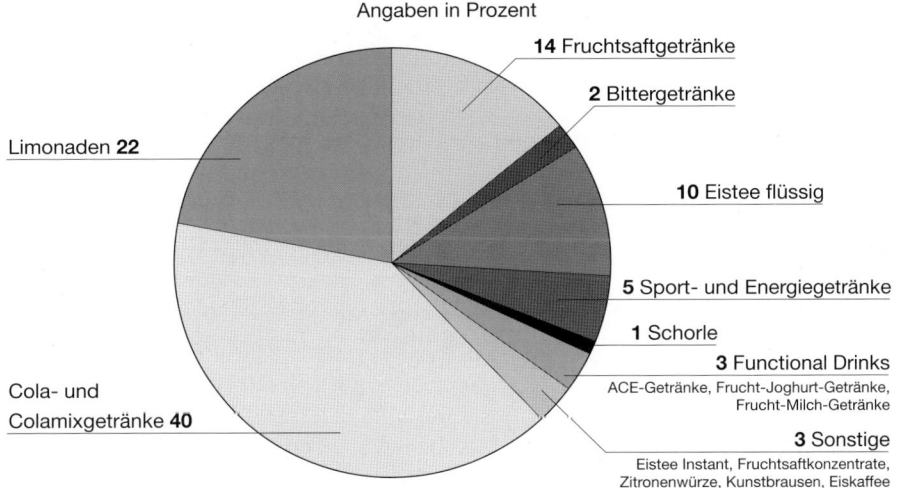

Sorten Erfrischungsgetränke, Umsatzanteile 2000

Angaben in Prozent

14 Fruchtsaftgetränke

2 Bittergetränke

10 Eistee flüssig

5 Sport- und Energiegetränke

1 Schorle

3 Functional Drinks
ACE-Getränke, Frucht-Joghurt-Getränke, Frucht-Milch-Getränke

3 Sonstige
Eistee Instant, Fruchtsaftkonzentrate, Zitronenwürze, Kunstbrausen, Eiskaffee

Limonaden **22**

Cola- und Colamixgetränke **40**

Basis: Deutschland ohne Aldi, Februar bis Januar
Quelle: ACNielsen Handelspanel, MEDIAGRUPPE MÜNCHEN

Poldiagramm – **Poldiagramme** veranschaulichen mehrere Dimensionen eines Tatbestandes. Klassisches Beispiel ist die sog. Alterspyramide.

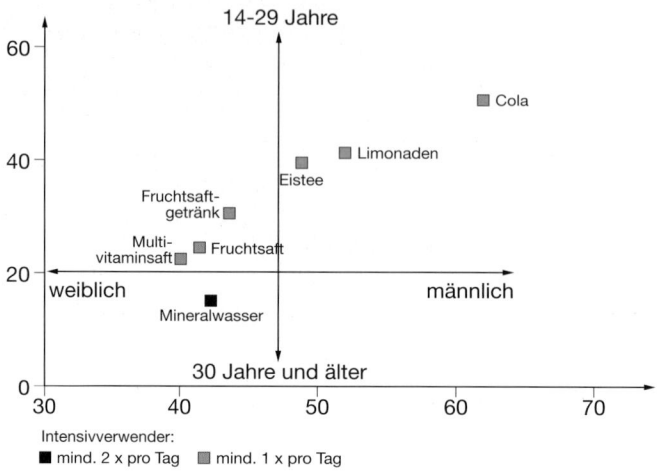

Verbrauchsintensität alkoholfreie Getränke nach Alter und Geschlecht (Angaben in Prozent)

Intensivverwender:
■ mind. 2 x pro Tag   ■ mind. 1 x pro Tag

Polaritätsprofil – Die anschauliche Darstellung von Einstellungen und Werthaltungen zu Personen, Produkten, Unternehmen usw. kann durch ein **Polaritätsprofil**[1] erfolgen. In einer Tabelle werden hierzu gegensätzliche Merkmale gegenübergestellt.

Beispiel freundlich – unfreundlich
jung – alt
sozial – unsozial
aufgeschlossen – verschlossen

Die Tabelle enthält für die Ausprägung jedes Merkmals Punktwerte, z. B. von –3 bis +3. Der Proband wird jetzt aufgefordert, zu jedem Merkmal die entsprechende Ausprägung möglichst spontan festzulegen. Aus den Durchschnittswerten der Einzelnennungen ergibt sich jetzt ein Polaritätsprofil der entsprechenden Merkmale. Wird der Test zu einem späteren Zeitpunkt wiederholt, können Einstellungsänderungen dargestellt werden.

Beispiel

	+ 3	+ 2	+ 1	– 1	– 2	– 3	
freundlich							unfreundlich
jung							alt
sozial							unsozial
aufgeschlossen							verschlossen

——— = 1. Test
- - - = 2. Test

---

[1] polar, griechischen Ursprungs, entgegengesetzt wirkend; Polarität = Gegensätzlichkeit

– Mithilfe von **Kartogrammen** können Ergebnisse der Marktforschung geografisch zugeordnet werden.

Beispiel Regionale Bevölkerungsentwicklung in Nordrhein-Westfalen 1988 bis 2005

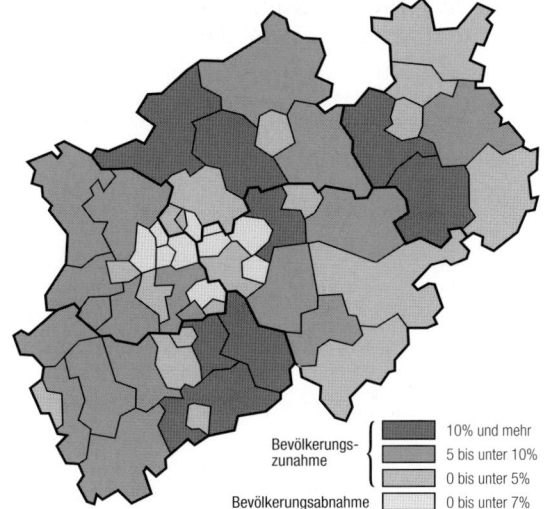

Kartogramm

Bevölkerungszunahme

10% und mehr
5 bis unter 10%
0 bis unter 5%

Bevölkerungsabnahme   0 bis unter 7%

◆ Den Abschluss des Marktforschungsberichts bildet der **Anhang** sämtlicher verwendeter Unterlagen.

A Aufgaben

● Wiederholungsaufgaben

1. Erläutern Sie den Zusammenhang von Unternehmensziel, Marketingziel, Marketingstrategie und Instrumenteneinsatz im Marketing-Mix anhand eines konkreten Beispiels!

2. Stellen Sie die Bedeutung der Umweltanalyse für ein Unternehmen anhand eines Beispiels dar!

3. Erläutern Sie den Unterschied zwischen Marktanalyse, Marktbeobachtung und Marktprognose!

4. Im Rahmen der Teilerhebung unterscheiden wir die uneingeschränkte Zufallsauswahl, die geschichtete Auswahl und die Quotenauswahl. Erläutern Sie diese Verfahren anhand eines Beispiels!

5. Im Rahmen der Sekundärmarktforschung können Unternehmen auf Datenbanken zurückgreifen. Erläutern Sie die Vorgehensweise bei der Nutzung von Online- und Offline-Datenbanken!

6. Stellen Sie Vor- und Nachteile der Sekundärmarktforschung gegenüber!

7. Unterscheiden Sie die Erhebungsmethode der Befragung anhand der Kommunikationsform. Erläutern Sie die unterschiedlichen Verfahren und nennen Sie je zwei Vor- und Nachteile!

8. Erläutern Sie unterschiedliche Frageformen anhand je eines Beispiels!

9. Oft kann es sinnvoll sein, Fragen nach Eigenschaften oder Einstellungen mithilfe von Skalen beantworten zu lassen. Stellen Sie mögliche Skalentypen und Skalenformen dar!

10. Um den Befragungsablauf positiv zu beeinflussen, können neben reinen Sachfragen sogenannte Steuerungsfragen eingesetzt werden. Erläutern Sie Steuerungsfragen anhand eines Beipiels!

11. Die Elektronik AG will nach erfolgter Markteinführung der Umwelt-Diskette deren Bekanntheitsgrad ermitteln. Dazu soll eine schriftliche Befragung durchgeführt werden. Das Ergebnis soll mit 95,5 % Wahrscheinlichkeit gültig sein und die Irrtumswahrscheinlichkeit 4,5 % betragen.

    a) Wie viele Interviews müssen durchgeführt werden?

    b) Das beauftragte Marktforschungsinstitut teilt mit, dass die Kosten pro Interview 30,00 EUR betragen. Obwohl der Produktmanager in seinem Etat lediglich 3 000,00 EUR für die Studie zur Verfügung hat, möchte er die Befragung trotzdem durchführen. Er ist jedoch bereit, Abstriche bei der Fehlertoleranz zu machen.

12. Formulieren Sie eine Quotenanweisung für 180 Interviews, bei der die Quotenmerkmale Geschlecht, Alter (20 – 29, 30 – 39, 40 – 49, 49 und älter) und Familienstand (ledig, verheiratet, Lebensgemeinschaft, geschieden) berücksichtigt werden!

13. Erläutern Sie die Feld- und Laborbeobachtung anhand eines Beispiels und grenzen Sie diese vom Experiment ab!

14. „Das Panel klassischer Form wird bald der Vergangenheit angehören!" Nehmen Sie zu dieser Aussage Stellung!

15. Die Colonia Warenhaus GmbH ist ein selbstständiges Warenhaus, das seinen Standort in einem Einkaufszentrum am Rande einer Großstadt hat. Bei einer Verkaufsfläche von 15.000 m² werden 160 Mitarbeiter beschäftigt. Das Sortiment gliedert sich in die Abteilungen Lebensmittel, Damenoberbekleidung, Herrenoberbekleidung, Kosmetik, Haushaltswaren, Schreibwaren sowie Bau- und Hobbybedarf. Trotz verstärkter Anstrengungen im Bereich der Kommunikationspolitik stagnieren die Umsätze. Der Verkaufsleiter beauftragt den Marketingassistenten, die Ursachen der Umsatzstagnation zu ermitteln. Planen Sie die dazu erforderlichen Maßnahmen im Rahmen der Marktinformationsbeschaffung!

16. Sie sollen zu einem Thema Ihrer Wahl eine Analyse der relevanten Kundenschichten in Form einer Befragung durchführen.

    a) Treffen Sie eine Entscheidung zur Auswahl der Stichprobe!

    b) Ermitteln Sie den Umfang der Stichprobe!

    c) Erstellen Sie den Fragebohen!

    d) Führen Sie die Befragung durch!

    e) Werten Sie die Befragung aus und erstellen Sie einen Marktforschungsbericht!

17. Ein Markenartikel-Hersteller weiß aus einer Studie, die vor 5 Jahren durchgeführt wurde, dass seine Markenartikel 40% der befragten Haushalte bekannt waren. Um die aktuellen Werte zu erheben, wird eine neuerliche Befragung geplant.

    a) Ermitteln Sie den Umfang der Stichprobe bei einem Sicherheitsfaktor von $t = 1$ und einer Fehlertoleranz von +/- 3%!

    b) Ermitteln Sie den Umfang der Stichprobe bei einem Sicherheitsfaktor von $t = 2$ und einer Fehlertoleranz von +/- 2%!

    c) Vergleichen Sie die Ergebnisse!

18. Nennen Sie fünf Informationen, die dem **Nielsen**-Panel entnommen werden können!

19. Erläutern Sie die Begriffe

    a) Panel-Erhebung,

    b) Omnisbus-Befragung.

20. Erläutern Sie

    a) Primärmarktforschung,

    b) Sekundärmarktforschung.

● **Betriebliche Handlungssituationen**

Ein **Automobilhersteller** möchte die Zufriedenheit der im Herstellungsland ansässigen Vertragshändler mit seinen Verkaufsförderungsmaßnahmen mittels einer persönlichen, mündlichen Befragung erheben. Die Vertragshändler verteilen sich gleichmäßig auf seine fünf Verkaufsregionen. Die Anzahl von 200 Vertragshändlern entnimmt er seiner hauseigenen Datenbank. Zielsetzung ist, eine repräsentative Stichprobe der Händler zu befragen.

a) Erklären Sie anhand des vorliegenden Falls, was man unter einer repräsentativen Stichprobe versteht.

b) Ein Mitarbeiter des Unternehmens schlägt vor, eine der Regionen zufällig auszuwählen und in dieser alle Händler zu befragen. Wie heißt dieses Verfahren der Zufallsauswahl und in welchem Fall gefährdet es die Repräsentativität der Stichprobe?

c) Nennen Sie weitere mögliche Verfahren der Zufallsauswahl und beschreiben Sie kurz, wie man diese für die gegebene Fragestellung einsetzen könnte.

Stichprobenumfang

Die **Elektronik AG** will nach erfolgter Markteinführung der Umwelt-Diskette deren Bekanntheitsgrad ermitteln. Dazu soll eine schriftliche Befragung durchgeführt werden. Das Ergebnis soll mit 99,7% Wahrscheinlichkeit gültig sein und die Irrtumswahrscheinlichkeit +/− 2,5% betragen.

a) Wie viele Interviews müssen durchgeführt werden?

b) Das beauftragte Marktforschungsinstitut teilt mit, dass die Kosten pro Interview 10,00 EUR betragen. Obwohl der Projektmanager in seinem Etat lediglich 20 000,00 EUR für die Studie zur Verfügung hat, möchte er die Befragung durchführen. Was sollte er machen?

Sicherheitsfaktor	Wahrscheinlichkeit
$z = 1{,}96$	95,0%
$z = 2{,}00$	95,5%
$z = 2{,}58$	99,0%
$z = 3{,}00$	99,7%
$z = 3{,}29$	99,9%

B   Methodische Empfehlungen

● **Empfängerorientierte Präsentation (vgl. S. 334)**

1.   Das Ziel einer Präsentation

Im Marketing genügt es nicht, gute Ideen zu haben oder optimale Lösungen zu finden, man muss sie auch überzeugend vortragen und durchsetzen können. Wie Ihre Lösungen von den entscheidenden Personen beurteilt werden, hängt nicht nur von der Qualität der Lösung ab, sondern ebenso von der Form, in der die Vorschläge vorgetragen werden, also von der **Präsentation**.

Eine Präsentation ist eine Darstellung von Fakten oder Vorschlägen, die zu einer Diskussion und Entscheidung führen soll. Sie ist der Höhepunkt im Entscheidungsprozess für eine Marketing-Konzeption. Die Präsentation soll informieren, motivieren, überzeugen, repräsentieren, ein Image aufbauen, verkaufen und nicht zuletzt eine Handlung oder Reaktion auslösen. Dies alles ist nur möglich, wenn die Präsentation **empfängerorientiert** geplant und durchgeführt wird.

2.   Die Präsentation als Form einer Nachricht

Jede Nachricht enthält aus kommunikationspsychologischer Sicht vier Aspekte, nämlich den Sachinhalt, den Appell, die Selbstoffenbarung und die Beziehungsebene.

◆ Der **Sachinhalt** ist die in einer Nachricht enthaltene Information.

◆ Der **Appell** soll den Empfänger veranlassen, bestimmte Dinge zu tun, zu unterlassen, zu denken oder zu fühlen.

◆ Bei der **Selbstoffenbarung** handelt es sich um Informationen, die der Sender freiwillig oder unfreiwillig über sich preisgibt.

◆ Die **Beziehungsebene** umfasst die Art und Weise, in der der Sender die Beziehung zwischen sich und dem Empfänger sieht.

Eine Nachricht wird im Rahmen einer Präsentation empfängerorientiert gestaltet, indem Sachinhalt, Selbstoffenbarung und Beziehung auf den gewünschten Appell hin ausgerichtet werden.

3.   Die empfängerorientierte Präsentation

Die Konzeption einer empfängerorientierten Präsentation besteht aus vier Bestandteilen, nämlich der Präsentationsplanung, der Präsentationsorganisation, der Präsentationsrealisation und der Präsentationskontrolle.

3.1. Die Präsentationsplanung

Die exakte **Aufgabenanalyse** ist von entscheidender Bedeutung für eine operationale Zielformulierung. Es sind Fragen nach dem Grund, dem Umfang, dem Zeitpunkt und der Zielgruppe der Präsentation zu klären. Sind diese Fragen beantwortet, kann die Zielformulierung für die Präsentation erfolgen.

Die **Empfängeranalyse** klärt die Fragen nach Funktion, Kompetenz, Wissen und Einstellungen, Präferenzen und Arbeitsweisen sowie möglichen Konfliktsituationen der Teilnehmer der Präsentation.

Sind Aufgaben- und Empfängeranalyse abgeschlossen, erfolgt die **Inhaltsplanung** der Präsentation. In der Eröffnung der Präsentation wird zunächst die zu lösende Aufgabe formuliert und das Ziel vorgegeben. Daran anschließend erfolgt die Darstellung der Problemlösung mit Empfehlung und Begründung, und am Ende steht die Aufforderung zur Entscheidung.

3.2. Präsentationsorganisation

Die empfängerorientierte Präsentation ist hierarchisch aufgebaut. Das heißt, **die Lösung des Problems wird zu Beginn der Präsentation erläutert** und anschließend begründet und durch Teilergebnisse belegt.

Die Auswahl der **Medien** ist abhängig von der Zielformulierung, der Teilnehmerzahl und -analyse sowie den persönlichen Möglichkeiten der Präsentatoren. Charts können in kleinen Gruppen bis zu 7 Personen eingesetzt werden, das Flip-Chart eignet sich bei Gruppen bis zu 25 Personen. Die Metaplan-Wand kann in Gruppen bis zu 50 Personen eingesetzt werden und der Tageslichtprojektor bei Gruppen von 5 bis 100 Personen.

Die **Zeitplanung** ist ein wesentlicher Faktor für den Erfolg der Präsentation. Fragen danach, wer was wie lange präsentiert, sind vorab zu klären und festzulegen. Störungen wie Telefonanrufe oder Anfragen durch Mitarbeiter sind auszuschließen.

Auch die Wahl des **Präsentationsortes** ist ein wesentlicher Einflussfaktor auf das Ergebnis. Der geeignete Raum, funktionierende Geräte und eine durchdachte Sitzordnung sind ebenso zu beachten wie ausreichend vorhandene Getränke oder der beschilderte Weg zur Toilette.

3.3. Präsentationsrealisation

Über die Gestaltung von Schaubildern, die Handhabung des Tageslichtprojektors, die Sammlung von Ideen in Form eines Mind-Map, die Benutzung von Flip-Charts und die Vorbereitung eines Manuskriptes werden Sie in den folgenden Kapiteln Näheres erfahren.

Grundsätzlich gilt, „wer präsentieren will, muss mitreißen". **Nur wer von seiner Lösung überzeugt ist, kann andere überzeugen.** Rechtfertigen Sie sich nicht, Ihre Idee ist die beste, und das müssen die Empfänger spüren.

Präsentieren Sie **im Team**. Wer im Team arbeitet, sollte auch im Team vortragen. Bilden Sie sachlich abgegrenzte Blöcke, die Sie abwechselnd vortragen. Die Geschlossenheit der Teammeinung hat zusätzliches Gewicht bei der Durchsetzung Ihrer Idee.

Bei der Durchführung der Präsentation sind die nachfolgenden Punkte zu beachten.

1. Einfachheit

Die Information muss vom Empfänger sofort erfassbar sein. Eine klare Sprache, die Vermeidung der Überforderung des Zuhörers und die Nutzung der Anschaulichkeit von Bildern sind wichtige Voraussetzung.

2. Gliederung und Ordnung

Geben Sie dem Zuhörer **Orientierungshilfen**, an welcher Stelle der Präsentation er sich befindet. Schaffen Sie gedankliche Übersicht durch die Formulierung von Zielen oder Zusammenfassungen. Ordnen Sie Abläufe sachlogisch und fassen Sie diese in Blöcken, Kapiteln oder Gruppen zusammen.

3. Kürze und Prägnanz

Halten Sie sich mit Erklärungen zurück, zeigen Sie vielmehr den **Nutzen** der von Ihnen vorgeschlagenen Lösung auf. Stellen Sie Pro und Contra gegenüber. Verschweigen Sie auch die negativen Aspekte Ihres Vorschlages nicht. Lassen Sie Ihre Entscheidung anhand von Beweisen nachvollziehen.

4. Zusätzliche Stimuli einsetzen

Wecken Sie durch **Fragen** Interesse und beziehen Sie die Teilnehmer bei der gemeinsamen Lösung mit ein. Stellen Sie gemeinsame Lösungsüberlegungen an und führen Sie die Teilnehmer über die Diskussion zur Entscheidung.

3.4. Präsentationskontrolle

Die Präsentationskontrolle wird nach jeder abgeschlossenen Phase durchgeführt. Was war gut, was ging daneben und was kann verbessert werden? Die erkannten Fehler einer Präsentation sind der Anstoß für die Verbesserung der nächsten.

● **Bearbeitung von betrieblichen Handlungssituationen und Klausuren**

1. Grundsätzliche Hinweise

Die betrieblichen Handlungssituationen, die Sie zu jedem Kapitel vorfinden, sollen Ihnen Einsichten in betriebliche Entscheidungsprozesse vermitteln und Sie zu selbstständiger Entscheidungsfindung veranlassen. Wie in der Realität, wird es auch bei der Lösung einer solchen Handlungssituation nie nur eine richtige Lösung geben, sondern es sind i.d.R. **unterschiedliche Lösungen** denkbar. Für die Beurteilung der Lösung ist die plausible Begründung der Entscheidung, die Struktur der Lösung, ihre Darstellung und die Verteidigung der Lösung von zentraler Bedeutung.

Aus den betrieblichen Handlungssituationen werden sich immer mehrere Fragen ergeben, da es sich um **strukturierte Fälle** handelt. Durch die Struktur der Fragen ist dabei die gedankliche Struktur der Lösungen vorgegeben.

Verarbeiten Sie sämtliche Vorgaben der Handlungssituation in Ihrer Lösung. Falls Ihnen Angaben fehlen, legen Sie diese selbstständig fest. Sie sollten die von Ihnen festgelegten Angaben jedoch erwähnen und ihre Wahl begründen.

Stellen Sie der Lösung eine **Gliederung** voran. Sie erleichtert die Orientierung und macht Schwerpunkte deutlich.

2. Die Aufbereitung der betrieblichen Handlungssituationen

Lesen Sie die gesamte Handlungssituation zunächst aufmerksam durch und verschaffen Sie sich einen Überblick darüber, worum es geht und worin das Problem besteht. **Bereiten Sie den Text dabei optisch auf**, d.h. unterstreichen Sie, rahmen

Sie ein oder kennzeichnen Sie wichtige Stellen mit einem Marker. Durch diesen Vorgang treten Schwerpunkte optisch hervor, und Sie können sich diese bei einem späteren Durchsehen schnell in Erinnerung rufen.

Ordnen Sie jeder Markierungsart eine bestimmte Bedeutung zu, also z. B. beim Marker eine Farbe für wichtige Sachverhalte und eine Farbe für Fragestellungen. Bemühen Sie sich aber grundsätzlich, mit möglichst wenig Hervorhebungsarten und mit wenig Farben auszukommen, und **kennzeichnen Sie nur die wirklich wesentlichen Inhalte.**

3. Die Lösung der betrieblichen Handlungssituation

Sie können sich bei der Lösung der Handlungssituation oder Klausur an folgenden **Regeln** orientieren:

1. Analysieren Sie das Problem!
Was ist das Hauptproblem, wo sind Nebenprobleme, wo liegen die Ursachen, wo Zusammenhänge?

2. Sammeln Sie Daten und Fakten!
Fehlende Daten werden durch eigene Annahmen ergänzt.

3. Setzen Sie ein Ziel!
Legen Sie fest, was im Sinne der Zielsetzung erreicht werden soll.

4. Entwickeln Sie Lösungsalternativen!
Stellen Sie fest, wie das gesetzte Ziel erreicht werden kann. Dabei sind i.d.R. mehrere Lösungswege denkbar.

5. Bewerten Sie die gefundenen Lösungsalternativen!
Legen Sie Ihre Bewertungskriterien offen.

6. Wählen Sie Ihre Lösungsalternative aus!
Begründen Sie die Auswahl im Hinblick auf die formulierte Zielsetzung.

7. Erläutern Sie die für Ihre Lösung erforderlichen Maßnahmen!
Welche sachlichen, finanziellen und personellen Konsequenzen ergeben sich aus Ihren Vorschlägen?

C Literatur

Behrens, K. C., Hrsg., Handbuch der Marktforschung, Wiesbaden 1974
Berekoven, L., u.a., Marktforschung, Wiesbaden 2001
Kroeber-Riel, W., Konsumentenverhalten, München 1999
Hüttner, M., Grundzüge der Marktforschung, Berlin 2002
Meffert, H., Marktforschung, Wiesbaden 2000
Meffert, H., Steffenhagen, H., Freter, H., Hrsg., Konsumentenverhalten und Information, Wiesbaden 1995
Rogge, H.J., Marktforschung, München 1992
Weis, H. C., u.a.. Marktforschung, Ludwigshafen 2001

2   Produkt- und Sortimentspolitik

Die Beauty AG, ein führender Hersteller für Kosmetikartikel, stellt fest, dass Umsatz und Wachstumsrate der Nachtcreme „Visage" stagnieren und tendenziell leicht rückläufig sind. Der Gewinn nimmt ständig ab und nähert sich der Gewinnschwelle. Eine durchgeführte Marktuntersuchung ergibt, dass das Produkt sowohl im Hinblick auf die Technologie als auch auf das Image als überholt angesehen wird. Als Abnehmer werden Personen mit starker Markenbindung ermittelt, die das Produkt gewohnheitsmäßig kaufen und stark der Tradition verhaftet sind.

Der Marketingleiter legt Ihnen als dem zuständigen Produktmanager das Untersuchungsergebnis vor und bittet Sie um eine Analyse der Situation. Darüber hinaus bittet er um erste mögliche Vorschläge im Bereich der Produktpolitik, um das Produkt zu seinem alten Erfolg zurückzuführen.

2.1   Aufgabe der Produktpolitik

Produktpolitische Aktivitäten

Die Produktpolitik umfasst alle Entscheidungen, die im Zusammenhang mit dem Produkt stehen und die darauf gerichtet sind, neue Produkte zu entwickeln und auf dem Markt einzuführen (**Produktinnovation**), bereits auf dem Markt befindliche Produkte zu verändern (**Produktmodifikation**) oder aus dem Markt herauszunehmen (**Produktelimination**).

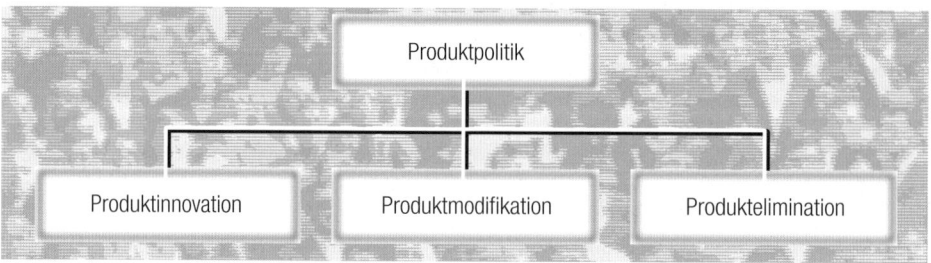

2.2   Der Produktbegriff

Ein **Produkt** ist Teil der Marketingleistung. Es umfasst konkrete Gegenstände, Dienstleistungen, Personen, Orte, Organisationen und Ideen und die damit verbundenen Nutzenerwartungen. Entsprechend der konsequenten Kundenorientierung steht dabei nicht das Produkttechnische im Vordergrund, sondern der Produktnutzen bzw. die Problemlösung für den Kunden.

Beispiel		
Gegenstände	→	Kosmetikartikel
Dienstleistungen	→	Reisen
Personen	→	ein Rocksänger
Orte	→	ein Kurort
Organisationen	→	eine politische Partei
Ideen	→	eine Konfession

Die **Nutzenerwartungen** können sich dabei auf den Grund- und Zusatznutzen eines Produktes beziehen.

◆ Der **Grundnutzen** basiert auf den objektiv-technischen Gebrauchseigenschaften des Produktes.

Nutzenarten

Grundnutzen einer Nachtcreme ist die Versorgung der Haut mit Feuchtigkeit.

In der Vergangenheit beschränkten sich die meisten Unternehmen auf eben diesen Grund- oder Produktnutzen. Die Qualität der Produkte wurde verbessert, ihre Haltbarkeit erhöht, der Preis wurde optimiert und die Leistungsfähigkeit gesteigert.

◆ Da sich die technischen Gebrauchseigenschaften der Produkte in den letzten Jahren jedoch immer mehr angenähert haben, tritt der **Zusatznutzen** in den Vordergrund. Er umfasst die Eigenschaften, die über die reine Funktionserfüllung des Produktes hinausgehen. Der Zusatznutzen kann in den persönlichen Nutzen, den soziologischen Nutzen und den magischen Nutzen differenziert werden.

– Der **persönliche Nutzen** eines Produktes beinhaltet Erwartungen und Vorstellungen, die das Verhältnis des Käufers zum Produkt betreffen.

Die Kundin ist der Meinung, dass die Versorgung ihrer Haut mit Feuchtigkeit durch die Nachtcreme „Visage" besser als durch Produkte der Mitbewerber gewährleistet ist.

– Der **soziologische Nutzen** entsteht aus der Beziehung des Individuums zu seiner gesellschaftlichen Umwelt. Er wird immer dann angesprochen, wenn der Kauf des Produktes zur Angleichung oder zur bewussten Abhebung von der gesellschaftlichen Umwelt dient.

Die Kundin ist der Meinung, dass die Benutzung der Nachtcreme „Visage" ihr Ansehen bei ihren Freundinnen steigert.

– Der **magische Nutzen** eines Produktes trägt irrationale Züge. Hier werden dem Produkt Eigenschaften zugeschrieben, die es durch seine objektiv-technischen Gebrauchseigenschaften in der Regel nicht erfüllen kann.

Durch die Benutzung der Nachtcreme „Visage" erhofft sich die Kundin eine Verlangsamung des Alterungsprozesses der Haut und damit „ewige Jugend".

Im Rahmen der **Kundenorientierung** kann eine **Kundennutzen-Hierarchie** aufgestellt werden.

Kundennutzen-hierarchie

1. Stufe: Der vorausgesetzte Kundennutzen

Der vorausgesetzte Kundennutzen ist die Grundvoraussetzung der Unternehmenstätigkeit.

 Ein Autohändler verfügt über einen Platz mit Fahrzeugen und über geeignete Büroräume.

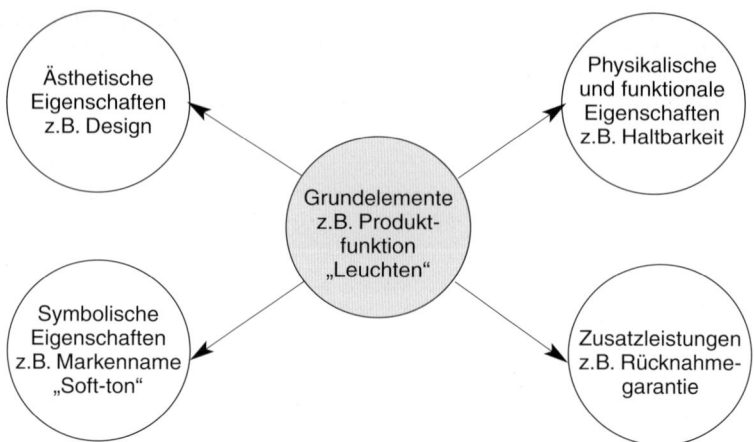

Elemente der Produktes nach Meffert, H., Marketing, Wiesbaden 1991

2. Stufe: Der erwartete Kundennutzen

Dieser Bereich wird vom Kunden als Minimum vorausgesetzt. Er orientiert sich dabei an Kauferfahrungen der Vergangenheit.

> **Beispiel**   Der Autohändler verfügt über eine größere Auswahl von Fahrzeugen, ist freundlich und kann kompetent Auskünfte geben.

3. Stufe: Der erwünschte Kundennutzen

Diesen Nutzenbereich artikuliert der Kunde, da er von vergleichbaren Leistungen der Mitbewerber gehört hat.

> **Beispiel**   Beim Autokauf erwartet der Kunde sofortige oder kurzfristige Lieferung und im Garantiefall kulante Behandlung.

4. Stufe: Der unerwartete Kundennutzen

Dies ist der Bereich, der den entscheidenden Unterschied zum Mitbewerber ausmacht und die Möglichkeit der Profilierung bietet.

> **Beispiel**   Im Fall einer Reparatur wird dem Kunden ein kostenloser Leihwagen zur Verfügung gestellt. Alle reparierten Fahrzeuge werden vor der Auslieferung kostenlos gewaschen.

Ziel jedes Unternehmens sollte es sein, möglichst vielen Kunden in der dritten oder vierten Stufe dieser Hierarchie zu begegnen. Dabei ergibt sich das **Problem,** dass der Kunde, der einen unerwarteten Nutzen erhält, diesen beim nächsten Kauf als erwünschten Nutzen voraussetzt. Hier wird deutlich, dass die Bemühung um Kundenorientierung ein immerwährender Prozess ist.

2.3   Die Güterarten

Güterarten

Im Rahmen der Volkswirtschaftslehre werden Produkte als Güter bezeichnet und anhand unterschiedlicher Kriterien gegliedert, so in freie und knappe Güter, in materielle und immaterielle Güter, in Konsum- und Produktivgüter und in Ver- und Gebrauchsgüter.

Im Rahmen der Produktpolitik soll eine Unterscheidung nach der **Selbstverkäuflichkeit**, nach der **Dauer der Kaufentscheidung** und nach dem **Ausmaß der Markierung** vorgenommen werden.

◆ **Nach der Selbstverkäuflichkeit** kann in problemlose und erklärungsbedürftige Produkte unterschieden werden.

— **Problemlose Produkte** eignen sich im Rahmen des indirekten Absatzes für das Angebot in Selbstbedienung.

— **Erklärungsbedürftige Produkte** erfordern ausführliche Beratung und sollten im Direktabsatz, z.B. durch unternehmensinterne Distributionsorgane wie Reisende oder Vertragshändler, angeboten werden (vgl. Kapitel 4).

Selbstverkäuflichkeit

◆ Die Unterscheidung **nach der Dauer der Kaufentscheidung** kommt aus den USA. Hier wird zwischen convinience goods, shopping goods und speciality goods unterschieden.

Dauer der Kaufentscheidung

— **Convinience[1] goods** werden vom Verbraucher häufig und mit einem Minimum an Aufwand gekauft. Der Verbraucher hat ein festes Präferenzsystem für qualitativ und preislich etwa gleichwertige Substitutionsgüter. Ist das gesuchte Produkt nicht verfügbar, unternimmt der Käufer keine zusätzlichen Beschaffungsanstrengungen, sondern weicht auf ein gleichwertiges Ersatzerzeugnis aus. Bei convinience goods ist der Käufer also darauf bedacht, den Beschaffungsaufwand zu minimieren.

Im sozialen Bezugssystem haben convinience goods keine Bedeutung. Für ihren Kauf sind keine Finanzierungsüberlegungen erforderlich.

Beispiel   Milch, Butter, Eier, Brot

— **Shopping goods[2]** werden vom Verbraucher relativ selten und nach sorgfältigem Vergleich von Preis und Qualität gekauft. Da hier kein festes Präferenzsystem vorhanden sind, ist der Beschaffungsaufwand und das Risiko des Fehlkaufs größer.

Beispiel   Schuhe, Elektrogeräte, Heimwerkerbedarf, Bekleidung

---

[1] **convinience goods**   englisch convinience = Angemessenheit, Annehmlichkeit, Bequemlichkeit, Behaglichkeit; goods = Güter; convinience goods demnach = Güter des täglichen Bedarfs
[2] **shopping goods**   englisch to go shopping = einkaufen gehen; shopping goods demnach = Güter, die mit Einkaufsaufwand verbunden sind

Markierung

– **Speciality goods**[1] werden in größeren Abständen gekauft, befriedigen spezielle Bedürfnisse und rechtfertigen beachtliche Kaufanstrengungen durch den Konsumenten. Ähnlich wie bei den convinience goods hat der Käufer ein festes Präferenzsystem. Da diese Güter im sozialen Bezugssystem erhebliche Bedeutung haben, unternimmt der Kunde im Gegensatz zu convinience goods sorgfältige Vergleiche von Qualität und Preis. Die Anschaffung von speciality goods erfordert darüber hinaus langfristige, planmäßige Finanzierungsüberlegungen.

> **Beispiel**   PKW, Computer, Geräte der Unterhaltungselektronik, Möbel, Urlaubsreisen

◆ Nach dem **Ausmaß der Markierung** unterscheiden wir in anonyme Ware, markierte Ware und Markenartikel.

Anonyme Waren sind markenlose Produkte, die auch als Gattungsmarken, Weiße Produkte oder Generics[2] bezeichnet werden. Sie werden oft nur in der entsprechenden Handelsgruppe vertrieben und es werden kaum Marketingaktivitäten eingesetzt. Sie sind abzugrenzen von den Handelsmarken. Anonyme Ware konzentriert sich im Wesentlichen auf Produkte des täglichen Bedarfs.

> **Beispiel**   Tip (Plus), die Sparsamen (Plus)

Unter einer **markierten Ware** versteht man einen Markenartikel des Handels. Für sie gelten mittlerweile die gleichen Merkmale wie für die Herstellermarken. Der wesentliche Unterschied besteht in dem auf die Handelsgruppe beschränkten Vertrieb (eingeschränkte Ubiquität).

> **Beispiel**   Privileg (Quelle)

Markenpolitik

Markenartikel
Im Rahmen der **Markenpolitik** werden alle mit der Markierung von Produkten oder Dienstleistungen zusammenhängende Entscheidungen und Maßnahmen einer Unternehmung getroffen. Diese Entscheidungen betreffen den Markennamen, die Verpackung und die Qualität.

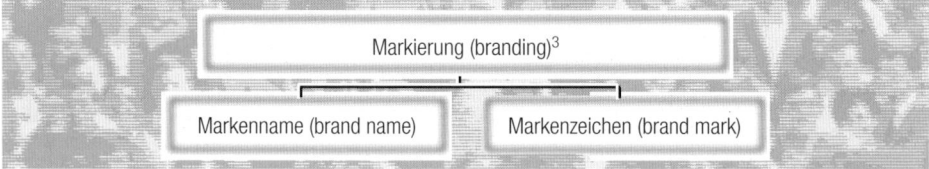

Markierung (branding)[3]

Markenname (brand name)   Markenzeichen (brand mark)

Die Marke setzt sich aus dem Markennamen (Personen-, Firmen- oder Phantasienamen) und dem Markenzeichen (Wortzeichen, Buchstabenzeichen, Bildzeichen oder Zahlenzeichen) zusammen. Beide sollten möglichst kurz und einprägsam sein, leicht auszusprechen und eine hohe Unterscheidungskraft besitzen.

---

[1] **speciality goods**   englisch speciality = Spezialität; speciality goods demnach spezielle Güter
[2] **generic** = Gattung
[3] **brand** = Marke

Zielsetzung der Markenpolitik

– Die Marke stellt einen wichtigen **Wettbewerbsfaktor** dar. Sie soll zum einen dazu beitragen, das eigene Produkt vom Konkurrenzprodukt abzuheben; gleichzeitig soll durch den Markenaufbau eine gewisse Präferenz für das eigene Produkt bei den Konsumenten gebildet werden.
– Die Markenpolitik soll dazu beitragen, beim Konsumenten den Eindruck von Qualität und Kontinuität hervorzurufen, wodurch er veranlasst wird, das Produkt wieder zu kaufen. Ziel des Unternehmens ist es, eine große **Stammkundschaft** aufzubauen.
– Die Stammkundschaft verschafft dem Unternehmen einen **preispolitischen Spielraum** (vgl. Kap. 3). Je besser es gelingt, den Kunden an das Markenprodukt zu binden, desto größer ist dieser Spielraum.

Markenprodukte zeichnen sich i.d.R. durch folgende **Eigenschaften** aus:

– Sie weisen eine Markierung auf.
– Sie weisen eine konstante Qualität auf.
– Sie werden über einen längeren Zeitraum in der gleichen Verkaufseinheit (Quantität) angeboten.
– Sie werden über einen längeren Zeitraum in der gleichen Verpackung und Ausstattung angeboten.
– Sie sind überregional erhältlich. Die Absatzlandschaft wird durch die Wahl des Distributionsweges, der zwischen Ubiquität und Exklusivität liegt, entschieden (vgl. Kap. 4).
– Die Werbung verfolgt das Ziel, einen Nachfragesog vom Verbraucher her zu erzeugen (Pull-Strategie, vgl. Kap. 5).
– Markenartikel weisen einen hohen Bekanntheitsgrad auf, der wiederum verbunden ist mit einer hohen Distributionsdichte.
– Auch das Preisniveau ist in Verbindung mit der Qualität relativ konstant (vgl. Kap. 3).

Im Hinblick auf das starke Vordringen der **Handelsmarken** in vielen Branchen haben die oben genannten Eigenschaften an Bedeutung verloren, da sie von den Handelsmarken in wesentlichen Teilen adaptiert wurden.

Handelsmarken

Beispiel Die vom Axel Springer Verlag AG und der Bauer Verlagsgruppe präsentierte Verbraucher-Analyse VA 2002 belegt, dass die Markenartikler einer immer stärker werdenden Konkurrenz der Handelsmarken ausgesetzt sind. In Discountern sind Markenartikel in der Minderheit, selbst in den klassischen Supermärkten nimmt die Zahl der Handelsmarken stetig zu.
Die Verbraucher-Analyse zeigt, dass in den letzten Jahren insbesondere die Discounter ihren Kundenkreis erweitern konnten (Aldi: + 8,8%, Lidl + 14,1%). Rückgänge sind dagegen bei den Supermärkten zu verzeichnen.
Allerdings geht aus der VA auch hervor, dass die klassischen Haushaltsführenden für ihre Lebensmitteleinkäufe im Schnitt 4,5 verschiedene Geschäfte aufsuchen. Daraus lässt sich eine starke Markenbindung ableiten.

Funktionen der Marken

Die Investitionen in den Markenaufbau müssen sich an ihrem wirtschaftlichen Nutzen messen lassen. Grundsätzlich legt man bei allen Investitionen in die Marke zugrunde, dass diese das Kauf- und Auswahlverfahren der Konsumenten beeinflusst. Sollte der Aufbau von Markenwissen beim Endkunden nicht zu der gewünschten Änderung des Kaufverhaltens führen, ist es wirtschaftlich nicht sinnvoll, weiter in den Markenaufbau zu investieren.

Der Stromerzeuger E.on steckte geschätzte 22,5 Mio. EUR in seine Markenkampagne „Mix it", konnte dadurch allerdings nur 1 100 Neukunden gewinnen („Spiegel Online 2002"). Dies entspricht Akquisitionskosten von 20 500 EUR pro Kunde bei einem durchschnittlichen Jahresumsatz von 600 EUR je Kunde.

Marken sind für das Verhalten eines Konsumenten nur dann relevant, wenn sie für ihn im Kaufprozess drei wichtige **Funktionen** übernehmen: Eine Marke liefert dem Konsumenten vor der Kaufentscheidung wesentliche Informationen, sie reduziert das Risiko bei der eigentlichen Kaufentscheidung und bietet dem Konsumenten in der anschließenden Konsumphase einen ideellen Nutzen.

◆ **Die Marke bündelt Informationen:** Markenprodukte erleichtern es dem Konsumenten, Informationen zu einem Produkt zu erhalten. Sie beinhalten Informationen über den Hersteller und die Herkunft des Produktes und helfen dem Konsumenten, sich in einem unübersichtlichen Produktumfeld zurechtzufinden.

 Bei **Verbrauchsgütern** (Zigaretten, Waschmitteln oder Biersorten) steht die Informationseffizienz im Vordergrund, weil sich zum einen diese Produktmärkte sehr ähneln, zum anderen der Konsument diesen Entscheidungsprozess relativ häufig durchlaufen muss. So ist bei Zigaretten, Waschmitteln oder Biersorten die Marke für den Konsumenten sofort erkennbar und erleichtert die Orientierung.
Bei langlebigen – und in der Regel teureren – **Gebrauchsgütern** (Fernsehern, Computern, Uhren) steht die Steigerung der Informationseffizienz nicht im Vordergrund, da der Konsument sich ohnehin mehr Zeit für die Kaufentscheidung nimmt.

◆ **Die Marke reduziert das Kaufrisiko:** Für den Konsumenten verringert sich mit der Wahl eines Markenproduktes die subjektiv wahrgenommene Gefahr, eine falsche Kaufentscheidung zu treffen. Er vermeidet eventuelle finanzielle Einbußen oder Nachteile in der Qualität. Die Marke schafft somit beim Konsumenten Vertrauen in die Produktqualität.

 Die Risikoreduktion spielt beim Kauf von Medikamenten, Nahrungsmitteln und hochwertigen Konsumgütern eine große Rolle. Generell möchte der Konsument das mit seinem Kauf verbundene Risiko minimieren.

◆ **Die Marke liefert einen – nach außen und nach innen gerichteten – ideellen Zusatznutzen:** Dieser ist nach außen gerichtet, wenn der Konsument das Markenprodukt zur Selbstdarstellung in der Öffentlichkeit nutzt. Der ideelle Zusatznutzen ist nach innen gerichtet, wenn das Markenprodukt z.B. der Verwirklichung oder der Identifikation mit persönlichen Idealen dient.

 Bei öffentlich gut sichtbaren Produkten (Kleidung, Sonnenbrillen, Autos, Modeartikeln) ist der nach außen gerichtete ideelle Nutzen am größten. Hier beruht der ideelle Nutzen hauptsächlich auf der Wahrnehmung durch Dritte sowie der eigenen Identifikation mit einer bestimmten Marke.

Wie eine starke Marke entsteht und gehalten wird, darüber gibt es sehr unterschiedliche Meinungen. Nivea, Coca-Cola, Miele, Bahlsen oder TUI stehen für verschiedene Erfolgsstrategien.

Beispiel Marlboro und die Cowboys gelten unter den Werbern als legendäre Erfolgsstory. Peter Paetzel, Geschäftsführer Marketing, dazu: „Wir haben keine Strategie, sondern Marlboro funktioniert nach eigenen Gesetzen."

**Marlboro: Der Prototyp für erfolgreiches Markenmanagement
(www.dachmarke.de)**

Mehr als 300 Marken kämpfen in Deutschland um die Gunst der Raucher, der seiner Marke die Treue hält (höchste Rate im Konsumgütersektor). **Doch der Cowboy reitet und reitet und reitet …** Kaum eine andere Marke hat eine solch lange Erfolgsgeschichte vorzuweisen. Die Sonne in Marlboro-Country scheint nicht unterzugehen.

Die Produkte werden immer ähnlicher. In vielen Konsumgüterbranchen gibt es dieses Phänomen: Auf Basis des Produktes bzw. der physischen Seite der Marke ist eine Differenzierung von den Wettbewerbern kaum noch möglich. Mit Blindtests kann man das beweisen. Fans von bestimmten Biermarken können dann ihre Lieblingsmarke nicht identifizieren. Pepsi nutzte die Fast-Gleichheit mit Coke sogar in der Werbung und ermutigte die TV-Zuschauer, den Pepsi-Test zu machen. Die Angleichung auf der Produktebene passiert jedoch nicht automatisch.

Ob ein Konsumprodukt besser ist als ein anderes, ist häufig reine „Geschmackssache": Ist Pepsi besser als Coke? Ist Jever besser als Königpilsener? Schmeckt Camel besser als Marlboro? Ist ein Shampoo von Schauma besser als eines von Wella? Wäscht Persil weißer als Ariel? Bereits jetzt werden 85% aller von Stiftung Warentest getesteten Produkte als „gut" eingestuft. Und wenn die objektiven Tester keinen Unterschied mehr erkennen, wie sollten es dann die „subjektiven" Konsumenten?

Erfolgsregel: „Sei anders als die anderen"

Die Erfolgsregel, die von Marlboro angewendet wird, lautet: „Sei anders als die anderen!" Wenn man überlegt, wie man „anders" werden kann, identifiziert man Lücken im Angebot, die noch nicht besetzt sind. Damit tritt ein weiterer Effekt ein: Man wird automatisch der Erste, wenn man sie füllt. Und der Erste hat wiederum Vorteile: Im Kopf des Verbrauchers wird diese Lücke mit der Marke des Ersten gefüllt. Wer war der Erste, der den Atlantik überflog? Charles Lindberg. Wer war der Zweite? Bert Hinkler. Wer war der erste Mann auf dem Mond? Neil Armstrong. Wer der Zweite? Edwin Aldrin. Da die Marken mit Erstcharakter schnell in die Köpfe der Verbraucher gelangen und ihre Position leichter ausbauen können als die Zweiten, sind sie häufig Marktführer. Beweise: **Odol, Maggi, Aspirin, Junghans Funkuhr, Red Bull** etc.

Der Marktführer bis Anfang der 60er Jahre war **Eckstein**: „Lebendige Tradition" und „echt und recht". Die Zigarette der Menschen, die im Zweiten Weltkrieg Schlimmstes erlebten. Als man sich von der Nazizeit distanzierte und neue Werte in unserer Gesellschaft Bedeutung erlangten, wurde **HB** Marktführer: „Frohen Herzens genießen" und „Warum denn gleich in die Luft gehen?" waren die zwei zentralen Punkte des Erfolges: Wir Deutschen hatten Anfang der 60er Jahre endlich das Recht auf Genuss. Und zu damaliger Zeit war Genuss als Markenkern eher eine Rarität. Genussartikel wie Kaffee oder Parfüm setzten auf andere Werte: Status, Qualität, Repräsentanz.

Heute ist Genuss selbstverständlich. In die Luft gehen war das Bild für das Phänomen jener Zeit: Stress. Die Menschen arbeiteten 50 bis 60 Stunden pro Woche. Der Wirtschaftsaufbau war Stress.

HB, **Peter Stuyvesant** (Anfang der 60er Jahre die Nr. 2 mit „Der Geschmack der großen weiten Welt") und **Ernte** positionierten sich für junge, fröhliche, meist archetypisch blonde Männer und Frauen. Also jeder sollte sich angesprochen fühlen. Diesen Fehler machte Marlboro nicht. Sie war klar auf die Zielgruppe Männer fokussiert.

Umsetzung in allen Identitätsdimensionen

Damals kannte man das Marken-Identitäts-Konzept noch nicht. Trotzdem wandte man es bei Philip Morris an. Mittels Positionierung definiert man die Kriterien, mit denen man sich von der Konkurrenz abheben möchte und die die Markenidentität festlegen. Danach beginnt die Umsetzung in den sechs Identitätsfacetten der Marke.

(1) Objektive Ebene:
Alle Zeichen des Produktes müssen eine einheitliche Botschaft generieren. Bei Marlboro sind dies beispielsweise: **Logo:** Schwarze Schrift auf weißem Grund. Schwarz erzeugt diverse Assoziationen; unter anderem steht Schwarz für Individualität. Schwarze Kleidung distanziert, verschafft Würde. Die Anhänger Sartres trugen deshalb Schwarz. Auch Randgruppen wie Rocker, Punker etc. tragen schwarze Kleider. Die Farbsymbolik von Weiß ist dagegen eindeutig positiv: die Farbe des Guten und der Vollkommenheit.

Grafik des roten Pfeiles: Die Farbe Rot in Verbindung mit dem Pfeil steht für Aggressivität, Kraft, Energie, Angriff, Kampfbereitschaft, Mut. Und gekämpft haben immer nur die Männer. Wappenspruch: „Veni Vidi Vici": „Er kam, sah und siegte". Das ist der Markenkern!

(2) Persönlichkeit/Charakter:
Die Positionierung bestimmt auch diese Facette. Folglich stehen hier männliche Eigenschaften wie Männlichkeit, Unabhängigkeit, Mut etc.

(3) Rahmen der Beziehung zum Verbraucher:
Er muss typisch männlich sein: aktiv, initiativ und rational.

(4) Zuordnung:
Der starke Mann, der keine Grenzen kennt, der zupackt, der selbstständig ist.

(5) Wertedimension:
Da Marlboro in den USA seine Geburtsstätte hat, dominieren Werte der amerikanischen weißen Kultur: Eroberung, Wettbewerb, Leistung, Durchsetzung.

(6) Markenvision:
Sie ist typisch für die US-Welt: Freiheit und Unabhängigkeit. Diese Werte stehen in den USA an erster Stelle. Und wie früher sind es die Männer, die diese Werte verteidigen bzw. dafür kämpfen (siehe Einsatz der US-Truppen auf der ganzen Welt!).

Konzept der Prototypen

Dieses Konzept beinhaltet: Jenen Marken wird Superiorität zugesprochen, die die zentrale Ideologie bzw. den zentralen Wert der Kategorie repräsentieren. Wenn man den obersten Wert belegt hat, können die Wettbewerber nur darunter bleiben. Und unsere Kultur bewertet dies eindeutig: „Oben" ist immer besser als „unten".
Was macht Marken zu Prototypen? Nicht die funktionalen Eigenschaften wie „reinigt die Wäsche" oder „bietet Genuss" oder „schützt vor Karies". Auf dieser Ebene sind die Marken heute gleich. Man muss in der Wertehierarchie nach oben steigen. In der Kategorie Zigaretten lautet die Kette:

Rauchen – Geschmack – Genuss –?

Welches ist der End-Benefit? Denken Sie nur an Ihre erste Zigarette! Haben Sie diese auch am Lagerfeuer geraucht? Heimlich und voller Angst, von den Erwachsenen entdeckt zu werden? Jugendliche, die heimlich rauchen, wollen sich damit beweisen: **Sie sind erwachsen, frei von den Zwängen** des Elternhauses und **unabhängig**. Üblicherweise erlebt man das in einer Gemeinschaft unter Gleichen mit Mut. Und dieses Erlebnis verbindet. Philip Morris konzentrierte sich auf die Einstiegszielgruppe und nicht auf die aktuellen Raucher. Bei denen sieht die Wertekette anders aus. Hier dürfte der End-Benefit die Befriedigung der Nikotinsucht sein.
Das, was man als Jugendlicher mit der ersten Zigarette heimlich erlebt hat, dominiert auch in der Phase, wo man offiziell rauchen darf. Als Erwachsener fordert unsere Kultur von den Männern, dass sie aktiv sind, für die Familie sorgen, die Natur beherrschen, treu und redlich sind. Trotz Emanzipation gesteht die Gesellschaft den Männern mehr Freiheit und Unabhängigkeit zu. Wenn diese Werte bedroht sind, müssen Männer für ihren Erhalt kämpfen. Somit sind diese Werte in der Kategorie Zigaretten vorhanden und von unserer Kultur sehr hoch geschätzt.
Da Marlboro sie belegt hat, haben die Wettbewerber kaum eine Chance, attraktivere Werte zu finden. Sie müssen automatisch „darunter" bleiben.

Kontinuität benötigt eine Marke

Ganz im Sinne der hierarchischen Kultur dominiert bei Marlboro Kontinuität. Obwohl jeder bei sich selbst feststellen kann, wie lange es dauert, (wenn überhaupt) bis eine neue Marke in sein Relevant Set vordringt, und wie lange es dauern kann, bis er sie kauft und wieder kauft, unterliegen alle im Marketing dem Irrglauben, man muss immer etwas Neues bringen. Dies ist ein Dogma unserer Gesellschaft (**„Frische-Mythos"**): **Immer mehr und Besseres ist gefragt.** In vielen Bereichen hat dies zur Simplifizierung beigetragen.
Bei Marken hat diese Denkweise ebenfalls großen Schaden angerichtet. Die häufigen Kampagnenwechsel – bedingt durch einen neuen Geschäftsführer oder Marketingdirektor – führen nicht zum Aufbau eines klaren Markenbildes. Wenn man die Marken-Identität in allen Dimensionen definiert hat, ist die der „Boss" und die an der Marke arbeiten, sind die „Diener".

Es ist unverständlich, warum man das Erfolgsbeispiel Marlboro nicht imitiert! Seit 1963 reitet der Cowboy durch die Welt. Die Anpassung an die Veränderungen des Zeitgeistes findet nur marginal statt. Die Identität der Marke bleibt trotzdem erhalten. Egal in welchem Land welcher Top-Manager bei Philip Morris an der Spitze ist, er muss sich der Markenidentität fügen! Das ist Hierarchie par excellence.

2.4 Markenstrategien

Welche Strategie ein Unternehmen bei der Markierung seiner Ware anwendet, ist von den **Zielen des Unternehmens** abhängig.

Arten der Marken-strategien

> Steht das Streben nach Gewinn im Vordergrund, werden Produkte mit dem höchsten Deckungsbeitrag gefördert. Sind die Ziele auf Prestige ausgerichtet, werden Markenartikel unabhängig von der Gewinnsituation bevorzugt.

Mögliche Markenstrategien sind z. B. die Monomarkenstrategie und die Sortiments- oder Dachmarkenstrategie.

◆ Bei der **Monomarkenstrategie** wird für jedes einzelne Produkt eine eigene Marke gewählt. Das Marketingkonzept kann so auf das jeweilige Produkt individuell zugeschnitten werden. Die Herkunft der Einzelmarken wird dabei kommunikativ nicht deutlich gemacht.

Beispiel Auszug aus den Monomarken des Henkel-Konzerns:

- ATA
- bif
- Creme 21
- Der General
- Dixan
- Dixi
- dor
- Fakt
- fewa
- IMI
- Moschus

- Musk
- Mustang
- Paral
- Pattex
- Persil
- Perwoll
- Polifac
- Poly
- Ponal
- Pril

- Pritt
- saptil
- saptur
- Sidol
- Sil
- Tampax
- Thera-med
- Vernell
- WC-Frisch
- Weißer Riese

Vorteil dieser Strategie ist, dass der Ruf des Unternehmens nicht vom Erfolg des Produktes abhängt und dass das Produkt vollkommen frei positioniert werden kann.

Die Beauty AG ist mit ihrem Produktionsprogramm im hochpreisigen Segment der pflegenden Kosmetik positioniert. Die Marketingabteilung schlägt vor, parallel hierzu eine preiswerte Produktlinie anzubieten. Um die Positionierung des hochpreisigen Sortiments nicht zu gefährden, wird hierfür eine Monomarke kreiert.[1]

◆ Bei der **Sortiments- oder Dachmarkenstrategie** werden alle Produkte des Unternehmens unter dem Firmennamen angeboten. Ziel der Dachmarkenstrategie

---

[1] *Das Wort kreiert ist aus dem lateinischen Verb creare = schöpfen abgeleitet. Gesprochen wird es deshalb auch kre-iert.*

ist der positive Imagetransfer des Firmennamens auf das gesamte Leistungsangebot.

Beispiel   Milka, Nivea, Audi, Sony

Der **Vorteil** der Strategie liegt darin, dass die Produktfamilie durch das Markendach geschützt wird und die Marketingaufwendungen für das einzelne Produkt geringer sein können, da dieses durch das gesamte Sortiment mitgetragen wird. Die **Gefahr** der Dachmarkenstrategie liegt im möglichen negativen Imagetransfer, der von einzelnen Produkten auf das gesamte Produktprogramm ausstrahlt. Diese Gefahr wächst mit der Unterschiedlichkeit der Produktansprüche.

Im Folgenden werden vier Prinzipien aufgeführt, von denen die Dr. Dinger Consulting GmbH behauptet, sie entscheiden darüber, ob eine Produktlinienerweiterung Mehrwert und Mehrumsatz zur Stammmarke beiträgt oder ob sie den Markenkern verwässert oder gar schädigt.

1. Das Gebot der Marktführerschaft

Nur starke Marken sollten erweitert werden – so lautet die gängige Empfehlung. Doch was heißt „stark"? Einige Kriterien mittels derer man Stärke qualifizieren kann:

- Stark im Kopf der Zielgruppe – denn nur hier findet die Schlacht statt. Die Marke muss die 1. oder 2. **Top of mind**-Position[1] haben.
- Stark im Wert: Die Marke muss den **prototypischen Wert der Kategorie** besetzt haben. Ob er für eine Erweiterung geeignet ist, ist eine andere Frage.
- Stark in den **Finanzen**: „Halten Sie den Cash bereit". Denn jede Markenerweiterung muss wie eine Monomarke geführt werden, soll sie nicht die Urmarke schädigen.

Wenn obige Kriterien erfüllt sind, dann ist die Marke normalerweise Marktführer. Wie bei Milka oder Nivea: Sie hatten ca. 50 % Marktanteil zum Zeitpunkt ihrer ersten Erweiterung. Beide Marken waren am Anfang sehr erfolgreich. Nur leider missachtete Milka das zweite Prinzip.

2. Das Gebot der Kategorie

Milka besitzt im wahrsten Sinne des Wortes die Kategorie „Tafelschokolade". Wer an Tafelschokolade denkt, denkt zuerst an Milka (Top of mind). An wen sonst?

Nivea besitzt im wahrsten Sinne des Wortes die Kategorie „Hautcreme". Die blaue Dose ist immer noch Nivea.

Nur als **Milka** die Marke ausweitete, begab man sich zu oft in bereits besetzte Kategorien. Beispiel Riegel: Diese ist mehrfach belegt durch Mars, Twix, Nuts und Milky Way. Gegen diese wollte Milka mit der Lila Pause kämpfen. Beispiel Kinderschokolade: Dieses Segment gehört der Marke Kinderschokolade. Milka Milkinis hat hier keine Chance. Beispiel alkoholhaltige Süßigkeiten: Diese Kategorie hat Mon Cherie geschaffen. Wie will in dieser Situation das Me-too-Produkt Milka Mona Lila in die Köpfe der Verbraucher vordringen?

Anders Nivea: Nivea schuf mit den meisten Markenausweitungen neue Kategorien, die noch unbesetzt waren. Beispiele: Als erste Marke besetzte Nivea die

---

[1] **mind** = Geist, Verstand

Kategorie „Pflegender After Shave Balsam" oder die Kategorie „Pflege für die reife Haut" oder die Kategorie „Pflege für die Haare" (auch wenn andere Marken schon den Benefit „Pflege der Haare" in der Werbung verwendeten, Nivea bewies es als erster auf der Produktebene).

3. Das Gebot der Core Value(s)[1]

Nicht die Kernkompetenz entscheidet über den Erfolg der Markenausweitung, sondern der Kernwert der Marke. Denn nur damit kann man in die Köpfe der Zielgruppen gelangen. Ob ein Unternehmen etwas besonders gut kann, interessiert die Zielgruppe normalerweise nicht. Der Wert, den die Marke ihr bietet, entscheidet über die Akzeptanz.

Nivea hat als Klammer den **Wert „Pflege"** genutzt. Gepflegtsein ist ein hoher Wert in unserer Gesellschaft. Die Opposition hierzu lehnt unsere Gesellschaft ab. Diejenigen, die ungepflegt sind, werden normalerweise nicht akzeptiert, sie gehören zu den „Randgruppen".

Nivea hat als erster erkannt, dass dieser Wert ein ewig währender Wert ist, und vor allem, dass ihn noch kein Anbieter besetzt hat. Ein Phänomen, das wir immer wieder feststellen: **In vielen Kategorien sind die Top-Werte noch frei.** Und wenn der Top-Wert schon belegt ist, was kann ein Mitbewerber tun? Er kann nur einen Wert „darunter" nutzen und hat damit automatisch weniger Erfolgschancen.

Milka: Die Tafelschokolade hat die **Werte „Zartheit" und „Genuss".** Zartheit ist ein typisch weiblicher Wert, weshalb er vermutlich nicht genommen wurde. Genuss hätte Milka nutzen können, doch Genuss ist ein „schwieriger" Wert: Genuss ist individuell und unspezifisch. Genuss bieten auch Bonbons, Käse, Wein, Spirituosen etc. Dementsprechend häufig wird das Wort in der Werbung verwendet. **Das ist die Schwäche auch bei anderen Dachmarken: Sie belegen keinen eindeutigen Wert.**

Während Nivea durchgängig von „Pflege" plus des Nutzens der jeweiligen Markenerweiterung spricht, findet man bei Milka nichts! **Die lila Kuh als Klammer ist zu schwach.** Die Kuh repräsentiert keinen attraktiven Top-Wert. Vielleicht wäre Milka erfolgreicher, wenn sie den Wert „Schokoladengenuss" okkupieren würde. Ob sie damit jedoch gegen **„Raffinesse" von Ferrero** ankommt, ist eine andere Frage. Oder gegen die **Werte der Riegelkategorie – Sport, Männlichkeit, Leistung** („durchbeißen").

4. Das Gebot des Gedächtnisses

Markenausweitungen dürfen nie die Kapazität des Gehirns übersteigen. So weiß man aus der Gehirnforschung, dass das Gehirn maximal sieben Units gleichzeitig verarbeiten kann.

So kann man sich leicht merken, dass es ein normales und light **Coca-Cola** gibt. Aber wie viele und welche Produkte tragen den Namen **Braun**? Oder den Namen **Philips**?

Vergleichen Sie Philips mit Sony. **Sony** gab jeder wichtigen Entwicklung einen eigenen Beinamen wie Trinitron, Walkman, CamCorder, HandyCam oder Playstation. An welche Innovation von Philips können Sie sich erinnern?

---

[1] **core** = Kern; **value** = Wert

Wenn zu viele Produkte unter einer Marke geführt werden, verschwimmt die Marke. Die Innovationen gehen in der Vielfalt der Innovationen unter. Die Dachmarke wird zum Innovationskiller.

www.dachmarke.com

2.5   Produkt- und Programmanalyse

Produktpolitische Entscheidungen setzen eine gründliche Analyse der jeweiligen Ausgangslage voraus. Neben der zwingend erforderlichen Abstimmung mit dem Zielsystem des Unternehmens stellen die Zielgruppenanalyse, die Produktpositionierung, die Portfolioanalyse und die Produktlebenszyklus-Analyse mögliche Verfahren zur Entscheidungsfindung dar.

Analyse der Zielgruppe

◆ Im Rahmen der **Zielgruppenanalyse** (vgl. S. 208) wird die Frage gestellt, **wer** das Produkt kauft oder kaufen soll. Es muss kritisch hinterfragt werden, welche soziografischen, psychografischen und demografischen Merkmale die Zielgruppe aufweist. Sind es Männer oder Frauen, Alte oder Junge, welche soziale Schicht wird angesprochen etc.? Im Idealfall stimmt die tatsächliche Zielgruppe mit der geplanten überein, sie können aber auch auseinanderfallen.

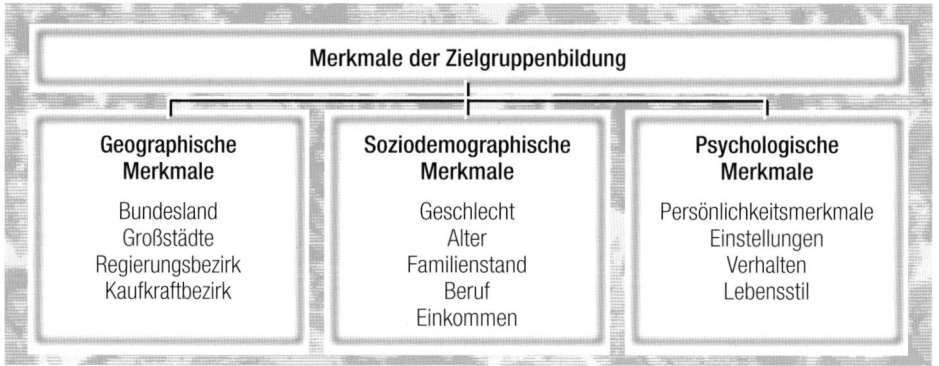

Merkmale der Zielgruppenbildung		
Geographische Merkmale	**Soziodemographische Merkmale**	**Psychologische Merkmale**
Bundesland	Geschlecht	Persönlichkeitsmerkmale
Großstädte	Alter	Einstellungen
Regierungsbezirk	Familienstand	Verhalten
Kaufkraftbezirk	Beruf	Lebensstil
	Einkommen	

Die Beauty AG entwickelt ein Eau de toilette für Teenager. Gekauft wird es jedoch von Frauen um die 40 Jahre, die damit das Gefühl jung zu sein erhalten wollten.

Die genaue Kenntnis der Zielgruppe ist wichtig, um auf Veränderungen der Zielgruppe sofort reagieren zu können.

Nachdem die Marketing-Abteilung der Beauty AG erkannt hat, dass ihre Kundinnen Frauen um die 40 Jahre sind, wählt sie in der Werbung verstärkt Motive aus der Zeit, als ihre Kundinnen Teenager waren.

Produkt- portfolio

◆ Um die Positionierung eines Produktes, ganzer Produktgruppen oder strategischer Geschäftseinheiten im Vergleich zum Wettbewerb zu analysieren, können Produktpositionierungen oder **Produktportfolios**[1] erstellt werden.

---

[1] **Portfolio**   französisch portefeuill = Brieftasche, Aktenmappe, Wertpapierbestand einer Bank

Unter einer **Positionierung** versteht man die unverwechselbare Kennzeichnung der Leistungen einer Unternehmung in den Köpfen der Verbraucher, indem die Unternehmung und ihre Leistungen mit bestimmten relevanten Eigenschaften belegt werden.

Die Positionierung orientiert sich somit an den von den Kunden wahrgenommenen Leistungsmerkmalen.

Wegen der zunehmenden objektiven Ähnlichkeit der Produkte/Leistungen ist es wichtig, das Leistungsangebot hinsichtlich der vom Kunden wahrgenommenen Eigenschaften von der Konkurrenz abzugrenzen.

Produkt-
positionierung

Kernelemente des klassischen Positionierungsmodells:

1. Datenerhebung über die vom Kunden wahrgenommenen Eigenschaften.
2. Verdichtung der Daten. Aus Vereinfachungsgründen werden häufig nur zwei Dimensionen betrachtet.
3. Die Platzierung der eigenen Produkte bzw. Leistungen sowie der Konkurrenzmarken vornehmen.
4. Die Idealposition aus Kundensicht ermitteln.
5. Die Distanz der Idealvorstellungen der Kunden und der Realposition ermitteln.

Beispiel | Eine renommierte Hotelkette betreibt in den Städten Hamburg, Düsseldorf, Frankfurt und München jeweils ein Hotel. Alle Hotels befinden sich im gehobenen Segment. Sie besitzen neben einem Restaurant und einer Bar auch qualitativ hochwertig ausgestattete Tagungsräume. Der Preis je Übernachtung beträgt im Durchschnitt 80,00 EUR je Person. Architektur und Ausstattung der Hotels vermitteln eine moderne und internationale Anmutung. Aufgrund stark nachlassender Besucherzahlen in den letzten Jahren versucht die Hotelkette sich im Markt neu zu positionieren. Das Management geht dabei in den folgenden Schritten vor:

1. Marktsegmentierung und Auswahl geeigneter Marktsegmente:

Es erfolgt eine Aufteilung des Gesamtmarktes in verschiedene Teilmärkte nach bestimmten **Segmentierungskriterien** (z.B. Abgrenzung nach Kunden- oder Bedürfnismerkmalen).
Die Hotelkette kann ihre Kundschaft nach folgenden Kundenmerkmalen strukturieren:
● Firmenkunde/Privatkunde
● Einkommen: Exklusiv/Normal
● Alter: Junge oder ältere Kundschaft

2. Ermittlung relevanter Merkmale für die Wahl eines Hotels

Die Hotelkette wertet ihr Sekundärmaterial aus und führt schriftliche Befragung, Einzelinterviews oder Gruppendiskussionen durch um von den potenziellen Kunden zu erfahren, welche Merkmale für sie wichtig sind für die Auswahl eines Hotels. Folgende Merkmale könnten in Frage kommen:
● allgemeine Ausstattung
● Tagungsräume
● Konferenztechnik
● Telekommunikationstechnik
● Gastronomiemöglichkeit
● Freizeitmöglichkeit

3. Ausprägungen diese Merkmale

Es wird ermittelt, welche Ausprägungen diese Merkmale bei einem idealen Hotel aus Sicht der Konsumenten in den ausgewählten Marktsegmenten haben sollten. Die potenziellen Kunden werden z.B. befragt, wie die Ausstattung eines Hotels im Hinblick auf die Telekommunikationstechnik optimalerweise aussehen sollte. Das Ergebnis ist das sogenannte Idealprodukt (Idealhotel).

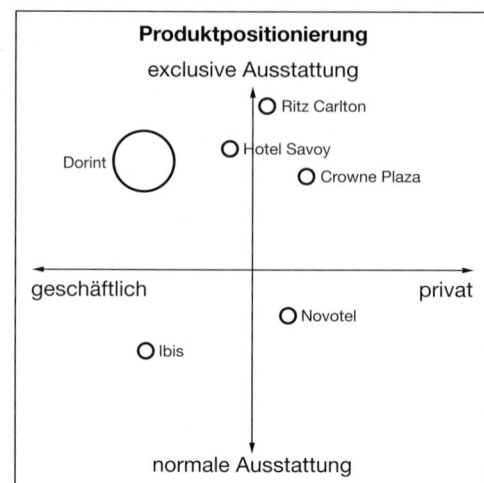

4. Bewertung der Konkurrenzhotels

Die potenziellen Kunden bewerten die Konkurrenzhotels bezüglich der oben aufgeführten Merkmale.

5. Verdichtung der relevanten Merkmale

Faktoren-analyse

Die Merkmale werden mithilfe der **Faktorenanalyse** auf wenige (2–3) bedeutsame Dimensionen verdichtet (vgl. S. 111).

6. Einordnung des Idealhotels

In einem letzten Schritt erfolgt die Einordnung des Idealhotels und der Konkurrenzhotels bezüglich der ermittelten Dimensionen. Durch die graphische Darstellung dieses Sachverhalts lässt sich leicht eine geeignete neue Positionierung für die Hotelkette ablesen. Wichtig dabei ist, dass das Hotel möglichst nah an der Idealposition und möglichst weit entfernt von den Positionen der Konkurrenzhotels positioniert wird.
Hierbei müssen auch die objektiven Eigenschaften der Hotelkette berücksichtigt werden (Preis, Ausstattung, Standorte etc.).
Falls die Idealposition schon durch Konkurrenzhotels besetzt ist, muss die Hotelkette versuchen, sich auf einer anderen, neuen Dimension außerhalb des ermittelten Imageraumes zu positionieren und dadurch eine Alleinstellung zu erreichen. Hierbei muss versucht werden, neue relevante Dimensionen zu finden.

Portfolioanalyse

Portfolio-analyse

◆ Innerhalb der **Produktportfolioanalyse** werden die strategischen Geschäftseinheiten bzw. die Produktlinien eines Unternehmens in einer Vierfelder-Matrix eingetragen und damit ihr „Standort" im Unternehmen oder auch zur Konkurrenz definiert. Durch die Größe der Kreisfläche wird die Bedeutung der jeweiligen Produktlinie deutlich.

◆ Die **Boston-Consulting-Group** hat hierzu das sog. Marktwachstum-Marktanteil-Portfolio entwickelt.

Hierbei wird das **Marktwachstum** der Produkte mit dem **relativen Marktanteil** verglichen.

Marktwachstum und relativer Marktanteil werden dabei als hoch oder niedrig klassifiziert. Durch diese Zuordnung entstehen vier Felder, die mit den englischen Begriffen **stars** (Sterne), **cash cows** (Milchkühe), **question marks** (Fragezeichen) und **poor dogs** (arme Hunde) bezeichnet werden. Die Produkte oder Produktgruppen werden in Form von Kreisen in den jeweiligen Feldern dargestellt, wobei der Kreis den Standort und die Kreisgröße die Bedeutung der Produkte symbolisiert.

Marktanteils-
Marktwachstums-
Matrix

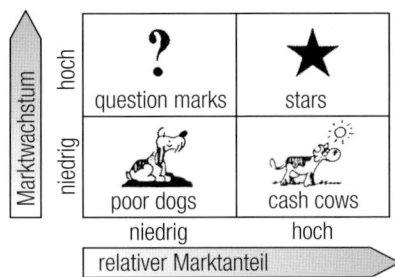

Beispiel Die Produkte A, B, C und D eines Unternehmens wachsen in vier unterschiedlichen Märkten mit Wachstumsraten von 4, 6, 20 und 25%. Betrachtet man jetzt den Marktanteil der Produkte im Verhältnis zum jeweils stärksten Konkurrenzprodukt, so ergibt sich folgendes Ergebnis: A 15%, B 20%, C 5%, D 6%. Der relative Marktanteil von A und B wird als hoch, der von C und D als niedrig eingestuft. In der Darstellung ergibt sich folgendes Bild:

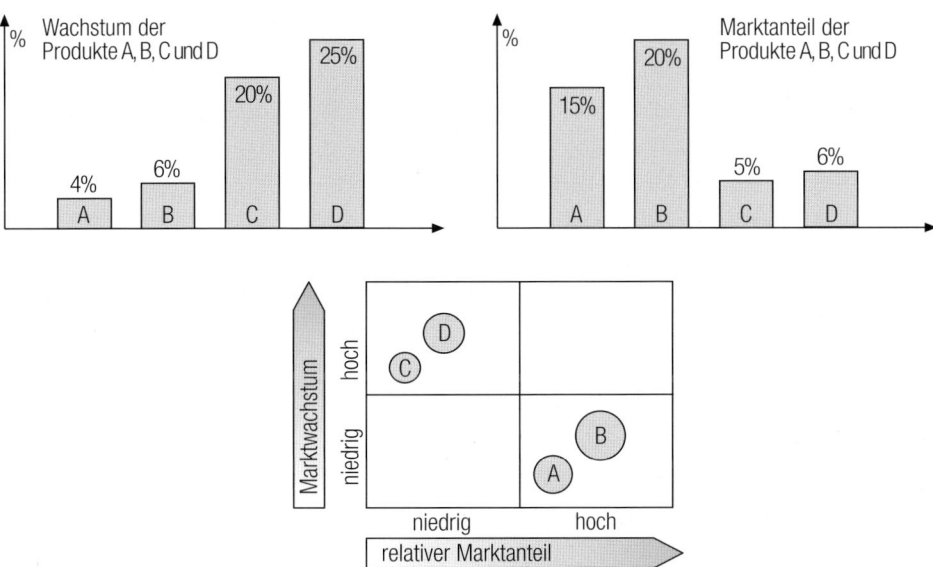

– **Stars** sind Produkte, die im Markt erfolgreich sind und gute Wachstumschancen haben. Sie beanspruchen z.B. im Bereich der Kommunikationspolitik große finanzielle Ressourcen und erwirtschaften in der Zeit des Wachstums kaum Finanzmittelüberschüsse (cashflow). Aufgrund des hohen Wachstumspotenzials bilden sie jedoch das Geschäft der Zukunft.

– **Question marks** sind durch hohes Marktwachstum bei geringem relativen Marktanteil gekennzeichnet. Aufgrund des hohen Marktwachstums binden sie Finanzmittel, ohne ihrerseits Überschüsse zu erwirtschaften. Ob sich der geringe Marktanteil langfristig ausweiten lässt, ist noch unklar.

– **Cash cows** sind am Markt erfolgreiche und etablierte Produkte. Ihr Marktanteil ist hoch, aber das Marktwachstum ist gering. Sie werfen Gewinne ab und sichern kurzfristig den Erfolg des Unternehmens. Um den Marktanteil zu halten und das Wachstumspotenzial auszuschöpfen, sollten die hier erwirtschafteten Finanzmittel sofort in die Entwicklung der Stars von morgen reinvestiert werden.

Beispiel   Ein Unternehmen stellt fest, dass sich in seinem Produktionsprogramm fast ausschließlich cash cows, aber wenige stars befinden. Aufgrund des niedrigen Marktwachstums und des relativ hohen Marktanteils der cash cows ist das potenzielle Marktwachstum für diese Produkte gering. Das Unternehmen sollte versuchen, neue Produkte zu entwickeln und mögliche stars am Markt zu positionieren.

– Die Lebensdauer der **poor dogs** ist abgelaufen. Sie erwirtschaften meist keine Finanzmittelüberschüsse, und positive Entwicklungsmöglichkeiten sind hier kaum zu erwarten.

◆ Die Unternehmensberatungsgesellschaft **McKinsey** kritisiert an der Marktanteils-Marktwachstums-Matrix, dass hier nur eindimensionale Größen verwendet werden. Als Alternative entwickelte man ein Produktportfolio, das die Größen „Marktattraktivität" und „relative Wettbewerbsvorteile" vergleicht.

– Das Kriterium der **Marktattraktivität** bestimmt sich unter anderem durch das Marktwachstum, die Marktgröße, die Marktqualität und die Umweltsituation.

– Die **relativen Wettbewerbsvorteile** ergeben sich unter anderem aus den Größen relative Marktposition, relatives Produktionspotenzial und relative Personalqualität.

Marktattraktivitäts-Wettbewerbsvorteile-Matrix

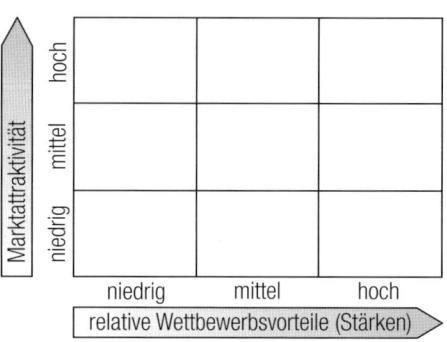

Mc Kinsey empfiehlt für Geschäftseinheiten links unterhalb der Diagonalen die **Strategie der Abschöpfung oder Desinvestition.** Rechts oberhalb der Diagonalen befindet sich die Zone der Mittelbindung, hier wird die **Investitions- und Wachstumsstrategie** empfohlen.

Empfehlungen auf der Grundlage der Marktattraktivitäts-Wettbewerbsvorteile-Matrix

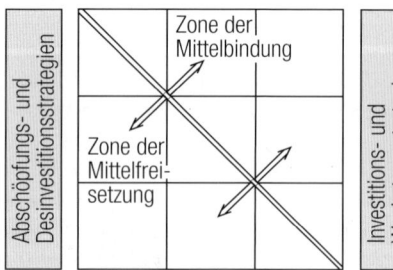

Produktlebenszyklus

Der Grundgedanke der **Produktlebenszyklus-Analyse** ist, dass Produkte, Produktgruppen oder Produktklassen im Laufe des Zeitraumes, den sie am Markt sind, dieselben Phasen durchlaufen. Betrachtet man Umsatz oder Gewinn dieser Bezugsgrößen im Zeitablauf, so können während der Lebensdauer fünf Phasen identifiziert werden, die Einführung, das Wachstum, die Reife, die Sättigung und die Degeneration.

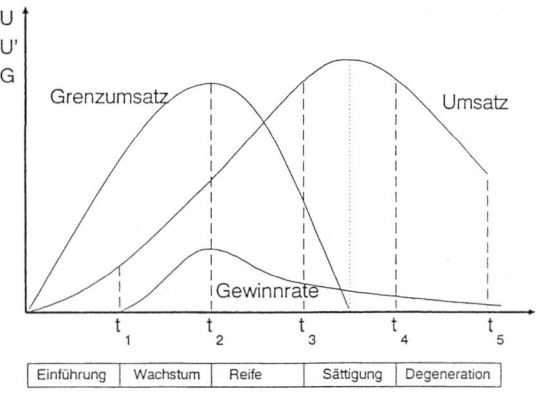

Legende U = Umsatz
        U' = Grenzumsatz/Wachstumsrate des Umsatzes
        G = Gewinn

Produkt-Lebenszyklus-Analyse

◆ Die **Einführungsphase** beginnt mit dem Erscheinen des Produktes auf dem Markt und endet mit der Erreichung der Gewinnschwelle. Die Umsätze steigen langsam, aufgrund der hohen Ausgaben für Marketing-Aktivitäten erwirtschaftet das Produkt jedoch noch Verluste. Handelt es sich um ein neuartiges Produkt, hat das Unternehmen zunächst eine monopolartige Stellung, und die Preiselastizität ist gering. Konsumenten sind die aufgeschlossenen und innovationswilligen Konsumpioniere oder **Innovatoren**.

Innovatoren

◆ In der **Wachstumsphase** nimmt der Bekanntheitsgrad des Produktes zu, und es kann sich langsam am Markt durchsetzen. Der Umsatz wächst jetzt schneller, und das Produkt erwirtschaftet Gewinne. Da die Zahl der Konkurrenten zunimmt, die mit „mee-too-Produkten" (d.h. Nachahmungen) oder Substitutionsprodukten auf den Markt treten, nimmt auch die Preiselastizität zu, d.h., die Kunden reagieren verstärkt auf den Preis. Die Steigerung des Bekanntheitsgrades und die Festigung des Images führt zu einer Erweiterung des Käuferkreises. Durch die Zunahme der Nachkäufe entstehen erste Stammkunden. Die Gruppe der Kunden, die in dieser Phase kaufen, werden als **Frühadopter**[1] bezeichnet.

Frühadopter

◆ In der **Reifephase** kommt es zwar noch zu einer absoluten Umsatzerhöhung, die Wachstumsrate des Umsatzes und der Gewinn gehen jedoch zurück. Die Preiselastizität der Nachfrage nimmt stark zu, und die Preispolitik wird zu einem wirkungsvollen absatzpolitischen Instrument. Durch die steigende Zahl der Konkurrenten verschärft sich der Wettbewerb zunehmend, die Preise sinken, und der Gewinn geht weiter zurück. Der Anbieter sucht im Rahmen der Produktpolitik nach Möglichkeiten, sein Produkt von den Konkurrenzprodukten zu differenzieren. Konsumenten sind Kundengruppen mit konservativer Kaufeinstellung und schwachem Innovationsbewusstsein, die als **frühe Mehrheit** bezeichnet werden. Das Ende der Reifezeit ist erreicht, wenn der Umsatz auch absolut nicht mehr wächst.

frühe Mehrheit

---

[1] **Adopter** lateinisch adoptare = hinzuwählen; Adopter demnach = Gruppe, die hinzukommt

späte Mehrheit

◆ In der **Sättigungsphase** stagniert die Nachfrage, da das Marktpotenzial ausgeschöpft ist, der Umsatz hat seinen absoluten Höhepunkt überschritten und beginnt zu sinken. Die Preiselastizität der Nachfrage ist in dieser Phase am größten. Preiskämpfe und steigende Ausgaben zur Verteidigung der Marktstellung, z. B. im Bereich der Kommunikationspolitik, drücken auf die Erträge. Der Gewinn nimmt ständig ab und erreicht am Ende der Sättigungsphase die Gewinnschwelle. Bei den Konsumenten handelt es sich um die **späte Mehrheit**, die oft nur noch gewohnheitsmäßig kauft und stark in der Tradition verhaftet ist.

Nachdem der Produktmanager erkannt hat, dass es sich bei den Kunden der Nachtcreme „Vissage" um die späte Mehrheit handelt, weiß er, dass sich sein Produkt in der Sättigungsphase befindet.

Nachzügler

◆ Die **Degenerationsphase** beschließt den Lebenszyklus eines Produktes. Ursache ist, dass die Konsumenten ihre Bedürfnisse besser, preiswerter oder bequemer durch andere Produkte befriedigen können. Die Nachfrage geht rapide zurück, der Umsatz sinkt, und das Produkt erwirtschaftet Verluste. Bei den Konsumenten handelt es sich um die **Nachzügler**. Die Preiselastizität nähert sich dem Nullpunkt, d. h. Preissenkungen zeigen kaum noch Wirkung. Die absatzpolitischen Maßnahmen werden zunehmend eingeschränkt, und das Produkt wird vom Markt genommen.

Phasen	Einführung	Wachstum	Reife	Sättigung	Rückgang
Aktivitätsniveau	sehr hoch	hoch	mittel	mittel	gering
Verfolgte Strategien	Kreation eines neuen Marktes	Ausdehnung des Marktvolumens	harter Kampf um Marktanteile. Bildung von Markentreue der Verbraucher	harter Kampf um Marktanteile	Aufrechterhaltung eines Rumpfmarktes
Produktpolitik	Innovation	Variation	Differenzierung	Variation Differenzierung Diversifikation	Elimination Relaunch Diversifikation
Preispolitik	hoher Preis	hoher Preis, geringe Preisvariation	Preisvariation	Preisvariation	fester Preis
Kommunikations-politik	Einführungswerbung	Durchsetzungs-/ Verdrängungswerbung	Festsetzungs-/Erinnerungswerbung		zunehmend eingeschränkt
Kunden	Innovatoren	Frühe Adopter	Frühe Mehrheit	Späte Mehrheit	Nachzügler

Ergänzung des Modells

Der **Aussagewert der Produktlebenszyklus-Analyse** ist begrenzt, da der idealtypische Lebensweg eines Produktes lediglich modellhaft beschrieben wird. In der Praxis gibt es eine Vielzahl abweichender Zyklen, so z. B. den **Flop**[1], der durch schnelles Wachstum und einen ebenso schnellen Rückgang gekennzeichnet ist, oder das **Produktrelaunch**[2] (vgl. S. 118), das nach Umsatzrückgang und Neuanpassung des Produktes zu neuem Umsatzwachstum führt.

---

[1] **flop** englisch = fallen, durchfallen
[2] **Relaunch** englisch launching = Einführung, Stapellauf, In-Gang-Setzen; relaunching demnach = eine wiederholte Einführung, ein wiederholtes In-Gang-Setzen

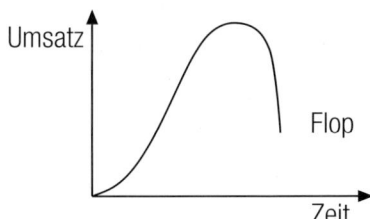 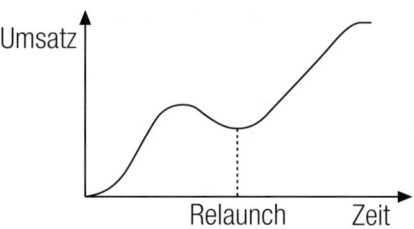

◆ Wenn es nicht um ein Produkt, sondern um ein Produktprogramm geht, leistet die **Produktprogrammstruktur-Analyse** Hilfe bei der Optimierung der Produktpalette. Sie überprüft die Altersstruktur, die Umsatzstruktur, die Kundenstruktur, die Deckungsbeitragsstruktur und die Struktur der Geschäftsfelder.

Struktur-analysen

– Die **Altersstruktur-Analyse** vergleicht den **Produktlebenszyklus** der verschiedenen Produkte.

Alter

– Die **Umsatzstruktur-Analyse** erstellt Umsatzprofile der unterschiedlichen Produkte. Im Idealfall verteilt sich der Umsatz gleichmäßig auf die unterschiedlichen Produkte, d. h., dass der Verzehr der Produktionskapazitäten gleich dem Anteil am Umsatz des Unternehmens ist. Dieser Zusammenhang kann mithilfe der sog. **Lorenz-Kurve** dargestellt werden.

Umsatz

Beispiel   Mit 50 % der Produktionskapazitäten werden 50 % des Umsatzes erreicht.

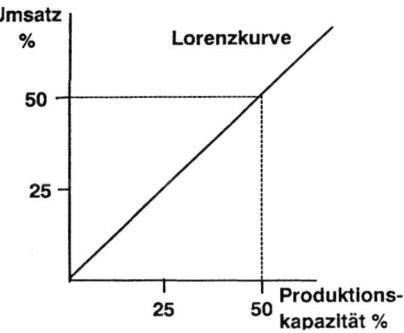

I. d. R. werden sich die Umsätze jedoch ungleich auf die Produkte und den Verzehr der Produktionskapazitäten verteilen.

Beispiel   Mit 25 % der Produktionskapazitäten werden 75 % des Umsatzes erreicht.

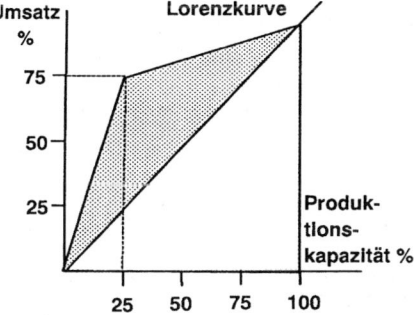

Kunden

– Die **Kundenstruktur-Analyse** kann z.B. mithilfe einer **ABC-Analyse** durchgeführt werden. Dabei werden die Kunden anhand des Umsatzes, des Gewinns oder der strategischen Bedeutung in A-, B- und C-Kunden eingeteilt.

Deckungs-
beitrag

– Die **Deckungsbeitrags-Analyse** (vgl. S. 144) macht Aussagen über den Anteil eines Produktes am Erfolg des Unternehmens.

Beispiel   Deckungsbeitragsrechnung

Verkaufserlöse –   variable Kosten
=   Deckungsbeitrag I –   erzeugnisfixe Kosten
=   Deckungsbeitrag II –   erzeugnisgruppenfixe Kosten
=   Deckungsbeitrag III –   bereichsfixe Kosten
=   Deckungsbeitrag IV –   unternehmensfixe Kosten
=   Betriebserfolg

Geschäftsfeld

Die **Geschäftsfeld-Analyse** wird mithilfe der **Portofolio-Analyse** durchgeführt. Sie gibt Orientierungshilfe dafür, die Kräfte des Unternehmens in die Bereiche zu lenken, in denen die Marktaussichten am günstigsten sind.

2.6   Die Produktinnovation

Produktinnovationen treten in immer kürzeren Intervallen an den Markt, und die Produktlebenszyklen werden immer kürzer.

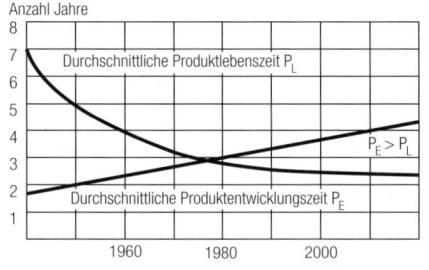

Produktneu-
entwicklung
Gründe

Da die Produktneuentwicklung für ein Unternehmen sehr kostspielig und zeitaufwendig ist, müssen die **Gründe für Produktneuentwicklungen** sorgfältig geprüft werden. Mögliche Gründe für eine Neuentwicklung können sein:

– Wachstumssteigerung, da mit bestehenden Produkten keine Marktanteile mehr hinzugewonnen werden können
– Produkt ist veraltet (vgl. Produktlebenszyklus)
– Patente laufen aus, und es ist mit starkem Wettbewerb zu rechnen

- Produkt-Mix ist einseitig (vgl. Portfolioanalyse)
- technische Erneuerungen
- geänderte rechtliche Restriktionen
- veränderte Kundenansprüche
- unternehmensinterne Restriktionen
- veränderte Unternehmenspotenziale
- Zufallsentwicklungen.

Die **Formen der Produktinnovation** sind die Produktdifferenzierung und die Produktdiversifikation.

Formen

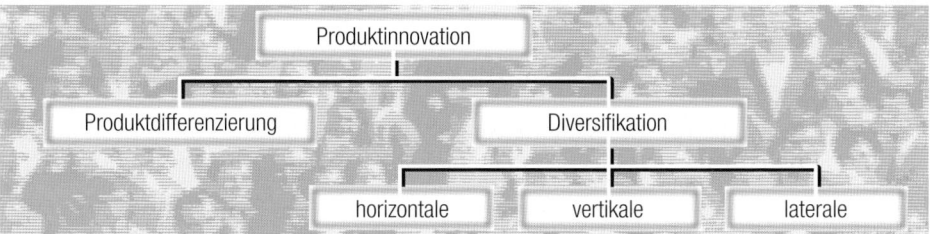

◆ Eine **Produktdifferenzierung** ist die Entwicklung und Vermarktung von Produktvarianten zusätzlich zu den schon vorhandenen Produkten. Sie steht in engem Zusammenhang zur Strategie der Marktsegmentierung.

Gründe für eine Produktdifferenzierung können sein:
- Neue Märkte sollen mit einem bekannten Produkt erobert werden
- konsequente Marktsegmentierung
- Ausnutzung von Synergieeffekten
- technischer Fortschritt
- Anpassung an modische Veränderungen
- rechtliche Unterschiede in verschiedenen Ländern
- Einführung eines erfolgreichen Nischenproduktes.

Gründe für die Produkt- differenzierung

Die Marketing-Abteilung der Beauty AG stellt fest, dass das Marktsegment der Kundinnen in der Altersgruppe von 14 - 18 Jahren durch die eingeführten Produkte nicht abgedeckt ist. Um dieses Segment zu erschließen, wird unter dem Markennamen „Girlie" eine preiswerte Pflegeserie angeboten.

◆ Eine **Produktdiversifikation** ist die Entwicklung und Vermarktung neuer Produkte für neue Märkte.

- Bei der **horizontalen Diversifikation** geht es um die Erweiterung des bestehenden Produktionsprogrammes um Produkte auf derselben Wirtschaftsstufe. Die Produkte stehen dabei in einem sachlichen Zusammenhang mit dem bisherigen Produktionsprogramm. Dieser Zusammenhang kann z.B. durch die Abnehmer oder den Verwendungszweck der Produkte gegeben sein.

Produkt- diversifikation/ Arten

Die Beauty AG erweitert ihr Sortiment um Zubehör im Bereich der Kosmetik, z.B. Kämme, Spangen, Bürsten.

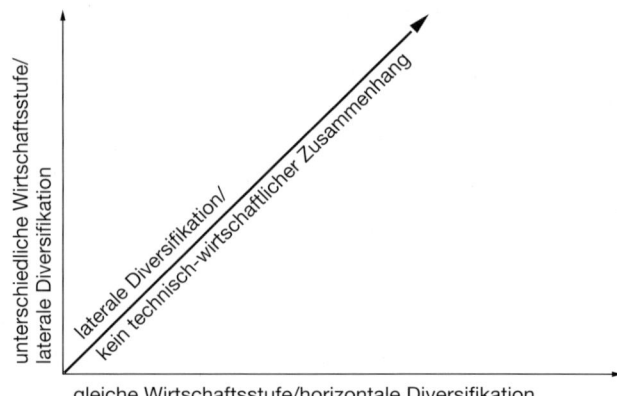

Urproduktion
• Forstwirtschaft
• Landwirtschaft
• Bergbau

Weiterverarbeitung
• Industrie
• Handwerk

Handel/DL
• Groß- und Einzelhandel
• Banken, Versicherungen

> – Bei der **vertikalen Diversifikation** wird das Leistungsprogramm des Herstellers durch Produkte der Vor- oder Nachstufe ergänzt.

Die Grundstoffe für die Kosmetikartikel wurden bislang von Zulieferern bezogen. Das Unternehmen beschließt, diese im Rahmen der vertikalen Diversifikation selbst zu produzieren und kauft eine Destillationsfabrik zur Herstellung von Alkohol.

> – Bei der **lateralen Diversifikation** besteht zwischen dem neuen Produkt und dem vorhandenen Leistungsprogramm kein sachlicher Zusammenhang.

Aufgrund der guten Ertragsaussichten auf dem Immobilienmarkt beschließt die Beauty AG, sich an einem Einkaufszentrum zu beteiligen.

2.7   Die Phasen der Produktentwicklung

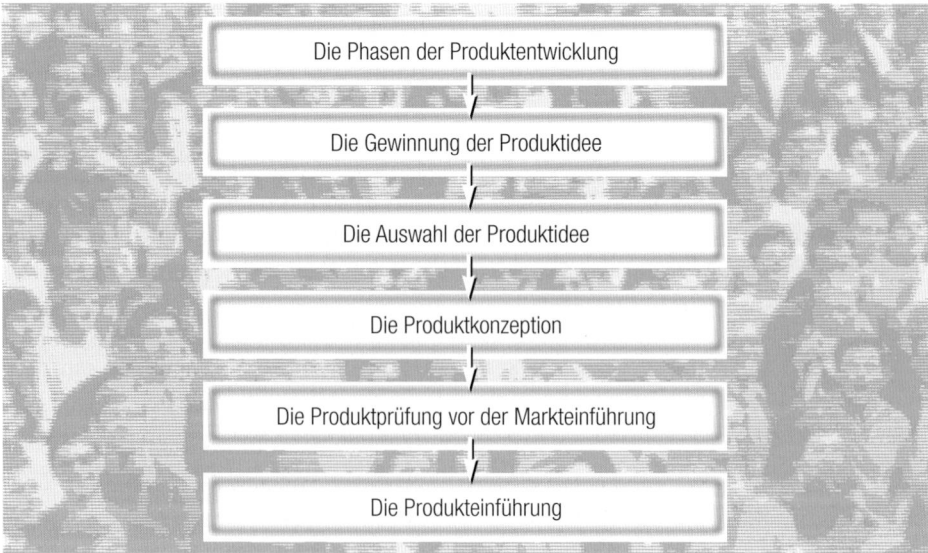

2.7.1 Die Gewinnung der Produktidee

Die **Suche nach Produktideen** kann grundsätzlich durch das Sammeln oder das Erzeugen von Produktideen erfolgen.

Eine einfache Möglichkeit, um Produktideen zu gewinnen, ist die **systematische Ideensammlung**. Hierbei können Ideen aus dem Unternehmen oder von außerhalb beschafft werden.

Systematische Ideensammlung

Ideensammlung	
Die interne und externe Ideensammlung stellt nur einen geringen Innovationsvorsprung dar, da diese Ideen i. d. R. allgemein bekannt sind. Sie kann nur als Anstoß gesehen werden.	
Externe Quellen	**Interne Quellen**
– Kunden/Abnehmerideen – Handel, Lieferanten – Konkurrenz – Erfinder, Patentanwälte – Neuheiten anderer Branchen – Marktforschungsinstitute – Unternehmensberater – Fachpresse, Kongresse	– Außendienst, Reisende – Betriebliches Vorschlagswesen – Reklamationsabteilung – Kundenservice – Marketingabteilung, Verkauf – Forschung und Entwicklung

 Interne Informationsquellen sind häufig die **Forschungs- und Entwicklungsabteilungen**. In der täglichen Arbeit werden oft Lösungen entwickelt, die für das momentane Problem nicht relevant sind, jedoch für ein anderes Produkt hilfreich sein können.

Interne Informationsquellen

| Beispiel | Ein Unternehmen der kunststoffverarbeitenden Industrie sucht einen neuen Klebstoff für ein Klebeband. Der dabei entwickelte Klebstoff hatte leider nicht die gewünschte Klebkraft. Trotzdem wurde dieses Abfallprodukt aufgegriffen und versuchsweise auf Papier aufgebracht. Dieses Papier konnte mehrmals aufgeklebt und abgezogen werden, ohne Rückstände zu hinterlassen. Die Haftzettel der „post-it" Generation waren geboren. |

Weitere Ideen können aus dem Marketing und vor allem **aus dem Verkauf** kommen. Die Umsetzung von Kundenideen ist gerade bei Produktveränderungen oder -differenzierungen eine häufig gewählte Möglichkeit, da die Kunden Schwächen der Produkte sehr schnell erkennen, bzw. aus dem täglichen Umgang mit dem Produkt neue Ideen entstehen.

Die Außendienstmitarbeiter der Beauty AG berichten, dass der Handel verstärkt eine farblich neutrale Lippenpflege nachfragt.

In vielen Unternehmen existiert ein **internes Vorschlagwesen**. Hier werden neben Rationalisierungs- und Sicherheitsvorschläge auch Produktverbesserungsvorschläge gefordert und prämiert.

Produktideen können auch durch eine sorgfältige Auswertung von **Reklamationen** entstehen. Schwachstellen eingeführter Produkte können so Ansatzpunkt für die Entwicklung neuer Produkte sein.

Externe Informations-quellen

◆ Im Rahmen der **externen Informationsbeschaffung** können Veröffentlichungen jeglicher Art herangezogen werden. Messen und Ausstellungen, die Auswertung von Fachzeitschriften oder die Neuanmeldung von Patenten dienen ebenso der Informationsbeschaffung wie die Beauftragung von Marktforschungsunternehmen zur Findung von Ideen. Ideen können darüber hinaus aus anderen Produktbereichen entliehen werden. Häufig geben auch Neuentwicklungen von Mitbewerbern Anstöße zur Entwicklung von Produkten.

Produktideen erzeugen

Methoden zur **Erzeugung von Produktideen** sind z.B. das Brainstorming[1], die morphologische Analyse oder die Synektik.

Ideenproduktion	
Logisch kombinative Techniken eignen sich für Produktverbesserungen	**Intuitiv-kreative Techniken eignen sich für echte Innovationen**
– Morphologische Analyse – Fragenkatalog	– Brainstorming – Methode 635 – Synektik

Brainstorming

◆ Beim **Brainstorming** soll durch freie Assoziation und gegenseitige Anregung der Teilnehmer ein „Sturm" an Ideen entstehen.

– **Voraussetzungen** für ein erfolgreiches Brainstorming sind:

1. Die Größe der Gruppe beträgt 5 – 7 Personen.

2. Die Zusammensetzung der Gruppe ist heterogen hinsichtlich Kenntnissen und Erfahrungen, homogen hinsichtlich Hierarchie.

3. Die Moderation erfolgt durch eine anerkannte Person.

4. Die Sitzungsdauer beträgt 20 – 40 Minuten.

5. Es wird ein Protokoll angefertigt oder eine Bandaufzeichnung durchgeführt.

6. Auftraggeber und Auswerter sind nicht Mitglieder der Gruppe.

7. Die Regeln sind allen Gruppenmitgliedern bekannt.

– Die **Regeln** für ein erfolgreiches Brainstorming sind unbedingt einzuhalten. Sie lauten:

---

[1] **brainstorming**   englisch brainstorming = gemeinsame Problembewältigung durch „Geistesblitze"

1. **Freie Entfaltung der Ideen!**
   Die Teilnehmer können ihren Ideen freien Lauf lassen. Jede Anregung, und sei sie noch so utopisch, ist willkommen.

2. **Quantität geht vor Qualität!**
   Je mehr Ideen erzeugt werden, desto größer ist die Chance, eine verwertbare Lösung zu finden.

3. **Jede Kritik ist streng verboten!**
   Einwände wirken sich hemmend auf den schöpferischen Prozess aus und sind zu unterlassen.

4. **Es gibt keine Urheberrechte!**
   Ideen anderer Teilnehmer sollen aufgegriffen, weiterentwickelt oder kombiniert werden. Gerade die wechselseitige gedankliche Befruchtung bringt Ideen hervor, auf die der einzelne Teilnehmer allein nicht gekommen wäre.

– Die **Methode 635** ist eine schriftliche Form des Brainstorming. Sie kann sich an folgenden **Regeln** orientieren   Methode 635

1. Es wird eine aus sechs Personen bestehende Gruppe gebildet. Jeder Teilnehmer erhält ein Formblatt (siehe unten).

2. Das zu lösende Problem wird von der Gruppe gemeinsam formuliert und in das Formblatt eingetragen.

3. Jeder Teilnehmer trägt in der ersten Zeile drei Lösungsansätze des Problems ein.

4. Nach fünf Minuten wird das Formblatt jeweils an den Nachbarn weitergegeben. Dieser trägt in der nächsten Zeile seine Idee der Lösung des Problems ein. Er kann sich dabei ausdrücklich auf die Idee seines Vorgängers beziehen und diese weiterentwickeln. Dieser Schritt wird fünfmal wiederholt.

5. Am Ende des Verfahrens liegen sechs Formblätter mit jeweils 18 Lösungsansätzen vor. Diese werden in einer Auswertungsphase bewertet.

Methode 635		
Problem:		
Problemlösung:		
1.		
2.		
3.		
4.		
5.		
6.		

Morphologische Analyse

◆ Beim Verfahren der **morphologischen Analyse** wird ein Produkt in seine charakteristischen Elemente zerlegt. Dann sucht man für jedes Problemelement mögliche Ausprägungen. Anschließend wird die jeweils beste Teillösung ausgewählt und mit den anderen Teillösungen kombiniert.

Beispiel Ein Tisch soll gestaltet werden. In einem ersten Schritt werden die charakteristischen Elemente bestimmt. Es sind dies die Form, die Farbe, die Plattenkonstruktion, der Fuß und das Material. Im zweiten Schritt werden möglichst viele Ausprägungen der Elemente festgehalten. In einer anschließenden Diskussion werden im dritten Schritt möglichst viele Kombinationen durchgespielt und die optimale Lösung festgehalten.

Elemente	Ausprägung der Elemente		
Form	rund	eckig	**oval**
Farbe	braun	**schwarz**	beige
Plattenkonstruktion	**ausziehbar**	am Stück	klappbar
Fuß	mittig	3 Beine	**4 Beine**
Material	Esche	**Buche**	Kiefer

Im vorliegenden Fall haben sich die Gruppenmitglieder für eine ovale Form, schwarze Farbe, eine ausziehbare Plattenkonstruktion, 4 Beine und das Material Buche entschieden.

Beispiel Morphologischer Kasten zur Produktion eines Krimis

Elemente	Ausprägung der Elemente				
Held	Kommissar	Pilot	Gangster	Hund	vierjähriger Knabe
Mörder	Gärtner	bezahlter Killer	Pädagoge	Hausierer	Pfarrer
Opfer	Geliebte	Perserkatze	Bürgermeister	Ehefrau	Spion
Motiv	Versehen	Geldgier	Beseitigung eines Mitwissers	Hass	Liebe
Aufklärung durch	Anrufbeantworter	Geheimdienst	Morphologischer Kasten	Spuren im Schnee	nie
Happy-End	Opfer war der Falsche	Lottogewinn	Stillstand der Rechtspflege	Versöhnung mit dem Mörder	Opfer war nur scheintot

Problematisch beim Verfahren der morphologischen Analyse ist, dass sich bestimmte Parameter in der Realität z. B. aus statischen, chemischen, mechanischen oder ästhetischen Gründen nicht kombinieren lassen. Ein weiterer Nachteil ist, dass die Ideenfindung immer an bekannten Lösungen anknüpft und echte Innovationen meist nicht entstehen.

Synektik

◆ Die **Synektik** ist ein sehr anspruchsvolles Verfahren zur Erzeugung von Produktideen. Es bedient sich der direkten, persönlichen oder symbolischen Analogie zur Verfremdung von Problemen.

Durch die Bildung der Analogien entfernen sich die Problemlöser vom Ausgangsproblem und verlassen so eingetretene Denkpfade. Im Anschluss daran wird versucht, die Analogieschlüsse auf das Ausgangsproblem zurückzuführen und so eine Lösung des Problems zu finden.

Der Ablauf des Verfahrens vollzieht sich anhand folgender **Regeln**

1. Definition und Analyse des Problems

   `Beispiel` Es soll eine Medikamentenverpackung entwickelt werden, die von Kindern nicht zu öffnen ist.

2. Spontane Lösungsvorschläge

   `Beispiel` Sicherung durch ein Zahlenschloss

3. Neuformulierung des Problems

   `Beispiel` Es soll eine Medikamentenverpackung entwickelt werden, die von Kindern nicht zu öffnen ist und die nur geringe Mehrkosten verursacht.

4. Bildung von Analogien

   `Beispiel` Als Analogiebereich wird die Natur gewählt. Es wird die Frage gestellt, wie sich die Natur vor unberechtigtem Zugriff schützt. An Lösungen werden der Igel, das Stinktier und der Fuchsbau genannt.

5. Analyse der Analogien

   `Beispiel` Schutz der Verpackung vor Kindern durch Stacheln, Geruch, ein Labyrinth

6. Übertragung der Analogien auf das Problem

   `Beispiel` Medikamentendose mit Innenlabyrinth. Nur wenn eine vorgeschriebene Drehbewegung der Verpackung eingehalten wird, gibt die Dose eine Tablette frei.

Die einzelnen Schritte des Verfahrens werden vom Moderator auf einer Wandzeitung **festgehalten**. Wie beim Brainstorming ist Kritik und Bewertung der Beiträge streng verboten.

Der **Fragenkatalog** – erfunden von Alex Osborn (auch Erfinder des Brainstormings) – hilft, aus bereits vorhandenen Ideen/Produkten neue Lösungen zu kreieren.

Fragenkatalog nach Osborn

Die Checkliste kann Anhaltspunkte geben, wie und wo Veränderungen vorgenommen werden können.

Vorgehensweise: Zu jeder der folgenden 10 Stichpunkte sollte jeweils mindestens 1 Idee entwickelt werden.

1. **Anders verwenden:**
   Gibt es eine andere Gebrauchsmöglichkeit?

2. **Anpassen:**
   Gibt es Ähnlichkeiten zu anderen Ideen?

3. **Ändern:**
   Kann die Größe, Form, Farbe, Bedeutung geändert werden?

4. **Vergrößern:**
   Kann man hinzufügen, vervielfältigen, vergrößern?

5. **Verkleinern:**
   Z.B. Gestaltung einer Miniaturausgabe

6. **Ersetzen:**
   Kann etwas ausgetauscht werden, gibt es andere Möglichkeiten?

7. **Umstellen:**
   Kann die Wirkung verändert oder umgedreht werden?

8. **Umkehren:**
   Wie sieht das Gegenteil aus, können die Rollen getauscht werden?

9. **Kombinieren:**
   Kann die Idee mit anderen Ideen verbunden werden?

10. **Transformieren:**
    Kann man die Idee durchsichtig machen, in ihrer Art und Darstellung völlig verändern?

Für eine kreative Umgestaltung vorhandener Produkte oder deren Veränderung (z.B. Verpackung) ist diese Art der Ideenfindung sehr geeignet.

2.7.2 Die Auswahl der Produktidee

Produktideen auswählen

Liegen Produktideen vor, werden sie in einer **Selektionsphase** einer kritischen Beurteilung unterzogen. Produktideen müssen zum Unternehmen, seinen Stärken und Märkten sowie seinem Corporate Identity-Konzept (vgl. Kapitel 5) passen. Darüber hinaus müssen sie in den Augen der Kunden eigenständig und unverwechselbar sein.

Strukturierte Vorauswahl durch Checkliste

◆ Im Rahmen einer **Vorauswahl** werden die Produktideen herausgefiltert, die den unternehmens- und marketingpolitischen Zielen nicht genügen. Dies sind:

1. unsinnige Ideen

2. fehlende technische Gegebenheiten (in F&E, in Produktion, ...)

3. nicht vereinbar mit den UN-Zielen bzw. dem Image

4. nicht marktgerecht (Wettbewerb, ...)

5. kein ausreichendes Kapital vorhanden

6. kein ausreichendes Know-how vorhanden

Hilfe bei der strukturierten Vorauswahl kann eine Checkliste leisten, die das Produkt auf seinen Nutzen für das Unternehmen, die Zielgruppe, den Handel und den Markt hin befragt und Grundlage einer weitergehenden Diskussion ist.

Beispiel   Auszug aus einer Checkliste für die Auswahl von Produktideen:

1. **Unternehmen**
1.1. Passt das Produkt zur Zielsetzung des Unternehmens?
1.2. Sind Substitutionseffekte bei eigenen Produkten zu erwarten?

2. **Zielgruppe**
2.1. Welche Kundenbedürfnisse erfüllt das Produkt?
2.2. Deckt das Produkt die formulierten Bürfnisse der Zielgruppe ab?

3. **Handel**
3.1. Ist das Produkt für den Handel attraktiv?
3.2. Entspricht das Produkt den Anforderungen des Handels?

4. **Markt**
4.1. Welche Marktanteile werden erwartet?
4.2. Welche Deckungsbeiträge können in welchen Zeitspannen erzielt werden?
   . . .

Sind im Rahmen der Vorauswahl die Produktideen ermittelt worden, die sich in das Unternehmensgefüge einpassen, kann die Auswahl im Rahmen einer **Detailanalyse** weiter eingeengt werden. Zu den Hilfsmitteln der Detailanalyse zählt z. B. die Produktbewertungsmatrix. Hier erfolgt die Beurteilung der Produktidee durch festgelegte Faktoren, die mit einer Gewichtung versehen sind und auf einer Beurteilungsskala bewertet werden.

Beispiel   Auszug aus einem Produktbewertungsprofil

Faktoren	Gewichtung	Beurteilungsskala					
		sehr gut	gut	befriedigend	ausreichend	mangelhaft	
		6 Punkte	5 Punkte	4 Punkte	3 Punkte	2 Punkte	Summe
Marktfähigkeit	**0,45**						
1. Beziehung zum bestehenden Produktionsprogramm	0,20						
2. Einfluss auf bestehende Produkte	0,25						
Wachstumspotenzial	**0,30**						
1. Markttrend	0,10						
2. Erwartete Endverbraucherzahl	0,20						
Entwicklungs- und Produktionsmöglichkeiten	**0,25**						
1. Benötigtes Personal	0,15						
2. Benötigte Produktionsmittel	0,10						
Summe	**1,00** 1,00						Gesamtbewertung

Im Rahmen einer **Wirtschaftlichkeitsanalyse** wird der Versuch unternommen, den erwarteten Erfolg eines Produktes zu ermitteln. Hilfe hierbei leistet die **Break-even-Analyse**, mit der die Absatzmenge ermittelt werden kann, die erforderlich ist, um die mit Entwicklung, Produktion und Absatz eines Produktes verbundenen Kosten zu decken.

Wirtschaftlichkeitsanalyse

Die **grafische Darstellung** zeigt die Beziehung zwischen Kosten und Erlösen sowie die Menge (→**Break-even-Point oder Gewinnschwelle**) (vgl. S. 145), bei der die Gesamtkosten durch die erwarteten Erlöse gedeckt werden.

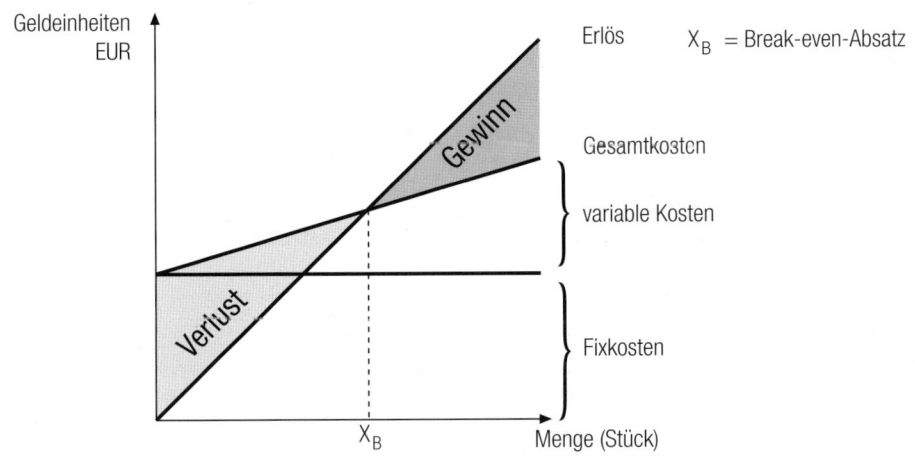

Die **arithmetische Ermittlung** des Break-even-Absatzes ist folgendermaßen möglich:

$$\text{Break-even-Absatz} = \frac{\text{Fixkosten}}{\text{Preis} - \text{variable Kosten}}$$

Beispiel Ein Unternehmen plant die Einführung eines Produktes. Die Fixkosten betragen 60.000,00 EUR, die variablen Stückkosten des Produktes 12,00 EUR. Die Marktforschungsabteilung hält einen Verkaufspreis von 15,00 EUR für realisierbar. Der Break-even-Absatz errechnet sich wie folgt:

$$\text{Break-even-Absatz} = \frac{\text{Fixkosten}}{\text{Preis} - \text{variable Kosten}} \qquad \text{Break-even-Absatz} = \frac{60.000,00}{15,00 - 12,00}$$

$$= 20.000 \text{ Stück}$$

Weiß man aufgrund von Marktuntersuchungen, dass sich 25.000 Stück absetzen lassen, ergibt sich für das Unternehmen folgende Gewinnsituation:

Gewinn = X · P − (F + X · v)

Gewinn = 25.000,00 · 15,00 − (60.000,00 + 25.000,00 · 12,00)

Gewinn = 375.000,00 − 360.000,00

Gewinn = 15.000,00 EUR

Ist der erwartete Absatz größer als der Break-even-Absatz, kann das neue Produkt aus Wirtschaftlichkeitsgründen eingeführt werden.

2.7.3   Die Produktkonzeption

Zielformulierung

Wird im Rahmen der durchgeführten Auswahlverfahren eine Produktidee als marktgängig, wirtschaftlich und zum Zielsystem des Unternehmens passend herausgefiltert, erfolgt im Rahmen der **Produktkonzeption** eine konkrete Zielformulierung. Sie sollte Aussagen über die Marktsituation, die Konkurrenzsituation, die potenziellen Verbraucher und das Produkt beinhalten.

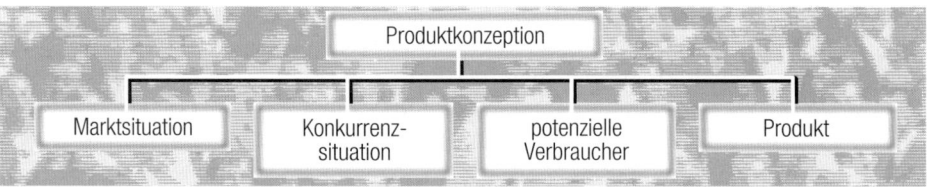

Marktsituation als Konzeptelement

Die **Marktsituation** kann anhand der Begriffe des Markt- und Absatzpotenzials und des Markt- und Absatzvolumens beschrieben werden (vgl. S. 22).

◆ Das **Marktpotenzial** (vgl. S. 134) ist die maximale Aufnahmefähigkeit des Marktes für ein Produkt, das **Absatzpotenzial** ist der Anteil des eigenen Produktes am Markt, der maximal erreicht werden kann.

Beispiel Es gibt in Deutschland ca. 40 Mio. Haushalte. Wird unterstellt, dass jeder Haushalt maximal einen Videorecorder nutzen kann, beträgt das Marktpotenzial für Recorder 40 Mio Stück. Kann ein Unternehmen aufgrund seiner Produktionskapazitäten 10 Mio. Videorecorder fertigen, beträgt das Absatzpotenzial maximal 25%.

◆ Das **Marktvolumen** (vgl. S. 134) ist die realisierte oder prognostizierte Absatzmenge einer Güterart in einem Markt, das **Absatzvolumen** die getätigte Absatzmenge eines Unternehmens in einer Periode.

Hilfe bei der Formulierung von Aussagen über die **Konkurrenzsituation** kann die
Marktforschung leisten. Hier ist die Frage der Marktanteile oder der Produktpositionierung zu klären. Die Produktpositionierung kann anhand von begrifflichen Ge-
gensatzpaaren auch grafisch vorgenommen werden und Aufschluss über Markt-
lücken geben.

Konkurrenz-
situation als
Konzept-
element

Beispiel Der Produktmanager der Beauty AG nimmt folgende Positionierung (vgl. S. 94) der Unternehmen im Kosmetikmarkt vor:

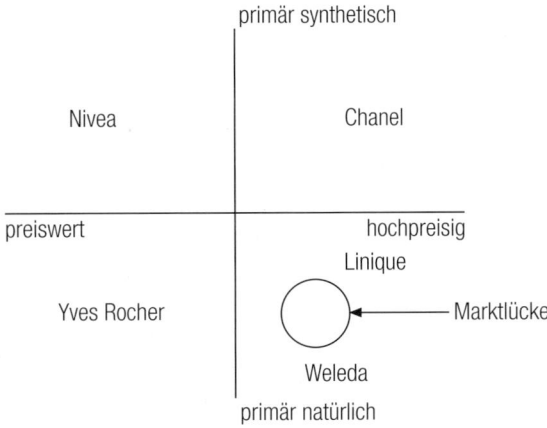

Der Produktmanager stellt fest, dass es im Bereich primär natürlicher, hochpreisiger
Kosmetik eine Marktlücke gibt.

Die Definition der **potenziellen Verbraucher** erfolgt vor dem Hintergrund der im
Rahmen der Marktforschung ermittelten Kundenansprüche. Dabei werden Verbraucher mit weitgehend homogenen Bedürfnisstrukturen zu Marktsegmenten zusammengefasst. Kriterien der Marktsegmentierung können z. B. demografische,
psychografische oder soziologische Merkmale sein.

Verbraucher
als Konzept-
element

Beispiel – Demografische Merkmale: Alter, Geschlecht, Familienstand, Ortsgrößenklassen

– Psychografische Merkmale: Lebens- und Kaufgewohnheiten, Wünsche und Neigun-
gen, Einstellungen und Erwartungen

– Soziologische Merkmale: Soziale Schicht, soziale Rolle, Status innerhalb der Gruppe,
Sozialprestige

Die **Aussagen über das Produkt** können sich z. B. auf die Formulierung des einzigartigen Nutzens des Produktes, die Ansprüche an die Produktgestaltung und
-verpackung und die Festlegung des Preises beziehen.

◆ Die Formulierung des **einzigartigen Nutzens des Produktes** erfolgt in Abgrenzung zu den Stärken und Schwächen der Mitbewerber. Dieser einzigartige Nutzen
wird auch als USP (unique selling proposition) bezeichnet. Der USP[1] soll eine Antwort auf die Frage geben, warum der Kunde gerade dieses Produkt kaufen soll.

USP

---

[1] **USP** = unique selling proposition   englisch: unique = einzigartig, selling = Verkauf, proposition = Aussage, Vorschlag, Versprechen

Design

◆ Die Produktgestaltung oder das Design legt die Erscheinungsform des Produktes hinsichtlich Form, Farbe, Qualität, Markierung und Verpackung fest. Da die äußere Form des Produktes häufig kaufentscheidend ist, gewinnt dieser Bereich zunehmend an Bedeutung.

Verpackung

◆ Die **Produktverpackung** vermittelt ähnlich wie die Produktgestaltung den ersten, oft kaufentscheidenden Eindruck. Sie erfüllt dabei für das Produkt, den Hersteller, den Handel und die Kunden unterschiedliche Funktionen. Daneben spielt der Wertewandel im Bereich der Umwelt eine zunehmende Rolle.

Funktion der Produktverpackung:

– für das Produkt
– für den Hersteller
– für den Handel
– für den Kunden

– Wesentliche Funktionen der Verpackung für das **Produkt** ist der Schutz auf dem Weg vom Hersteller zum Kunden. Dabei sind die Kosten, die Lagerfähigkeit sowie technische und rechtliche Vorschriften zu beachten.

Beispiel Geräte der Unterhaltungselektronik werden in Asien produziert und per Schiff nach Europa gebracht. Die Verpackung muss die Geräte gegen Stoß, Temperaturunterschiede und Feuchtigkeit schützen.

– Die Funktion der Verpackung für den **Hersteller** liegt in erster Linie im Bereich der Kommunikationspolitik (vgl. Kapitel 5). Leichte Identifizierung, die Selbstverkäuflichkeit und die Einfügung in das Sortiment sollten bei der Gestaltung der Verpackung berücksichtigt werden. Gelingt es, eine produkttypische Verpackung zu entwickeln, kann diese schon durch ihre Form und Gestaltung über den Inhalt informieren.

Beispiel Odolflasche, Niveadose, Maggiflasche

– Für den **Handel** beziehen sich die Ansprüche an die Produktverpackung auf die Stapelfähigkeit, Palettentauglichkeit, Transportgerechtigkeit und Bruchsicherheit.

Beispiel Die Anlieferung der Waren im Handel findet ausschließlich über Paletten statt. Nicht stapelfähige und palettengängige Ware wird vom Handel i. d. R. nicht gelistet.

– Für den **Kunden** steht die Informationsfunktion im Vordergrund. Menge, Gewicht, Inhaltsstoffe und Haltbarkeit sollen möglichst vor dem Öffnen der Verpackung erkennbar sein. Die Verpackung selbst muss funktional gestaltet sein, so dass sie einfach zu handhaben und ggf. wiederzuverwenden ist.

Beispiel Nachfüllpackungen für Waschmittel

Ökologie

◆ Die Bedeutung der **Ökologie** im Rahmen der Produktkonzeption hat in den vergangenen Jahren stark zugenommen. Die Hersteller haben darauf mit der Einführung einer Vielzahl von Kennzeichen reagiert. Diese Kennzeichnungen lassen sich in vier Kategorien einteilen:

1. Das **Umweltzeichen der „Blaue Engel"** ist kein Gütezeichen. Es trifft keine Aussagen über die Qualität der gekennzeichneten Ware, sondern kennzeichnet Produkte, die über deutlich bessere Umwelteigenschaften verfügen, als vergleichbare Produkte. Die Besonderheit des „Blauen Engel" ist, das es unter staatlicher Aufsicht vergeben wird.

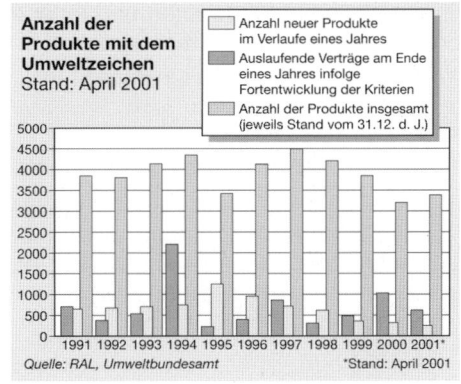

Zuständige Stelle:

Umweltbundesamt
Postfach 33 00 22
14191 Berlin

www.blauer.engel.de

2. Die **Gütezeichen der RAL** bescheinigen den ausgezeichneten Waren und Dienstleistungen eine hohe Qualität gemäß den definierten Kriterien. Sie werden unter Beteiligung von Wirtschaftsverbänden und staatlichen Stellen vergeben.

Zuständige Stelle:

RAL
Deutsches Institut für Gütesicherung
und Kennzeichnung e. V.
Siegburger Straße 39
53757 St. Augustin

www.ral.de

3. Die **umweltorientierte Unternehmensführung** kann seit einiger Zeit ebenfalls geprüft werden. Hierbei wird der gesamte Betrieb unter ökologischen Gesichtspunkten untersucht und zertifiziert. Umweltzeichen werden hier durch Verbände (z. B. Hotel- und Gaststättenverband) oder durch staatliche Stellen vergeben.

Zuständige Stelle:

Umweltbundesamt
Postfach 33 0 22
14191 Berlin

www.bundesumweltamt.de

Zuständige Stelle:

DEHOGA
Deutscher Hotel- und
Gaststättenverband
Kronprinzenstraße 46
53173 Bonn

4. Das Gütezeichen **„Der Grüne Punkt"** des Dualen System Deutschland ist kein Umweltzeichen. Es steht im Zusammenhang mit dem Erlass der Verpackungsverordnung.

Danach müssen Hersteller und Vertreiber Transportverpackungen zurücknehmen und wieder verwenden oder außerhalb der öffentlichen Entsorgung einer stofflichen Verwertung zuführen. Der Handel muss Verkaufsverpackungen

Verpackungs-
verordnung

ebenfalls zurücknehmen und einer stofflichen Verwertung zuführen. Die Rücknahmepflicht der Verkaufsverpackungen entfällt für

„... solche Hersteller und Vertreiber, die sich an einem System beteiligen, das flächendeckend (...) eine regelmäßige Abholung gebrauchter Verkaufsverpackungen beim Endverbraucher oder in der Nähe des Endverbrauchers gewährleistet." (§ 6 Abs. 2 VerpackungsVO)

Duales System

Die „Duale System Deutschland Gesellschaft für Abfallvermeidung und Sekundärstoffgewinnung mbH" nimmt diese Aufgabe wahr. Recyclingfähige Verkaufsverpackungen werden nach Abschluss eines Vertrages mit dieser Gesellschaft mit dem **„Grünen Punkt"** versehen, gesammelt und der Wiederverwertung (Recycling) zugeführt.

Zuständige Stelle:
Duales System Deutschland
Frankfurter Straße 720–726
51145 Köln

www.gruener-punkt.de

Preisfestsetzung

◆ Die **Preisfestsetzung** des neuen Produktes erfolgt im Rahmen der Preispolitik (vgl. Kapitel 3).

Entwicklungsentscheidung

Nach Abschluss der Produktkonzeption wird die **Entwicklungsempfehlung** gegeben, die bei positiver Bewertung durch die Unternehmensleitung zur **Entwicklungsentscheidung** führt.

2.7.4 Die Produktprüfung vor der Markteinführung

Produkt- und Markttests

Vor der Markteinführung werden die neu entwickelten Produkte durch Produkttests oder Markttests **auf ihre Marktgängigkeit hin überprüft**. Gegenstand des Tests können dabei das gesamte Produkt oder einzelne Komponenten, wie z. B. die Verpackung oder der Preis, sein (vgl. Kap. 1).

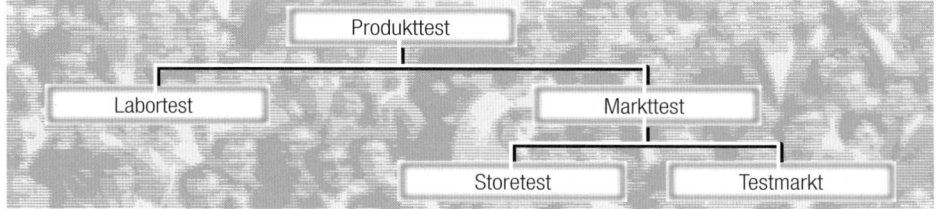

Labortest

◆ Im Rahmen eines **Produkttests** (vgl. S. 263) werden Qualität, Name, Verpackung oder Preis des Produktes überprüft. Dies kann als Einzeltest oder im Vergleich mit Konkurrenzprodukten geschehen. Da der Produkttest i. d. R. in Form eines **Labortests** stattfindet, kann er Umweltbedingungen nur unzureichend einbeziehen, und seine Ergebnisse sind nur begrenzt auf den Gesamtmarkt übertragbar.

> **Beispiel** Ein Marktforschungsinstitut prüft im Rahmen eines Labortests eine neu entwickelte Flaschenform für Bier. Mithilfe eines Tachistoskops wird den Versuchspersonen die Flasche für den Bruchteil einer Sekunde gezeigt, und sie werden aufgefordert anzugeben, was sich in der gesehenen Verpackung befindet. Nachdem die Mehrheit angibt, es handle sich um eine Ketchup-Flasche, wird die Form der Verpackung geändert.

◆ Bei einem **Markttest** handelt es sich um den probeweisen Verkauf des Produktes unter kontrollierten Bedingungen. Im Sinne einer letzten Kontrolle sollen hier vor der Einführung des Produktes Erfahrungen über die Marktgängigkeit und die Wirksamkeit der Komponenten des Marketing-Mix unter möglichst realen Bedingungen gesammelt werden. Der Test kann als Store-Test in ausgewählten Einzelhandelsgeschäften oder in einem abgegrenzten Testmarkt erfolgen.

Markttest

– Vor der probeweisen Einführung des Produktes im Testmarkt wird häufig ein **Store**[1]**-Test** in ausgewählten Einzelhandelsgeschäften durchgeführt. Hier kann die Variation einzelner Elemente des Marketing-Mix unter realen Bedingungen simuliert werden. Insbesondere der Preis, die Plazierung oder Maßnahmen der Verkaufsförderung können im Store-Test auf ihre Wirksamkeit hin überprüft werden. **Nachteil** des Store-Tests ist, dass er nur in ausgewählten Einzelhandelsgeschäften durchgeführt wird und nicht das gesamte Marketing-Mix zum Einsatz kommt.

Storetest

> **Beispiel** Ein Hersteller für Tiefkühlprodukte entwickelt einen gefrorenen Joghurt, der als eine Mischung aus Eisspezialität und Milchprodukt angeboten werden soll. Da man sich unklar darüber ist, ob das Produkt bei den Milchprodukten in der Kühltheke oder bei Speiseeis im Gefrierschrank plaziert werden soll, führt man einen Store-Test durch. Das Produkt wird an beiden Standorten präsentiert, und der Abverkauf wird gemessen. Es wird festgestellt, dass der Verkauf im Verbund mit Speiseeis mehr als dreimal so hoch ist wie der aus der Kühltheke. Eine zusätzlich durchgeführte Befragung ergibt, dass die Kunden den festgesetzten Preis von 1,80 EUR für eine Eisspezialität akzeptieren. Beim Angebot in der Kühltheke orientierte man sich am Preisniveau für Milchprodukte und empfand den Preis für das hier plazierte Produkt als zu hoch.

– Ist die Produktkonzeption aufgrund der Ergebnisse des Store-Tests optimiert worden, kann die probeweise Einführung im **Testmarkt** erfolgen. Um die Vergleichbarkeit der Daten des Testmarktes mit dem Gesamtmarkt sicherzustellen, sollte dieser räumlich abgegrenzt sein und in der Zusammensetzung der Grundgesamtheit entsprechen. Auch das Verbreitungsgebiet der eingesetzten Werbeträger muss dem Testmarkt entsprechen. Beim Test im Testmarkt können neben dem Produkt auch absatzpolitische Maßnahmen, wie z. B. alternative kommunikationspolitische Strategien, in die Versuchsanordnung einbezogen werden. Der **Nachteil** des Verkaufs im Testmarkt liegt in der atypischen Reaktion der Konkurrenz, die auf das begrenzte Angebot eines neuen Produktes nicht in der Weise reagiert, wie es bei der Einführung im Gesamtmarkt zu erwarten wäre. Ein weiteres Problem besteht darin, Einzelhändler zu finden, die bereit sind, das Produkt für die probeweise Einführung in ihr Sortiment aufzunehmen.

Testmarkt

> **Beispiel** Der Hersteller für Tiefkühlprodukte bietet seinen Joghurt im Saarland als „Free-Ghurt" testweise an.

Hat ein Produkt auch im Rahmen der Markttests seine Marktgängigkeit unter Beweis gestellt, wird ein **Marketing-Produkt-Plan** (vgl. S. 317) erstellt. Unter Zuhilfenahme z. B. von Produktportfolio- oder Produktlebenszyklus-Analyse der Branche wird eine Situationsanalyse des Produktes im Markt erstellt und eine präzise und operationale Formulierung der Marketingziele vorgenommen. Darüber hinaus werden hier alle weiteren für eine erfolgreiche Produkteinführung erforderlichen absatzpolitischen Maßnahmen festgelegt.

---

[1] **store** *englisch = Geschäft, großes Kaufhaus; storehouse = Lagerhaus*

Marketing-
Produktplan

Beispiel Auszug aus einem Marketing-Produktplan

1.   **Planrahmen**
1.1. Situationsanalyse
1.2. Prognose der Entwicklung
2.   **Operativer Produktplan**
2.1. Ziele
2.2. Maßnahmen im Marketing-Mix
3.   **Maßnahmen anderer Ressorts**
3.1. Beschaffung
3.2. Produktion
4.   **Ergebnis-Übersicht**
4.1. Deckungsbeiträge
4.2. Marketing-Etat
     ...

2.7.5   Die Produkteinführung

Bei der Formulierung der absatzpolitischen Maßnahmen im Rahmen der Produkteinführung ist es erforderlich, die Durchsetzung des neuen Produktes im **Unternehmen,** im **Handel** und beim **Konsumenten** sicherzustellen.

Im Unternehmen:

Zeitliche Koordination verschiedener Stellen durch das Marketingmanagement:

1. für die Markenpolitik (⇨ rechtzeitiger Schutz des Namens)
2. Werbung (⇨ frühzeitige Buchung von Werbezeiten und -flächen)
3. Verkaufsförderung (⇨ Druckauftragsvergabe, Verteilung des Prospektmaterials)
4. Vertrieb (⇨ Information und Schulung der Außendienstmitarbeiter)
5. Kundendienst (⇨ Sicherstellung der Ersatzteilversorgung)

Im Handel:

Die Akzeptanz neuer Produkte durch den Handel ist im Konsumgüterbereich ein zentrales Herstellerproblem.

Während des Produktentwicklungsprozesses empfiehlt es sich deshalb, engen Kontakt zu ausgewählten Handelsbetrieben zu halten, um Kaufwiderständen rechtzeitig begegnen zu können.

Bei den Konsumenten:

Ziel ist es, den Durchdringungsprozess von neuen Produkten zu beschleunigen. Konsumenten können in ihrer Annahmefreudigkeit für neue Produkte in sog. Adopterkategorien unterteilt werden (vgl. S. 97 f.):

1. Innovatoren
2. Frühadopter
3. Frühe Mehrheit
4. Späte Mehrheit
5. Nachzügler

Innovatoren und Frühadopter sind besonders wichtig, denn sie kennzeichnen sich durch

- spezifisches Informationsverhalten (Nutzung von Fachzeitschriften)
- ein hohes Produktinteresse
- werden von der frühen Mehrheit und späten Mehrheit als Experten und Meinungsführer anerkannt.
- Unterstützen durch Mund-zu-Mund-Propaganda den Durchdringungsprozess.

Daher sollte zum einen die Konsumentenmehrheit kommunikativ angesprochen werden. Zum anderen ist es wichtig, die Innovatoren und Frühadopter gezielt zu umwerben.

Ist der Marketing-Produkt-Plan erstellt, beginnt die **Einführung des neu entwickelten Produktes** im Gesamtmarkt. Hierzu wir ein **Markteinführungsplan** erstellt, der die Termine aller absatzpolitischen Maßnahmen der Einführung enthält. Als hilfreiche Verfahren haben sich hierbei Projektmanagement-Techniken erwiesen, die auf der Basis der **Netzplantechnik** arbeiten.

Markteinführung

2.7.6 Die Produktentwicklung in der Praxis

In der Praxis werden häufig Produkte entwickelt, weil sie in ein bestehendes Produktionsprogramm passen oder eine Weiterentwicklung aus vorhandenem Know-how darstellen, d. h., der Anstoß kommt aus den Bereichen Forschung und Entwicklung. Folglich orientiert sich diese Produktentwicklung **nicht an den Kundenwünschen,** sondern folgt technischen oder organisatorischen Gegebenheiten.

Orientierung an betrieblichen Gegebenheiten

Die Steuerung und Koordination aller unternehmerischen Aktivitäten in Bezug auf ein Produkt ist Aufgabe des **Produktmanagers** (vgl. Kapitel 7), der hier zunächst ermitteln muss, an wen und wie er das Produkt verkaufen kann. Dazu wird er zunächst die relevante Kundenschicht ermitteln und diese dann nach ihren **Ansprüchen** befragen.

Die **Kundenansprüche** können in Sach- und Anmutungsansprüche unterschieden werden.

◆ **Sachansprüche** bezeichnen Ansprüche, die bewusst geäußert werden können. Darunter fallen vor allem technische Ansprüche.

> Beispiel Die Sachansprüche bei einem Auto beziehen sich z. B. auf die Anzahl der Zylinder, die Abstimmung der Federung, die Anzahl der Ventile und die Art des Motors.

◆ **Anmutungsansprüche** sind gefühlsmäßiger Natur und werden nicht oder nur schwer geäußert. Häufig beschreiben die Anmutungsansprüche eine Totalbetrachtung, die im Einzelnen gar nicht konkretisiert werden kann, sondern nur in der Gesamtheit der Faktoren wirkt.

> Beispiel Als Anmutungsanspruch an ein Auto wird ermittelt, dass es „futuristisch" wirken solle. Hierbei spielen neben der Form des Autos die Anordnung der Scheinwerfer, die Reifen und Felgen, die Innenausstattung etc. eine Rolle. Nur in der Gesamtheit wirkt das Auto futuristisch, was dies im Einzelnen bedeutet, bleibt unklar.

Sachansprüche sind problemlos zu erheben, die Ermittlung von **Anmutungsansprüchen** macht jedoch Schwierigkeiten, da sie den potenziellen Kunden oft nicht klar sind und nur ungenau geäußert werden. Sie entstammen dem affektiven Bereich und sind meist komplexer als die Sachansprüche. Wenn ein Kunde äußert, er bevorzuge eine modische Farbe oder er möchte ein hochwertiges Produkt, so muss dieser Anspruch interpretiert werden. Hierbei spielen soziale und zeitliche Einflussfaktoren eine Rolle.

> **Beispiel** Die Mode ändert sich im Zeitablauf. Was als modisch empfunden wird, ist darüber hinaus von demografischen, psychografischen und soziologischen Merkmalen abhängig. Modisch für den gut situierten Mittelstand bedeutet etwas anderes als für die alternative Oberschicht. Und die Mode der Jugend unterscheidet sich deutlich von der des Alters.

Die mithilfe der Marktforschung ermittelten Ansprüche können nach Alter, Geschlecht, Regionen, sozialen und psychografischen Merkmalen geordnet werden, so dass die Bedürfnisse speziellen **Marktsegmenten** zugeordnet werden können.

> **Beispiel** Die Marktforschungsabteilung eines internationalen Textil-Konzerns ermittelt, dass die Käufer in den nordeuropäischen Ländern eher gedeckte Farben bevorzugen, während in den südeuropäischen Ländern kräftige Farben geschätzt werden.

Entscheidungs-komponenten

Die Entscheidung über die endgültige Gestaltung des Produktes sollte **vom Produktmanager** vorgenommen werden. In der Praxis wird diese Entscheidung jedoch nicht nur unter Marketinggesichtspunkten getroffen. Produktionskapazitäten und logistische Beschränkungen prägen den Entscheidungsprozess ebenso, da Veränderungen in diesen Bereichen hohe Investitionen zur Folge haben.

Nachdem die Entscheidung für ein Produkt gefallen ist und gegebenenfalls weitere Veränderungsvorschläge gemacht worden sind, wird ein Prototyp oder eine kleine Serie gefertigt. Das Produkt wird dann **testweise beim Kunden eingesetzt**. Sofern das Produkt nicht grundsätzliche Mängel aufweist, werden Modifikationen durchgeführt und das Produkt in seine marktreife Form gebracht.

Marktein-führungsplan

Ist sich der Produktmanager sicher, dass das Produkt in dieser Form den Anforderungen der Zielgruppe entspricht, kommt es zur Einführung des Produktes.

2.8   Produktmodifikation und Produkteliminierung

2.8.1   Die Produktmodifikation (Relaunch)[1]

Wichtigster Ansatzpunkt für ein Produktrelaunch sind die Daten der **Produktlebenszyklus-Analyse**. Hat der Gesamtumsatz seinen Wendepunkt erreicht und wird die Umsatzveränderungsrate negativ, muss das Produkt verändert (modifiziert) werden, um es in den Augen der Verbraucher weiterhin attraktiv erscheinen zu lassen.

Ursachen des Umsatzrück-ganges

Bevor Maßnahmen im Rahmen eines Produktrelaunch ergriffen werden, müssen sorgfältig die **Ursachen** der negativen Umsatzentwicklung erforscht werden. Die Entwicklung des eigenen Produktes ist dabei immer vor dem Hintergrund des Gesamtmarktes zu sehen. Ist die Entwicklung des Marktes insgesamt negativ, ist ein Umsatzrückgang weniger dramatisch, als wenn sich der Gesamtmarkt positiv entwickelt und nur das eigene Produkt einen Umsatzrückgang zu verzeichnen hat.

---

[1] **Relaunch**   englisch *launching* = Einführung, Stapellauf, In-Gang-Setzen; *relaunching* demnach = eine wiederholte Einführung, ein wiederholtes In-Gang-Setzen

Neben der Entwicklung des Gesamtmarktes gibt es folgende weitere **Gründe** für Produktrelaunch:

- – veränderte Kundenansprüche
- – rechtlicher Veränderungen
- – technische Erneuerungen
- – Austausch technisch oder wirtschaftlich überholter Teile
- – verbesserte Wettbewerbsprodukte
- – Verschlechterung des Produktimages
- – unternehmensinterne Restiktionen
- – veränderte Unternehmenspotenziale
- – soziale Veränderungen
- – Produktfehler

Sind die Ursachen für den Umsatzrückgang erkannt, können gezielte **Maßnahmen eines Produktrelaunch** ergriffen werden. Sie können sich z. B. auf das Produkt, seinen Namen oder seine Verpackung beziehen.

◆ Die Notwendigkeit einer **Veränderung des Produktes** entsteht durch veränderte Kundenansprüche oder technische Innovationen.

 Beispiel
- – **Veränderte Kundenansprüche:** Ein Arzneimittelhersteller stellt fest, dass seine potenziellen Kunden Kopfschmerztabletten jederzeit auch ohne ein Glas Wasser einnehmen können wollen. Das Unternehmen bietet seine Kopfschmerztabletten daraufhin zusätzlich in der Darreichungsform einer Kautablette an, die auch ohne Wasser eingenommen werden kann.

- – **Technische Innovationen:** Kunden erwarten von einem Fernsehgerät, dass es btx- und videotexttauglich ist.

Die Marketing-Abteilung der Beauty AG stellt fest, dass Kundinnen immer weniger Zeit für die Haarpflege aufwenden wollen. Gleichzeitig wird der Anspruch, schönes, natürliches Haar zu haben, immer wichtiger. Aufgrund dieser Erkenntnisse wird ein Haarpflegemittel, das als Kurpackung mit einer Einwirkzeit von 10 Minuten angeboten wurde, in seiner Zusammensetzung so verändert, dass es nach dem Waschen nur noch einmassiert werden muss.

◆ **Änderungen des Produktnamens** sind in der Praxis häufig zu beobachten. Durch Hinzufügung von Bezeichnungen wie „neu", „super", „supra", „Aktiv", „forte", „light" oder „Vollwert" wird versucht, sich auf veränderte Kundenansprüche einzustellen. In der Regel wird der Name im Zusammenhang mit der Veränderung des Produktes variiert.

Im Rahmen einer vorgenommenen Marktsegmentierung wird die ursprüngliche Kurpackung für die Haarpflege der Beauty AG in der Rezeptur geändert und unter einem neuen Namen und mit dem Zusatz „forte" als medizinische Haarpflege angeboten.

◆ **Veränderungen der Verpackung** können technische, rechtliche oder kommunikationspolitische Ursachen haben.

- – **Technische Ursachen** können z. B. in einer Veränderung der Handelserfordernisse liegen.

> **Beispiel** Eine Veränderung der Standardmaße der Tiefkühltruhen im Handel erfordert eine Anpassung der Verpackungsmaße eines Tiefkühlherstellers.

– Eine Veränderung der Verpackungsverordnung und die Einführung des „Grünen Punktes" war die **rechtliche Ursache** für die Veränderung der Verpackungen im Konsumgüterbereich.

> **Beispiel** Die Verpackungsverordnung zwingt die Unternehmen zur Rücknahme und Verwertung ihrer Verpackungen. Mitgliedsbetriebe der Gesellschaft Duales System Deutschland GmbH kennzeichnen ihre Verpackungen mit dem „Grünen Punkt" und weisen damit nach, dass die Rücknahme und Verwertung durch das Duale System Deutschland sichergestellt ist.

– **Kommunikationspolitische Ursachen** einer Veränderung der Packungsgestaltung können z. B. in einer Veränderung des Geschmacks der Zielgruppe liegen.

> **Beispiel** Die Marktforschungsabteilung eines Tabakwarenherstellers stellt fest, dass hellere Packungen von Verbrauchern mit leichteren Zigaretten assoziiert werden. Entsprechend dem Konsumtrend zu leichten Zigaretten wird für die Packung eine hellere Farbe gewählt.

2.8.2   Die Produktbetreuung

Inhalte der Produktbetreuung

Nach der Markteinführung folgt die Phase des „Produktalltags", in der das Produkt in seiner jeweiligen Erscheinungsform unverändert am Markt bleibt. Auch in dieser Phase muss das Produkt ständig **betreut** werden. Die Produktbetreuung kann sich auf die Qualitätsprüfung, die Umsatzentwicklung, die Markt- und Umweltbeobachtung, die Ergebnisentwicklung und die Produktbewertung im Programm beziehen.

◆ Die **Qualitätsprüfung** beginnt mit der Kontrolle der Roh-, Hilfs- und Betriebsstoffe und endet mit der Endkontrolle des fertigen Produktes. Aufwendige Rückrufaktionen machen deutlich, welchen Schaden mangelhafte Qualitätsprüfung verursachen kann.

◆ Die **Kontrolle der Umsatzentwicklung** dient dem Vergleich mit den Plandaten im Sinne eines Soll-Ist-Vergleichs und der Erstellung der Produktlebenszyklus-Kurve. Abweichungen von den Plandaten und atypische Veränderungen in der Produktlebenszyklus-Kurve müssen unverzüglich zu Steuerungsvorgängen, wie z. B. zusätzliche Maßnahmen im Marketing-Mix, führen.

◆ Die **permanente Beobachtung des Marktes** ist zentraler Bestandteil jeder Marketingarbeit. Die Marktbeobachtung i. w. S. bezieht sich auf Marktverschiebungen, Marktschwankungen, Mode- und Geschmackswandlungen sowie die Überwachung der gewerblichen Schutzrechte. Die Marktbeobachtung i. e. S. umfasst die Beobachtung der Kunden und der Konkurrenz.

– Mögliche Veränderungen bei den **Kunden** beziehen sich z. B. auf die Kundenansprüche, die gekaufte Menge je Kunde, Käuferwanderungen oder die Wiederkaufsrate. Sie können in Rahmen der Primärmarktforschung erhoben werden.

– Die Beobachtung der **Konkurrenz** kann im Rahmen der Sekundärmarktforschung durch permanente Außendienstbeobachtung, Informationen von Vertrauenskunden oder die Auswertung von Veröffentlichungen erfolgen.

– Die Marktbeobachtung bezieht sich gerade bei Markenartikelherstellern auch auf die **Überwachung der gewerblichen Schutzrechte** wie Patente, Gebrauchsmuster, Geschmacksmuster oder Warenzeichen. Warenzeichenfälschungen, Warenzeichenanlehnungen oder die Nachahmung von Produkten nehmen im Welthandel immer breiteren Raum ein.

> **Beispiel** Der Anteil der Produktpiraterie am Welthandel wird auf 4–5% des Gesamtumsatzes der Markenartikelhersteller geschätzt.

Neben der gesetzlichen Verfolgung muss mit den Instrumenten des Marketing-Mix versucht werden, den entstehenden Schaden durch die Produktpiraterie einzudämmen. Qualitätssicherung und Kundendienst gehören ebenso dazu wie die Produktdiversivikation und -modifikation. Ist der Markt bereits mit Imitaten überschwemmt und droht die Marke ernsthaft Schaden zu nehmen, muss eine Produktelimination erwogen werden.

◆ Die Beobachtung des Wertewandels zum Thema **Umwelt** gewinnt im Rahmen der Produktbetreuung immer größere Bedeutung. Veränderte rechtlichen Rahmenbedingungen müssen hier ebenso einbezogen werden wie technische Entwicklungen und politische Ereignisse.

Im Rahmen der Betrachtung der **Ergebnisentwicklung** werden Aufwendungen für Marketing-Mix-Aktivitäten auf ihren Erfolg hin überprüft (vgl. Kapitel 8) und Möglichkeiten der Kostensenkung ermittelt. Nur wer kostengünstiger als die Konkurrenz produziert, kann langfristig am Markt bestehen.

weitere
Beobachtungsfelder

Die **Stellung des Produktes im Produktionsprogramm** des Unternehmens, sein Anteil am Deckungsbeitrag und seine Position im Produktlebenszyklus sind ständigen Veränderungen unterworfen. Sie zu erkennen kann Anstoß für eine Modifikation oder Eliminierung des Produktes sein.

2.8.3   Die Produkteliminierung

Befindet sich ein Produkt in der **Degenerationsphase** und ist sein Absatz den Unternehmenszielen nicht mehr förderlich, muss die Entscheidung über eine Produkteliminierung getroffen werden.

Gründe für die
Eliminierung
eines Produkte

Folgende Gründe können für eine Eliminierung den Ausschlag geben:
– das Produkt erwirtschaftet langfristig Verluste
– das Produkt ist überaltert
– das Produkt ist technisch überholt
– die Mode hat sich geändert
– Patente sind ausgelaufen
– rechtliche Bedingungen haben sich geändert
– gesellschaftliche Änderungen
– das Produkt passt nicht mehr ins Unternehmensbild
– Verschlechterung des Produktimages
– Potenzialänderungen des Herstellers
– die Ansprüche der Kunden ändern sich

Die Elimination eines Produktes ist eine der **schwierigsten unternehmenspolitischen Entscheidungen**. Auch nach sorgfältiger Wirtschaftlichkeitsanalyse bleibt das Risiko, dass gerade das zu eliminierende Produkt wesentlich zum Bild des Unternehmens in der Öffentlichkeit beiträgt und im Sinne einer Erreichung des Unternehmensziels erhalten werden sollte.

 Ein Küchenhersteller will sein umfangreiches Küchenprogramm auf die umsatzstärksten Produkte reduzieren. Eine Kundenumfrage ergibt jedoch folgende Situation: Die teuerste Küche aus dem Produktprogramm steht umsatzmäßig sehr schlecht da. Gleichzeitig wird diese Küche jedoch häufig als Ausstellungsstück in Schaufenstern gezeigt. Obwohl diese Küche aus Preisgründen kaum gekauft wird, ist sie der Magnet, der die Kunden veranlasst, das Geschäft zu betreten und sich beraten zu lassen. Sie entscheiden sich dann in der Regel für eine preisgünstigere Alternative des gleichen Herstellers. Die Marketing-Abteilung beschließt, auf eine Elimination des Küchenprogrammes zu verzichten.

2.9 Sortimentspolitik

Das **Sortiment** stellt die Gesamtheit aller in einem Handelsunternehmen zum Verkauf angebotenen Waren und Dienstleistungen dar. Die Maßnahmen zur Gestaltung des Sortiments werden als **Sortimentspolitik** bezeichnet.

◆ Die Auswahl der Waren, die in das Sortiment eines Handelsbetriebes aufgemommen werden, orientieren sich an den folgenden **Grundsätzen:**

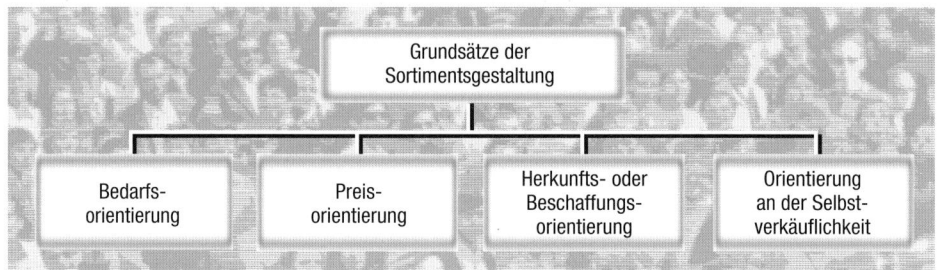

Orientierungen

– **Bedarfsorientierung**
Hier wird das Sortiment anhand des Bedarfs der potenziellen Kunden zusammengestellt. Merkmale der Bedarfsorientierung sind der Verwendungszweck, der Verwendungsbereich oder der Verwendungsanlass der Ware.

 Baumarkt, Fachgeschäft für Brautmoden, Sportartikelfachgeschäft

– **Preisorientierung**
Die Sortimentszusammensetzung wird von der Preispolitik bestimmt.

 Discountmärkte

– **Herkunfts- oder Beschaffungsorientierung**
Das Sortiment wird anhand des Materials der Ware, der Herkunftsgebiete, der Herkunftszeiten oder der Bezugsquellen (Hersteller) bestimmt.

 Material   – > Glas- und Porzellanfachgeschäft
Herkunft   – > italienisches Modehaus
Herkunftszeit   – > Antiquitätenhandel
Bezugsquelle   – > Salamander-Schuhhaus

– Orientierung an der Selbstverkäuflichkeit

Die Sortimentszusammensetzung orientiert sich an der Verkaufsform. Erklärungsbedürftige Waren werden in der Bedienungsform angeboten, selbstverkäufliche Waren in Selbstbedienung.

Beispiel Lebensmittel werden überwiegend in Form der Selbstbedienung angeboten, Fotoartikel in Form der Bedienung.

Ziel des Handelsbetriebes ist das optimale Sortiment, das sich mit den Wünschen der potenziellen Kunden deckt. Dieses Sortiment wird als **Normal- oder Idealsortiment** bezeichnet. Können Kundenwünsche nicht befriedigt werden, weil die gewünschten Waren nicht geführt werden, handelt es sich um ein **Untersortiment.** Führt der Händler Waren, die nicht oder nur schwer verkäuflich sind, liegt ein **Übersortiment** vor.

Normal-/ Idealsortiment

◆ Methoden, mit denen der Handel Unter- oder Übersortimente vermeiden kann, sind die Fehl- oder Nichtverkaufskontrolle, die Deckungsbeitragsrechnung oder die Erstellung von „Renner-Penner-Listen".

Methoden zur Vermeidung von Unter- und Übersortimenten

– Fehl- oder Nichtverkaufskontrolle

Fehl- oder Nichtverkäufe sind von den Mitarbeitern zu erfassen. Um einen Fehlverkauf handelt es sich, wenn der gewünschte Artikel grundsätzlich geführt wird, zum Zeitpunkt der Nachfrage aber nicht am Lager ist. Ein Nichtverkauf liegt vor, wenn der Artikel nicht geführt wird. Im Falle des Fehlverkaufs sollten die Lagerkennzahlen angepasst werden, im Fall des Nichtverkaufs muss geprüft werden, ob das Sortiment noch den Wünschen der potenziellen Zielgruppe entspricht.

– Deckungsbeitragsrechnung (vgl. S. 144)

Mithilfe der Deckungsbeitragsrechnung wird ermittelt, welchen Beitrag eine Warengruppe oder ein einzelner Artikel zur Deckung der fixen Kosten leistet.

> **Deckungsbeitrag je Einheit = Verkaufspreis je Einheit − variable Kosten**

Deckt die Summe aller Deckungsbeiträge die fixen Kosten, erreicht der Handelsbetrieb die Gewinnschwelle oder den Break-even-Point (BEP).

$$\text{Break-even-Point} \quad = \quad \frac{\text{fixe Kosten}}{\text{Deckungsbeitrag}}$$

Beispiel Eine Parfümerie führt das Programm der Beauty AG. Ein Duft, den die Parfümerie für 78,00 EUR von der Beauty AG bezieht, wird für 98,00 EUR verkauft. Die anteiligen fixen Kosten des Betriebes betragen 10.000,00 EUR.

1. Ermittlung des Deckungsbeitrages:

Verkaufspreis je Einheit	98,00 EUR
− Bezugspreis je Einheit	78,00 EUR
= Deckungsbeitrag	20,00 EUR

Bei einem Verkaufspreis von 98,00 EUR werden mit jeder Verkaufseinheit neben den Anschaffungskosten von 78,00 EUR zusätzlich 20,00 EUR zur Deckung der fixen Kosten erwirtschaftet.

2. Ermittlung des Break-even-Point

BEP = $\dfrac{\text{fixe Kosten}}{\text{Deckungsbeitrag}}$

= $\dfrac{10.000}{20,00}$

= 500 Stück

Ab einem Absatz von 500 Einheiten wird die Gewinnschwelle überschritten.

– Bei der Erstellung von „**Renner-Penner-Listen**" werden mithilfe des Warenwirtschaftssystems die umsatzstärksten „Renner" und umsatzschwächsten Artikel des Sortiments, die „Penner" ermittelt.

◆ Will der Einzelhandel sein Angebot den veränderten Kundenwünschen anpassen, kann er sein Sortiment bereinigen, erweitern oder variieren.

Maßnahmen der Sortimentsgestaltung

– Im Rahmen der **Sortimentsbereinigung** werden umsatzschwache Warengruppen oder Artikel („Penner") aus dem Sortiment entfernt.

– Bei einer **Sortimentserweiterung** werden neue Warengruppen in das Sortiment aufgenommen –> Diversifikation oder vorhandene Warengruppen ergänzt – > Differenzierung.

– Bei der **Sortimentsvariation** findet ein Austausch bestimmter Warengruppen oder Artikel statt. Ursache hierfür könnten z. B. die sich wandelnden Kundenansprüche sein.

> **Beispiel** Die verstärkte Nachfrage nach ökologisch einwandfreien Produkten und die Ablehnung der Massentierhaltung veranlasst einen Lebensmittel-Einzelhändler, nur noch Eier von freilaufenden Hühnern anzubieten.

Als Folge sortimentspolitischer Entscheidungen kann es zu einer Hebung (– > trading up)[1] oder Senkung (– > **trading down**)[2] des Sortimentsniveaus kommen.

A   Aufgaben

● **Wiederholungsaufgaben**

1. Erläutern Sie Grund- und Zusatznutzen für folgende Produkte
   a) Werkzeugmaschine
   b) Sportwagen
   c) Fernreise

---

[1] **trading** = engl. Handel treibend, up = engl. nach oben; trading up demnach Aufwertung des Sortiments
[2] **down** = eng. nach unter; trading down demnach Abwertung des Sortiments

d) Lebensversicherung
e) Modellkleid
f) Faxgerät!

2. Nach der Dauer der Kaufentscheidung wird zwischen convinience goods, shopping goods und speciality goods unterschieden. Erläutern Sie diese unterschiedlichen Güterarten anhand von je drei Beispielen Ihrer Wahl!

3. Die Beauty AG möchte einen neuen Duft als Markenartikel profilieren. Erläutern Sie die damit verbundenen Voraussetzungen und nennen Sie Vorteile, die ein Markenartikel gegenüber markierter oder anonymer Ware hat!

4. Japanische PKW werden auf dem amerikanischen Markt häufig als Monomarken ohne Bezug zum Unternehmen angeboten. Suchen Sie Gründe für diese Strategie!

5. Die Beauty AG will den neuen Duft im Rahmen einer Dachmarkenstrategie einführen. Sie werden vom Produktmanager beauftragt, die damit verbundenen Risiken zu ermitteln und auf einer Konferenz vorzustellen!

6. Sie werden beauftragt, für die Beauty AG ein Produktportfolio zu erstellen. Dabei weisen die vier führenden Produkte Wachstumsraten von A = 5%, B = 12%, C = 20%, D = 22% auf. Der relative Marktanteil beträgt A = 6%, B = 18%, C = 5%, D = 3%. Erstellen Sie das Portfolio und interpretieren Sie die Ergebnisse!

7. Das Modell des Produktlebenszyklus kann auch auf ganze Branchen angewendet werden. Erläutern Sie das Modell anhand einer Branche Ihrer Wahl aus dem Bereich a) Dienstleistungen b) Konsumgüter c) Investitionsgüter!

8. Die Formen der Produktinnovation sind die Produktdifferenzierung und die Produktdiversifikation. Erläutern Sie diese Formen anhand von je einem Beispiel Ihrer Wahl!

9. Ein führender Haushaltsgeräte-Hersteller stellt Thermoskannen her. Dem Produktmanagement wird die Aufgabe gestellt, darüber nachzudenken, wie man das Kaffeetrinken während des Autofahrens sicher und ungefährlich machen kann. Setzen Sie ein Ihnen bekanntes Verfahren der Erzeugung von Produktideen zur Lösung des Problems ein!

10. Der Haushaltsgeräte-Hersteller möchte einen neuen Toaster auf den Markt bringen. Sie werden beauftragt, mögliche Varianten mithilfe der morphologischen Analyse zu ermitteln!

11. Der Haushaltsgeräte-Hersteller musste in den letzten Jahren empfindliche Umsatzeinbußen hinnehmen. Vergleiche mit Konkurenzprodukten zeigen, dass diese in ihren technischen Daten absolut gleichwertig sind. Grundlage der Verbraucherwerbung des Unternehmens waren in der Vergangenheit stets die spezifischen technischen Leistungen der Produkte. Die Forschungs- und Entwicklungsabteilung hat auch die alleinige Verantwortung für die Entwicklung neuer Produkte. Worin könnte Ihrer Meinung nach die Ursache für die negative Entwicklung der Umsätze des Haushaltsgeräte-Herstellers liegen?

12. Sie sind der für die Gesichtscreme „Visage" zuständige Produktmanager. Die Neueinführung von „Visage" hat sich Ihrer Meinung nach gut entwickelt.
    a) Beweisen Sie diese Aussage Ihrem Chef!
    b) Ihr Chef erläutert Ihnen, wie sich die Geschäftsleitung den Erfolg dieses Produktes in den nächsten Jahren vorstellt. Es wird über Umsatzwachs-

tum, aber auch über Marktanteilsgewinne gesprochen. Was werden Sie tun, damit Ihr Produkt die Erwartungen der Geschäftsleitung in den kommenden Jahren erfüllen kann?

13. Erläutern Sie fünf Funktionen, die die Verpackung eines Konsumgutes erfüllen kann!

14. Erläutern Sie Beispiele für folgende Sortimentskonzeptionen:
    a) bedarfsorientiertes Sortiment,
    b) herkunftsorientiertes Sortiment,
    c) preisorientiertes Sortiment,
    d) Orientierung an der Selbstverkäuflichkeit.

15. Stellen Sie anhand eines Beispiels dar, warum es sinnvoll sein kann, verschiedene Sortimentskonzeptionen miteinander zu kombinieren!

16. Erläutern Sie die Verfahren der Sortimentskontrolle!

17. Erläutern Sie die Begriffe des Über- und Untersortiments!

18. Stellen Sie ausgewählte Maßnahmen der Sortimentsgestaltung anhand eines von Ihnen gewählten Beispiels dar!

19. Erläutern Sie, welche Probleme mit dem trading-up bzw. trading-down eines Sortiments verbunden sind!

20. Große Kosmetikhersteller haben festgestellt, dass viele Kunden Schwellenangst beim Betreten von Parfümerien haben. Machen Sie Vorschläge, wie der Parfümerie-Fachhandel diesem Problem begegnen könnte!

● Betriebliche Handlungssituationen

Die **Südmilch AG,** ein süddeutscher Hersteller von Milchprodukten, erhält einen neuen Marketingleiter. Als Erstes möchte sich dieser einen Überblick über die Marktstellung des Produktprogramms verschaffen. Zu diesem Zweck erhält er von der Marktforschungsabteilung die folgende Aufstellung:

Produkt/Gruppe	Marktanteil	Marktwachstum
A	15%	12%
B	7%	5%
C	18%	2%
D	6%	2%

Diese Aufstellung reicht er an seine Assistentin weiter und bittet um Erstellung einer Portfolio-Analyse nach dem Ansatz der Boston-Consulting-Group.

Aufgaben

a) Erstellen Sie mit den o. a. Daten eine Portfolio-Analyse!

b) Erläutern Sie anhand Ihrer Portfolio-Matrix die Möglichkeiten und Grenzen der Portfolio-Analyse; bewerten Sie das Produktprogramm der Südmilch AG und geben Sie begründete Empfehlungen hinsichtlich der anzuwendenden Marketingstrategien.

Ein **Nahrungsmittelkonzern,** der in Deutschland für seine frische Qualitätsware bekannt ist, hat Anfang des Jahres eine Rohteigpizza in den deutschen Markt eingeführt. In diesem noch relativ neuen Segment „Fertiggerichte-Markt" gibt es neben dem Marktführer nur noch einen weiteren Konkurrenten.

Die Rohteigpizza wird nicht tiefgekühlt, sondern im Kühlregal angeboten. Sie kann eine Woche im Kühlschrank – nicht im Tiefkühlfach – aufbewahrt werden. Die geringe Haltbarkeit und der höhere Preis der Rohteigpizzen gegenüber herkömmlichen Tiefkühlpizzen werden durch einen erheblich frischeren Geschmack ausgeglichen.

Um Anhaltspunkte über sein weiteres marketingstrategisches Vorgehen zu bekommen, hat er zunächst seine über 300 Produkte umfassende Produktpalette zu strategischen Geschäftseinheiten zusammengefasst und diese auf Marktwachstum und Marktanteil hin überprüft.

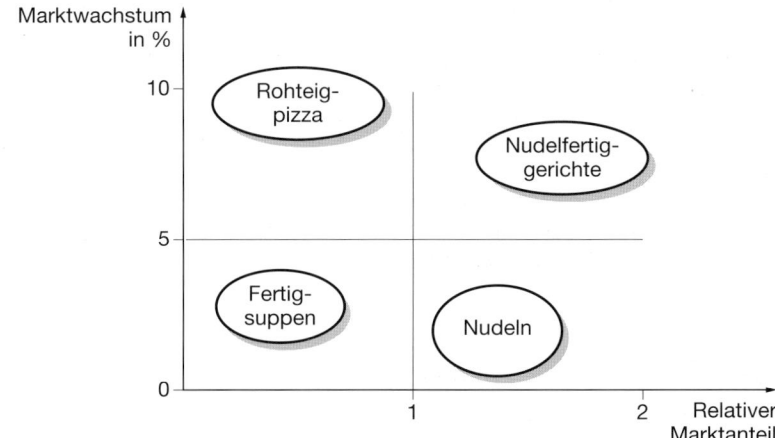

Aufgaben

a) Bewerten Sie die Positionen der jeweiligen strategischen Geschäftseinheiten.

b) Geben Sie den Marketingverantwortlichen eine begründete marketingstrategische Empfehlung für die Weiterentwicklung der strategischen Geschäftseinheiten.

Ein mittelständischer **Sportartikelhersteller** verkauft in Deutschland Ski, Surfbretter und Segel. Die für die Fertigung benötigten Materialien bezieht das Unternehmen von verschiedenen Zulieferern. Der Vertrieb der Produkte erfolgt einerseits ab Lager und über den Fachhandel an die Konsumenten, andererseits werden Touristikdienstleister mit eigenen Ski- bzw. Surfstationen direkt beliefert. Eine Expansion der Aktivitäten in das europäische Ausland ist geplant.

Das Unternehmen beschäftigt mittlerweile über 80 Mitarbeiter.

Erarbeiten Sie Vorschläge unterschiedlicher Produktstrategien!

B   Methodische Empfehlungen

● Verwendung von Overhead-Projektoren

Präsentieren Sie Ihre Ergebnisse mithilfe von Overhead-Folien. Berücksichtigen Sie dabei die nachfolgenden **Regeln**.

1. Stellen Sie während der Eröffnung und des Abschlusses Ihres Vortrages einen persönlichen Kontakt her. Benutzen Sie in dieser Phase keine Folien!

2. Sprechen Sie nur, wenn Sie Augenkontakt mit dem Publikum haben, d.h. schweigen Sie, wenn Sie die Folie wechseln!

3. Haben Sie Mut zur Pause, die Zuhörer sind für eine Denkpause dankbar!

4. Beschreiben Sie Abbildungen auf Folien nicht, sondern nennen Sie die Kernaussage!

5. Nehmen Sie die Folie weg, wenn Sie länger über ein anderes Thema reden, das Publikum wird so weniger abgelenkt!

6. Schalten Sie den Projektor aus, wenn Sie ihn längere Zeit nicht brauchen!

7. Zeigen Sie auf der Folie mit Kugelschreiber oder Zeiger, nie mit dem Finger!

8. Wenn Sie mit dem Zeigestock auf die Projektionswand zeigen, stellen Sie sich nicht mit dem Rücken zu den Teilnehmern, sondern seitlich zur Projektionswand!

9. Lassen Sie den Stift als Orientierung auf der Folie liegen, wenn Sie länger über einen Punkt reden!

10. Achten Sie darauf, dass Sie für keinen Zuhörer im Bild stehen!

11. Wählen Sie die Schriftgröße so, dass man die Schrift gut lesen kann! (Für Überschriften 20 Punkt, für Texte 16 Punkt.)

12. Beschränken Sie sich auf maximal drei Schriftgrößen und drei Schriftarten!

C   Literatur

Hüttel, K., Produktpolitik, Ludwigshafen 1998
Koppelmann, U., Grundlagen der Verpackungsgestaltung, Herne 1971
Koppelmann, U., Grundlagen des Produktmarketing, Berlin 2000
Kuhlmann, E., Verbraucherpolitik, München 1990, S. 170-199
Meffert, H., Bruhn, M., Marktstrategien im Wettbewerb, Schriften Unternehmensführung und Marketing, Hrsg.: Meffert, H., u.a., Wiesbaden 1994
Meffert, H., Marketing, Wiesbaden 1995, S. 361-419
Nieschlag, R., u. a., Marketing, Berlin 1997, S. 91-229
Weis, H., Marketing, Ludwigshafen 2001, S. 155-233

3 Kontrahierungspolitik

Die Automobil AG, ein renommiertes Unternehmen der Automobilindustrie, plant die Einführung eines neuen PKW. Es handelt sich um einen Kleinwagen, dessen Konzeption von einem Uhrenhersteller entwickelt wurde und der durch die Automobil AG gebaut und vertrieben werden soll. Als zuständiger Produktmanager haben Sie die erforderlichen Vorarbeiten, wie die Situations-, Markt- und Wettbewerbsanalyse und die Entscheidungen im Bereich der Produktpolitik, getroffen und stehen jetzt vor der Aufgabe der Festlegung eines marktgerechten Preises und der Konditionen.

Der Kostenrechner gibt Ihnen auf Ihre Anfrage hin folgende Informationen: Die variablen Kosten betragen 8.000,00 EUR/Stck., die Fixkosten werden bei einer Ausbringungsmenge von 10.000 Einheiten auf 20.000.000,00 EUR veranschlagt. Die Vertriebs- und Verwaltungskosten werden mit 10% der Fertigungskosten und der Gewinn mit 10% der Gesamtkosten kalkuliert.

Sie erhalten den Auftrag, drei alternative Preiskonzeptionen zu entwickeln und diese mit ihren jeweiligen Vor- und Nachteilen auf einer Konferenz der Abteilungsleiter vorzustellen!

Die Kontrahierungspolitik[1] umfasst alle Entscheidungen, die sich mit der Festlegung des Preises (**Preispolitik**) und den Konditionen (**Konditionenpolitik**) für die Unternehmensleistung beschäftigen.

3.1 Preispolitik

Der zu realisierende Preis für eine Unternehmensleistung ist grundsätzlich immer das Ergebnis einer **Übereinstimmung von Angebot und Nachfrage**. Die angebotene Leistung des Unternehmens und die Gegenleistung der Abnehmer führt zu einem Kaufabschluss, wenn das „Preis-Leistungs-Verhältnis" vom Käufer als angemessen empfunden wird. Die Festlegung dieses Preises ist eine der schwierigsten und zugleich weit reichendsten Entscheidungen im Rahmen des Marketing-Mix.

Hilfestellung hierbei leistet neben der **Marktforschung** insbesondere die **Kostenrechnung** im Rahmen des betrieblichen Rechnungswesens und die **Volkswirtschaftslehre**, die theoretische Aussagen zu den Marktformen, dem Modell der Preisbildung und der Preiselastizität macht.

Preis-
bestimmende
Einflussfaktoren

---

[1] **Kontrahierung** *lateinischen Ursprungs; contrahere = zusammenziehen; Kontrakt = Vertrag; Kontrahierungs-
zwang = Verpflichtung, einen Antrag zum Vertragsabschluss anzunehmen*

3.1.1   Preisniveau, Preisindex und Kaufkraft

Preisniveau

Das **Preisniveau** drückt die durchschnittliche Höhe der Preise für Güter und Dienstleistungen in einer Volkswirtschaft aus. Die Veränderung der Verbraucherpreise wird durch das Statistische Bundesamt gemessen. (Information im Internet: http://www.statistikbund.de).

Da es unmöglich ist, die Preisniveauänderungen aller Güter einer Volkswirtschaft zu erfassen, fasst das Statistische Bundesamt repräsentative Güter zu einem **Warenkorb** zusammen. Wird der Wert dieses Warenkorbes für ein Basisjahr gleich 100 gesetzt, kann man für die folgenden Berichtsjahre die Preisveränderungen ermitteln. Der ermittelte Wert ist der **Preis-**

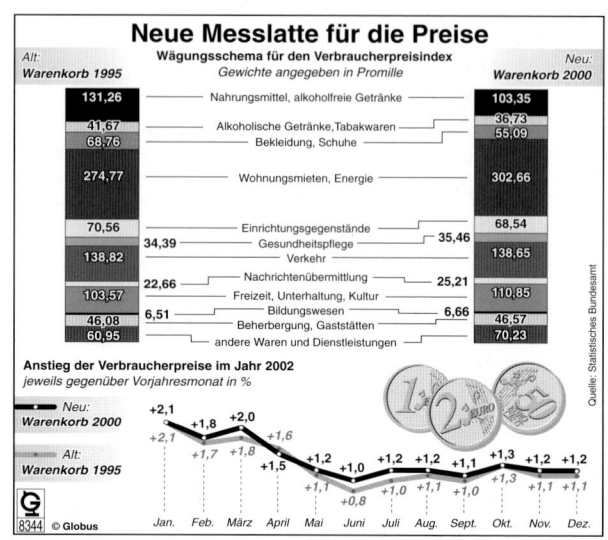

Preisindex

dex, der die Veränderung des Geldwertes, bezogen auf die ausgewählten Güter, angibt.

Warenkörbe

Für die unterschiedlichen Interessengruppen gibt es etwa 25 verschiedene Warenkörbe, so z. B. für die Bauwirtschaft, für landwirtschaftliche Produkte, für industrielle Produkte und für die Lebenshaltung. Der Warenkorb für die **Lebenshaltung der privaten Haushalte** wurde 1991 zusammengestellt. Da sich die Verbrauchergewohnheiten, die Höhe der Einkommen und die Haushaltsgröße laufend ändern, wird der Warenkorb von Zeit zu Zeit den veränderten Bedingungen angepasst.

Beispiel   Warenkorb für den Preisindex

Anteile in Prozent	Basisjahr 1995	1991	Basiskorb 2000
Nahrungsmittel, alkoholfreie Getränke	13,1	14,5	13,13
Alkohol, Tabakwaren	4,2	4,5	4,17
Bekleidung, Schuhe	6,9	7,7	6,88
Wohnung, Wasser, Strom, Gas	27,5	24,0	27,48
Möbel, Hausgeräte usw.	7,1	7,3	7,06
Gesundheitspflege	3,4	3,1	3,44
Verkehr	13,9	15,7	13,88
Nachrichtenübermittlung	2,3	1,8	2,27
Freizeit und Kultur	10,4	10,0	10,36
Bildung	0,7	0,5	0,65
Hotels, Restaurants	4,6	5,8	4,61
Sonstiges	6,1	5,1	6,10

Quelle: Statistisches Bundesamt

Beispiel Veränderung des Preisindex für die Lebenshaltung der privaten HH:

Preisindex der Lebenshaltung
Basis 2000 = 100

	Deutschland
2001	102,0
2002	103,4
2003 (Jan.)	104

Informationen unter **www.destatis.de**

Anhand der Veränderung des Preisindex lässt sich jetzt die Preissteigerungsrate oder **Inflationsrate** ermitteln.

Inflationsrate

Beispiel In Bezug auf das Basisjahr beträgt die Inflationsrate 2001 9,6 %.
In Bezug auf das Jahr 1999 liegt ein Inflationsrate von 2,5 % vor.

1999 = 106,9 = 100 %
2001 = 109,6 = 102,5 %

Je niedriger die Preissteigerungsrate, desto größer ist die Gütermenge, die dafür gekauft werden kann, und desto größer ist die **Kaufkraft des Geldes** in einer Volkswirtschaft. Die Kaufkraft stellt also den Wert des Geldes in einer Volkswirtschaft dar (Informationen im Internet: htpp://www.bundesbank.de).

Die verfügbare Geldmenge, die jeder Haushalt oder Einwohner in Waren und Dienstleistungen umsetzen kann, stellt die **Kaufkraft der Haushalte** dar. Sie ist von der Höhe des Einkommens abhängig und je nach Einkommensniveau regional unterschiedlich.

Beispiel **Preisindex gestiegen**

Der Preisindex für die Lebenshaltung aller privaten Haushalte in Deutschland ist im Jahresdurchschnitt 2000 gegenüber 1999 um 1,9% gestiegen. Nach Angaben des Statistischen Bundesamtes ist dies die höchste Teuerungsrate seit 1997. Der Anstieg der Verbraucherpreise ist vor allem auf die stark erhöhten Rohölpreise und auf den starken Dollar zurückzuführen. Am deutlichsten machten sich die Erhöhungen in den Segmenten Verkehr (5,6%), Wohnung, Wasser, Strom, Gas usw. (3,3%). Bildungswesen (1,5%) und alkoholische Getränke sowie Tabakwaren (1,4%) bemerkbar. Preisrückgänge konnten bei der Nachrichtenübermittlung (– 4,2%) und bei Nahrungsmitteln sowie alkoholfreien Getränken (– 0,5%) verzeichnet werden. Im Januar und Februar dieses Jahres ist der gesamte Preisindex wiederum im Vergleich zum Vorjahr gestiegen, und zwar um 2,4 bzw. 2,6%. Dieser weitere Anstieg beruht abermals in erster Linie auf der Preisentwicklung bei den Mineralölerzeugnissen.

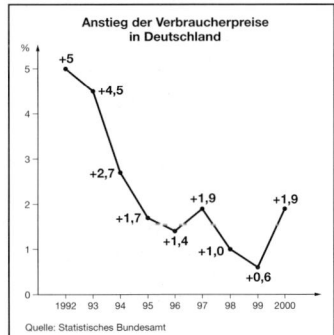

Internet: www.schulbank.de

Kaufkraft in
Europa

Kaufkraft in der Euro-Zone

Die Einführung des Euro-Bargelds hat das Reisen innerhalb der EWU leichter und billiger gemacht – man spart sich den Umtausch und die damit verbundenen Gebühren und kann Preise besser miteinander vergleichen. Doch bei den Preisen gibt es auch innerhalb der Eurozone gravierende Unterschiede: So kann der gleiche Artikel in Finnland teuer, in Griechenland aber günstiger sein. Die Kaufkraft ist trotz der Gemeinschaftswährung in den Ländern der Währungsunion sehr unterschiedlich.

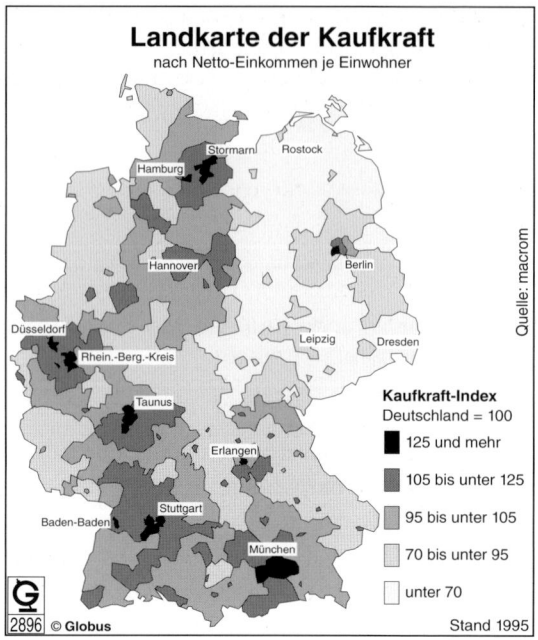

Am günstigsten ist derzeit im Euroland-Vergleich der Urlaub in Portugal. Hier beträgt der Kaufkraftvorteil 6%. Auch noch preiswert sind Spanien, Luxemburg und Griechenland, wo man Kaufkraftvorteile zwischen 3 und 5% verbuchen kann. Am teuersten ist es für den deutschen Touristen in Frankreich und Finnland – hier bekommt er für den Euro derzeit nur Waren im Gegenwert von 90 bzw. 84 Euro-Cents.

Beispiel

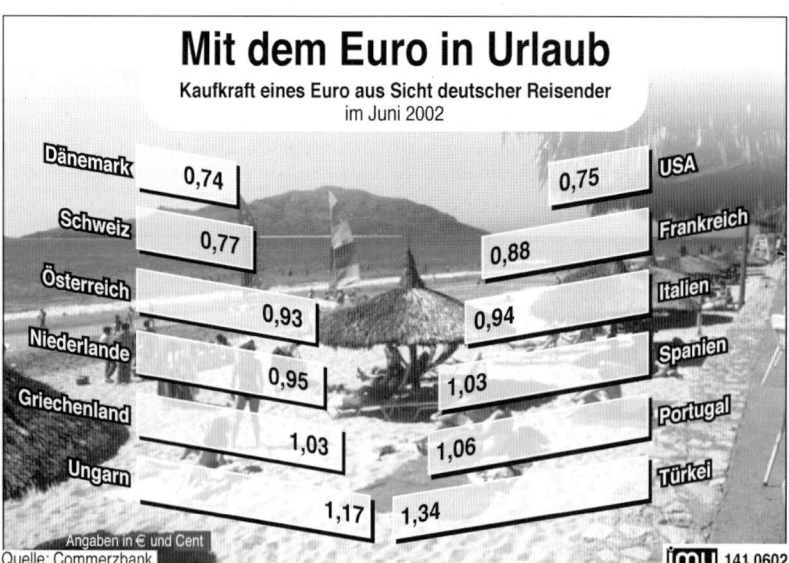

Die Höhe des Einkommens beeinflusst auch die **Konsumstruktur.** Musste ein mittlerer Arbeitnehmerhaushalt 1960 noch 45 % seiner Verbrauchsausgaben für Nahrungsmittel aufwenden, so genügten dafür 1995 22 %. Der Anteil für andere Ausgaben, z. B. für Bildung und Freizeit, Kommunikation oder das Auto, sind dafür deutlich gestiegen.

Konsum-
struktur

Beispiel Monatliche Aufwendungen der Haushalte für den privaten Verbrauch nach Ausgabearten und monatlichem Haushaltsnettoeinkommen

Insgesamt	**Euro**	%
Vom insgesamten privaten Verbrauch der Haushalte fielen auf …		
Nahrungsmittel, Getränke, Tabakwaren	289	13,1
Wohnen und Energie	762	34,4
Kleidung, Schuhe	120	5,4
Innenausstattung, Haushaltsgeräte und -gegenstände, Haushaltsführung	147	6,6
Gesundheits- und Körperpflege	118	5,3
Verkehr und Nachrichtenübermittlung	356	16,1
Freizeit, Unterhaltung, Kultur und Bildung	257	11,6
Sonstige Waren und Dienstleistungen	168	7,6

Quelle: www.hsl.de

3.1.2 Marktgröße und Marktformen

Im Marketing erfolgt des Denken und Führen des Unternehmens vom Markt her. Aus diesem Grund sollen zunächst einige **den Markt beschreibende Begriffe** geklärt werden.

In der Volkswirtschaftslehre wird der „Markt" als Zusammentreffen von Angebot und Nachfrage bezeichnet. Für das Marketing muss dieser Marktbegriff allerdings etwas präziser dargestellt werden. Man spricht vom sog. „relevanten Markt". Dieser entsteht durch eine sachliche und räumliche Abgrenzung.

Abgrenzung
des Marktes

Sachliche Abgrenzung: Mit welchen Produkten oder Leistungen tritt das Unternehmen in einen Wettbewerb (z.B. Markt für PKW, LKW, Motorräder)?

Räumliche Abgrenzung: Sollen die Produkte oder Leistungen eines Anbieter auf einem lokalen, regionalen, nationalen, internationalen oder sogar globalen Markt angeboten werden (z.B. europäischer Markt, asiatischer Markt)?

Hat man diese Abgrenzung getroffen, kann man den Markt wie folgt identifizieren:

– Wie groß ist der relevante Markt?
– Welches Potenzial steckt im relevanten Markt?
– Wie hoch könnte der eigene Marktanteil des relevanten Marktes sein?

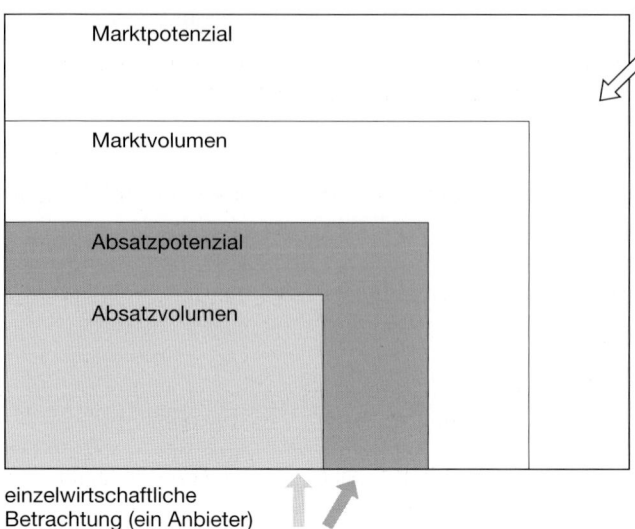

Marktpotenzial:

Als Marktpotenzial wird die maximal mögliche Aufnahmefähigkeit des relevanten Marktes bezeichnet. Sie leitet sich u.a. aus

– der Zahl der potenziellen Kunden,
– der Bedarfsintensität und
– der Marktsättigung

ab.

Eine Erhöhung des Marktpotenzials lässt sich durch eine Zunahme der potenziellen Kunden z.B. durch die Erschließung neuer Kundenschichten, eine Zunahme der Kaufkraft oder durch eine Steigerung der Bedarfsintensität erreichen.

> **Beispiel**   Es gibt in Deutschland ca. 60 Mio. Haushalte (HH). Wird unterstellt, dass jeder HH maximal einen Videorecorder nutzen kann, beträgt das Marktpotenzial für Recorder 60 Mio.

Marktvolumen:

Das Marktvolumen ist die realisierte oder prognostizierte Absatzmenge einer Güterart pro Zeiteinheit in dem relevanten Markt.

Absatzpotenzial:

Das Absatzpotenzial ist das individuelle Marktpotenzial eines Unternehmens, d.h. der Anteil am Marktpotenzial, den ein Unternehmen aufgrund seiner Zielsetzung maximal erreichen kann.

> **Beispiel**   Kann ein Unternehmen aufgrund seiner Produktionskapazitäten 15 Mio. Videorecorder fertigen, beträgt das Absatzpotenzial maximal 25 %.

Absatzvolumen:

Als Absatzvolumen bezeichnet man die Gesamtheit der realisierten Absatzmenge eines Unternehmens pro Zeiteinheit in relevanten Markt.

Marktanteil:

Der Marktanteil ist das Absatzvolumen im Verhältnis zum Marktvolumen. Er drückt aus, wie stark ein Unternehmen im Verhältnis zu seinen Mitbewerbern ist.

Marktsättigung:

Der Sättigungsgrad ist eine wichtige Kennzahl zur Prognose der zukünftigen Marktentwicklung (vgl. S. 283).

Anhand der **Zahl der Marktteilnehmer** lassen sich folgende Marktformen bilden:

Marktformenschema (nach **v. Stackelberg**)

	Viele Anbieter	**Wenige Anbieter**	**Ein Anbieter**
Viele Nachfrager	**Polypol** Beispiel: Viele Bäckereien – viele Konsumenten	**Angebotsoligopol** Beispiel: Wenige Benzinanbieter – viele Autofahrer	**Angebotsmonopol** Beispiel: Deutsche Bahn AG für Bahnfernreisen
Wenige Nachfrager	**Nachfrageoligopol** Beispiel: Wenige Molkereien – viele Landwirte	**zweiteiliges Oligopol** Beispiel: Wenige Fluglinien – wenige Flugzeughersteller	**beschränktes Angebotsmonopol** Beispiel: Hersteller für medizinische Spezialgeräte – Krankenhäuser
Ein Nachfrager	**Nachfragemonopol** Beispiel: Bahn – viele Anbieter von Bahnschwellen	**beschränktes Nachfragemonopol** Beispiel: Staat – wenige Straßenbauunternehmen	**zweiseitiges Monopol** Beispiel: Staat – Hersteller eines bestimmten Waffensystems

Marktteilnehmer auf der Anbieter und Nachfrageseite sind:

- Anbieterseite
  - Hersteller von Produkten
  - Absatzmittler (Groß- und Einzelhandel)
- Nachfragerseite
  - Private Konsumenten (Einzelpersonen, Familien)
  - Wiederverkäufer (Händler)
  - Industrielle Abnehmer (Unternehmen)
  - Öffentliche Abnehmer (staatliche Institutionen)

Marktform und Marktmacht

Je nach Marktform ist das betroffene Unternehmen mehr oder weniger in der Lage, den gefundenen Preis am Markt durchzusetzen. Im **Polypol** kann der einzelne Anbieter dabei keinen Einfluss auf den Marktpreis nehmen, da es eine Vielzahl konkurrierender Marktpartner gibt. Im **Angebotsmonopol** bestimmt der Anbieter den Preis, er muss lediglich die Reaktionen der Nachfrager berücksichtigen.

In der Praxis ist es schwer festzustellen, welche Marktform vorherrscht, da nicht nur gleichartige Güter berücksichtigt werden müssen, sondern auch der Markt für Substitutionsgüter einbezogen werden muss.

Da ein Fahrzeug nach dem Konzept der Automobil AG noch nicht am Markt ist, kann diese kurzfristig mit einer monopolähnlichen Stellung rechnen. Bei der Preisgestaltung hat sie dadurch einen breiten preispolitischen Spielraum.

3.1.3   Das Modell der Preisbildung

Die **Nachfragemenge der Haushalte** (N) wird von folgenden Bestimmungsgrößen beeinflusst: der Bedarfsstruktur des Haushalts (B), dem verfügbaren Einkommen (E), dem Preis des nachgefragten Gutes (Pa), dem Preis der übrigen Güter (Pb, Pc...) und den Erwartungen über die zukünftige wirtschaftliche Entwicklung (Z). Die Beziehung zwischen der Nachfrage und diesen Einflussfaktoren wird als **Nachfragefunktion** bezeichnet.

N = f (B, E, Pa, Pb, Pc..., Z)

Nachfragemenge und Preis

Die wesentliche Beziehung stellt dabei die Abhängigkeit von **Nachfragemenge und Preis** dar. Die Nachfrage zeigt im Hinblick auf Preis und Menge folgende typische Merkmale:

◆ je niedriger der Preis für ein Gut ist, desto höher ist die Nachfrage, und
◆ je höher der Preis für ein Gut ist, desto niedriger ist die Nachfrage.

Die Nachfrager sind also bestrebt, ein Gut so preiswert wie möglich einzukaufen. Dieses Verhalten bezeichnet man als **Nutzenmaximierung**.

Angebotsmenge und Preis

Die **Angebotsmenge der Unternehmen** (A) ist vom Preis des angebotenen Gutes (Pa), den Preisen der übrigen Güter (Pb, Pc...), dem Preis der Produktionsfaktoren (K), dem Stand der Technik (T) und den Gewinnerwartungen (G) abhängig. Die Beziehung zwischen dem Angebot und den Einflussfaktoren wird als **Angebotsfunktion** bezeichnet.

A = f (Pa, Pb, Pc..., K, T, G)

Die wesentliche Beziehung stellt auch hier die Abhängigkeit von **Angebotsmenge und Preis** dar. Das Angebot zeigt im Hinblick auf Preis und Menge folgende typische Merkmale:

◆ je niedriger der Preis für ein Gut ist, desto geringer ist das Angebot, und
◆ je höher der Preis für ein Gut ist, desto größer ist das Angebot.

Die Begründung für diesen Zusammenhang liegt in den **Kosten**. Im Polypol wollen viele Anbieter ihre kleinen Mengen auf den Markt bringen. Ist der Marktpreis **hoch**, kommen auch diejenigen zum Zuge, die hohe Kosten haben. Ist der Marktpreis **niedrig**, müssen die Anbieter mit den nicht gedeckten Kosten ausscheiden. Somit führt ein niedriger Marktpreis zu einer geringeren Angebotsmenge.

Modellprämissen

Die **Modellbetrachtung der Preisbildung** geht von folgenden weiteren **Prämissen** aus:

◆ Auf dem Markt stehen sich viele Anbieter und viele Nachfrager gegenüber (**Polypol**).

◆ Es handelt sich um einen **vollkommenen Markt**. Dieser Idealmarkt ist durch folgende Merkmale gekennzeichnet:

– die Güter sind **homogen**, d. h. sie gleichen sich in Art, Aufmachung und Qualität.

– Es besteht vollkommene **Markttransparenz**, d. h. alle Marktteilnehmer haben vollständige Übersicht über den Markt.

– Käufer und Verkäufer orientieren sich bei Angebot und Nachfrage ausschließlich am Preis der Ware. Die Käufer haben **keine Präferenzen** für bestimmte Anbieter oder Waren. So zahlen sie z. B. keinen höheren Preis, weil die Verkäuferin in einem Geschäft freundlicher ist (**persönliche** Präferenz), der Kundendienst bei einem bestimmten Markenartikel besser ist (**sachliche** Präferenz), ein Einzelhändler am langen Donnerstag bis 20.30 Uhr geöffnet hat (**zeitliche** Präferenz), der „Tante-Emma-Laden" gleich um die Ecke liegt (**räumliche** Präferenz).

– Alle Marktteilnehmer **reagieren sofort** auf jede Marktveränderung.

Die Preisbildung aus Angebot und Nachfrage kann als **Preis-Absatz-Funktion** wie folgt dargestellt werden:

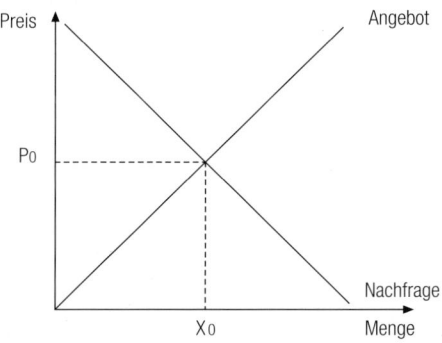

Gleichgewichtspreis im Polypol

Da Angebot und Nachfrage beim Preis P_0 genau gleich sind, wird dieser als **Gleichgewichtspreis** bezeichnet.

Liegt der Marktpreis unter dem Gleichgewichtspreis (vgl. P_2 in der Abbildung auf S. 138) (P2), ist die Nachfrage größer als das Angebot. Es entsteht ein Nachfrageüberhang, wie er in der Phase der Produktionsorientierung (vgl. S. 11) vohanden war. Diese Situation wird als **Verkäufermarkt** bezeichnet.

Liegt der Marktpreis über dem Gleichgewichtspreis (P1), ist das Angebot größer als die Nachfrage. Es entsteht ein Angebotsüberhang und die Situation des **Käufermarktes** (vgl. S. 12).

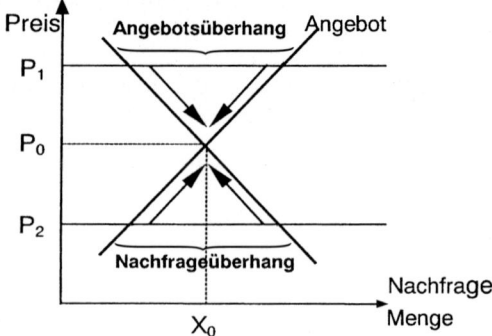

In der Marktform des Angebotsmonopols bildet die Nachfragekurve gleichzeitig die **Preisabsatzfunktion** des Anbieters. Aus der Multiplikation von Menge und Preis ergibt sich die **Umsatzfunktion**, die sich bei einer linear verlaufenden Preisabsatzfunktion als Parabel darstellt. Somit ergibt sich folgende Darstellung:

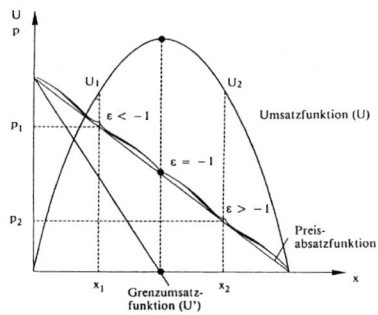

Sonderformen der Preisbildung

Die Modellvorstellung der Preisbildung gibt zwar Grundzusammenhänge wieder, ist jedoch **in der Praxis** nur sehr eingeschränkt nutzbar, da z.B. die Prämissen des vollkommenen Marktes nicht gegeben sind und auch der Grundzusammenhang von Preis und Absatzmenge nicht immer der Realität entspricht.

◆ So wurde z.B. bei Konsumgütern des gehobenen Bedarfs das Phänomen des **Snob-Effektes** beobachtet. Hier zeigen Käufer auch verstärkt Kaufinteresse an Produkten, die vergleichsweise hohe Preise haben und reagieren auf Preissteigerungen sogar mit einer Ausweitung der Nachfrage. Die Preis-Absatz-Funktion verläuft in diesem Fall in folgender Form:

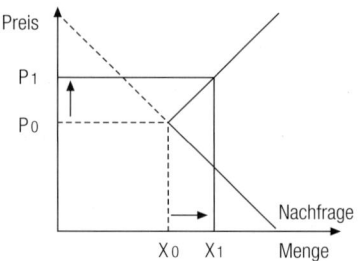

◆ Aber auch der umgekehrte Fall, bei dem Verbraucher auf **Preissenkungen** mit einem **Rückgang der Nachfrage** reagieren, ist denkbar. Eine Preiserhöhung wird hier vom Verbraucher als Indiz dafür gesehen, dass sich die Qualität verschlechtert hat, dass das Produkt vom Markt genommen werden soll oder dass das Unternehmen in Schwierigkeiten ist. Die Preis-Absatz-Funktion zeigt hier folgende Form:

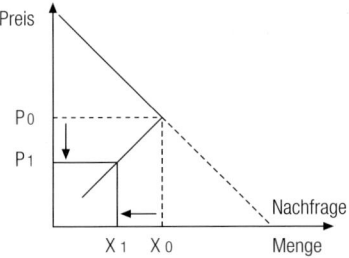

◆ Eine ausführliche Darstellung der **Oligopolpreisbildung** in Theorie und Praxis findet sich in Schauerte, W., Handlungsfeld Volkswirtschaft, Köln 1998.

3.1.4 Die Preiselastizität der Nachfrage

Sollen Käuferreaktionen auf Preisänderungen eingeschätzt werden, kann das Modell der Preiselasitzität der Nachfrage herangezogen werden. Es macht Aussagen über das **Verhältnis einer prozentualen Nachfrageänderung eines Gutes zu einer prozentualen Preisänderung dieses Gutes.**

EN = Elastizität der Nachfrage
X = Ausgangsmenge
δX = Mengenänderung
P = Ausgangspreis
δP = Preisänderung

$$EN = \frac{\delta X \times p}{\delta P \times X}$$

Ist die Elastizität >1, spricht man von einer **elastischen Nachfrage**, ist EN <1, spricht man von einer **unelastischen Nachfrage**.

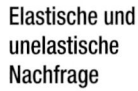

Elastische und unelastische Nachfrage

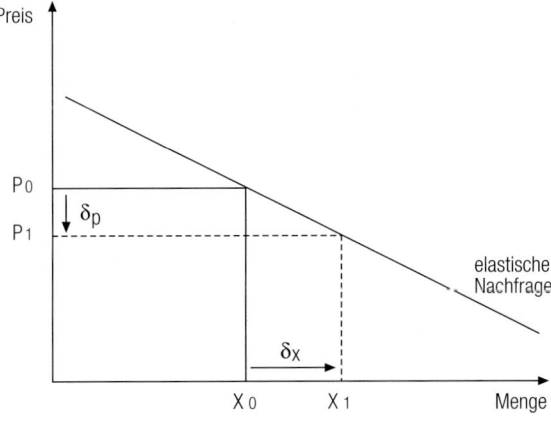

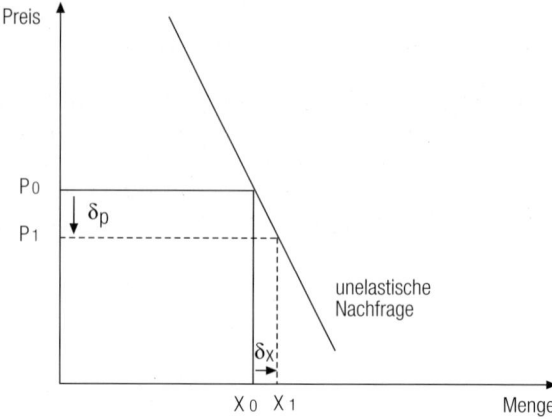

Von einem Produkt werden 10.000 Stück zum Preis von 10,00 EUR abgesetzt. Eine erforderliche Preiserhöhung von 10% führt zu einem Rückgang der Verkaufszahlen um 500 Stück.

$$EN = \frac{\delta X \times p}{\delta p \times X} = \frac{500 \times 10,00}{1,00 \times 10.000} = 0,5$$

Die Elasitzität der Nachfrage beträgt 0,5. Dieser Wert kann als Prognosewert bei weiteren Preisänderungen herangezogen werden.

Grundsätzlich kann es für ein Gut auch unterschiedliche Elastizitäten geben. Diese Situation wird durch die **geknickte Nachfragekurve** dargestellt, die unterschiedliche Elastizitätsbereiche aufweist.

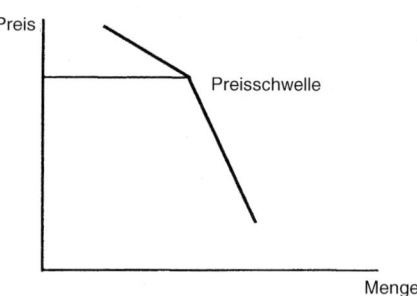

Die Nachfrage nach Benzin verringert sich bei geringfügigen Steigerungen kaum (–> unelastische Nachfrage). Übersteigt die Preissteigerung jedoch eine bestimmte Preisschwelle, geht die Nachfrage deutlich zurück (–> elastische Nachfrage).

Ziel eines Unternehmens muss es sein, die Preiselastizität der Nachfrage bei seinen Produkten **zu verringern** und so den preispolitischen Spielraum auszuweiten. Dies kann z. B. durch Markenbildung oder eine Verstärkung der Kundenbindung geschehen.

Je unelastischer die Nachfrage, desto eher werden die Anbieter einen höheren Preis in Erwägung ziehen.

Liegt der Elastizitätskoeffizient unter 1, macht der Anbieter bei einer Preisanhebung trotz eines Mengenverlustes einen Gewinn. Diesen macht er, sobald der prozentuale Preisanstieg höher liegt als der prozentuale Mengenverfall.

Beispiel $E_N = 0,5$

Hebt der Anbieter den Preis um 1%, fällt die Menge um 0,5%.

Die Bereitschaft der Kunden, einen höheren Preis zu zahlen, ist bei einem Markenartikel (vgl. Kap. 2) weit ausgeprägter als bei einem No-name-Artikel. Dieses Verhalten erreicht der Anbieter durch besondere Qualitäts- oder Leistungsmerkmale (Produktdesign, Markenimage). Er kann sich so einen sog. monopolistischen Preisspielraum erarbeiten. Dieser lässt sich in Form einer doppelt geknickten Preis-Absatz-Funktion darstellen.

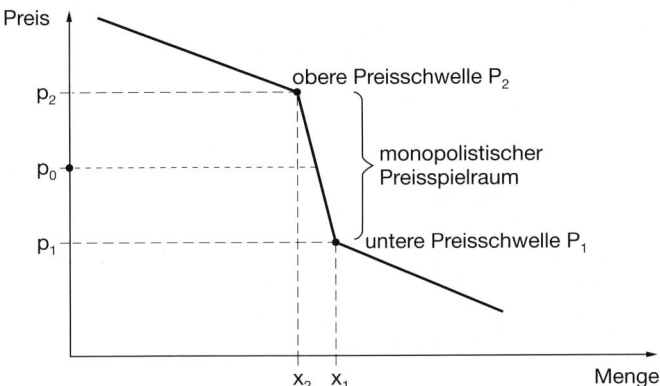

Die unterschiedlichen Elastizitätsbereiche der doppelt geknickten Preis-Absatz-Funktion

Der mittlere Teil der Preisabsatzfunktion beschreibt das Verhalten der Stammkundschaft. Diese kauft relativ unabhängig vom Preis ihr Stammprodukt. Die Preisabsatzfunktion verläuft sehr steil.

Erhöht der Anbieter den Preis über p_2, verliert er seine Stammkunden an die Konkurrenz. Zu einem Preis über p_2 sind die Kunden nicht mehr bereit, das Produkt zu kaufen. Ab hier ist der Nachfragerückgang also stärker als im Bereich zwischen p_1 und p_2. Die Preisabsatzfunktion verläuft daher im Bereich oberhalb von p_2 flacher. Das bewirkt den Knick im Punkt P2. (p_2/x_2).

Senkt der Anbieter seinen Preis unter p_1, gewinnt er zusätzliche Kunden von seinen Konkurrenten hinzu. Der Nachfragezuwachs ist hier als stärker als im mittleren Bereich. Die Preisabsatzfunktion verläuft daher im Bereich unterhalb von p_1 flacher als im mittleren Bereich. Das bewirkt den Knick im Punkt P1 (p_1/x_1).

Der Elastizitätskoeffizient im monopolistischen Bereich

Preissenkung im monopolistischen Bereich von p_0 auf p_1

Der Elastizitätskoeffizient beträgt dort z.B. 0,3. Das bedeutet, dass wenn man den Preis um 1% senkt, die Menge **nur** um 0,3% steigt. Da somit der prozentuale Anstieg der Absatzmenge wesentlich geringer ist als die prozentuale Preissenkung, würde der Unternehmer seinen Gewinn verringern.

Preisanstieg im monopolistischen Bereich von p_0 auf p_2

Da es sich im monopolistischen Bereich um eine Gerade handelt, liegt auch hier der Elastizitätskoeffizient bei 0,3. Ein Elastizitätskoeffizient von 0,3 bedeutet, dass wenn man den Preis um 1% erhöht, sich die Menge **nur** um 0,3% verringert. Hier ist der prozentuale Preisanstieg größer als der prozentuale Mengenabfall, womit der Unternehmer seinen Gewinn erhöhen würde.

Kreuzpreiselastizität

Kreuzpreis-
elastizität

Die relative Mengenänderung eines Produktes im Verhältnis zur realtiven Preisänderung eines anderen Produktes wird mithilfe der **Kreuzpreiselastizität** ausgedrückt. Dieses Modell kann Hilfestellung bei der Frage der Reaktion auf Preisänderungen der Mitbewerber geben.

T	= Kreuzpreiselastizität	Xa	= Ausgangsmenge Produkt a
Pb	= Ausgangspreis Produkt b	δXa	= Mengenänderung Produkt a
δPb	= Preisänderung Produkt b		

$$T = \frac{Pb \times \delta Xa}{Xa \times \delta Pb}$$

Je größer ein positiver Wert der Kreuzpreiselastizität, desto homogener sind die Produkte und desto enger sind die Beziehungen der Konkurrenzprodukte zueinander. Ziel des Marketing muss es auch hier sein, durch **Schaffung von Präferenzen** eine starke Kundenbindung an das eigene Produkt zu erreichen, um so die Kreuzpreiselastizität entsprechend zu verringern.

In der Praxis sind zur Ermittlung der Preiselastizität aufwendige Untersuchungen erforderlich. Hierbei ist es zum Beispiel notwendig, in einem Testmarkt den Preis zu variieren und gleichzeitig alle anderen absatzpolitischen Einflussfaktoren konstant zu halten.

Preisbildung im Oligopol

Im Oligopol stehen viele Konsumenten wenigen Anbietern gegenüber. Die Preis- und Mengenpolitik des einzelnen Unternehmens wirkt sich bemerkbar auf die bei den anderen Unternehmen nachgefragten Mengen aus. Das beeinflusst auch das Verhalten der einzelnen Anbieter. Sie können versuchen, entweder über eine geeignete Preispolitik Marktanteile hinzuzugewinnen oder über Preisabsprachen (Kartelle) Preise durchzusetzen, die über denen bei funktionierendem Leistungswettbewerb liegen.

Bei einer Preissenkung muss der einzelne Oligopolist mit Preisreaktionen der Konkurrenten rechnen, so dass sich nach der Preissenkungsrunde die alten Marktanteile zu einem niedrigeren Preisniveau ergeben.

Trotz einer Preissenkung eines Oligopolisten kommt es auf gesättigten Märkten meist zu keinem großen Wachstum des Marktvolumens. Die Wachstumsraten liegen sogar deutlich unterproportional im Vergleich zum Rückgang des Preisniveaus. Die Oligopolisten müssen also damit rechnen, dass sich durch eine Preissenkung bei mehr oder weniger gleichen Absatzmengen ihre Gewinnsituation deutlich verschlechtert.

Bei einer Preiserhöhung muss der einzelne Oligopolist damit rechnen, dass seine Konkurrenten ihm hierbei nicht folgen. Folglich wird er mit einem deutlichen

Marktanteilsverlust rechnen müssen, wodurch seine Gewinnsituation verschlechtert wird.

Aufgrund der dargelegten Mechanismen sind Preisveränderungen im Oligopol mit einem beträchtlichen Risiko für den einzelnen Oligopolisten verbunden.

3.1.5 Die Preisfestsetzung in der Praxis

In der Praxis wird es immer dann zu Preisfestsetzungen oder -änderungen kommen, wenn ein Produkt neu auf den Markt kommt, wenn die Wettbewerber die Preise variieren oder wenn sich Kosten oder gesetzliche Grundlagen ändern.

Praktische Bedingungsfaktoren

Kommt ein Produkt neu auf den Markt, stellt sich die Frage, zu welchem Preis es angeboten werden soll. Ein zu niedriger Preis birgt die Gefahr, gesetzte Ziele, wie z. B. einen angemessenen Gewinn, nicht zu erreichen. Bei einem zu hohen Preis besteht die Möglichkeit, dass der Kunde auf alternative Produkte ausweicht. Dies können sowohl Wettbewerbsprodukte als auch Substitutionsgüter sein. Orientierung bei der Preisbildung geben die Kosten, die erwartete Nachfrage und die Konkurrenzpreise.

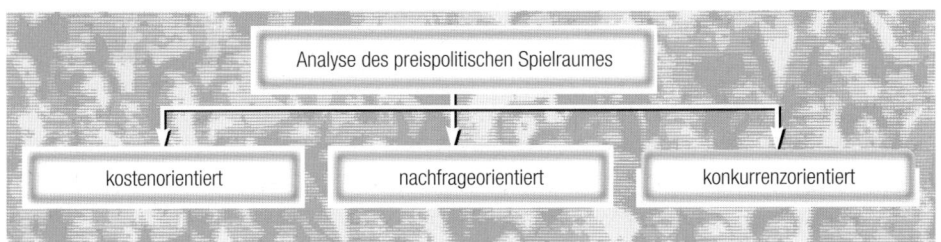

Die Fähigkeit zur Durchsetzung von Preisen kann als Indikator für die Marktstellung eines Unternehmens gelten.

◆ Die **kostenorientierte Preisbildung** ermittelt den Preis im Rahmen der Kalkulation auf der Grundlage von Kosten und angestrebtem Gewinn. Kalkulationsverfahren der Praxis sind die Vollkosten- oder die Teilkostenrechnung.

Kosten

Bei der **Vollkostenrechnung** ermittelt der Unternehmer die **gesamten Kosten** (= Selbstkosten), die durch die betriebliche Tätigkeit anfallen. Er erfasst hier sowohl die Einzelkosten (z.B. für den Wareneinkauf) als auch die Gemeinkosten, die unabhängig von der Produktion anfallen (z.B. Miet- und Personalaufwand).

Vollkostenrechnung

Die Ermittlung der Selbstkosten erfolgt in drei großen Teilschritten: der Kostenarten-, Kostenstellen- und der Kostenträgerrechnung.

Kostenartenrechnung
Bei der Kostenartenrechnung muss geprüft werden, welche Aufwendungen der Gewinn- und Verlustrechnung durch die eigentliche Betriebstätigkeit verursacht werden.

Kostenstellenrechnung
Innerhalb der Kostenstellenrechnung ist zu prüfen, welche Teilbereiche im Unternehmen die oben ermittelten Kosten verursachen (z. B. Media, Kreation, Produktion oder Verwaltung in einer Werbeagentur).

Kostenträgerrechnung

In einem letzten Schritt wird ermittelt, welchem Auftrag die in den einzelnen Abteilungen entstandenen Kosten zugerechnet werden können.

Die anschließende Festsetzung des Verkaufspreises erfolgt durch diese Vollkosten inklusive eines Gewinnaufschlags. Somit wird über die Umsatzerlöse ein voller Kostenersatz erreicht.

Die Preisbestimmung auf Vollkostenbasis kann zu Wettbewerbsnachteilen führen, sollte der Unternehmer auch in wirtschaftlich schwierigen Zeiten dieses Verfahren beibehalten.

Beispiel Der Unternehmer ermittelt für ein Produkt Selbstkosten in Höhe von 200,00 EUR. Inklusive eines Gewinnzuschlags von 15% verlangt er am Markt 230,00 EUR. Sollte die Konkurrenz weit unter diesem Preis liegen, muss der Unternehmer zeitweise auf Teile seiner Gesamtkosten verzichten, um Aufträge zu bekommen.

Wie weit er mit seinen Preisen nach unten gehen kann, beantwortet ihm die Kalkulation auf Teilkostenbasis.

Teilkosten-
rechnung
Die **Teilkostenrechnung** (Deckungsbeitrags-Rechnung) verzichtet darauf, die Waren in jeglicher wirtschaftlichen Situation zu ihren Selbstkosten zu verkaufen. Es werden nur diejenigen Kosten berücksichtigt, die in einem direkten Zusammenhang mit dem Produkt stehen. Sie beschränkt sich somit auf die Ermittlung der **variablen Kosten pro Stück** (K_v). Die fixen Kosten (K_f) werden zu einem Kostenblock aufaddiert.

Der Teil der Verkaufserlöse, der über den variablen Kosten liegt, bezeichnet man als **Deckungsbeitrag pro Stück (db)**. Dieser trägt dazu bei, die Fixkosten zu decken.

$$p - k_v = db$$

p = Preis
k_v = variable Kosten pro Stück
db = Deckungsbeitrag pro Stück

Liegt der Gesamtdeckungsbeitrag (DB) über den gesamten fixen Kosten, erwirtschaftet der Unternehmer einen Gewinn (Betriebserfolg).

Kalkulationsschema:

```
    Verkaufserlöse
–   Kv
=   Deckungsbeitrag
–   Kf
=   Betriebserfolg
```

Beispiel Ermittlung des Betriebserfolgs:

Der Marktpreis (p) beträgt 6,00 EUR und die variablen Kosten (k_v) 4,00 EUR. Die fixen Kosten (K_f) liegen bei 150.000,00 EUR. Die Ausbringungsmenge (x) beträgt 100.000 Stück.

Nettoverkaufserlöse	600 000,00 EUR
– K_v	400 000,00 EUR
Deckungsbeitrag (DB)	200 000,00 EUR
– K_f	150 000,00 EUR
Betriebserfolg:	50 000,00 EUR

◆ Beide bisher beschriebenen Verfahren der kostenorientierten Preisbestimmung vernachlässigen die Gegebenheiten des Marktes, da Ausgangspunkt der Kalkulation die Kosten und nicht die erwartete Nachfrage sind. Die nachfolgenden Möglichkeiten der Preisbestimmung gehen dagegen davon aus, was das Produkt aufgrund der Marktbestimmungen höchstens kosten darf (**Nachfrageorientierung**).

Preisfestlegung nach der Break-even-Analyse

Ein einfaches Verfahren der marktorientierten Preisbestimmung ist die Break-even-Analyse. Man berechnet die für das Erreichen der **Gewinnschwelle** erforderlichen Absatzmengen bei einem gegebenen Preis (p).

Break-even-Analyse

Der Break-even-Point (BEP) bezeichnet diejenige Absatzmenge, bei der die Kosten gleich dem Umsatz sind. Die kritische Absatzmenge liegt in dem Punkt, in dem die Deckungsbeiträge pro Stück (db) insgesamt gerade die Höhe der fixen Kosten erreichen.

$$BEP = \frac{K_f}{d_b}$$

oder die Gesamtkosten gleich der Umsatzerlösen sind: $K_f + (k_V \times x) = x \times p$

Bei diesem Verfahren wird die Berechnung der kritischen Absatzmenge nicht nur bei einem einzigen Preis, sondern für alternative Preise vorgenommen. Die endgültige Preisentscheidung wird davon abhängig gemacht, welche (kritischen) Absatzmengen das Management als realistisch ansieht und welches Risiko man akzeptiert, um mit den verschiedenen Preisen bestimmte Gewinnaussichten zu realisieren.

Zudem ist es möglich, Gewinnüberlegungen in das Break-even-Modell einzubeziehen. Hierbei wird davon ausgegangen, dass es nicht nur notwendig ist, die Fixkosten zu decken, sondern darüber hinaus auch ein angemessener Gewinn erzielt werden muss.

Dieser Sachverhalt lässt sich formal so darstellen, dass die Kosten sowie der geforderte Gewinn dem Umsatz gleichgesetzt werden. $K_f + (k_V \times x) + G = x \times p$

Insgesamt stellt die Break-even-Analyse ein sehr einfaches und grobes Verfahren zur Preisbestimmung dar. Zudem sind die Einschätzungen der erreichbaren Absatzmengen sehr subjektiv.

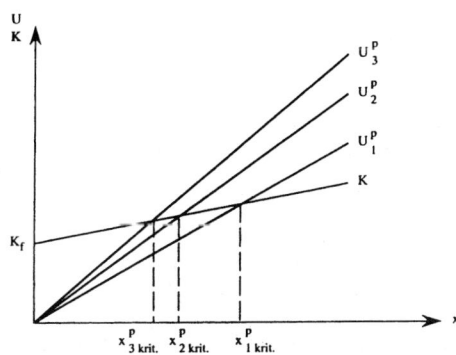

Die nachfrageorientierte Preisbestimmung orientiert sich im Wesentlichen daran, was der Kunde vermutlich für das angebotene Produkt bereit ist zu zahlen. Bei Produkteinführungen kann der zu realisierende Marktpreis durch Markttests, Mini-Markttests oder Storetests (vgl. Kap. 1) ermittelt werden. Im weiteren Verlauf können die Preiselastizitäten durch ein Marktforschungsinstitut ermittelt werden. Allgemein gilt: Je höher die Qualitäts- oder Leistungsmerkmale eines Produktes in den Köpfen der Kunden ausgeprägt sind, desto höher ist die Preisbereitschaft der Käufer.

◆ Die **konkurrenzorientierte Preisstrategie** orientiert sich im Vergleich zur kostenorientierten und nachfrageorientierten Preiskalkulation an den Wettbewerbern und ihren möglichen Preisreaktionen.

Stellenwert im Wettbewerb

Die Marktstellung des eigenen Unternehmens und die des Wettbewerbers sind für die Reaktion auf eine **Preisänderung des Wettbewerbs** ausschlaggebend. Bei homogenen Gütern und auf wettbewerbsintensiven Märkten stellt der Konkurrenzpreis ein Datum für die eigene Preisfestsetzung dar. Diese Preispolitik wird **als adaptive[1] Preispolitik** bezeichnet.

> **Beispiel** Ein großer Mineralölkonzern senkt die Kraftstoffpreise. Die Mitbewerber passen sich der Preissenkung an.

Ist es dem eigenen Unternehmen gelungen, durch den Einsatz des absatzpolitischen Instrumentariums Präferenzen bei den Kunden zu schaffen, vergrößert sich der Spielraum bei Preisänderungen der Wettbewerber. Das Unternehmen kann eine **offensive Preispolitik** betreiben.

> **Beispiel** Ein Markenartikelhersteller der Kosmetikindustrie mit starker Kundenbindung reagiert nicht auf eine Preissenkung der Mitbewerber.

Unabhängig von der Marktstellung muss sich ein Unternehmen immer die Frage stellen, **warum** der Wettbewerber die Preise ändert und welche Zielsetzung strategischer oder taktischer Art die Ursache hierfür ist.

Interne Ursachen

Preisänderungen können auch **unternehmensinterne Ursachen** haben. So kann sich die Kostenstruktur ändern und eine Preisänderung nach sich ziehen. Weiterhin können eine veränderte Nachfragestruktur oder spezielle Verkaufsförderungsaktionen Anlass für Preisänderungen sein.

Sollen Preise z. B. im Rahmen einer Verkaufsförderungsaktion gesenkt werden, muss die **Preisuntergrenze** ermittelt werden, bis zu der eine Preissenkung möglich ist.

◆ Die **langfristige Preisuntergrenze** entspricht den Gesamtkosten (Kg). Ein Unternehmen kann langfristig nur bestehen, wenn die Fixkosten (Kf) und die variablen Kosten (Kv) über den Preis gedeckt werden.

> **Beispiel** Die absetzbare Menge eines Produktes (X) beträgt 6.000 Einheiten. Die Fixkosten betragen 30.000,00 EUR, die variablen Stückkosten 1,50 EUR/Einheit. Der kostendeckende Preis (P) beträgt:

---

[1] **Adaption** *lateinischen Ursprungs = Anpassungsvermögen, Anpassung an die Gegebenheiten*

$$P = \frac{Kf}{X} = \frac{30.000}{6.000} + 1,50 = \underline{6,50 \text{ EUR}}$$

Gesamtumsatz = X x P = 6.000 x 6,50 = <u>39.000,00 EUR</u>

Gesamtkosten = Kf + Kv = 30.000,00 + (6.000 x 1,50) = <u>39.000,00 EUR</u>
d. h. die Gesamtkosten werden durch die Gesamterlöse gedeckt.

◆ Die **kurzfristige Preisuntergrenze** entspricht bei linearem Gesamtkostenverlauf den variablen Kosten. Die variablen Kosten der Produktion werden hier durch die Erlöse gedeckt.

Die Automobil AG könnte das Fahrzeug in der Einführungsphase kurzfristig zum Preis von 8.000,00 EUR anbieten, da bei diesem Preis die variablen Kosten gedeckt sind.

Externe Gesichtspunkte, wie z. B. Veränderungen der gesetzlichen Rahmenbedingungen, können eine Preisänderung notwendig machen.

Änderung der Rahmenbedingungen

Beispiel   Die Verpackungsverordnung zwingt den Handel, Verkaufsverpackungen zurückzunehmen oder Abgaben an die Verwertungsgesellschaft mbH „Duales System Deutschland" (Grüner Punkt) zu zahlen. Die entstehenden Kosten werden in der Kalkulation des Einzelhandels berücksichtigt.

Zwangsläufig werden Preiserhöhungen stattfinden, wenn zusätzliche **Steuern** oder erhöhte **Abgaben** erhoben werden und die Kostenstruktur ansonsten unverändert bleibt.

Beispiel   Eine Erhöhung der Mineralölsteuer wird i. d. R. unverzüglich über die Preise an den Kunden weitergegeben.

Darüber hinaus können **Preiserhöhungen** im Bereich der Roh-, Hilfs- und Betriebsstoffe oder Lohnerhöhungen das Unternehmen zu Preiserhöhungen veranlassen.

Generell muss man davon ausgehen, dass jeder Kunde aufgrund seiner Erfahrung ein subjektives Gefühl für das 'Preis-Leistungs-Verhältnis' hat. Er weiß, ob ein Preis „in Ordnung" ist oder ob dieser zu hoch oder zu niedrig angesetzt wurde. Weiterhin orientieren sich Käufer bei ihren Einkäufen an Schlüsselprodukten, deren Preise sie genau kennen und die den Kauf auslösen oder verhindern können. Werden die Preise vor dem Hintergrund dieser Erkenntnisse festgesetzt, handelt es sich um die sog. **psychologische Preisfestsetzung.**

Psychologische Vorhaben

Beispiel   Den Fall, den jeder kennt, ist die Wurfsendung eines Supermarktes mit den aktuellen Sonderangeboten für die nächste Woche. Es werden nicht alle Produkte, die darin aufgeführt sind, von Interesse sein. Einige jedoch brauchen wir regelmäßig, wie z. B. Milch oder Waschmittel. Die bevorzugte Marke des Waschmittels gibt es nun in diesem Supermarkt zu einem extrem günstigen Preis von nur 4,49 EUR, wo wir doch sonst 6,50 EUR dafür zahlen. Wir sind begeistert, fahren die ca. 3 km Umweg, kaufen 2 Pakete Waschmittel nebst 3 Flaschen Milch und noch einige andere Dinge, die wir auch noch brauchen; zahlen 34,20 EUR an der Kasse und freuen uns, wie günstig wir wieder eingekauft haben. Leider haben wir nicht darauf geachtet, was die Zahnpasta gekostet hat, oder wir haben wegen der 0,10 EUR Differenz nicht noch extra ein anderes Geschäft aufsuchen wollen.

Innerhalb eines bestimmten Spielraums toleriert der Kunde Preisdifferenzen, da diese durch andere Leistungen, wie beispielsweise die freundliche Bedienung oder die Nähe des Einzelhandelsbetriebes, ausgeglichen werden. Der Käufer zieht den Preis hier nicht als alleiniges Entscheidungskriterium heran. Außerhalb dieser **Preistoleranz** wird der Preis für die Entscheidung immer wichtiger. Wird die **absolute Preisschwelle** überschritten, weicht der Käufer auf ein anderes Produkt aus.

3.1.6   Die Preisdifferenzierung

Formen der Preisdifferenzierung

Jeder Kunde hat aufgrund seiner ganz persönlichen Kauferfahrung eine Vorstellung davon, was ein Produkt für ihn kosten darf. Diese Vorstellung kann z. B. je nach Gebiet, Käuferschicht, Verwendungszweck oder -zeitpunkt variieren. Für den Verkäufer bedeutet dies, dass er im Rahmen der Preispolitik für jeden dieser Teilmärkte die gewinnoptimale Preis-Mengen-Relation suchen muss und die **Preise** je nach Teilmarkt **differenziert**.

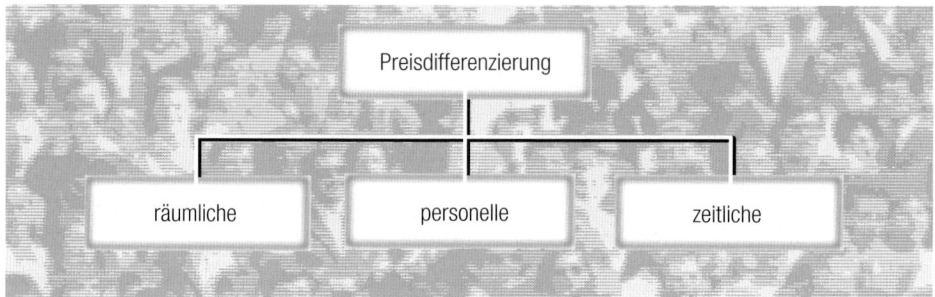

Räumliche

◆ Eine **räumliche Preisdifferenzierung** kann vorgenommen werden, wenn räumlich getrennte Teilmärkte mit unterschiedlichen Preiselastizitäten vorhanden sind. Es muss jedoch sichergestellt werden, dass es zu keinem Rückfluss von Waren kommen kann.

 Beispiel Aufgrund des unterschiedlichen Preis- und Einkommensgefüges in den Ländern der EU bieten Automobilhersteller ihre Fahrzeuge hier zu unterschiedlichen Preisen an. 2000 haben 180.000 Käufer die Möglichkeit des freien Warenverkehrs genutzt und ein Fahrzeug 'grau' aus dem europäischen Ausland importiert.

Um die höhere Kaufkraft in der Schweiz abzuschöpfen, bietet die Automobil AG das Fahrzeug in der Schweiz zu einem deutlich höheren Preis an. Da die Schweiz nicht Mitglied in der EU ist, wird der 'Grauimport' aus der Bundesrepublik durch Steuer- und Zollformalitäten erschwert.

Personelle

◆ Im Rahmen der **personellen Preisdifferenzierung** wird verschiedenen Kundengruppen das gleiche Produkt zu unterschiedlichen Preisen angeboten. Voraussetzung ist, dass der Gesamtmarkt anhand kundenbezogener Merkmale aufgeteilt werden kann und dass geringe Markttransparenz herrscht. Kundenbezogene Merkmale sind z. B. die Kaufkraft oder die Verbrauchsgewohnheiten einzelner Abnehmergruppen.

Beispiel – Ein Filialbetrieb des Einzelhandels bietet sein Sortiment in Stadtteilen mit deutlich höherer Kaufkraft zu höheren Preisen an.

– Die Zahl der 1-Personen-Haushalte in Deutschland nimmt zu. Die Markenartikel-Hersteller reagieren hierauf durch das verstärkte Angebot von „Single-Packungen". Diese werden zu einem deutlich höheren Preis angeboten als die vergleichbaren Mengen in einer Großpackung.

Die Automobil AG plant, das Fahrzeug in der Version „Mensa" für Studenten zu einem günstigeren Preis anzubieten.

◆ Werden zu verschiedenen Zeiten unterschiedliche Preise verlangt, liegt eine Form der **zeitlichen Preisdifferenzierung** vor. Ziel kann der Abbau von Spitzenbelastungen der Nachfrage oder die Ausnutzung von Zeitpräferenzen der Kunden sein.

Zeitliche

 Beispiel – Um die Nutzung im Mobilfunknetz möglichst gleichmäßig zu verteilen, bieten die Betreiber nach Zeiten gestaffelte Tarife an.

– Die Touristikunternehmen fordern für die Hauptsaison höhere Preise.

Die Automobil AG plant, die Einführung durch einen auf 100 Tage festgelegten Einführungspreis zu unterstützen. Dieser liegt um 10% unter dem späteren Marktpreis. Zusätzlich wird durch die hauseigene Bank eine günstige Finanzierung zu einem effektiven Jahreszins von 2,9% angeboten.

Das **Problem** der genannten Formen der Preisdifferenzierung ist, dass eine Absatzerhöhung durch Preisdifferenzierung nur gelingt, wenn man Teilmärkte isolieren kann. Als Lösung bietet sich hier eine Ergänzung dieser preispolitischen Maßnahme durch Aktivitäten im Rahmen der Produktpolitik an. Die Preisdifferenzierung kann so z. B. durch eine Produktdifferenzierung ergänzt werden, bei der die Kosten der Produktvarianten kleiner als die zu realisierenden Preisdifferenzen sind.

Um das Potenzial der Kunden mit hoher Kaufkraft abzuschöpfen, bietet die Automobil AG das Fahrzeug als exklusives Sondermodell an. Die Auflage der Fahrzeuge wird auf 1.000 Stück limitiert.

3.1.7 Typen der Kaufentscheidungsprozesse

Die Entscheidung des Kunden für oder gegen den Kauf eines Produktes ist nicht nur vom Preis abhängig. In der Praxis spielen insbesondere die Eigenschaften des Produktes, die Kauferfahrung des Käufers und die Komplexität des Kaufs eine Rolle.

Faktoren der Kaufentscheidung

◆ Je unverwechselbarer die **Eigenschaften**, die ein Produkt von anderen unterscheidet (vgl. Homogenität der Güter), desto geringer ist die Preiselastizität der Nachfrage und desto größer der preispolitische Spielraum. Je größer der USP[1], d. h. die Einzigartigkeit des Produktes, um so weniger kann man das Produkt mit anderen Produkten vergleichen und umso nebensächlicher wird der Preis. Die Aufgabe eines Produktmanagers ist es, durch den Einsatz der Instrumente des Marketing-Mix diese Einzigartigkeit zu erreichen.

---

[1] **USP** = Unique Selling Proposition, d. h. einzigartiges Produktversprechen

Beispiel Im Bereich der Luxusgüter sind Kunden bereit, hohe Preise zu zahlen. Wichtig hierbei ist, dass das Produkt mehr kann oder hat als andere. Ein wohl klassisches Beispiel war jahrelang die Automobilindustrie. Gerade in der gehobenen Klasse war die Preisfrage eine Nebensächlichkeit. Fahrzeuge dieser Klasse mussten sich nur vom Mittelklassewagen deutlich unterscheiden (vgl. Snob-Effekt S. 138).

◆ Die **Kauferfahrung** des Käufers (vgl. Marktransparenz) spielt bei der Preistoleranz eine entscheidende Rolle. Kennt sich der Käufer im Markt des zu erwerbenden Produktes gut aus, wird er verstärkt Preisvergleiche durchführen.

Beispiel Im Bereich der Personalcomputer kommt es durch die große Markttransparenz zu starken Preiskämpfen.

◆ Je größer die **Komplexität** des Kaufs, desto mehr Informationen wird sich der Kunde besorgen (vgl. Speciality Goods). Der Preis spielt hier meist eine doppelte Rolle. Zuerst wird der Käufer Informationen besorgen und anhand dieser einen individuellen Preisbereich (Preisschwelle) festlegen. Dann wird er Produkte innerhalb dieses Preisbereichs miteinander vergleichen. Zum Schluss wird er, nachdem er einige Produkte mit den für ihn wichtigen Eigenschaften in die engere Wahl genommen hat, wiederum den Preis heranziehen. Das günstigste Preis-Leistungs-Verhältnis führt letzendlich zum Kaufabschluss.

In alltäglichen Kaufsituationen zeigen die Käufer ein **gewohnheitsmäßiges (habitualisiertes)**[1] **Vorgehen**, um den Entscheidungsprozess abzukürzen. Beim Einkauf von Lebensmitteln kann man nicht über Qualität und Preis jedes Produktes intensive Vergleiche anstellen (vgl. Convinience Goods). Der Preis spielt hier neben den anderen Produktattributen eine nicht ganz so entscheidende Rolle.

3.1.8   Preispolitische Strategien

Strategien der Preispolitik

Steht für den Hersteller eine Preisentscheidung an, dann stellt sich gerade bei Produkteinführungen die Frage, **welchen Preis der Produktmanager festsetzt**. Die Kostenrechnung ermittelt die Herstell- oder Selbstkosten des Produktes. Der Produktmanager kennt Deckungsbeitrag und Gewinnschwelle. Welcher Preis gewählt wird, hängt von der preispolitischen Strategie ab. Diese wiederum ist eingebunden in die Marketingstrategie und das Zielsystem der Unternehmung.

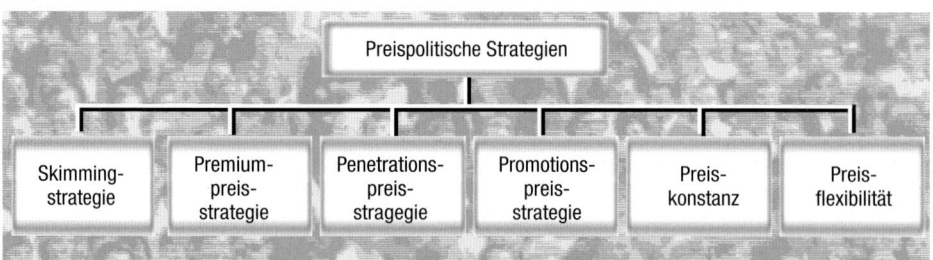

Abschöpfung als Strategie

◆ Im Rahmen der **Skimming**[2]**-Strategie (Abschöpfungsstrategie)** wird in der Einführungsphase ein hoher Preis festgesetzt, der im Verlauf des Produktlebenszyklus sukzessive gesenkt wird. Ziel ist es, die hohe Preisbereitschaft der Innovatoren ab-

---

[1] **habitualisieren** lateinischen Ursprungs = zur Gewohnheit werden, zur Gewohnheit machen
[2] **skimming** englisch = abschöpfen

zuschöpfen, um anschließend den Massenmarkt mit niedrigeren Preisen zu beliefern.

– **Voraussetzung** ist, dass es zu dem einzuführenden Produkt keinen oder nur geringen direkten Wettbewerb gibt, dass die Substituierbarkeit gering ist und dass die Strategie nicht durchschaut wird. Liegen diese Voraussetzungen vor, kann der Produktmanager die Abschöpfungsstrategie anwenden.

– **Vorteil** dieser Strategie ist, dass so die Forschungs- und Entwicklungskosten sehr schnell amortisiert werden, dass schnell hohe Deckungsbeiträge erwirtschaftet werden und dass aufgrund der geringen Stückzahlen zunächst ein geringer Kapazitätsbedarf in den Bereichen Produktion und Distribution besteht.

– Die **Gefahr** der Abschöpfungsstrategie besteht darin, dass die Eintrittsbarrieren für potenzielle Wettbewerber relativ gering sind. Sie sehen das Marktvolumen und die geringen Kosten im Vergleich zum Erlös und versuchen schnell nachzuziehen, da Investitionen schnell amortisiert werden. Ein weiterer Nachteil ist, dass der hohe Preis potenzielle Käufer abschrecken kann. Muss der Preis beim Auftreten von Mitbewerbern gesenkt werden, kann das Unternehmen an Glaubwürdigkeit verlieren.

> `Beispiel` Der Preis für CD-Player hat sich seit einer Einführung von ca. 1 000 EUR auf ca. 100 EUR verringert.

◆ Im Rahmen der **Premiumpreisstrategie**[1] legt der Unternehmer auf Dauer einen relativ hohen Preis fest.

Hochpreis als Strategie

Die Festlegung auf die Premiumpreisstrategie ist an folgenden **Voraussetzungen** gebunden:

– Der hohe Preis muss durch die **Marketingstrategie** des Unternehmens gestützt werden, d. h. eine gleichbleibend hohe Qualität, einen exklusiven Vertriebsweg und eine darauf abgestimmte Kommunikationspolitik.

– Es muss sich um eine potenzielle Zielgruppe mit relativ geringer **Nachfrageelastizität** (vgl. S. 139) handeln.

◆ Im Rahmen der **Penetrationspreis**[2]**-Strategie** soll mit einem niedrigen Einführungspreis so schnell wie möglich ein hohes Absatzvolumen erreicht werden. Möchte der Produktmanager dieses Ziel erreichen, wird er den Preis niedrig festsetzen.

Marktdurchdringung als Strategie

– **Voraussetzungen** sind eine hohe Preiselastizität der Nachfrage, ein ausreichend großes Marktpotenzial und dass keine oder wenige günstigere Konkurrenzprodukte am Markt sind.

– **Vorteile** sind die Ausschöpfung des Niedrigpreismarktsegments und die Kostendegression durch die zu erwartenden hohen Stückzahlen. Durch den niedrigen Gewinn pro verkauftem Stück werden Wettbewerber abgeschreckt.

– Die **Gefahr** besteht in der negativen Qualitäts-Assoziation. Das Image des primär über den Preis eingeführten Produktes wird keinen hochwertigen Charakter erhalten.

---

[1] *premium* ist das englische Wort für Belohnung, Prämie.
[2] *penetration*   englisch = Durchdringung

Niedrigpreis als Strategie

◆ Im Rahmen der **Promotionspreisstrategie**[1] wird der Preis für ein Gut auf Dauer relativ niedrig angesetzt.

Voraussetzung für die Promotionspreisstrategie ist eine potenzielle Zielgruppe mit relativ hoher Nachfrageelastizität und ein Produkt, bei dem Aufmachung und Verpackung aus Kostengründen keine große Rolle spielen.

Preiskonstanz als Strategie

◆ Im Rahmen der Strategie der **Preiskonstanz** wird versucht, den Preis ohne Rücksicht auf veränderte Marktsituationen konstant zu halten.

– Der **Vorteil** liegt in der Verlässlichkeit auf den festgelegten Preis beim Kunden. Der Kunde ist aufgrund des Preises der Meinung, dass das Produkt gut kalkuliert ist. Er weiß, dass er zu jeder Zeit das Produkt für den gleichen Preis erhält.

– Der **Nachteil** ist, dass bei veränderten Marktbedingungen keine Anpassung stattfindet.

Preisflexibilität als Strategie

◆ Mit dieser Strategie der **Preisflexibilität** entscheidet sich ein Unternehmen, auf veränderte Markt-, Kosten oder Wettbewerbsbedingungen grundsätzlich flexibel zu reagieren.

– Der **Vorteil** ist, dass durch die Flexibilität mögliche Umsatzeinbrüche verhindert werden können.

– Der **Nachteil** liegt in der Unberechenbarkeit des Preises für den Kunden. Werden häufig Sonderpreisaktionen durchgeführt, kann sich der Kunde mit Hamsterkäufen über die Normalpreisphase hinweg eindecken. Anschließende Preiserhöhungen sind zudem schwer durchzusetzen. Häufig müssen dann kostenintensive Werbekampagnen gestartet werden, um Imageveränderungen herbeizuführen und eine Preiserhöhung zu rechtfertigen.

Berücksichtigung der Produktionspalette

Der Ausgangspunkt für preispolitische Überlegungen wird i. d. R. das einzelne Produkt sein. Eine preispolitische Strategie muss jedoch immer das Preisgefüge der gesamten Produktpalette und das Zielsystem der Unternehmung einbeziehen, d. h., es sollte **Preispolitik im Produktverbund** betrieben werden. Bei preispolitischen Überlegungen kann man so mit dem Preis eines Produktes den Absatz eines anderen Produktes forcieren oder mit den Deckungsbeiträgen des einen Produktes Verluste eines anderen Produktes ausgleichen.

Beispiel Der reduzierte Preis für Feinstaubmasken kann dazu führen, dass der Umsatz für die dazugehörigen Filter steigt.

3.1.9   Preispolitik in der Praxis

◆ Bei dem Bemühen um den „richtigen Preis" sind zwei Gesichtspunkte zu beachten. Die Preispolitik muss sich in die Marketingstrategie des Unternehmens einfügen und der Ablauf der **Preisfindung** muss abgestimmt und ganzheitlich erfolgen.

---

[1] *promotion, im amerikanischen Sprachgebrauch „Absatzförderung durch gezielte Werbemaßnahmen", hier aber Absatzförderung durch einen auf Dauer niedrigen Preis*

– Die **Einbindung in die Marketingstrategie** des Unternehmens ist erforderlich, da der Kunde aufgrund des Preises eines Gutes oder einer Dienstleistung Rückschlüsse auf das gesamte Unternehmen zieht.

> **Beispiel** Das Marketing-Konzept der Uhrenmarke „Swatch" versucht die Botschaften zu kommunizieren, dass eine Swatch nicht nur erschwinglich, sondern auch leicht zu bekommen ist. Eine Swatch zu kaufen ist eine Entscheidung, die leicht zu treffen und mit der leicht zu leben ist. Die Preispolitik stützt dieses Konzept durch einen deutlich niedrigen Preis, der sich in den letzten zehn Jahren nicht geändert hat.

– Die **Abstimmung und Ganzheitlichkeit** ist erforderlich, da an der Preisfindung eine Vielzahl von Akteuren beteiligt sind.

> **Beispiel** Das Rechnungswesen liefert die Kalkulation, das Marketing die Preisstrategie, der Verkauf die Wünsche der Kunden und die Finanzabteilung die Grenzen der Finanzierung.

◆ Um die Preispolitik in die Marketingstrategie einzufügen und mit allen Beteiligten abzustimmen, kann sich das Preisfindungsgremium an folgenden sieben Punkten orientieren (vgl. Dolan, R., J., Der richtige Preis ewig das Problem?, in: Harvard Business Manager, Heft 1/96).

Orientierungen zur Anpassung der Preispolitik an die Marketingstrategie

– **Bewerten Sie, welchen Wert Ihre Kunden einem Produkt oder einer Dienstleistung beimessen!**
Am Anfang aller Überlegungen zur Preisfindung muss die genaue Recherche der Preisbereitschaft der Kunden im Bezug auf das geplante Produkt stehen.

– **Achten Sie auf Veränderungen in der Bewertung eines Produktes durch die Kunden!**
Hier ist die unterschiedliche Bewertung des Produktes in verschiedenen Marktsegmenten angesprochen. D.h., die Preisbereitschaft kann je nach Verwendungszweck oder -intensität oder der Wichtigkeit des Produktes für den Kunden unterschiedlich sein.

> **Beispiel** Nutzer von Computer-Software werden. i. d. R. mit der eingeführten Version genauso gut arbeiten wie mit der neuen. Um einen Kaufanreiz über den Preis zu schaffen, erhalten Sie die Update-Version zu einem deutlich geringeren Preis.

– **Schätzen Sie die Preiselastizität der Nachfrage Ihrer Kunden ein! – Ermitteln Sie eine optimale Preisstruktur!**
Hier sind die Fragen der Konditionen zu klären. Werden Einzelpreise oder Paketpreise festgelegt, wie sehen Rabatte aus, welche Zahlungsbedingungen werden eingeräumt?

> **Beispiel** Hersteller von Coputer-Druckern verzichten bei der Kalkulation der Geräte auf einen Teil des Gewinnpotenzials, um die Nachfrage nach dem Verbrauchsmaterial (Toner) zu steigern.

– **Ziehen Sie die Reaktion der Konkurrenz ins Kalkül!**
Jede Preisänderung wird von den Mitbewerbern registriert und kann je nach Preisstrategie zu entsprechenden Reaktionen führen.

– **Überwachen Sie die faktisch erzielten Preise!**
Der Preis eines Gutes am Markt ist nicht der ausgewiesene Listenpreis, sondern der tatsächlich vom Kunden zu zahlende (wahre) Preis, bei dem alle gewährten Konditionen zu berücksichtigen sind.

–   **Schätzen Sie die emotionale Reaktion Ihrer Kunden ein!**
    Preisvariationen müssen verstanden werden, sonst wird bei sinkenden Preisen
    auf eine Verschlechterung der Qualität oder bei steigenden Preisen auf eine
    Steigerung der Gewinne geschlossen, und der Kunde fühlt sich übervorteilt.

–   **Analysieren Sie, ob die Einkünfte die servicepolitischen Kosten decken!**
    Servicepolitische Kosten der Kunden sind unterschiedlich hoch. Kunden mit
    hohen Servicekosten sollten auch von hohem strategischen Wert für das
    Unternehmen sein.

3.2   Konditionenpolitik

Die Konditionenpolitik[1] ist ein Mittel der preispolitischen Feinsteuerung, das die
Möglichkeit bietet, Preise je nach Zielgruppe zu differenzieren. Beim Verkauf an
Endverbraucher sind im Rahmen der Rabattgewährung die wettbewerbsrechtli-
chen Regelungen zu beachten.

3.2.1   Rabattpolitik

Rabatte sind Preisnachlässe, die für bestimmte Leistungen des Abnehmers gewährt werden und mit der Ware in Zusammenhang stehen. In der Praxis hat sich
eine Vielzahl unterschiedlicher Rabatte herausgebildet. Diese sind grundsätzlich
nur sinnvoll, wenn ein eingeführter Preis besteht, auf den ein glaubwürdiger Nachlass gewährt wird.

Beispiel   Viele kennen aus dem Urlaub den Straßenhändler, der auf einen viel zu hohen Ausgangspreis großzügige Nachlässe gewährt. Da der Ausgangspreis weit außerhalb der
Preistoleranz des Kunden liegt, ist der Rabatt i.d.R. unglaubwürdig.

Rabattarten

Anhand unterschiedlicher Zielsetzungen können Rabattarten in **Zeitrabatte**, **Funktionsrabatte** und **Mengenrabatte** unterschieden werden.

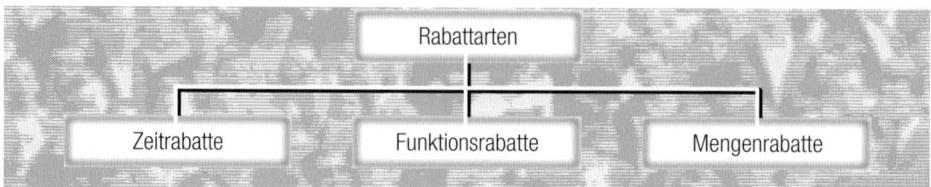

---

[1] **Konditionen**   lateininischen Ursprungs = Geschäftsbedingungen

◆ Beim **Zeitrabatt** werden Rabatte innerhalb eines bestimmten Zeitraumes gewährt. In Form des **Einführungsrabattes**, der meistens für die ersten Monate bei einer Produkteinführung gewährt wird, erleichtern sie den Markteintritt oder honorieren das Absatzrisiko des Handels. Werden Einführungsrabatte im Handel als **Naturalrabatte** gewährt, erhöhen sie den Lagerdruck und motivieren den Handel zu verstärkten Verkaufsanstrengungen.

Rabatt im Zeitablauf

Die Automobil AG plant, den Einführungsrabatt an den Handel in Form eines Naturalrabattes zu gewähren. Es fließen so mehr Fahrzeuge in den Handel, der Kostendruck durch die Lagerhaltung erhöht sich und führt zu verstärkten Verkaufsanstrengungen. Darüber hinaus verrringert sich die Liquiditätsbelastung des Herstellers.

Weiterhin können **Aktionsrabatte** zu bestimmten Anlässen gewährt werden. Die Preisnachlässe im Winter- oder Sommerschlussverkauf sind typische Zeitrabatte für den Endkunden. **Vordispositions- oder Saisonrabatte** haben die Aufgabe, Absatzschwankungen auszugleichen und für eine ausgeglichene Auslastung der Produktion zu sorgen.

Beispiel Um die Absatzschwankungen auszugleichen, bieten Ölhändler das Heizöl in den Sommermonaten zu günstigen Sommerpreisen an.

◆ **Funktionsrabatte** werden dem Handel für die Wahrnehmung seiner Funktionen gewährt, ohne dass deren Erfüllung überprüft wird. Funktionen des Handels sind die Sortimentsbildung, die Markterschließung, die Raumüberbrückung, die Warenverteilung, die Lagerhaltung, die Kundenberatung und die Warenveredelung. Dem Handel entstehen für die Wahrnehmung seiner Funktionen Kosten. An diesen Kosten beteiligt sich der Hersteller durch die Gewährung des Funktionsrabattes. Generell wird er in Form eines Pauschalrabattes auf den Listenpreis direkt beim Kauf verrechnet.

Funktionsrabatt

Beispiel Ein Markenartikelhersteller stellt dem Handel Preislisten für den Endverbraucher zur Verfügung. Auf den dort ausgewiesenen Preis gewährt der Hersteller dem Handel einen Pauschalrabatt von 25%.

◆ Bei **Mengenrabatten** gibt der Hersteller Kostenvorteile weiter, die aus der großen Produktionsmenge und der Verringerung des Absatzrisikos resultieren. Sie werden auf einzelne Aufträge oder auf den in einem bestimmten Zeitraum getätigten Umsatz gewährt. Mengenrabatte werden eingesetzt, um die einmaligen Auftragskosten zu reduzieren und den Kunden zu einer größeren Bestellmenge zu veranlassen. Gerade im Handel sind Mengenrabatte üblich.

Mengenrabatt

Häufig wird der Mengenrabatt als nachträglicher Nachlass auf den im Laufe eines Jahres erzielten Umsatz gewährt. Diese Form wird als **Bonus** bezeichnet. Die Gefahr besteht jedoch, dass am Ende eines Jahres eine größere Menge bestellt wird, um den Bonus zu erlangen; diese Umsätze fallen dann am Anfang des nächsten Jahres aus.

Treuerabatt und Mengenrabatt sind sich sehr ähnlich. Beim Treuerabatt versucht man die Kundenbindung zu verstärken. Es kann auch versucht werden, den Kunden zum Kauf weiterer Produkte aus der Produktpalette des Herstellers zu veranlassen.

Kundenbindung durch Treuerabatt

Die Automobil AG geht davon aus, dass das neu entwickelte Fahrzeug in vielen Haushalten als Zweitwagen eingesetzt wird. Es wird erwogen, Altkunden bei Anschaffung des Kleinwagens als Zweitwagen einen Treuerabatt zu gewähren.

Bei der Gewährung von Rabatten ist stets zu beachten, dass die Preisstellung des Herstellers **glaubwürdig** bleibt. Darüber hinaus fördern insbesondere Mengenrabatte die Konzentration im Handel und können Kunden zu überdimensionierten Aufträgen verleiten.

Der Wegfall des Rabattgesetzes und der Zugabeverordnung an den Letztverbraucher

EU-Richtlinien

Seit dem 25. Juli 2001 gelten das Rabattgesetz und die Zugabeverordnung von 1932 nicht mehr. Damit sind die Einschränkungen über Rabatte von über 3% bei Barzahlung und Zugaben von Waren oder Leistungen, die nur einen geringen Wert im Vergleich zum gekauften Warenwert haben durften, weggefallen.

Anlass für die Neuregelung war eine EU-Richtlinie über den europaweiten elektronischen Handel, in der festgelegt wurde, dass ausländische Anbieter, die über das Internet Waren oder Dienstleistungen auf dem deutschen Markt anbieten, künftig nicht mehr an das deutsche Rabattrecht gebunden sind. Sie dürfen damit ihre eigenen – lockeren – Rabattbestimmungen anwenden **(Herkunftsland-Prinzip)**. Für deutsche Anbieter würden Rabattgesetz und Zugabeverordnung weiterhin gelten.

Um eine damit herbeigeführte Inländerdiskriminierung zu verhindern, haben Wirtschaftsministerium und Justizministerium Gesetzesentwürfe zur Aufhebung des Rabattgesetzes und der Zugabeverordnung vorgelegt, die am 13.12.2000 von der Bundesregierung beschlossen worden sind.

Mit dem Wegfall des Rabattgesetzes und der Zugabeverordnung ergeben sich für den Lebensmitteleinzelhandel neue Möglichkeiten zur Profilierung über Promotions und Konditionen, aber auch durch attraktive Kundenbindungsprogramme.

In der neuen Rabattregelung besteht statt einem „Verbot" eine sog. **„Zulässigkeitserklärung"**, was bedeutet, dass Rabatte und Zugaben gewährt werden dürfen. Wie diese im Einzelfall allerdings zu bewerten sind, wird zum Teil gerichtlich entschieden werden. Zu beachten ist allerdings, dass der Ermessensspielraum der Gerichte sehr groß ist.

Beispiel   **Gutscheine/Coupons**
Coupons ermöglichen bei Vorlage im Geschäft einen Preisnachlass für bestimmte Artikel. Sie beeinflussen dabei den eigentlichen Produktpreis nicht. Coupons müssen dabei einen Produkt zuzuordnen sein.

Multibuy
Zwei oder mehr Packungen werden zu einem niedrigeren Preis angeboten als die Einzelpackung **(z.B. „3 zum Preis von 2")**. Darin enthalten sind identische Produkte oder unterschiedliche Varianten/Sorten. Beim Multibuy sind die Artikel einzeln („lose") erhältlich, d.h. nicht zu einer Verbundpackung verschweißt.

Linksave
Beim Linksave werden ein oder mehrere Packungen unterschiedlicher Marken oder Packungsgrößen – aus einer oder unterschiedlichen Warengruppen – angeboten (z.B. Shampoo und Spülung). Der Linksave besteht aus einem Anker- und mindestens einem Zusatzprodukt, d.h. einer (evtl. artfremden) „Zugabe", z.B. einer anderen Marke. Auch diese Artikel sind einzeln („lose") erhältlich.

Halber Preis
Hierbei kauft der Kunde 1 Produkt und erhält das 2. zum halben Preis.

Rücknahme des alten Produktes
Der Kunde kann bei dieser Promotion-Art das alte Produkt bei Neukauf anrechnen bzw. in Zahlung geben.

Weiterhin sind erweiterte **Kundenbindungsprogramme** möglich:
– Kundenkarten (z.B. Globus Treuepass) und damit verbundene
– Bonus- und Rabattsysteme (z.B. Payback)
– Rabatte für spezielle Zielgruppen (Rentner, Studenten oder Mitglieder etc.)

Die neue Regelung schreibt dem Verkäufer für Rabatte keine maximale Höhe mehr vor. Sie findet allerdings ihre **Grenzen** in dem „**Gesetz gegen den unlauteren Wettbewerb**" (UWG). | UWG

Beispiel Verboten ist ein übertriebenes Anlocken eines Kunden z.B. durch Verschenken von Proben über einen längeren Zeitraum oder eine unverhältnismäßig hohe Zugabe zum Produktkauf. Unter das Verbot fallen auch sog. Kopplungsgeschäfte. Der Verkäufer darf beispielsweise zwei artfremde Produkte, bei denen kein „Nutzungszusammenhang" besteht (Kaffee und Dosenöffner) nicht zu einem Preis anbieten. Auch darf ein Produktkauf nicht von einer anderen Leistung abhängig gemacht werden.

Gegen das Gesetz des unlauteren Wettbewerbs verstößt ebenfalls die Ausübung eines psychologischen Kaufzwangs seitens des Verkäufers, indem er den Kunden beispielsweise verpflichtet, den Gewinn im Laden abzuholen.

Auch die Irreführung ist weiterhin untersagt. So darf der Verkäufer keine unverständlichen und nicht eingehaltenen Rabatt- oder Zugabeversprechen machen. Ebenso darf er nicht innerhalb seiner Promotionsaktivitäten einen Hauptgewinn suggerieren und nur einen Kleingewinn verschenken.

3.2.2   Zahlungsbedingungen

Im Rahmen der **Zahlungsbedingungen** wird die Art und Weise der Zahlung und die Zahlungsfrist festgelegt.

◆ Die **Zahlungsweise** regelt, **wie** die Zahlung erfolgt. Möglich ist die Zahlung durch Scheck, in bar, durch Überweisung, per Nachnahme, mit Kreditkarte, als Schuldverschreibungen oder durch Wechsel, in Raten oder als Gesamtsumme. | Zahlungsweise

◆ Die **Zahlungsfrist** legt fest, **wann** gezahlt werden muss, ob im Voraus, nach Erhalt der Ware oder ob ein Zahlungsziel gewährt wird. | Zahlungsfrist

Beim **Zahlungsziel** wird dem Käufer die Möglichkeit gegeben, innerhalb einer Frist, z. B. 30 Tage, den Kaufpreis zu zahlen. Zahlt der Käufer vor Ablauf dieser Frist, kann er einen Nachlass vom Rechnungsbetrag (**Skonto**) in Abzug bringen. Der Skonto sollte stets in Anspruch genommen werden, da dies selbst bei einer Überziehung des Kontos und der Inanspruchnahme eines Kontokorrentkredites günstiger ist als das Zahlungsziel auszuschöpfen. | Zahlungsziel

Auf einer Eingangsrechnung mit Datum vom 30. Sept. über 15.000,00 EUR ist als Zahlungsziel vermerkt: „Zahlbar in 30 Tagen nach Rechnungserhalt netto Kasse oder innerhalb von 10 Tagen abzüglich 2% Skonto". Da dem Kunden die Barmittel zurzeit nicht zur Verfügung stehen, überlegt er, ob er sein Kontokorrentkonto in Höhe des fehlenden Betrages überziehen soll. Der Zinssatz hierfür beträgt 9%. Um eine Entscheidung treffen zu können, muss er zunächst den effektiven Jahreszins des Lieferkredits ermitteln und kann dann den etwaigen Finanzierungsgewinn aus der Inanspruchnahme von Skonto errechnen.

Da die Zahlungsbedingung „...zahlbar innerhalb von 10 Tages unter Abzug von 2% Skonto" lautet, muss der Kunde erst am 10. Okt. zahlen und muss auch erst am 10. Tag den erforderlichen Bankkredit aufnahmen. Da er so für 20 Tage eine Verzinsung von 2% erhält, beträgt die effektive Verzinsung 36,73 %.

Zieht der Kunde 2% vom Rechnungsbetrag ab, muss er bei der Bank lediglich 14.700,00 EUR für 20 Tage als Kredit aufnehmen. Bei einem Zinssatz von 9% betragen die Zinsen hierfür 73,50 EUR.

Für den Kunden ergibt sich folgende Rechnung:

Skonto	300,00 EUR
– Kosten des Bankkredits	73,50 EUR
= Finanzierungsgewinn	226,50 EUR

3.2.3   Kreditpolitik

Absatz-förderung durch Kredit

Kunden- oder Lieferantenkredite können aus unterschiedlichen Gründen gewährt werden. Häufig sind diese dann sinnvoll, wenn der Kunde aufgrund der Preishöhe nicht oder nur schwer in der Lage ist, das Produkt zu kaufen. Ziel der Kreditpolitik ist es somit, die Kaufkraft der Nachfrager zu stärken und dadurch den Absatz zu fördern.

Die Automobil AG plant, beim Kauf des neu entwickelten Kleinwagens eine günstige Finanzierung durch die hauseigene Bank anzubieten. Dadurch hofft man, auch die Käufer anzusprechen, die im Moment nicht über die notwendigen Mittel verfügen.

Bei der Kalkulation der Kreditkosten sollten auch etwaige Folgeaufträge im Rahmen einer Mischkalkulation berücksichtigt werden.

 Ein Hersteller gewährt einem Kunden beim Kauf einer Druckmaschine einen günstigen Kredit. Er weiß, dass auf der Maschine ein Spezialpapier eingesetzt werden muss. Da er diese Papiere gleichzeitig anbietet, forciert er durch den Verkauf der Maschine den Abverkauf seiner Spezialpapiere und kann die Kosten der Finanzierung durch die Gewinne beim Verkauf der Papiere ausgleichen.

Leasing

Eine sehr verbreitete Form der Absatzfinanzierung ist das **Leasing**. Durch den immer schnelleren technischen Wandel ist der Kauf bestimmter Produkte wirtschaftlich nicht mehr sinnvoll. Darüber hinaus binden gerade Güter des Anlagevermögens Kapital. Hier bietet sich das Leasing an. Vertragliche Nutzungsrechte an Gütern des Anlagevermögens werden beim Leasing vom Leasinggeber auf den Leasingnehmer übertragen.

Der Leasinggeber kann beim Leasing der Produzent **(direktes Leasing)** oder eine zwischengeschaltete Leasinggesellschaft **(indirektes Leasing)** sein. Das Leasingobjekt bleibt juristisch Eigentum des Leasinggebers und wird dem Leasingnehmer gegen ein vereinbartes Entgelt (Leasingrate) zur Nutzung überlassen.

Beim **Financial Leasing** wird eine mehrjährige feste Grundmietzeit vereinbart, während der eine Kündigung von beiden Seiten ausgeschlossen ist. Das Investitionsrisiko liegt beim Leasingnehmer. Nach Ablauf des Vertrags hat der Leasingnehmer die Möglichkeit, das Leasingobjekt gegen geringere Zahlungen weiter zu benutzen (Mietoption) oder käuflich zu erwerben (Kaufoption, Form des Mietkaufs). Beim **Operate Leasing** handelt es sich um kurzfristige und meist jederzeit kündbare Mietverträge, wobei das Investitionsrisiko beim Leasinggeber liegt und dieser das Leasingobjekt auch zu bilanzieren hat.

	Operate Leasing	Financal-Leasing
Laufzeit	i.d.R. max 1 Jahr	Mehrjährige feste Grundmietzeit
Kündigung	kurzfristig kündbar	Während der Grundmietzeit von beiden Seiten ausgeschlossen
Risiko	trägt Leasinggeber	trägt Leasingnehmer
Anzahl der Leasingnehmer	mehrer Leasingnehemer nacheinander	i.d.R. Nutzung nur durch einen Leasingnehmer
Nach Ablauf der Leasingzeit	Rückgabe an Leasinggeber, der an andere weitervermietet	Nach Ablauf der Grundmietzeit – Rückgabe, Kauf oder – Günstiges Anschlussleasing
Monatliche Leasingrate	Je nach Einzelfall und Laufzeit; ist i.d.R. teurer als das Financial-Leasing	3-jährige Vertragsdauer: z. B. 3 % mtl. (= 36 % jährlich) = insges. 108 % des Kaufpreises 5-jährige Vertragsdauer: z. B. 2 % mtl. (= 24 % jährlich) = insges. 120 % des Kaufpreises

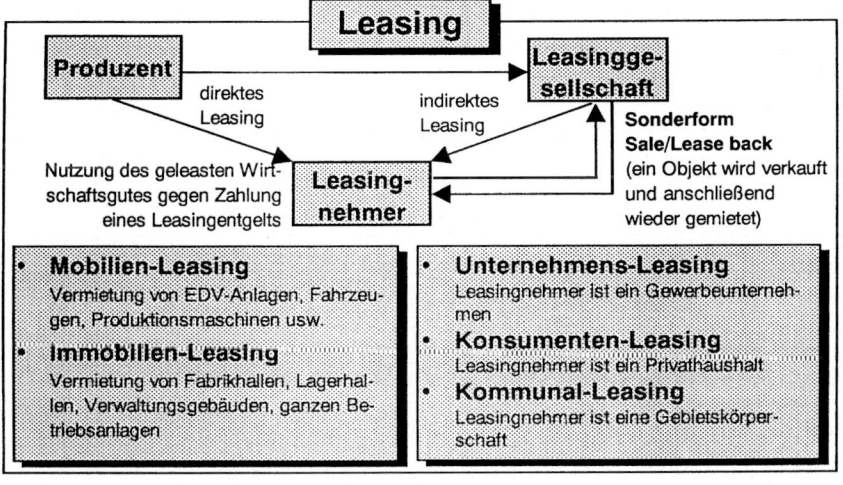

Nach der Art des Leasingobjekts werden **Mobilienleasing** (Equipmentleasing), **Immobilienleasing** (Plantleasing) und als Sonderform **Personalleasing** (Arbeitnehmerüberlassung) unterschieden. Nach dem Leasingnehmer unterscheidet man zwischen dem Unternehmens-, dem Konsumenten- und dem Kommunalleasing.

Trotz relativ hoher Kosten durch die Leasingraten ergeben sich für den Leasingnehmer gegenüber dem Kauf bestimmte Vorteile: Geringere Liquiditätsanspannung zum Zeitpunkt der Anschaffung; Leasingraten sind als Betriebsausgaben steuerlich absetzbar; Möglichkeit, ständig die modernsten Leasingobjekte zu nutzen.

Als Alternative zur Finanzierung bietet die Automobil AG das neue Fahrzeug im Rahmen eines Leasing-Vertrages an. Die Bedingungen lauten: einmalige Mietsonderzahlung von 3.000,00 EUR, monatliche Leasingraten von 199,00 EUR bei einer Laufzeit von 24 Monaten. Das Fahrzeug kann nach Ablauf des Leasing-Vertrages zum Restwert übernommen werden.

3.3   Preispolitische Strategien in der Praxis

Bei der Formulierung preisspolitischer Strategien sind das absatzpolitische Gesamtkonzept, die Positionierung des Produktes, das Verhältnis zum Wettbewerb, die Stellung des Produktes im Produktverbund und die Besonderheiten einzelner Branchen zu berücksichtigen.

Orientierungen für die Strategie

Grundsätzlich muss jede preispolitische Entscheidung mit dem **Zielsystem der Unternehmung** abgestimmt werden.

Beispiel   Beschließt ein Unternehmen, ausschließlich qualitativ hochwertige Produkte in der oberen Preisklasse anzubieten, müssen alle Produkte diese Strategie übernehmen.

◆ Werden preispolitische Entscheidungen vorbereitet, müssen diese zunächst in den Rahmen des **absatzpolitischen Gesamtkonzeptes** eingeordnet werden. Dabei müssen auch langfristige Gesichtspunkte in die Überlegungen einbezogen werden, d. h. der zuständige Produktmanager muss neben dem momentan richtigen Preis berücksichtigen, welche Preisstrategien in der Zukunft realisiert werden sollen.

Da die Automobil AG davon ausgeht, dass langfristig auch andere Wettbewerber einen preiswerten Kleinwagen anbieten werden, soll neben dem günstigen Preis insbesondere die Qualität des Fahrzeugs herausgestellt werden.

Die Bedingungsfaktoren für die Strategie

◆ Die **Stärke des Produktes im Verhältnis zum Wettbewerb** kann den preispolitischen Spielraum stark eingrenzen (vgl. S. 135).

Ist das eigene Produkt einem Wettbewerbsprodukt **sehr ähnlich** und hat der Wettbewerber eine starke Marktposition, so wird sich die Preisfindung darauf beschränken, bei einem minimalen Gewinn die eigenen Kosten zu decken und gleichzeitig unter dem Wettbewerbspreis zu liegen.

Besteht die Möglichkeit, sich vom Wettbewerbsprodukt **zu differenzieren**, so ist die Preisfindung schwieriger. Der Kosten-Nutzen-Aspekt für den Kunden muss ergründet werden. Häufig wird daher ein Markttest durchgeführt, bei dem unterschiedliche Preise auf ihre Akzeptanz hin getestet werden.

◆ Neben den einzelproduktstrategischen Gesichtspunkten muss der Produktmanager die **Stellung des Produktes im Produktverbund** berücksichtigen. Hierbei werden preispolitische Überlegungen in Abhängigkeit zu einem oder mehreren anderen Produkten getroffen. Der Produktmanager muss sich hier die Frage stellen, welche Wirkungen der geplante Preis auf andere Produkte des Produktionsprogramms hat. So kann er durch seinen Produktpreis ein anderes Produkt mit forcieren.

 Beispiel   –   Eine preiswert angebotene Bohrmaschine soll den Käufer zum Kauf des Zubehörs veranlassen.
            –   Der Preis einer Atemschutzmaske wird an der kurzfristigen Preisuntergrenze angesetzt. Der Gewinn wird durch die Umsatzsteigerung der dazugehörigen Filter erwartet.

Bei jeder Preisfindung muss berücksichtigt werden, dass der Preis mit der gesamten Marketingstrategie abgestimmt ist. Ein als hochwertig angebotenes Produkt hat seinen Preis. Hier würde ein niedriger Preis den Kunden zu dem Schluss veranlassen, dass das Produkt sein Qualitätsversprechen nicht hält.

Wird der Preis eines Produktes aufgrund einer Sonderverkaufsaktion stark **reduziert**, hat der Produktmanager es schwer, den höheren Preis wieder zu erreichen. Der Käufer glaubt ihm nicht mehr, dass er sein Produkt gut kalkuliert hat. Es entsteht vielmehr der Eindruck, dass der Hersteller bislang sehr gut an dem Produkt verdient hat, da er es ja plötzlich viel preiswerter anbieten kann. Der Kunde geht davon aus, dass der Hersteller auch bei dem reduzierten Preis immer noch einen Gewinn erzielt.

◆ Bei der Formulierung preispolitischer Strategien müssen die **Besonderheiten einzelner Branchen** berücksichtigt werden.

Branchen-
bedingungen

So werden Preise bei **Investitionsgütern** oft durch langwierige Verhandlungen ermittelt. Fragen der Finanzierung können hier von zentraler Bedeutung sein.

Beispiel   Um den Auftrag für ein Investitionsgut zu erlangen, bietet der Hersteller die Finanzierung des Kaufpreises an oder übernimmt die Absicherung des Kreditrisikos durch eine Bürgschaft.

Öffentliche Aufträge werden i. d. R. ausgeschrieben. Gesetzliche Grundlage sind die sog. Verdingungsordnungen, z. B. für Bauleistungen VOB. Der Auftraggeber gibt den Leistungsumfang und die Leistungsbedingungen öffentlich bekannt. Bewerber können jetzt die Angebotsunterlagen anfordern und ihre Kalkulation einreichen. Nach Ablauf der Frist werden die Angebote ausgewertet, und der Bieter mit dem günstigsten Preis erhält den Zuschlag.

Eine Kommune schreibt erforderliche Bauleistungen an einem öffentlichen Gebäude in der Tageszeitung aus. Unternehmen, die sich an der Ausschreibung beteiligen wollen, können die erforderlichen Unterlagen anfordern und ihre Kalkulationen einreichen. Das Unternehmen, das die Leistung zum angegebenen Stichtag zum günstigsten Preis angeboten hat, bekommt den Zuschlag.

Der Gemeindedirektor

Öffentliche Ausschreibung

Die Gemeinde Marienheide schreibt für die Erweiterung des Gesamtschule Marienheide
in Marienheide, Pestalozzistraße 7,

die **Fliesen- und Plattenarbeiten sowie die Lieferung und Montage der WC-Trennwandanlagen** öffentlich aus.

Leistungsumfang:
1. **Fliesen- und Plattenarbeiten:**
   220 m2 Bodenbelag aus keramischen Steinzeug gem. DIN 176
   360 m2 Wandbelag aus keramischem Steinzeug gem. DIN 176
   Ausführungszeit: Anfang April bis Mitte Mai 20..
2. **WC-Trennwandanlagen – Lieferung und Montage:**
   8 Stück WC-Trennwandanlagen, Einzelgröße ca. 10 m2
   Ausführungszeit: Mitte Mai bis Anfang Juni 20..
   Submissionstermin:
   Freitag, 10. 3. 20.., im Sitzungssaal des Rathauses Marienheide zu 1. Fliesen- u. Plattenarbeiten, 11.00 Uhr
   2. WC-Trennwandanlagen, 11.15 Uhr

Die Angebotsunterlagen für die Maßnahmen können ab Montag, 13. Februar, bei dem

Architekturbüro Busmann + Haberer GmbH

unter Vorlage oder Einsendung des Originalzahlungsbeleges über den Unkostenbeitrag in Höhe von **50,– EUR** abgeholt oder angefordert werden. Der Unkostenbeitrag ist einzuzahlen auf das Konto der Architekten bei der Deutschen Bank BLZ 370 700 60, Konto-Nr. 345 254, unter Angabe des jeweiligen Gewerbes.
Die Zuschlags- und Bindefrist endet am 24. März 20...
Nachprüfstelle ist gemäß § 31 VOB/A der Regierungspräsident Köln.
Dezernat 31 (Kommunalaufsicht).

Marienheide, den 7. Februar 20..   Der Gemeindedirektor

Der **Handel** ermittelt seine Preise im Rahmen der Zuschlagskalkulation. Dabei wird häufig eine Mischkalkulation durchgeführt, bei der niedrigere Preise von Teilen des Sortiments (**Ausgleichsnehmer**) durch höhere Preise anderer Teile des Sortiments (**Ausgleichsträger**) ausgeglichen werden.

 Ein Verbrauchermarkt bietet in einer Sonderverkaufsaktion Fleisch zum Einstandspreis an. Da man aus der Kassenbonanalyse weiß, welche Artikel die Kunden im Zusammenhang mit Fleisch häufig kaufen, werden diese so kalkuliert, dass der niedrige Preis für Fleisch durch höhere Preise dieser Artikel ausgeglichen wird.

Bei der Preisbildung in **Dienstleistungsunternehmen** stehen die Personalkosten im Vordergrund. Kalkuliert wird auf der Basis eines Stundensatzes, über die Verrechnung nach Vollkosten bzw. Teilkosten oder über eine Pauschale für definierte Leistungen.

Beispiel Eine Werbeagentur bietet die Entwicklung eines Logos zu einem Festpreis an. Die Erstellung der Druckvorlagen wird auf der Basis eines Stundensatzes abgerechnet.

A Aufgaben

● Wiederholungsaufgaben

1. Erläutern Sie den preispolitischen Spielraum eines Unternehmens innerhalb der verschiedenen Marktformen!

2. Stellen Sie anhand eines Markenartikels Ihrer Wahl dar, wo die Prämissen des vollkommenen Marktes in der Realität nicht zutreffen!

3. Im „Snob-Effekt" führen Preissteigerungen zu einer Ausweitung der Nachfrage. Erläutern Sie, welche Gründe dafür denkbar sind, dass Preissenkungen zu einem Rückgang der Nachfrage führen!

4. Erstellen Sie eine Liste von Gütern, bei denen die Preiselastizität der Nachfrage Ihrer Meinung nach eher hoch und bei denen sie eher niedrig ist!

5. Bei einem Preis von 20,00 EUR und variablen Kosten von 12,00 EUR setzt ein Unternehmen 400 Einheiten ab. Wie verändert sich der Deckungsbeitrag, wenn bei einer Preiselastizität der Nachfrage von 2,0 der Preis um 10% erhöht wird?

6. Im Zusammenhang mit der progressiven Kalkulation wird oft von einem „Zirkelschluss" zwischen Preis und Menge gesprochen. Erläutern Sie diese Aussage!

7. Sammeln Sie Argumente, die ein Unternehmen veranlassen könnten, für eine bestimmte Zeit den Preis an der kurzfristigen Preisuntergrenze anzusetzen!

8. Erläutern Sie die Arten der Preisdifferenzierung an einem Beispiel Ihrer Wahl!

9. Im Gesetz über Preisnachlässe (Rabattgesetz) ist geregelt, welche Preisnachlässe an den Letztverbraucher gewährt werden dürfen. Beschaffen Sie sich das Gesetz und stellen Sie fest, welche Preisnachlässe zulässig sind!

10. Erläutern Sie, welche Voraussetzungen für die Abschöpfungspreisstrategie und für die Penetrationspreisstrategie gegeben sein müssen!

11. Erläutern Sie anhand eines Beispiels die Begriffe
    a) Marktpotenzial
    b) Marktvolumen
    c) Absatzpotenzial
    d) Absatzvolumen!

12. Erläutern Sie den Begriff der Preisdifferenzierung mithilfe eines Beispiels!

13. Stellen Sie die Situation des Verkäufer- und des Käufermarktes am Modell dar!

14. Durch die geknickte Nachfragekurve werden unterschiedliche Preiselastizitäten bei einem Gut deutlich. Erläutern Sie diese Situation anhand eines Beispiels aus Ihrer Erfahrung!

15. Stellen Sie den Unterschied zwischen
    a) Skimming-Strategie und Premiumpreisstrategie sowie
    b) Penetrationspreisstrategie und Promotionspreisstrategie dar!

16. Erläutern Sie die Möglichkeiten der Rabattpolitik und stellen Sie die Probleme für die Preispolitik des Unternehmens dar!

17. Erläutern Sie, welche Voraussetzungen für die Premiumpreisstrategie und für die Promotionspreisstrategie gegeben sein müssen!

18. Stellen Sie Möglichkeiten und Grenzen des volkswirtschaftlichen Modells der Preiselastizität der Nachfrage für die preispolitischen Strategien eines Unternehmens dar!

19. Erläutern Sie, welche Voraussetzungen gegeben sein müssen, um eine Strategie der Preisdifferenzierung durchführen zu können!

20. Das Leasing spielt im Rahmen der Marketingstrategien der Automobilindustrie eine immer größere Rolle. Stellen Sie die Vor- und Nachteile des Leasing für den potenziellen Kunden und für das Unternehmen dar!

● **Betriebliche Handlungssituationen**

Im Wachstumsmarkt **„Teeautomaten"** sind zurzeit neben dem Marktführer Abels noch drei weitere Anbieter mit je einem Produkt und folgenden Marktanteilen vertreten: Bauer 31%, Cäsar 27%, Degen 19%. Die durchschnittlichen Endverbraucherpreise liegen nahe bei den empfohlenen Richtpreisen der Hersteller und betragen für die verschiedenen Modelle :

Abels Tee Comfort	90,00 EUR
Bauer Tee 100	100,00 EUR
Cäsar Tea Time	105,00 EUR
Degen Tee-Meister	120,00 EUR

Für anspruchsvolle Teegenießer hat die Abels AG einen Teeautomaten entwickelt, der die „5 goldenen Regeln der Teezubereitung" einhält und in Kürze als echte Produktneuheit unter dem Namen „Tea-Gourmet" in gehobener Ausstattung und zeitgemäßem Design national eingeführt werden soll. Im Rahmen der Markteinführung ist der empfohlene Endverbraucherpreis und der Abgabepreis an den Handel festzulegen. Hierzu findet ein Informations- und Abstimmungsgespräch zwischen dem Marketingleiter, dem zuständigen Produktmanager, dem Verkaufsleiter und den Leitern der Abteilungen Marktforschung und Kostenrechnung statt.

Nach Auffassung des zuständigen Produktmanagers sollte bei der Preisbildung **nachfrageorientiert** vorgegangen werden; er empfiehlt eine Preisfestlegung nach der Skimming-Strategie. Der Verkaufsleiter verweist auf die strategische Zielsetzung von Abels „Marktführerschaft im Elektrokleingerätemarkt" und meint, dass hierzu eine preispolitische Penetrationspreis-Strategie erforderlich sei.

Der Leiter der Kostenrechnung gibt zu bedenken, dass im Hinblick auf die hohen Kosten für Entwicklung und Vermarktung des „Tea-Gourmet" der Preis in jedem

Fall **kostenorientiert** festgesetzt werden sollte. Der Leiter der Marktforschung verweist auf die **Konkurrenzpreise** und bemerkt, dass nach Auswertung der vorliegenden Marktdaten die Preiselastizität der Nachfrage bei Teeautomaten ca. 0,9 beträgt.

a) Erläutern Sie die kosten-, nachfrage- und konkurrenzorientierte Preisbildung.

b) Diskutieren Sie ausführlich die Vor- und Nachteile der für den „Tea-Gourmet" vorgeschlagenen Skimming- und Penetrationspreisstrategie.

c) Legen Sie eine Preisstrategie für den Teeautomaten „Tea-Gourmet" unter Zugrundelegung Ihrer bisherigen Erkenntnisse fest, und begründen Sie Ihre Entscheidungen.

Ein kleines **Softwareunternehmen** mit zwei Verwaltungsangestellten und acht Softwareentwicklern entwickelt im Auftrag von größeren Unternehmungen Spezialsoftwarepakete. Dabei genießt das kleine Unternehmen innerhalb seiner bisherigen Kundschaft einen relativ hohen Bekanntheitsgrad und einen guten Ruf.

Der geschäftsführende Gesellschafter des Softwareunternehmens, Hermann Hard, beschäftigt sich in seiner Freizeit schon seit Jahren mit linguistischen Problemstellungen. Nun ist es ihm gelungen, ein Übersetzungsprogramm zu entwickeln, mit dem beliebige Texte nahezu fehlerfrei, semantisch und grammatikalisch richtig vom Englischen ins Deutsche und umgekehrt übersetzt werden können. Das Programm ist auf allen gängigen PC lauffähig. Für die Übersetzung eines Textes im Umfang einer DIN A 4-Seite benötigt das Programm etwa 20 Sekunden.

Hard ist zurzeit der einzige Anbieter eines solchen Übersetzungsprogramms. Er vermutet allerdings, dass spätestens nach zwei Jahren mehrere Konkurrenzprogramme mit vergleichbaren Leistungen angeboten werden.

Die variablen Stückkosten zur Herstellung der Software betragen 100,00 EUR, die Fixkosten summieren sich auf 1 Mio. EUR im Jahr. Bei diesen Kosten handelt es sich um reine Produktionskosten. Darin sind weder Aufwendungen für den Vertrieb noch für Werbe- oder Kommunikationsmaßnahmen enthalten.

Der Geschäftsführer muss sich entscheiden, ob er seine Innovation den Unternehmungen zu einem Preis von 1.500,00 EUR (Strategie 1) oder eher einer breiten Zielgruppe zu einem Preis von 400,00 EUR (Strategie 2) anbieten soll.

a) Welche Preisstrategie sollte der Unternehmer wählen?

b) Welche Vertriebsform und welche entsprechenden Werbemaßnahmen sollte der Unternehmer wählen, sollte er sich dazu entschließen, das Programm an eine breite Zielgruppe zu vertreiben?

Eine bereits am Markt etablierte **Fluggesellschaft,** die vor allem Städteverbindungen für Geschäftsreisende innerhalb Europas anbietet, überlegt, eine Veränderung der bisherigen Preispolitik vorzunehmen. Die bisherigen preispolitischen Strategien sollen entsprechend kritisch geprüft und gegebenenfalls verändert werden.

a) Erläutern Sie mögliche Strategien der Preispositionierung und des Preiswettbewerbs, die für die Fluggesellschaft grundsätzlich in Frage kommen!

b) Im Rahmen möglicher preispolitischer Strategien soll zukünftig die Möglichkeit der Preisdifferenzierung stärker genutzt werden. Zeigen Sie – möglichst unterschiedliche – Differenzierungsmöglichkeiten auf!

Die Fahrzeugbau-AG ist einziger Hersteller und Anbieter von Mofas auf dem Markt. Unternehmensziel ist die Gewinnmaximierung. Die Verkaufsabteilung nimmt folgenden Zusammenhang zwischen Produktpreis und möglicher Absatzmenge (Preis-Absatz-Funktion) an:

Absatzmenge	2.000 Stck.	3.000 Stck.	4.000 Stck.	5.000 Stck.	6.000 Stck.
Verkaufspreis je Produkt	1200,00 €	1050,00 €	900,00 €	750,00 €	600,00 €

Die Betriebsabrechnung schätzt die fixen Kosten auf 1.200.000,00 EUR. Die variablen Kosten betragen je Erzeugnis 300,00 EUR. Es wird angenommen, dass die variablen Kosten proportional zur Absatzmenge verlaufen.

a) Bei welchem Marktpreis erzielt das Unternehmen den maximalen Gewinn?

b) Wie viel EUR beträgt der Deckungsbeitrag (DB = P – kvar), wenn das Unternehmen den maximalen Gewinn erreicht?

Die Verkaufsleitung plant für die kommende Periode eine Preisdifferenzierung. Sie bietet das bisherige Modell als L-Modell zu 900,00 EUR an; bei diesem Preis erwartet sie einen Absatz von 4.000 Stück.

Zusätzlich soll ein einfacheres Standardmodell in die Produktion aufgenommen werden. Es soll zu einem Preis von 750,00 EUR als S-Modell angeboten werden. Bei diesem Preis erwartet man einen Absatz von 1.000 Stück.

Die Unterschiede in den Kosten zwischen dem L- und dem S-Modell sind unerheblich und können deshalb in der nachfolgenden Rechnung unberücksichtigt bleiben.

c) Welchen Deckungsbeitrag erbringt der zusätzliche Verkauf der 1.000 Stück des S-Modells?

d) Welchen Gesamtgewinn erbringt der Verkauf der 5.000 Stück?

B Methodische Empfehlungen

● Der Einsatz von Mind-Maps

Sammeln Sie die Gesichtspunkte zur Diskussion der Vor- und Nachteile der Skimming- und der Penetrationspreis-Strategie in Form eines **Mind-Map**.

Aufbau und Struktur eines Mind-Map:
Ein Mind-Map ist eine bildhafte Darstellung organisierter und methodisch-strukturierter Schlüsselbegriffe. Die Technik des Mind-Mapping berücksichtigt, dass kreative Prozesse sehr schnell und vor allem sprunghaft ablaufen und mit den bekannten linearen Schreib- und Gliederungssystemen nur schwer festzuhalten und zu verarbeiten sind.

Mind-Maps entstehen in der Mitte eines Papierbogens. Hier wird das Thema festgehalten und mit einem Kreis umschlossen. Dieses Thema kann jetzt in Form von Hauptästen in seine Teilaspekte aufgefächert werden. Von den Hauptästen können Nebenäste abzweigen, die sich in weitere Nebenzweige verästeln können. Durch nummerieren, einkreisen, Pfeile und Farben können Vorgehensweisen, Prioritäten und Arbeitsabläufe in eine Rangordnung gebracht und hervorgehoben werden.

10 **Regeln** zum Einsatz des Mind-Mapping:

1. Setzen Sie das **Thema** als Kreis oder Ellipse in die Mitte des Blattes!

2. Lassen Sie vom Thema die **Hauptgedanken** wie Äste abzweigen. Erarbeiten Sie die Hauptäste im Uhrzeigersinn. Die Hauptäste werden durch eine stärkere Strichstärke hervorgehoben!

3. Die sich aus dem Hauptgedanken entwickelnden fortführenden Gedanken halten Sie als **Zweige** fest, die sich wiederum in weitere Verästelungen unterteilen können!

4. Halten Sie spontane Ideen, die Sie nicht sofort einem Ast zuordnen können, an einem Ast „**Sonstiges**" fest!

5. Verwenden Sie nur **Substantive**. Schreiben Sie die Kernaussagen so an die Zweige und Äste, dass Sie frontal lesbar sind!

6. Schreiben Sie in Druckbuchstaben!

7. Werden einzelne Astgruppen für bestimmte Projekte zusammengefasst, so sollten Sie diese durch **Einkreisen** kennzeichnen!

8. Setzen Sie überall dort, wo es möglich ist, **Symbole** zur Visualisierung ein!

9. Stellen Sie die Abhängigkeit oder Verbindung einzelner Gedanken durch **Pfeile oder Farben** dar!

10. Bringen Sie Einkreisungen oder einzelne Äste, wenn erforderlich, durch **Nummerierung** in eine Rangordnung !

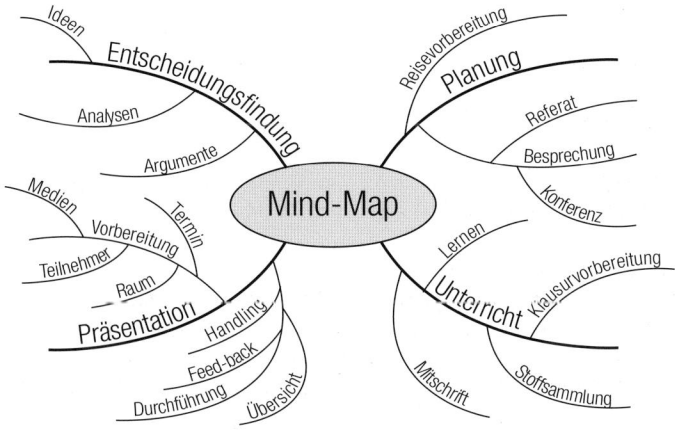

Ein Programm zur Erstellung von Mind-Maps am PC wird unter www.mindmapper.de kostenlos angeboten.

C Literatur

Kulmann, E., Verbraucherpolitik, München 1990, S. 230 - 263

Meffert, H., Marketing, Wiesbaden 1995, S. 260 - 359

Nieschlag, R., u.a., Marketing, Berlin 1997, S. 231 - 360

Schmalen, H., Preispolitik, Stuttgart 1995

Simon, H., Preisstrategien für neue Produkte, Opladen 1976

Simon, H., Preismanagement, Wiesbaden 1992

Wiegemann, H.-H., Modelle zur Preisentscheidung im Marketing, Berlin 1977

Weis, H., Marketing, Ludwigshafen 2001, S. 235 - 282

4 Distributionspolitik

Die Sauer GmbH, ein mittelständisches Unternehmen der Süßwarenindustrie, produziert Hartbonbons in Drageeform, die helfen sollen, Heiserkeit und Husten zu lindern. Die Produkte der Sauer GmbH werden zurzeit ausschließlich über Drogerien und Apotheken angeboten. Die Produktentwicklung hat in Zusammenarbeit mit der Marketing-Abteilung ein zuckerfreies Dragee entwickelt, das ausschließlich aus natürlichen Rohstoffen hergestellt ist.

Als Produktmanager erhalten Sie den Auftrag, ein Konzept für die Distribution des neuen Artikels zu erarbeiten. Ihnen liegen folgende Informationen zum Sortiment der Sauer GmbH vor:

Saisonale Umsatzaufteilung bei Hartbonbons:

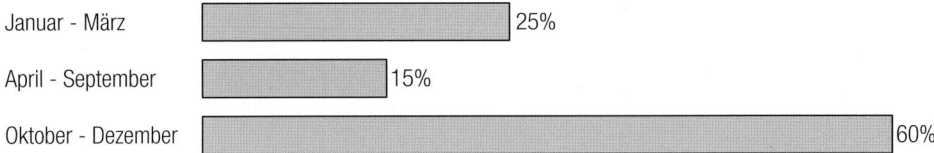

Januar - März — 25%

April - September — 15%

Oktober - Dezember — 60%

Umsatzaufteilung nach Vertriebskanal:

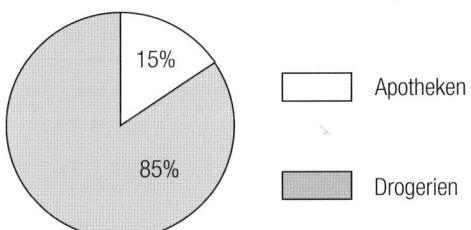

15%

85%

☐ Apotheken

▨ Drogerien

Entwicklung der Zahl der Apotheken und Drogerien im Absatzgebiet:

	1993	1994	1995	1996	1997	
Apotheken	5400	5566	5791	6060	6200	—— Apotheken
Drogerien	2491	2355	2240	2198	2070	----- Drogerien

Unternehmensinterne Distributionsorgane:

Die Hartbonbons der Sauer GmbH werden bislang von 5 Reisenden betreut. Diese erhalten ein Fixum von 1 800,00 EUR und eine Provision von 1% vom Umsatz.

Die Distributionspolitik umfasst alle Entscheidungen, die im Zusammenhang mit dem Weg des Produktes vom Hersteller zum Verwender stehen.

Grundfragen der Distributionspolitik

Im Rahmen der Distributionspolitik müssen dabei zwei Fragen geklärt werden:
◆ Auf welchem **Weg** soll das Produkt vom Hersteller zum Verwender gelangen (**Absatzweg**)?
◆ Welche **logistischen Maßnahmen** müssen getroffen werden, damit das Produkt in der richtigen Menge zur richtigen Zeit am richtigen Ort ankommt (**physische Distribution**)?

4.1 Die Absatzwege

Die Wahl des Absatzweges gehört zu den langfristigen unternehmerischen Entscheidungen. Sie determiniert in hohem Maße den Einsatz der weiteren absatzpolitischen Instrumente.

Beispiel Der Absatz über den exklusiven Fachhandel legt Entscheidungen im Bereich der Produktpolitik (**Markenartikel**), der Kontrahierungspolitik (**hoher Preis**) und Kommunikationspolitik (**z. B. Werbung in Publikumszeitschriften**) fest.

Die Wahl des Absatzweges legt die Art und Anzahl der Institutionen fest, die ein Produkt auf seinem Weg vom Hersteller zum Endverbraucher durchläuft. Dabei kann zwischen dem **absoluten Direktabsatz**, dem **relativen Direktabsatz** und dem **indirekten Absatz** unterschieden werden.

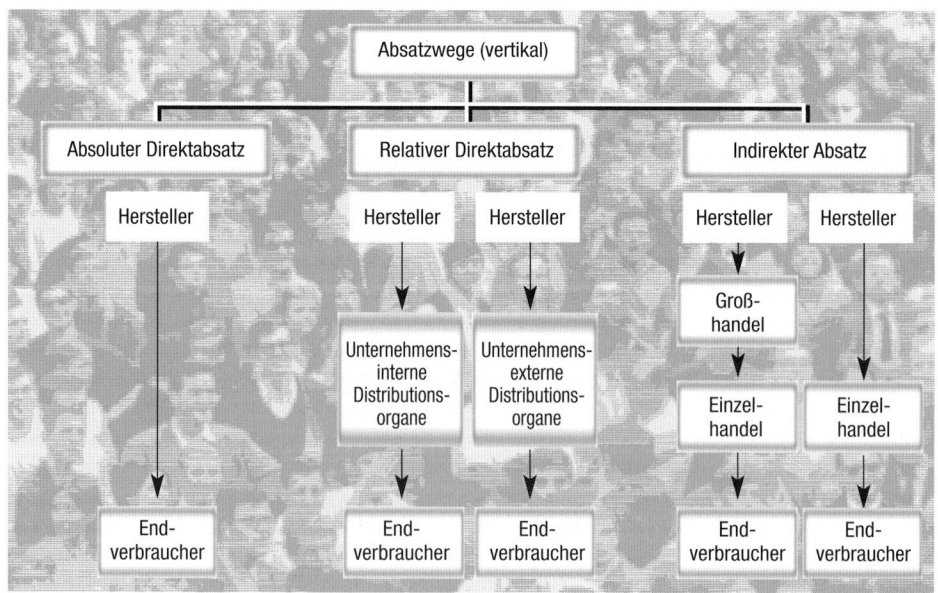

4.1.1 Der Direktabsatz

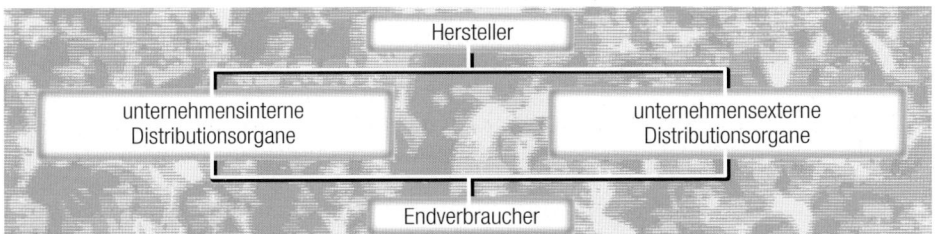

Beim absoluten und relativen Direktabsatz wird die Unternehmensleistung ohne Einschaltung des Handels durch **unternehmensinterne Distributionsorgane** oder durch Einschaltung von **unternehmensexternen Distributionsorganen (Absatzhelfer)** vom Hersteller zum Endverbraucher bzw. Verwender gebracht. Akquisition, Beratung und Kundendienst werden hier vom Hersteller übernommen und durch Außendienstmitarbeiter, Absatzhelfer oder durch Fachpersonal in der Zentrale durchgeführt.

Merkmale des Direktabsatzes

4.1.2 Unternehmensinterne Distributionsorgane

Die wichtigsten **unternehmensinternen Distributionsorgane** sind Reisende (Außendienstmitarbeiter), eigene Verkaufsniederlassungen, Vertragshändler und das Franchising.

Unternehmensinterne Distributionsorgane

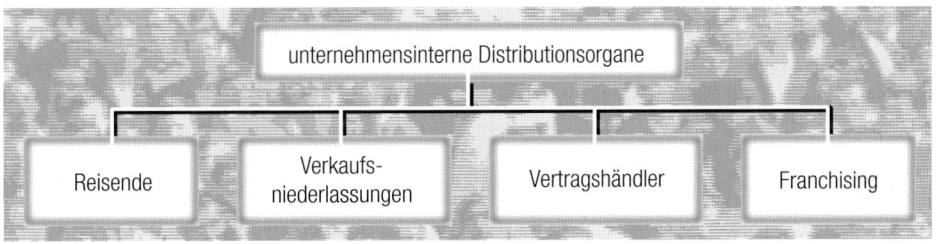

◆ Der **Reisende** (Außendienstmitarbeiter) ist bei einem Unternehmer fest angestellt und damit Handlungsgehilfe i. S. der 59 ff. HGB.

Der Einsatz von Reisenden

> **§ 59. HGB**
> Wer in einem Handelsgewerbe zur Leistung kaufmännischer Dienste gegen Entgelt ausgestellt ist (Handlungsgehilfe), hat soweit nicht besondere Vereinbarungen über die Art und den Umfang seiner Dienstleistungen oder über die ihm zukommende Vergütung getroffen sind, die dem Ortsgebrauch entsprechenden Dienste zu leisten sowie die dem Ortsgebrauch entsprechende Vergütung zu beanspruchen. In Ermangelung eines Ortsgebrauchs gelten die den Umständen nach angemessenen Leistungen als vereinbart.

Der Handlungsgehilfe tritt im Namen des Unternehmens auf, repräsentiert es und stellt die Produkte seines Unternehmens vor. Dabei kann er einzelne Produkte, Sortimentsteile, ganze Sortimente oder mehrere Produktsortimente vertreten. Der Reisende erhält ein Gehalt (Fixum) und wird zusätzlich umsatzabhängig entlohnt. Hinzu kommt meistens die Bereitstellung eines firmeneigenen Fahrzeuges und die Ausstattung mit Musterkoffer, Werbematerial, Notebook usw..

– Der **Vorteil** des Einsatzes von Reisenden ist, dass er die Produkte „seines" Unternehmens vertreibt. Das Unternehmen weiß, dass er die Produkte im besten Licht zeigt, da er vom Verkauf dieser Produkte profitiert. Der Reisende ist an die Weisungen seines Arbeitgebers gebunden und kann seine Tätigkeit nicht frei gestalten. Durch den dezentralen Einsatz von Reisenden kann der Eindruck erweckt werden, dass das Unternehmen überall im Land präsent ist. Produkte, die weniger lukrativ sind oder erst neu in den Markt eingeführt werden, können durch hoch motivierte Reisende mithilfe entsprechender Provisionsstaffeln gezielter forciert werden. Da der Reisende Repräsentant seines Unternehmens ist, kommt der Aus- und Fortbildung der Außendienstmitarbeiter eine besondere Bedeutung zu.

– **Nachteil** ist, dass der Kunde weiß, dass der Reisende seine Produkte verkaufen muss. Die Glaubwürdigkeit der Argumente kann aus diesem Grund angezweifelt werden. Ein weiterer Nachteil für das Unternehmen sind die hohen Personal-Fixkosten. Bei sinkenden Umsätzen ist dieser Fixkostenblock kurzfristig nicht zu reduzieren.

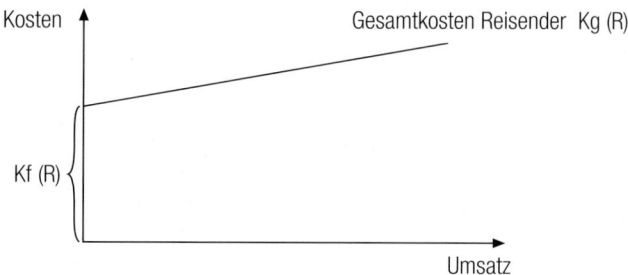

Hat der Reisende ein Vertrauensverhältnis zum Kunden aufgebaut und ist er gut ausgebildet und motiviert, dann überwiegen die Vorteile des Einsatzes eigener Außendienstmitarbeiter.

Verkaufsniederlassungen

◆ **Verkaufsniederlassungen** sind wirtschaftlich und rechtlich Teil des Unternehmens.

Beispiel Die Unternehmen Salamander und WMF vertreiben ihre Produkte über eigene Verkaufsniederlassungen. Auch der Versandhandel wie Quelle und Neckermann richtet zunehmend Verkaufsniederlassungen ein.

– Der **Vorteil** der Verkaufsniederlassungen liegt wie beim Einsatz von Außendienstmitarbeitern in der Zugehörigkeit zum Unternehmen und der damit verbundenen Motivation und Steuerbarkeit. Darüber hinaus müssen keine Rabatte gewährt werden, damit die Produkte in das Sortiment aufgenommen (gelistet) und aktiv verkauft werden. Die Kalkulation liegt bis zum Verkaufspreis in einer Hand, und der Hersteller kann durch die große Marktnähe auf Veränderungen schnell reagieren.

– Der **Nachteil** liegt in der mangelnden Flexibilität und den hohen Kosten. Falls eine Niederlassung umstrukturiert, verkleinert oder aufgelöst werden muss, entstehen sämtliche Probleme, die eine Festanstellung mit sich bringt. Weiterhin können Verkaufsniederlassungen aufgrund ihres beschränkten Produktsortiments für den Kunden unattraktiv sein. In diesem Fall müsste über ein Aufstocken des Sortiments durch unternehmensfremde Produkte nachgedacht werden.

`Beispiel` Ein großes Versandhaus bietet in seinen Verkaufsniederlassungen ausschließlich Handelsmarken an. Im Rahmen der Marktforschung wird festgestellt, dass die Kunden Markenartikel im Sortiment vermissen. Das Versandhaus nimmt diese jetzt zusätzlich in das Sortiment auf, um auch diese Kundenansprüche zu befriedigen.

◆ Beim Einsatz von **Vertragshändlern** erfolgt der Verkauf durch rechtlich selbstständige Unternehmen, auf die der Hersteller lediglich einen wirtschaftlichen oder organisatorischen Einfluss ausübt. Da sich der Hersteller der Wichtigkeit seiner Vertragshändler bewusst ist, wird ihnen häufig ein **Gebietsschutz** gewährt. Im Gegenzug können vertragliche Vereinbarungen getroffen werden, durch die sich der Vertragshändler verpflichtet, ausschließlich die Produkte eines Herstellers zu führen.

Vertrags-
händler

`Beispiel` Das System der Vertragshändler ist im Automobilhandel üblich. Die KFZ-Vertragshändler verkaufen hier ausschließlich Neuwagen des Herstellers, halten ein entsprechendes Ersatzteillager und bieten Reparaturservice und Dienstleistungen an.

– Der **Vorteil** des Einsatzes von Vertragshändlern besteht darin, dass diese in den strategischen Entscheidungsprozess des Herstellers eingebunden werden können. Durch ihre Loyalität können Zukunftsperspektiven offengelegt und gemeinsam geplant werden. Der Hersteller muss nicht befürchten, dass Betriebsgeheimnisse an Mitbewerber verraten werden. Durch die Einbeziehung in den Entscheidungsprozess übernehmen Vertragshändler oft die Denkweise des Herstellers und treten engagiert für ihre Produkte ein. Ein weiterer Vorteil liegt in dem meist umfassenden Kundenstamm, der Marktkenntnis und der Marktnähe, die der Vertragshändler hat. Große Händler verfügen oft über einen Stamm eigener Außendienstmitarbeiter, die wiederum Produkte beim Kunden vorstellen und verkaufen. Dadurch wird die Präsenz des Produktes am Markt verstärkt.

– Der **Nachteil** liegt darin, dass diesen Händlern für die Wahrnehmung ihrer Funktionen häufig ein hoher Rabattsatz gewährt werden muss. Weiterhin ist nicht sichergestellt, dass Vertragshändler, die auch Wettbewerbsprodukte führen, immer im Sinne des Herstellers am Markt agieren.

Mehr Freiheiten für Händler ab 2003 (Vertikale Gruppenfreistellungs-Verordnung)

EU-Richtlinien

Ab Herbst 2003 tritt die Entscheidung der EU-Kommission für mehr Liberalisierung im Auto-Handel in Kraft. Dass ein Neuwagen nur beim Vertragshändler gekauft und gewartet werden kann, ist damit Vergangenheit.

Kernpunkt der Neuregelung ist die Stärkung des Händlers gegenüber dem Autohersteller. Künftig können Auto-Händler freier als bisher entscheiden, welche Marken sie anbieten wollen. Zwar sollen Autobauer immer noch Auflagen machen und sich wahlweise auch für ein exklusives Händlernetz entscheiden können. Der Händler darf aber gleichzeitig mehrere Marken vertreten und muss Kunden außerhalb seines Absatzgebietes nicht mehr abweisen. Je nach Vertriebssystem darf der Händler auch europaweit aktiv für sein Angebot werben und in anderen Mitgliedstaaten Verkaufsstellen eröffnen.

Hierbei müssen sich die Autohersteller zwischen zwei Vertriebssystemen entscheiden – dem **selektiven** und dem **exklusiven System.**

Im **exklusiven** System behalten Händler ihre exklusiven Verkaufsgebiete, können die Autos jedoch nach Belieben an Supermärkte und andere Weiterverkäufer abgeben.

Im **selektiven** System ist der Weiterverkauf an Internethändler und Supermärkte ausgeschlossen, allerdings behalten die Händler ab Oktober 2005 keine exklusiven Vertriebsgebiete mehr. Händler dürfen in anderen EU-Staaten Verkaufsräume eröffnen, was den grenzüberschreitenden Autohandel erleichtert.

In beiden Systemen dürfen Hersteller den Händlern keine Obergrenzen mehr bei der Fahrzeugzuteilung vorgeben. Vielmehr muss jeder Händler so viele Autos bekommen, wie er verkaufen kann.

Auch das Monopol der Autohersteller auf Ersatzteile ist nicht mehr zulässig. Künftig können Teile direkt vom Zulieferer vermarktet werden. Freie Werkstätten haben jetzt ein Recht auf Einblick in die Unterlagen der einzelnen Modelle und Zugang zu den Ersatzteilen. Damit will die EU-Kommission gewährleisten, dass sich Kunden künftig für Wartung und Reparaturen – die 40 Prozent der Kosten eines Autos darstellen – die günstigste Werkstatt aussuchen können.

Die Neuregelung soll ab Herbst 2003 umgesetzt werden. Die Kommission erhofft sich dadurch eine Anpassung der Preise. Derzeit variieren diese in der EU je nach Modell um bis zu 35 Prozent.

Franchise-Systeme

◆ Ein recht junges Vertriebskonzept ist das **Franchise[1]-Systeme,** das in den letzten Jahren immer größere Verbreitung gefunden hat.

Es handelt sich beim Franchising um ein **vertikal organisiertes Absatzsystem** rechtlich selbstständiger Unternehmen auf der Basis eines vertraglichen Dauerschuldverhältnisses. Das System tritt am Markt einheitlich auf und wird geprägt durch ein arbeitsteiliges Leistungsprogramm der Systempartner.

Beispiel   Die 10 größten Franchise-Systeme im Handel

Rang	Firma	Branche	Zahl der Franchise-Nehmer
1	Porst	Foto- und Elektronikfachgeschäfte	2.715
2	Foto-Quelle	Fotofachgeschäfte	1.160
3	Quick-Schuh	Schuhfachgeschäfte	441
4	OBI	Bau- und Heimwerkermärkte	249
5	Ihr Platz	Drogeriemärkte	155
6	Deutsche Goodyear	Reifen- und Autoservice	120
7	Der Teeladen	Teefachgeschäfte	66
8	Mc Shirt	Bedrucken von Textilien	65
9	Nicolas Scholz	Männermode	52
10	Marc O'Polo	Modeboutiquen	49

---

[1] **franchise** englisch = Wahlrecht, Konzession

– Das Leistungsprogramm des Franchise-Gebers ist das **Franchise-Paket**. Es besteht aus einem Beschaffungs-, Absatz- und Organisationskonzept, dem Nutzungsrecht an Schutzrechten (der Firma oder bestimmter Marken), der Ausbildung des Franchise-Nehmers und der Verpflichtung des Franchise-Gebers, den Franchise-Nehmer aktiv und laufend zu unterstützen.

Leistungs-programm

– Der Franchise-Nehmer ist **im eigenen Namen und auf eigene Rechnung** tätig. Er hat das Recht und die Pflicht, das Franchise-Paket gegen Entgelt zu nutzen. Als Leistungsbeitrag liefert er Arbeit, Kapital und Informationen.

> **Beispiel** Ein Franchise-Vertrag für ein Papierwarenfachgeschäft sieht z. B. eine Einstiegsgebühr von 10.000,00 EUR und eine monatliche Gebühr von 4 % vom Umsatz vor.

– Der Franchise-Geber stellt dem Franchise-Nehmer ein **komplettes Marketing-Konzept** zur Verfügung, das dieser gegen ein entsprechendes Entgelt nutzen darf. Obwohl das Franchise-Unternehmen außenstehenden Dritten gegenüber wie eine Verkaufsniederlassung des Herstellers erscheint, bleibt der Franchisenehmer selbstständiger Kaufmann i. S. des HGB.

Marketing-konzept

> **Beispiel** Neben den genannten Handelsbetrieben sind z. B. folgende weitere Betreiber von Franchise-Systemen am Markt: BurgerKing, Coca-Cola, Eismann, Hertz-Autovermietung, Holiday Inn, Mc Donald's, Wienerwald

– Je nach Vertragsgestaltung und Branche sind **Leistung und Gegenleistung unterschiedlich.** Im Bereich der alkoholfreien Getränke produziert der Hersteller z. B. das Konzentrat eines Getränkes und vergibt Lizenzen an Großhändler, die dieses Konzentrat durch Zugabe von Wasser etc. zu dem verkaufsfähigen Getränk machen und unter dem Namen des Franchise-Gebers in einem begrenzten Gebiet exklusiv anbieten. Der Franchise-Geber unterstützt den Verkauf durch Maßnahmen im Bereich der Kommunikationspolitik. Wesentlich umfangreicher können die Verpflichtungen im Hotel- und Gaststättenbereich sein. Hier wird der Franchise-Nehmer oft dazu verpflichtet, die Einrichtung, das Geschirr, die Ausstattung und alle Rohstoffe vom Franchise-Geber zu übernehmen. Darüberhinaus kann die Verpflichtung zur Inanspruchnahme von Dienstleistungen des Franchise-Gebers, wie z. B. das Rechnungswesen oder Schulungsmaßnahmen, bestehen.

Spezielle Modalitäten

– Der **Vorteil** für die Franchise-Nehmer besteht in den günstigen Einkaufsbedingungen, die durch den Franchise-Geber ausgehandelt werden. Hierbei zahlt sich die Massenkaufkraft der Franchise-Nehmer als Gruppe aus. Weiterhin werden auch logistische Aufgaben, wie beispielsweise die Bevorratung von Waren, vom Franchise-Geber übernommen. Die durch den Franchise-Geber entwickelten Marketingkonzepte, Werbekampagnen, Hilfen bei der Standortwahl oder baulichen Fragen, könnte ein einzelner Selbstständiger in der Professionalität und Öffentlichkeitswirksamkeit oft nicht leisten. Das Risiko des Scheiterns bei einer Existenzgründung wird hierdurch deutlich verringert.

> **Beispiel** Nach Auskunft des Deutschen Franchise-Verbandes (DFV) geben nur 2,5 % der Franchise-Nehmer-Betriebe aus betriebswirtschaftlichen Gründen auf. Die Durchschnittsrate der Betriebsaufgabe liegt je nach Branche in den ersten drei Jaren bei bis zu 60 %.
> Informationen unter **www.dfv-franchise.de** (Franchise-Geber)
> **www.dfnv.de** (Franchise-Nehmer)

– **Nachteil** ist, dass der Franchise-Geber für seine Aktivitäten ein Entgelt verlangt. Weiterhin muss der Franchise-Nehmer oft enge Abnahmebindungen eingehen, die ihn verpflichten, Einrichtungen, Bedarfsartikel etc. vom Franchise-Geber zu kaufen. Er ist dadurch ohne großen eigenständigen Spielraum an das Gesamtkonzept des Franchise-Gebers gebunden. So muss er Verkaufspreise, Marketingstrategien oder Werbekampagnen übernehmen. Die Selbstständigkeit des Franchise-Nehmers ist dadurch stark eingeschränkt.

> **Beispiel** Die Franchise-Gebühr in Höhe von 3 bis 4% vom Umsatz kann in knapp kalkulierenden Branchen des Handels die Gewinnspanne nicht unerheblich einschränken.

– Um bei Abschluss eines **Franchise-Vertrages** keine Risiken einzugehen, empfiehlt der Deutsche Franchise-Verband in München die Beachtung folgender Fragen:

Vertragsbedingungen im Franchise-Vertrag

1. Enthält der Vertrag eine detaillierte Beschreibung des Franchise Systems? Sind darin auch Firmenzeichen, Markenzeichen und Patente aufgeführt?

2. Der Vertragsnehmer kann innerhalb einer Woche vom Vertrag zurücktreten. Ist der Beginn dieser Widerrufsfrist verbindlich angegeben?

3. Wie weit gehen die Nutzungsrechte des Franchise-Nehmers am Markennamen?

4. Wie groß sind die Eingriffsmöglichkeiten des Franchise-Gebers auf den Geschäftsbetrieb?

5. Sind die Beratungs- und Unterstützungsleistungen des Franchise-Gebers im Vertrag enthalten?

6. Sind diese Leistungen ausreichend und anderen nicht zugänglich?

7. Ist eine Vertragslaufzeit angegeben?

8. Gibt es angemessene Regelungen über das Vertragsende?

4.1.3   Unternehmensexterne Distributionsorgane

Unternehmensexterne Distributionsorgane

Unternehmensexterne Distributionsorgane (Absatzhelfer) sind der Handelsvertreter, der Kommissionär und der Handelsmakler.

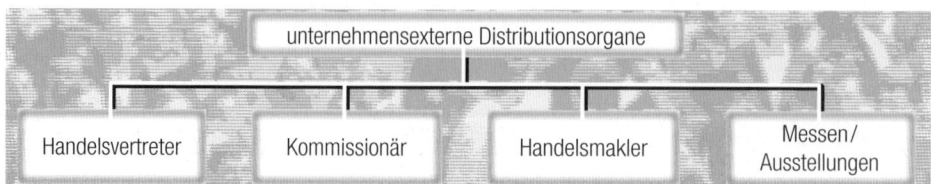

◆ Der **Handelsvertreter** (vgl. S. 181) ist Kannkaufmann i.S. des § 2 HGB. Seine Tätigkeit ist in den §§ 84 – 92 HGB geregelt.

Der Einsatz von Handelsvertretern

> **§ 84 Abs. 1 HGB**
> „Handelsvertreter ist, wer als selbstständiger Gewerbetreibender ständig damit betraut ist, für einen anderen Unternehmer Geschäfte zu vermitteln oder in dessen Namen abzuschließen. Selbstständig ist, wer im Wesentlichen frei seine Tätigkeit gestalten und seine Arbeitszeit bestimmen kann."

Der Handelsvertreter handelt **in fremdem Namen und für fremde Rechnung**. Als Vergütung erhält er eine Provision. Er kann als Einfirmenvertreter ein Unternehmen oder als Mehrfirmenvertreter unterschiedliche Unternehmen vertreten, deren Produkte er im Sortiment anbietet. Oft unterhalten Handelsvertreter eigene Auslieferungslager oder beschäftigen eigene Mitarbeiter im Außendienst.

- **Vorteil** des Einsatzes von Handelsvertretern ist die direkte Umsatzabhängigkeit der Kosten. Ist der Umsatz gering, fällt eine geringe Provisionssumme an. Darüber hinaus müssen keine Investitionen zur Einrichtung eines Arbeitsplatzes getätigt werden, und die Lohnnebenkosten entfallen. Aufgrund seiner Unabhängigkeit hat der Handelsvertreter insbesondere bei Neukunden eine hohe Glaubwürdigkeit. Der Kunde geht davon aus, dass er objektiver beraten wird und die für ihn günstigsten Produkte zusammengestellt werden. Das Unternehmen profitiert vom vorhandenen Kundenstamm des Handelsvertreters. Da er nur von der Provision abgeschlossener Verträge lebt, ist er hochmotiviert und wird jede Gelegenheit zum Abschluss nutzen.

- **Nachteil** ist, dass der Handelsvertreter nur solche Produkte in sein Sortiment aufnimmt, von denen er sich einen hohen Umsatz erhofft. Stark erklärungsbedürftige Produkte und Nischenprodukte wird er nur ungern vertreten, da diese arbeitsintensiv und mit dem Risiko des Scheiterns behaftet sind. Der Handelsvertreter ist nicht weisungsgebunden. Nachteile von Produkten wird er den Kunden gegenüber offener ansprechen. Bei umsatzstarken Produkten kann die Provision des Handelsvertreters die Kosten des Reisenden übersteigen.

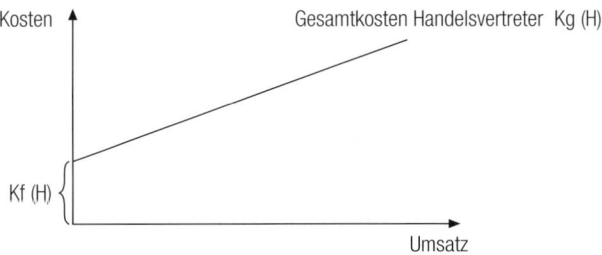

Der Produktmanager der Sauer GmbH überlegt, ob er für die Markteinführung des neuen Dragees auf den Einsatz von Handelsvertretern zurückgreift, da diese bereits über weitreichende Kontakte zu Apotheken und Drogerien verfügen.

◆ Die Rechtsstellung des **Kommissionärs** ist in den §§ 383 ff. HGB geregelt.

Kommissionär

> **§ 383 HGB**
> „Kommissionär ist, wer es gewerbsmäßig übernimmt, Waren oder Wertpapiere für Rechnung eines anderen (des Kommittenten) in eigenem Namen zu kaufen oder zu verkaufen."

Im Unterschied zum Handelsvertreter tritt der Kommissionär also **in eigenem Namen** auf. Für seine Tätigkeit erhält er eine umsatzabhängige Provision.

Beispiel Ein Börsenmakler kauft an der Wertpapierbörse in eigenem Namen für einen Kunden Aktien. Er berechnet dem Kunden eine Provision.

– Der **Vorteil** des Einsatzes von Kommissionären ist, dass diese über Marktkenntnis verfügen und dem Auftraggeber eine fertige Verkaufsorganisation zur Verfügung stellen können.

– **Nachteil** kann das geringere Engagement des Kommissionärs sein, da er nicht verkaufen muss.

Einer großen Handelskette ist das Risiko der Markteinführung des neuen Dragees zu groß. Die Sauer AG bietet an, die Ware in Kommission zu liefern.

Handelsmakler

◆ Wer **Handelsmakler** ist, regeln die §§ 93 ff HGB.

> **§ 93 Abs. 1 HGB**
> „Wer gewerbsmäßig für andere Personen, ohne von ihnen aufgrund eines Vertragsverhältnisses ständig damit betraut zu sein, die Vermittlung von Verträgen über Anschaffung oder Veräußerung von Waren oder Wertpapieren, über Versicherungen, Güterbeförderung, Schiffsmiete oder sonstige Gegenstände des Handelsverkehrs übernimmt, hat die Rechte und Pflichten eines Handelsmaklers".

Die Aufgabe des Handelsmaklers besteht darin, **vertragswillige Partner zusammenzuführen**. Er sucht sich die Partner für den Abschluss der Verträge von Fall zu Fall, oder diese wenden sich an ihn. Dabei hat er die Interessen beiden Partner zu wahren. Nach Abschluss des Geschäftes erhält der Makler seine Maklergebühr (Courtage). Ist keine andere Abrede getroffen, wird die Courtage von beiden Vertragspartnern je zur Hälfte gezahlt.

Messen und Ausstellungen

◆ **Messen und Ausstellungen** (vgl. S. 204) werden vom Zentralausschuss der Werbewirtschaft (ZAW) wie folgt definiert:

– „**Messen** sind Veranstaltungen mit Marktcharakter, die ein umfassendes Angebot eines oder mehrerer Wirtschaftszweige bieten. Sie finden im allgemeinen in regelmäßigem Turnus am gleichen Ort statt. Auf Messen wird aufgrund von Mustern für den Wiederverkauf oder für gewerbliche Verwender verkauft. Der Zutritt zur Messe ist grundsätzlich dem Fachbesucher vorbehalten."

Beispiel Internationale Möbelmesse, Optica, Herrenmodewoche
(Informationen im Internet: http://www.koelnmesse.de).

– „**Fachausstellungen** dienen der aufklärenden und werbenden Darstellung einzelner Wirtschaftszweige und sprechen neben den Fachkreisen auch die Allgemeinheit an."

Beispiel boot, Grüne Woche, Funkausstellung

– „**Allgemeine Ausstellungen** sind Veranstaltungen, die sich aufklärend und werbend für bestimmte Wirtschaftsräume oder Wirtschaftsprobleme an die Allgemeinheit wenden. Ausstellungen können dem Verkauf dienen."

Beispiel Bundesgartenschau

Der Messeplatz Deutschland ist weltweit die Nr. 1 bei internationalen Messen. Von den global führenden Messen, den Leitmessen der jeweiligen Branchen, finden rund zwei Drittel in Deutschland statt.

Jährlich werden etwa 130 bedeutende internationale Messen auf diesen Plätzen durchgeführt. Im Folgenden sind die wichtigsten deutschen Messeplätze aufgeführt:

Berlin	Konsumgüter
Köln	Konsumgüter
Leipzig	Konsumgüter
München	Konsumgüter und Investitionsgüter
Düsseldorf	Konsumgüter
Nürnberg	Investitionsgüter
Frankfurt	Investitionsgüter
Stuttgart	Investitionsgüter
Hamburg	Konsumgüter
Hannover	Konsumgüter und Investitionsgüter

Messen oder Ausstellungen stellen also zeitlich begrenzte Veranstaltungen dar, die einem breiten Publikum an einem zentralen Punkt die Möglichkeit geben, ein bestimmtes Produktprogramm kennen zu lernen. Der Umfang und die angesprochene **Zielgruppe** einer solchen Veranstaltung ist sehr unterschiedlich. Fachmessen, Handelsmessen, Jahres-, Wochen- und Tagesmärkte, Großmärkte, Ausstellungen, Musterschauen, Auktionen und Warenbörsen bis hin zu ständigen Ausstellungen können hierunter gefasst werden. Je nach Charakter der Veranstaltung wird ein breites Publikum oder nur ein spezifisches Fachpublikum angesprochen. Sowohl für Kunden als auch für Wettbewerber bieten Messen gute Vergleichsgrundlagen. Messen bilden die Sprungbretter für Neuprodukte. Für Interessenten sind gerade die Innovationen ein wichtiger Grund, eine Messe zu besuchen.

Beispiel Auf den großen öffentlichkeitswirksamen Messen und Ausstellungen wie der IAA in Frankfurt, der Cebit in Hannover, der IFMA in Köln oder der Internationalen Funkausstellung in Berlin werden regelmäßig die Neuheiten der Branche vorgestellt.

Die **Kosten** für die Aussteller sind sehr hoch. Sie setzen sich aus der Standmiete, den Kosten der Exponate, den Kosten für Standbau und -versorgung, für Werbung, Pressearbeit und Verkaufsförderung sowie den Personalkosten zusammen.

Kostenstruktur

Für die **Kalkulation der Kosten** haben sich folgende Durchschnittswerte für die wesentlichen Kostenpositionen ergeben (Quelle: IHK Frankfurt):

● Anmietung der Ausstellungsfläche (Standmiete)	15 %
● Anmietung eines Standbausystems mit Auf- und Abbau inklusive Ausstattung und Gestaltung	39 %
● Kosten für Standservice und Kommunikation	12 %
● Personal- und Reisekosten	21 %
● Standunterhaltungskosten (Energie, Entsorgung, Ausweise etc.)	5 %
● Transport und Handling	3 %
● Sonstige nicht näher spezifizierte Kosten	5 %

Je nach Veranstaltungsart und Unternehmensgröße führt die Übertragung dieser Werte zu einem durchschnittlichen Kostensatz von 230,00 EUR/m^2 bis 770 EUR/m^2, im Gesamtdurchschnitt liegen die Kosten bei ca. 590,00 EUR/m^2.

Kosten und Nutzen

Die Kosten müssen dem erwarteten **Nutzen** gegenübergestellt werden. Gerade kleinere Aussteller werden auf großen Messen häufig übersehen, da das Publikum durch die Vielzahl der Aussteller überfordert wird.

Checkliste: Vor- und Nachkalkulation für ein Messe-Aktionsprogramm

	Relevant	TEUR	Plan	Ist	Abwei- chung %
1. Grundkosten 1.1. Standmiete 1.2. Beteiligung (Katalogeintragungen, Energieanschlüsse, Telefon)					
2. Standgestaltung- und Standbaukosten Werbestudio: 2.1. Graphische Arbeiten (Polster, Blenden, Layout, Satz) 2.2. Standzeichnungen/ Standbeschreibung 2.3. Fotoarbeiten (color, s/w, repro) 2.4. Kabinenfotos 2.5. Ausschreibung für Angebote, Fremdleistungen 2.6. Kompletter Messestand (Auf- und Abbau, Lagerung)					
3. Betriebskosten 3.1. Bewachung 3.2. Reinigung 3.3. Verpflegung, Getränke 3.4. Versicherung 3.5. Werbeartikel 3.6. Material für Standaufbau (Kleinmaterial)					
4. Konzeption 4.1. Entwicklung Rahmenkonzept/ Budgetplan 4.2. Maßnahmeplanung 4.3. Agenturkosten 4.4. Maßnahmedesign/ Koordination					
5. Vorbereitungsaktivitäten 5.1. Messeanzeigen (Herstellung und Streuung) 5.2. Korrespondenzaufkleber 5.3. Einladungen – Entwicklung/ Druck – Adressenaufnahme/ Selektion – Personalisierte Anschreiben – Materialkosten/ Porto – Rücklaufkontrolle/ Antwortkarten – Nachfassen per Telefon/ Fax – Give-aways (VIP-Karte) 5.4. Incentives (Standbesucher/ Standmannschaft) – Planung und Vorbereitung, Durchführungskosten 5.5. Vorbereitung der Standmannschaft – schriftliche Information, Messeworkshops					
6. Transportkosten 6.1. Exponate 6.2. Werbemittel/ Drucksachen 6.3. Spedition					
7. Exponatekosten 7.1. Entwicklung/ Anfertigung der Messeexponate 7.2. Demonstrationsunterstützende Maßnahmen					

8. Personalkosten 8.1. Gehalt (anteilig) Verkaufsmannschaft 8.2. Gehalt Fremdpersonal (Aushilfen) 8.3. Kosten Aufbaupersonal (Flug, Hotel, Spesen) 8.4. Hotel und Spesen 8.5. Reisekosten Standmannschaft					
9. Kosten für messebegleitende Aktivitäten 9.1. Anzeigen (Herstellung und Streuung) 9.2. Pressekonferenz 9.3. Pressenotizen 9.4. Bewirtungskosten (Einladungen außerhalb der Messe) 9.5. Give-aways 9.6. Prospekte, die ausschließlich für die Messe hergestellt wer-den					

10. Kosten für Follow-up-Aktivitäten
10.1. Personalisierte Anschreiben
    – Dank/ Messebuch, Bedauern/ Fernbleiben, Versand/
    – Prospekte/ VIP-Karte
10.2. Nachmesseartikel (Fachpresse)
10.3. EDV-Nachverfolgung gewichteter Kontakte
10.4. Auswertungs-Workshop					

Weitere Informationen unter **www.auma.de**

Auf der Internationalen Süßwarenmesse präsentieren sich 1.200 Aussteller auf einer Fläche von 74.000 m². In der Marketing-Abteilung der Sauer GmbH wird diskutiert, ob sich ein mittelständisches Unternehmen in einem solchen Rahmen behaupten kann. Bei einem Gewinn in Höhe von 10% vom Umsatz und kalkulierten Kosten für die Messe in Höhe von 75.000,00 EUR müssen Aufträge in Höhe von 0,75 Mio EUR geschrieben werden, um die Kosten zu erwirtschaften.

Der **Vorteil** der Teilnahme an einer Messe oder Ausstellung liegt darin, dass einem breiten Publikum Produkte sehr konzentriert vorgestellt werden können. Für das Fachpublikum sollten separate Tage eingerichtet werden, damit die Aussteller Zeit zu Gesprächen und zum Vertragsabschluss mit Fachkunden finden können.

Wesentlicher **Nachteil** der Teilnahme an Messen und Ausstellungen sind die hohen Kosten.

4.1.4 Handelsvertreter oder Reisender

In der Praxis stellt sich im Rahmen der Distributionspolitik häufig das **Entscheidungsproblem zwischen dem Verkauf durch eigene Reisende oder durch Handelsvertreter**. Bei dieser Entscheidung sollten unternehmens- und marktbezogene Kriterien Berücksichtigung finden.

◆ **Unternehmensbezogene Kriterien:**

Kriterienkatalog für die Entscheidung

– **Erklärungsbedürftigkeit des Produktes**
  Technisch komplizierte und erklärungsbedürftige Produkte können i.d.R. besser durch Reisende vertrieben werden. Sie sind für ihr Produkt besser ausgebildet und können produktspezifisch geschult werden.

– **Geschäftsumfang des Unternehmens**

Kleine Unternehmen können sich in der Phase der Gründung oder der Markteinführung keinen kostenintensiven Außendienst leisten. Hier ist der Einsatz von Handelsvertretern sinnvoll.

– **Steuer- und Kontrollmöglichkeiten**

Der Reisende ist als weisungsgebundener Angestellter gut steuer- und kontrollierbar. Beim Einsatz von Handelsvertretern gibt es aufgrund der rechtlichen Selbstständigkeit nur wenig Möglichkeiten der Einflussnahme.

– **Verkaufsorgane als Informationsquelle**

Reisende können im Rahmen der Marktforschung zur Konkurrenzbeobachtung eingesetzt werden. Außendienstberichte können kurzfristiger angefordert werden, als dies von einem Handelsvertreter verlangt werden kann.

– **Auslieferungsläger**

Handelsvertreter verfügen oft über eigene Lager und können so Lagerung, Auslieferung und Zustellung für das Unternehmen übernehmen.

Kosten-vergleich

– **Kosten der Verkaufsorgane**

Soll zwischen Handelsvertreter und Reisendem ein Kostenvergleich durchgeführt werden, müssen die Fixkosten des Reisenden $Kf_{(R)}$, die Fixkosten des Handelsvertreters $Kf_{(H)}$, der Provisionssatz des Reisenden $P_{(R)}$, der Provisionssatz des Handelsvertreters $P_{(H)}$ bei einem gegebenen Umsatz (U) verglichen werden. Der Zusammenhang zwischen Kosten und Umsatz der Alternativen lässt sich rechnerisch, grafisch und mithilfe eines Tabellenkalkulations-Programmes darstellen.

Rechnerische Ermittlung der Gesamtkosten von Handelsvertreter und Reisendem:

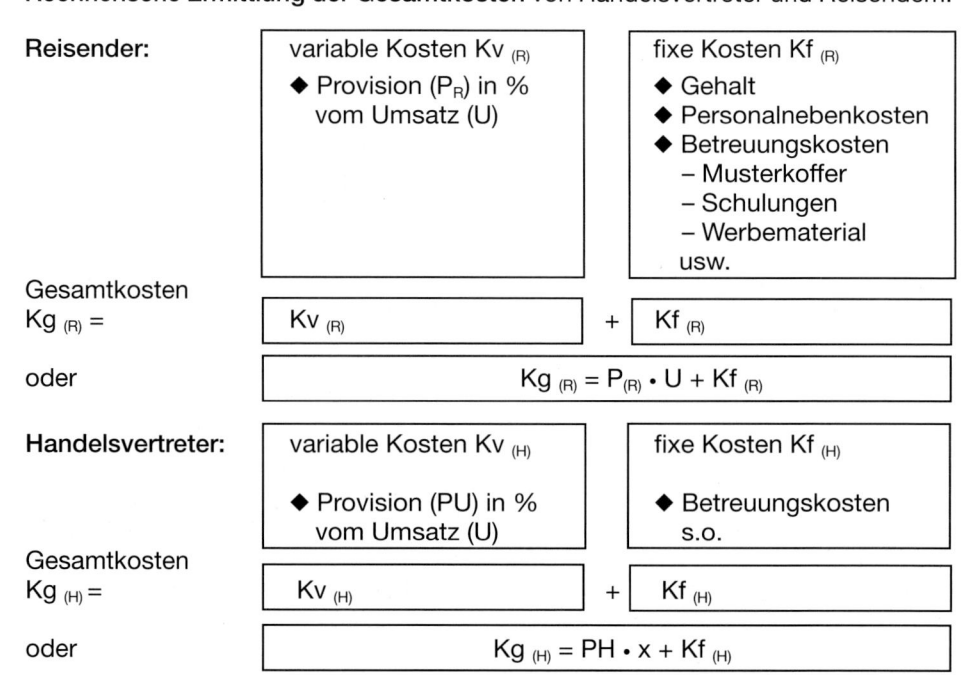

Reisender:

variable Kosten Kv $_{(R)}$	fixe Kosten Kf $_{(R)}$

◆ Provision (P_R) in % vom Umsatz (U)	◆ Gehalt
	◆ Personalnebenkosten
	◆ Betreuungskosten
	  – Musterkoffer
	  – Schulungen
	  – Werbematerial
	  usw.

Gesamtkosten
$Kg_{(R)} =$ Kv $_{(R)}$ +   Kf $_{(R)}$

oder $Kg_{(R)} = P_{(R)} \cdot U + Kf_{(R)}$

Handelsvertreter:

variable Kosten Kv $_{(H)}$	fixe Kosten Kf $_{(H)}$
◆ Provision (PU) in % vom Umsatz (U)	◆ Betreuungskosten s.o.

Gesamtkosten
$Kg_{(H)} =$ Kv $_{(H)}$ +   Kf $_{(H)}$

oder $Kg_{(H)} = PH \cdot x + Kf_{(H)}$

Beispiel Ein Unternehmen will die Entscheidung zwischen Handelsvertreter und Reisendem unter Kostengesichtspunkten treffen. Es liegen folgende Zahlen vor:

Erwarteter Umsatz   100.000,00 EUR/Monat
Fixum Handelsvertreter   1.600,00 EUR/Monat
Provision Handelsvertreter   6% vom Umsatz
Fixum Reisender   3.600,00 EUR
Provision Reisender   1% vom Umsatz

$$Kg_{(H)} = (P_{(H)} \cdot U) + Kf_{(H)}$$

$$Kg_{(H)} = \frac{(6 \cdot 100.000,00)}{100} + 1.600,00 = \underline{7.600,00\ EUR}$$

$$Kg_{(R)} = (P_{(R)} \cdot U) + Kf_{(R)}$$

$$Kg_{(R)} = \frac{1 \cdot 100.000}{100} + 3.600,00 = \underline{4.600,00\ EUR}$$

Der Handelsvertreter verursacht unter den angegebenen Bedingungen deutlich höhere Kosten.

Grafische Ermittlung der Kosten von Handelsvertreter und Reisendem:

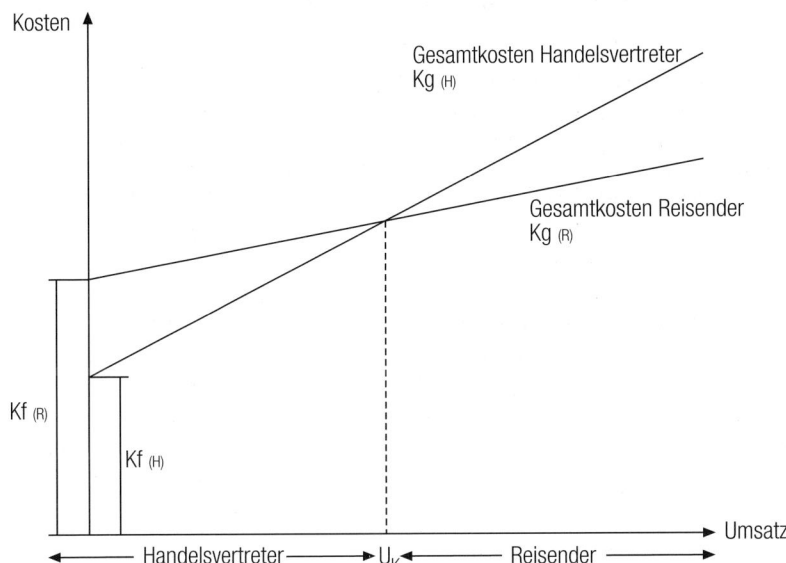

Die jeweilige **Steigung** der Graphen wird durch die Höhe des Provisionssatzes definiert. Die Gesamtkosten werden durch die beiden linearen Funktionen

$$K_{(H)} = P_{(H)} \cdot U + Kf_{(H)}$$
$$K_{(R)} = P_{(R)} \cdot U + Kf_{(R)}$$

bestimmt.

Die **Ermittlung des kritschen Umsatzes** (oder der kritischen Menge), bei der die Kosten von Handelsvertreter und Reisendem gleich sind, wird folgendermaßen durchgeführt:

Gesucht wird der Schnittpunkt beider Graphen, d.h. der Umsatz, bei dem $K_{(R)} = K_{(H)}$ ist. Hierzu werden die beiden Funktionsgleichungen gleichgesetzt:

$$K_{(H)} = K_{(R)} \rightarrow P_{(H)}(U) + Kf_{(H)} = PR(U) + Kf_{(R)}$$

Kritischer
Umsatz/
Kritische
Menge

Durch Umstellung der Gleichung lässt sich der kritische Umsatz (X krit) errechnen, bei dem die Kosten des Handelsvertreters und die des Reisenden gleich sind.

$$(P_{(H)} \cdot U) - (P_{(R)} \cdot U) = Kf_{(R)} - Kf_{(H)}$$
$$U (P_{(H)} - P_{(R)}) = Kf_{(R)} - Kf_{(H)}$$

$$U_{krit} = \frac{Kf_{(R)} - Kf_{(H)}}{P_{(H)} - P_{(R)}}$$

Ist der Umsatz größer als der kritische Umsatz, sollten aus Kostengesichtspunkten Reisende eingesetzt werden; ist er kleiner, ist der Einsatz von Handelsvertretern sinnvoll.

Die Reisenden der Sauer GmbH erhalten ein Fixum von 1 800,00 EUR pro Monat und eine Provision von 1%. Der Produktmanager ermittelt, dass die ortsansässigen Handelsvertreter bereit wären, das Produkt bei einer Provision von 3% und einem Fixum von 800,00 EUR/Monat in ihr Sortiment aufzunehmen. Er ermittelt den kritischen Umsatz wie folgt:

$$U_{krit} = \frac{Kf_{(R)} - Kf_{(H)}}{P_{(H)} - P_{(R)}}$$

$$= \frac{(1\,800,00 - 800,00)}{(0,03 - 0,01)} = \frac{1000}{0,02} = 50\,000,00$$

Der Produktmanager weiß jetzt, dass der Einsatz von Handelsvertretern bis zu einem Umsatz von 50 000,00 EUR sinnvoll ist. Übersteigt der Umsatz diese Größe, sollten Reisende eingesetzt weden.

Spezielle Auswahl-kriterien

◆ Marktbezogene Auswahlkriterien

– Kundendichte
  Ein dünnes Kundennetz in einem weiträumigen Verkaufsgebiet kann in der Regel kostengünstiger von einem Handelsvertreter bedient werden. Er kann die vereinzelten Kunden in sein vorhandenes Kundennetz eingliedern und diese ohne großen zeitlichen Mehraufwand besuchen.

– Verkauf von Saisonartikeln
  Da Reisende beim Verkauf von Saisonartikeln nicht gleichmäßig ausgelastet sind, bietet sich auch hier der Einsatz von Handelsvertretern an. Dieser kann sein Sortiment auf die unterschiedlichen saisonalen Schwankungen abstimmen.

Aufgrund der Saisonabhängigkeit des Sortiments überlegt der Produktmanager der Sauer GmbH, ob es nicht sinnvoller ist, Handelsvertreter einzusetzen.

– Markteinführung
  Der Handelsvertreter verfügt bereits über gute Kundenkontakte, die sich im Rahmen einer Markteinführung nutzen lassen.

Um eine fundierte Entscheidungsgrundlage über den Einsatz der Absatzmittler zu bekommen, kann der Unternehmer neben der Kostenanalyse eine **Nutzenwert-analyse** durchführen. Diese berücksichtigt neben reinen quantitativen auch qualitative Gesichtspunkte. Um eine solche Nutzenwertanalyse anwenden zu können, muss die Geschäftsleitung im Vorfeld wissen, welche Absatzmittler welche Vor- bzw. Nachteile aufweisen.

Nutzenwert-analyse

Beispiel	Die Geschäftsleitung legt besonderen Wert auf unten aufgeführte Merkmale der Absatzmittler. In einem ersten Schritt muss sie die einzelnen Entscheidungskriterien durch Vergabe von Punkten (0 bis max. 3) bewerten. 3 Punkte werden vergeben, wenn das jeweilige qualitative Entscheidungskriterium vom betreffenden Absatzmittler voll erfüllt wird. In einem zweiten Schritt werden die vergebenen Punkte mit der Gewichtung multipliziert und anschließend aufaddiert. Daraufhin kann die Geschäftsleitung eine sicherere Entscheidung treffen.

Beurteilungskriterien	Gewichtung	Handelsvertreter		Reisender	
Kosten		Punkte einzeln	Punkte gesamt	Punkte einzeln	Punkte gesamt
Weisungsgebundenheit	10				
Eigeninteresse am Umsatz	40				
Marktübersicht	20				
Betreuung von Kunden	30				
	$\Sigma = 100$		$\Sigma =$		$\Sigma =$

4.1.5 Der indirekte Absatz

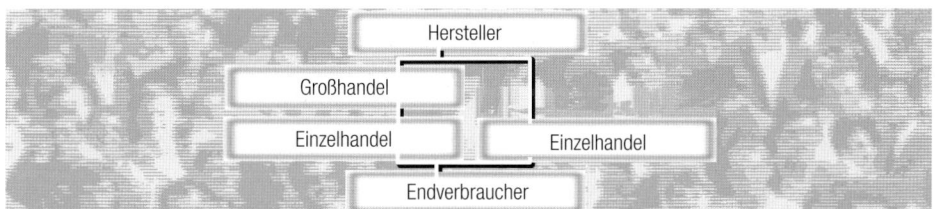

Als indirekter Absatz wird der **Absatz unter Einschaltung des Handels** bezeichnet.

Funktionen des Handels

Der Handel übernimmt in erster Linie die Verteilung der Güter und verringert so die Zahl der Kontakte zwischen Hersteller und Endverbraucher. Daneben übernimmt er folgende weitere **Funktionen:** (vgl. auch Lerchenmüller, M., Handelsbetriebslehre, Ludwigshafen 1992)

– **Sortimentsbildung**

Der Einzelhandel wählt aus dem Angebot einer Vielzahl von Produzenten die Waren aus, die den Bedürfnissen seiner potenziellen Kunden entsprechen und stellt sie zu einem Sortiment zusammen.

Beispiel	Ein Herrenausstatter bietet im Stil aufeinander abgestimmte Bekleidung an.

– **Markterschließung**

Der Handel kennt die Wünsche und Bedürfnisse seiner Kunden. Dieses Wissen ist eine wichtige Informationsquelle für die Produzenten, die sich so rechtzeitig auf Marktentwicklungen einstellen können. Werden neue Produkte angeboten, kann der Handel über den Verwendungszweck informieren.

Beispiel   Durch geeignete Plazierungs- und Werbemaßnahmen unterstützt der Handel die Neueinführung eines Produktes.

– Raumüberbrückung

Der Handel transportiert die Ware vom Ort der Produktion zum Kunden.

Beispiel   Durch das engmaschige Filialnetz im Lebensmittel-Einzelhandel können sich die Kunden i. d. R. in unmittelbarer Nähe des Wohnortes versorgen.

– Warenverteilung

Der Handel kauft Waren in großen Mengen ein und verkauft sie in bedarfsgerechten Mengen an die Kunden.

Beispiel   Der Lebensmittel-Einzelhandel portioniert Fleisch.

– Lagerhaltung

Der Handel übernimmt die Vorratshaltung für den Kunden.

Beispiel   Die „Lagerhaltung" in den Haushalten ist i. d. R. auf ein Minimum beschränkt, da die Ware jederzeit verfügbar ist.

– Warenveredelung

Waren werden durch den Handel durch Reifen, Mischen oder Rösten veredelt oder erst verkaufsfertig gemacht.

Beispiel   Käse und Wein erreichen erst durch das Reifen die gewünschte Qualität.

– Kundenberatung

Der Handel informiert, vergleicht und bietet dem Kunden im Rahmen der Beratung Problemlösungen an.

Beispiel   Erklärungsbedürftige Produkte wären ohne die Beratung des Handels nur schwer verkäuflich.

– Kundendienst

Kundendienst und Service vor Ort unterstützen den Verkauf der Ware oder machen ihn erst möglich.

Beispiel   Im Textil-Einzelhandel werden Bekleidungsstücke geändert.

Aufgrund des Rückgangs der Zahl der Drogerien entschließt sich der Produktmanager der Sauer GmbH, die neuen Dragees auch über den Lebensmittel-Einzelhandel anzubieten.

Grundsätzlich kann ein Hersteller den **Großhandel** und den **Einzelhandel** beliefern. Der Großhandel liefert dabei an den Einzelhandel oder an Großabnehmer, der Einzelhandel direkt an den Endverbraucher. Auch die Kombination von Groß- und Einzelhändlern ist in der Praxis üblich.

Die Sauer GmbH hat die Möglichkeit, rd. 6000 Einzelhändler in der Region direkt zu beliefern oder 50 Großhändler zwischenzuschalten.

Vorteile und Nachteile des indirekten Absatzes

Der **Vorteil** eines gut aufgebauten Handelsnetzes liegt in der Nähe zum Kunden. Erst durch die Einschaltung des Handels ist ein Unternehmen am Markt präsent

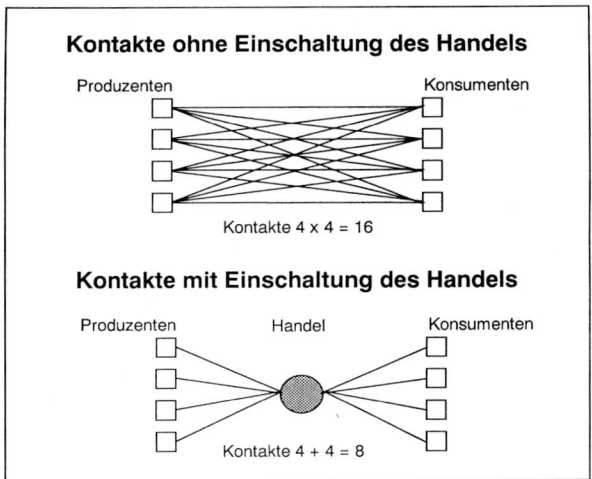

und lässt sich eine bedarfsgerechte Versorgung der Bevölkerung sicherstellen. Darüberhinaus fördert der Handel durch die Wahrnehmung seiner Funktionen den Absatz der Güter. Insbesondere die Markterschließung im Rahmen der Produkteinführung ist für Konsumgüter von unschätzbarer Bedeutung.

Der **Nachteil** sind die hohen Kosten, die jede Handelsstufe mit sich bringt.

Betriebsformen des Handels

Betriebsformen des Handels

Innerhalb der Betriebsformen des Groß- bzw. Einzelhandels kann der Hersteller je nach Marktauftritt des Handelsunternehmens zwischen verschiedenen Betriebstypen wählen. Die Wahl der Betriebsform bzw. des Betriebstyps ist dabei abhängig von der Vertriebsstrategie.

◆ **Großhandel**

Zustell-Großhandel:
Form des Großhandels, bei dem die Ware dem Kunden durch einen internen oder externen Zustelldienst angeliefert wird.

Sortiments-Großhandel:
Betriebstyp des Großhandels, der sein Sortiment breit und flach nach dem Bedarf des Einzelhandels ausrichtet.

Spezial-Großhandel:
Betriebstyp des Großhandels mit sehr schmalem, aber tiefem Sortiment. Entspricht dem Spezialgeschäft auf der Einzelhandelsebene.

Cash-und-Carry-Großhandel:
Betriebsform, die auch als Selbstbedienungsgroßhandel bezeichnet wird. Serviceleistungen werden nicht angeboten. Das Sortiment (Food und Nonfood) ist breit und flach.

Rack-Jobber-Großhandel:
Regalgroßhändler, die in Einzelhandelsunternehmen Regalflächen oder auch Verkaufsraum anmieten und diese auf eigene Rechnung, in eigener Disposition und auf eigenes Risiko mit Waren bestücken. Neben der Miete kann auch eine Provision vereinbart werden. Das Rack-Jobbing wird auch als Service (Merchandising)[1] bezeichnet.

◆ **Einzelhandel**

Betriebsformen des Handels sind z. B. das Fachgeschäft, das Spezialgeschäft, der Fachmarkt, das Diskontgeschäft, das Warenhaus, das Kaufhaus und der Versandhandel.

Fachgeschäft

◆ Das **Fachgeschäft** bietet Waren einer bestimmten Branche oder Bedarfsgruppe an. Das Sortiment ist schmal und tief. Der Standort befindet sich häufig in innerstädtischen Hauptlagen. Die Ware wird i.d.R. in Form der Bedienung angeboten.

   – **Vorteil** ist das tiefe Sortiment und das hohe Niveau der Beratung.

   – **Nachteil** sind die hohen Personalkosten, die sich in höheren Preisen niederschlagen können.

      Beispiel Fachgeschäfte für Radio- und Fernsehen, Lebensmittel, Herrenoberbekleidung, Haushaltswaren

Spezial-geschäft

◆ Die größte Sortimentstiefe und geringste -breite weisen die **Spezialgeschäfte** auf. Hier werden nur Waren einer Warensorte angeboten. Da die Waren meist sehr beratungsintensiv sind, werden sie in Form der Bedienung angeboten.

---
[1] **Merchandise** = Ware

- **Vorteil** dieser Betriebsform ist das Spezialwissen der Mitarbeiter. Der Handel versteht sich hier als Problemlöser. Der Kunde findet ein umfangreiches spezialisiertes Produktangebot vor.
- **Nachteil** ist die Beschränkung der Zielgruppe.

   Spezialgeschäfte für Elektronik, Befestigungstechnik, Drogerien, Anglerbedarf

◆ Der **Fachmarkt** ist deutlich größer als ein Fachgeschäft. Die Verkaufsfläche liegt bei über 1000 m^2. Das Sortiment ist breiter als das eines Fachgeschäftes, hat jedoch die gleiche Tiefe. Aufgrund der größeren Verkaufsfläche können Artikel in größerer Zahl als im Fachgeschäft angeboten werden. Das Sortiment ist auf eine bestimmte Zielgruppe oder einen bestimmten Bedarf ausgerichtet. Das Personal ist gut geschult, jedoch ist die Anzahl der Verkäufer gering. Es wird davon ausgegangen, dass der Kunde bereits ein großes Vorwissen mitbringt und sich in Form der Selbstbedienung bedient. **Fachmarkt**

- **Vorteil** dieser Betriebsform gegenüber dem Fachgeschäft ist das deutlich niedrigere Preisniveau.

   – Spezialfachmärkte für Fliesen, Tapeten, Bodenbeläge
  – Sortimentsfachmärkte für Bau- und Hobbybedarf
  – Mehrfachmärkte für Möbel und Geschenkartikel

◆ **Diskontgeschäfte (Discounter)** treten meist im Bereich der Lebensmittelmärkte auf. Das Sortiment ist schmal und flach, das Preisniveau konstant niedrig. Häufig wird aggressive Niedrigpreispolitik betrieben. Die Warenpräsentation ist einfach und zweckmäßig, Artikel werden häufig in der Transportverpackung auf Paletten angeboten. Die Gestaltung des Ladenlokals ist einfach gehalten. Personal ist nur im Lager und an der Kasse vorhanden. Eine kundenfreundliche Darbietung z. B. mithilfe von Display-Material findet nicht statt. **Discounter**

- **Vorteil** dieser Betriebsform sind die niedrigen Preise, die aufgrund der niedrigen Kosten des Einzelhändlers möglich sind.
- **Nachteil** für den Kunden ist das flache Sortiment und der Wegfall der Beratung.

   Discountgeschäfte im Bereich Lebensmittel, Wasch- und Reinigungsmittel sowie Körperpflege

◆ Das **Warenhaus** bietet ein breites und in bestimmten Warengruppen tiefes Sortiment. Von Autozubehör bis zu Zooartikeln, von Lebensmitteln über Haushaltswaren und Spielwaren bis zu Elektronikprodukten ist alles vertreten. Das Niveau ist durchschnittlich, kann jedoch von Abteilung zu Abteilung differieren. Die Bedienungsform variiert von Selbstbedienung über die Vorwahl bis zur Bedienung, je nach Abteilung. Bei beratungsintensiven Artikeln ist das Personal gut geschult. **Warenhaus**

Durch das räumliche Abspalten einzelner Bereiche, z. B. im Bereich der Oberbekleidung, entsteht der Eindruck, dass sich der Kunde in einer Boutique befindet. Mit diesem Konzept des „**shop in the shop**" wird versucht, qualitätsbewusste Kunden von Fachgeschäften anzusprechen und sich gegenüber den Fachmärkten zu profilieren.

- **Vorteil** ist, dass der Kunde ein breites Produktangebot („alles unter einem Dach"), meist in innerstädtischen Hauptlagen, vorfindet.

– Der **Nachteil** ist die oft geringe Sortimentstiefe.

Beispiel   Kaufhof, Karstadt, Hertie

Da die meisten Warenhäuser als Filialbetriebe geführt werden, besitzen sie eine starke Machtstellung. Für den Hersteller bedeutet dies die Notwendigkeit, große Handelsspannen zu gewähren und teilweise sogar Plazierungsentgelte zu zahlen, damit seine Produkte in den Filialen der Warenhauskonzerne gelistet und verkaufswirksam plaziert werden.

Kaufhaus

◆ **Kaufhäuser** verfügen im Vergleich zu Warenhäusern über eine erheblich geringere Sortimentsbreite. Sie bieten branchenhomogene Sortimente in oft großer Tiefe an. Die Verkaufsfläche ist i.d.R. geringer als bei Warenhäusern. Als Bedienungsform herrscht die Bedienung vor.

– **Vorteil** für den Kunden ist das tiefe Sortiment und das gegenüber dem Fachgeschäft niedrigere Preisniveau.

Der **Nachteil** für den Unternehmer ist der starke Wettbewerbsdruck durch die Fachmärkte.

Beispiel   Kaufhäuser für Textilien, Bekleidung, Elektroartikel, Möbel

Versand-handel

◆ Der **Versandhandel** bietet sein Sortiment über Katalog, Anzeigen, Prospekt oder elektronische Medien an.

Beispiel   Angebot über Datex-J, Teleshopping oder Bestellung über CD-ROM und Modem.

Die **Zustellung** der Ware erfolgt durch den Postdienst, private Paketdienste oder eine eigene Auslieferung. Große Versandhäuser haben zusätzlich eigene Verkaufsstellen eingerichtet.

Der **Sortiments-Versandhandel** kauft Waren von verschiedenen Herstellern und bietet sie unter ihrem Markennamen an. Viele Versandhändler haben darüber hinaus Handelsmarken als preiswerte Alternative im Sortiment.

Beispiel   Sortiments-Versandhandel: Quelle, Neckermann, Otto

Der **Spezial-Versandhandel** bietet ein schmales und tiefes Sortiment an.

Beispiel   Spezial-Versandhandel: Gartenartikel, Fotoversandhandel, Tee und Kaffee

– **Vorteil** des Versandhandels ist, dass kein Filialnetz aufgebaut werden muss. Der Handel kann sich direkt an den Produktionsablauf anschließen. Die logistischen Abläufe können minimiert und die Kosten reduziert werden.

– **Nachteil** ist die große Distanz zum Kunden. Darüber hinaus kommt der Kunde vor dem Kauf nie mit der Ware selbst in Kontakt, sondern immer nur mit Abbildungen oder Beschreibungen. Dieser Nachteil kann durch die Nutzung elektronischer Medien zum Teil ausgeglichen werden.

Beispiel   Ein Großbetrieb des Sortiments-Versandhandels bietet den Kunden als Alternative zum Katalog eine CD-ROM an, auf der Artikel durch vertonte Video-Einspielungen vorgestellt werden.

Veränderungsprozesse im Handel

◆ Im Handel hat sich in den vergangenen Jahren eine **dynamische Entwicklung** vollzogen.

Grundsätzlich ist die **Zahl der Einzelhandelsbetriebe** seit den 70er Jahren zwar relativ konstant geblieben. Je nach Branche kommt es jedoch zu starken Veränderungen, wobei die Bestandsmehrungen durch Bestandsminderungen anderer Branchen kompensiert werden.

> **Beispiel** In den vergangenen 15 Jahren hat sich die Zahl der Lebensmittel-Einzelhandelsbetriebe um rd. 40% verringert. Im gleichen Zeitraum ist die Zahl der Betriebe im Bereich Radio-Fernsehen, Elektronische Erzeugnisse, Musikinstrumente um 40% gestiegen.

Da die Zahl der Unternehmen in den umsatzstarken Branchen bei steigenden Einzelhandelumsätzen deutlich rückläufig ist, kommt es zu einer **Unternehmens-Umsatz-Konzentration**. Um den Folgen der damit verbundenen Wettbewerbsverzerrungen entgegenzuwirken, nehmen die Kooperationsformen im Einzelhandel deutlich zu.

Unternehmens-Umsatz-Konzentration

> **Beispiel** – Die Zahl der Einzelhandelsunternehmen mit einem Jahresumsatz von weniger als 0,5 Mio. EUR ist in den letzten 20 Jahren von knapp 50% auf rd. 15% zurückgegangen.
>
> – Ca. 50% des Einzelhandelsumsatzes entfällt auf die rd. 1% der Einzelhandelsunternehmen mit mehr als 5 Mio. EUR Jahresumsatz.

Der stetige Veränderungsprozess im Handel betrifft auch die Veränderung der Betriebsformen.

Eingeleitet wird dieser **Veränderungsprozess** in Zeiten der Hochkonjunktur. Zu dieser Zeit sitzt das Geld des Verbrauchers locker und wandert leichter in die Kassen des Einzelhandels. Es werden neue Verbrauchertrends schneller erkennbar als in Sparzeiten. Der Handel hat Gelegenheit, neue Ladentypen und neue Konzepte auszuprobieren. Gleichzeitig setzt dann aber auch das Ableben der Schwachen ein. Noch sind 75 Prozent der Einzelhandelsgeschäfte in eigener Hand; allerdings ist ihr Umsatzanteil weiter gesunken und beträgt heute nur noch 35 Prozent. Besonders der Einzelhandel mit den Waren des täglichen Gebrauchs wird von den Discountketten, Warenhäusern und Einkaufszentren in die Enge getrieben.

Die starke geographische Konzentration im Einzelhandel geht weiter. Besonders in den dünn besiedelten Gebieten werden Läden geschlossen. Typisch für die Neugründungen ist, dass das Warensortiment pro Laden erheblich zunimmt. Die Verbraucher fühlen sich von Geschäften mit besonderem Stil und gehobenem Niveau angesprochen. Ein wichtiger **Wettbewerbsparameter** des Handels sind deshalb die schnell wechselnden Konzepte in Bezug auf Preispolitik, Warenangebot, Service, Kauferlebnis und Marketing.

Dem selbstständigen Fachhandel sind mit den Fachabteilungen in den Warenhäusern und Einkaufszentren starke Konkurrenten gewachsen. Der Verbraucher

www.einzelhandel.de
www.statistik-bund.de

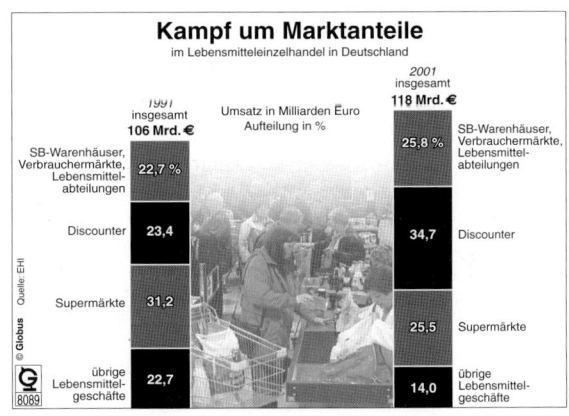

Kampf um Marktanteile
im Lebensmitteleinzelhandel in Deutschland

1991 insgesamt **106 Mrd. €**

Umsatz in Milliarden Euro
Aufteilung in %

2001 insgesamt **118 Mrd. €**

© Globus   Quelle: EHI   8089

	1991	2001
SB-Warenhäuser, Verbrauchermärkte, Lebensmittelabteilungen	22,7 %	25,8 %
Discounter	23,4	34,7
Supermärkte	31,2	25,5
übrige Lebensmittelgeschäfte	22,7	14,0

geht jetzt in erster Linie in das Geschäft mit dessen Profil und Konzept er sich am ehesten identifizieren kann.

Dieses Kaufverhalten schwächt u.a. die Position der Hersteller von Markenprodukten. Dem neuen Verbraucherverhalten haben sich Firmen wie Marc O'Polo angepasst und sind in den Warenhäusern und Einkaufszentren mit ihren eigenen Mitarbeitern vertreten. **Shop in Shop** nennt man diese Vorgangsweise.

Dieser Prozess wird auch als **Betriebsformendynamik** bezeichnet. Dabei durchlaufen Betriebsformen des Handels einen Lebenszyklus, wie er aus der Produktpolitik bekannt ist. Gelingt es dem Unternehmer nicht, seine Betriebsform nach der Phase des Wachstums und der Reife im Sinne eines **Betriebsformen-Relaunch** an die sich ändernden Verbraucherwünsche anzupassen, wird sein Unternehmen vom Markt verschwinden.

Neue Handels-formen

Neue Formen des Handels sind die Factory Outlets, das Teleshopping und das Online-Shopping.[1]

– Bei den **Factory Outlets**[2] handelt es sich um den Fabrikverkauf insbesondere in der Textilbranche. So können bei fast allen großen Marken der Herrenoberbekleidung Textilien „ab Werk" zu deutlich niedrigeren Preisen verkauft werden.

– Beim **Teleshopping**[3] werden Waren in Werbespots angeboten, und es besteht die Möglichkeit, diese telefonisch zu bestellen.

– Im **Online-Shopping**[4] kann fast in allen Branchen im Internet eingekauft werden.

> Beispiele **Adressen im Internet:**
> – http://www.otto.de
> – http://www.neckermann.de
> – http://www.quelle.de/Bücher
> – http//www.buecher.com
> – http://www.fleurop.nl
> – http://storfront.xor.com

Ausgehend von der dargestellten Entwicklung zeichnen sich folgende **Entwicklungstendenzen im Einzelhandel** ab:

– anhaltende Unternehmens-Umsatzkonzentration,

– die Zunahme der Kooperationen im Facheinzelhandel ermöglicht eine Behauptung dieser Betriebsform,

– nur noch geringe Expansion der Verkaufsfläche,

– Abnahme der Standortverlagerung in Vororte und Randlagen,

– anhaltendes Wachstum der Filialbetriebe und Fachmärkte und

– leichte Marktanteilsgewinne der Verbrauchermärkte und des Versandhandels.

---

[1] *Vergleiche dazu auch Dax, E., Döring, Th., Hagel, H., Handlungsfeld Wirtschaftsinformatik/Organisation, Köln 1998*

[2] ***factory** = engl. Fabrik; outlet = engl. Absatzmöglichkeit, Absatzmarkt; factory outlet demnach Fabrikverkauf*

[3] ***shopping** = engl. einkaufen; Teleshopping demnach Einkauf über das Fernsehen*

[4] ***line** = engl. Telefonleitung; online demnach über eine Leitung*

Horizontale Absatzwege

Neben der Festlegung der vertikalen Absatzkanäle ist eine Entscheidung hinsichtlich der **horizontalen Absatzkanäle** zu treffen. Diese betrifft die konkrete Auswahl der Absatzmittler nach Art und Anzahl innerhalb der einzelnen Absatzstufen. Im Rahmen der Auswahl der Art der Absatzmittler je Stufe sind die zu beliefernden Betriebstypen (z.B. Kaufhäuser, Fachgeschäfte) auszuwählen. Hinsichtlich der Zahl der Absatzmittler ist zwischen den Strategien des Universal-, Selektiv- und Exklusivvertriebs zu unterschieden.

Beim **Universalvertrieb** steht das Prinzip der Ubiquität (Überallerhältlichkeit) im Vordergrund. Beispiele, bei denen der Hersteller jeden Absatzmittler akzeptiert, sind der Verkauf von Zeitungen, Zigaretten, Süßwarenartikeln.

Universalvertrieb

Beim **Selektivvertrieb** müssen die ausgewählten Absatzmittler bestimmten – vom Hersteller bestimmten – Kriterien entsprechen. Z.B. Ansprüche des Herstellers hinsichtlich Qualität der Beratung und Service, Umsatzvolumen oder Preispolitik der Einkaufstätte. Beispiele für den Selektivvertrieb sind Haushaltsgeräte.

Selektivvertrieb

Innerhalb des **Exklusivvertriebs** akzeptiert der Hersteller ausschließlich qualitativ hochwertige Absatzmittler, die dem Qualitätsanspruch des Produktes gerecht werden. Der Exklusivvertrieb ist dabei der Extremfall des Selektivvertriebs. Beispiele hierfür sind exklusive Möbel, Uhren oder Textilien.

Exklusivvertrieb

Kriterien für die Auswahl des Vertriebsweges

Hinsichtlich der Gestaltung der vertikalen und horizontalen Absatzkanäle müssen von Unternehmen eine Vielzahl von Kriterien herangezogen werden. Sie umfassen sowohl unternehmensinterne als auch -externe Determinanten. Heribert Meffert (2000) fasst diese vereinfachend in sechs Gruppen zusammen:

- **Produktbezogene Faktoren**
  1. Erklärungsbedürftigkeit
  2. Bedarfshäufigkeit/Kauffrequenz
  3. Lagerfähigkeit
  4. Transportfähigkeit (Größe, Gewicht, Empfindlichkeit)

- **Unternehmensbezogene Faktoren**
  1. Unternehmensgröße
  2. Finanzkraft
  3. Produkt-/Leistungsprogramm
  4. Vertriebskompetenz/Erfahrungen mit Vertriebswegen
  5. gegenwärtige Marketingpolitik und deren langfristige Ausrichtung/Veränderung

- **Endabnehmerbezogene Faktoren**
  1. Anzahl
  2. geographische Verteilung/Streuung
  3. Einkaufsgewohnheiten
  4. Aufgeschlossenheit gegenüber Vertriebsmethoden

- **Konkurrenzbezogene Faktoren**
  1. Anzahl der Konkurrenten
  2. Art der Konkurrenzprodukte
  3. Vertriebswege der Konkurrenten

4. Wettbewerbsdruck im bisherigen Vertriebsweg
5. Wettbewerbsdruck durch neue Vertriebswege

– **Absatzmittelbezogene Faktoren**
1. Art und Anzahl der Absatzmittler
2. Standort und Verfügbarkeit der Handelsbetriebe
3. Art und Struktur vertraglicher Bindungen von Absatzmittlern
4. Art und Umfang des durch die Handelsbetriebe erreichten Marktes
5. Fähigkeit zur Übernahme der erforderlichen Handelsfunktionen
6. Beeinflussbarkeit und Kontrolle der Absatzmittel/Konfliktanfälligkeit
7. Vertriebskosten

– **Soziale und rechtliche Faktoren**
1. öffentliche Meinung, Wertvorstellungen bzw. –änderungen
2. Missbrauchsaufsicht über Vertriebsbindungen (GWB)
3. Vertriebsvorbehalte bestimmter Geschäftsformen (z.B. Apotheken)
4. Sanktionspotenziale von Absatzmittlern (Macht- und Vergeltungspotenziale)
5. Konsequenzen bei Vertragskündigungen (z.B. Ausgleichsanspruch der Handelsvertreter)
6. Diskriminierungs- bzw. Boykottverbot

Zufriedenheit mit Vertriebswegen in der Praxis

Eine Umfrage zur Vertriebsorganisation zeigte, dass Vertriebswege, die die Unternehmen selbst beeinflussen können, von diesen als überdurchschnittlich erfolgreich eingeschätzt werden. Dazu gehören sowohl eigene Vertriebsgesellschaften (inklusive Verkauf, Abwicklung, Logistik, technischer Service) als auch eigene Verkaufsbüros (Verkauf, gegebenenfalls mit Service) und der Direktvertrieb. Eher durchschnittlich bewerten die Unternehmen den Vertrieb über den Handel und den E-Commerce. Große Unzufriedenheit zeigt sich im Absatz über Handels- und Fremdvertretungen.

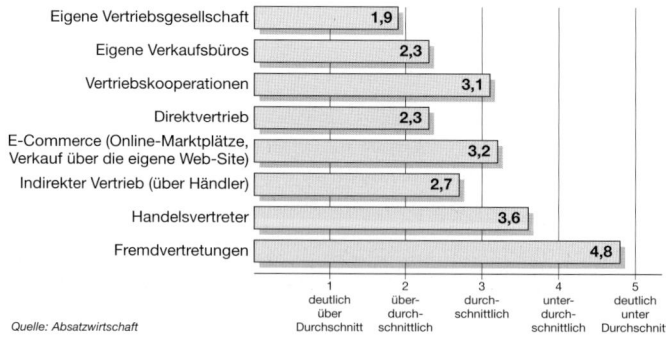

Zufriedenheit mit Vertriebswegen
Welche Vertriebswege nutzt Ihr Unternehmen/Ihre Sparte derzeit in Deutschland und wie erfolgreich beurteilen Sie die Vertriebsaktivitäten in den letzten Jahren im Vergleich zu Ihren Wettbewerbern?

Vertriebsweg	Wert
Eigene Vertriebsgesellschaft	1,9
Eigene Verkaufsbüros	2,3
Vertriebskooperationen	3,1
Direktvertrieb	2,3
E-Commerce (Online-Marktplätze, Verkauf über die eigene Web-Site)	3,2
Indirekter Vertrieb (über Händler)	2,7
Handelsvertreter	3,6
Fremdvertretungen	4,8

1 deutlich über Durchschnitt
2 über durchschnittlich
3 durchschnittlich
4 unterdurchschnittlich
5 deutlich unter Durchschnitt

Quelle: Absatzwirtschaft   www.absatzwirtschaft.de

Die mittlerweile seit längerem anhaltende Absatzkrise hat in den Unternehmen eine intensive Suche nach neuen Vertriebsformen ausgelöst. Ursachen dieser Absatzkrise sehen die Unternehmen in den steigenden Kundenanforderungen, einer Verschärfung des Preiswettbewerbs sowie der zunehmenden Marktsättigung, verbunden mit einer Verkürzung des Innovationszyklus. Im Mittelpunkt ihrer Bemühungen stehen die Professionalisierung des Vertriebs, der Aufbau unterschiedlicher Kundenbindungsprogramme und das Erreichen größerer Flexibilität.

Neue Anforderungen an den Vertrieb sind:

– Hohe Qualität der Vertriebsmitarbeiter, die über Beratungskompetenz, Verantwortung und Selbstständigkeit verfügen muss.
– Konzentration auf eine Key-Account-Organisation[1], bei der sich die intensive Marktbearbeitung auf sog. Schlüsselkunden konzentriert.
– Stabilisierung der bestehenden Kundenbeziehungen durch Einführen unterschiedlicher Kundenbindungsprogramme.

4.2 Die physische Distribution (Distributionslogistik)

Die physische Distribution oder Distributionslogistik[2] umfasst alle Tätigkeiten, die mit der Überbrückung der räumlichen und zeitlichen Differenz zwischen Güterproduktion und Güterkonsum verbunden sind. D. h. es geht um die Gestaltung, Steuerung und Überwachung von **Transport** und **Lagerung** der Produkte eines Unternehmens auf dem Weg vom Hersteller zum Endverbraucher.

Merkmale der physischen Distribution

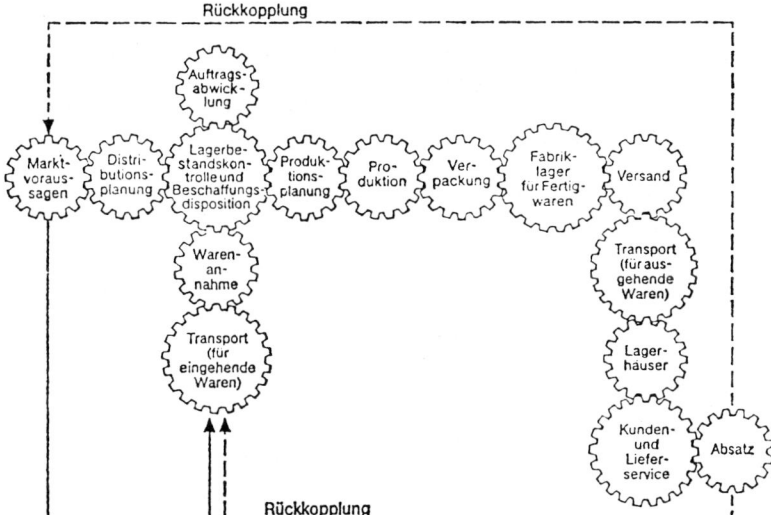

4.2.1 Der Transport der Ware

Bei der Frage, wie die Ware vom Hersteller zum Endverbraucher transportiert werden soll, besteht die grundsätzliche Möglichkeit der **firmeneigenen** oder **firmenfremden Zustellung**.

◆ Die Warenzustellung über einen **firmeneigenen Fuhrpark** beinhaltet eine Reihe von **Vorteilen**. So können Lieferzeit und Lieferzuverlässigkeit im eigenen Unternehmen besser gesteuert und überwacht werden, und die firmeneigene Warenzu-

Vorteile und Nachteile des firmeneigenen Fuhrparks

---

[1] **Key-Account** = Schlüsselkunde, dessen Umsatzbedeutung überdurchschnittlich ist
[2] **Logistik** lateinischen Ursprungs = Versorgung der Truppe, militärisches Nachschubwesen

stellung kann als Lieferservicepolitik in ein abgestimmtes Marketing-Mix-Konzept (vgl. Kapitel 6) integriert werden. Diesen Vorteilen stehen die Kosten des eigenen Fuhrparks als wesentlicher **Nachteil** gegenüber. Darüber hinaus besteht ein höheres Risiko durch die Haftung für Verlust und Beschädigung der Ware.

Der Produktmanager der Sauer GmbH plant, das Sortiment in Zukunft mit eigenen Fahrzeugen ausliefern zu lassen. Fahrzeuge und Overalls der Fahrer sind einheitlich gestaltet und farblich abgestimmt. Die Auslieferungswagen tragen auf dem Dach eine übergroße Nachbildung der Produktverpackung des neuen Dragees.

Firmenfremde Zustellung

◆ Bei der Entscheidung für die **firmenfremde Zustellung** besteht die Wahl zwischen dem Postdienst der Deutsche Post AG, privaten Paketdiensten, der Deutschen Bahn AG und den Unternehmen des gewerblichen Güterkraftverkehrs. Neben den Kosten stellt hier die Art der zu transportierenden Güter ein wichtiges Auswahlkriterium dar. Maße, Gewicht, gesetzliche Bestimmungen und besondere Beschaffenheit der Güter bestimmen darüber hinaus die Wahl der Transportmittel. Weiterhin spielen unternehmensspezifische Faktoren wie langfristige Transportverträge mit Spediteuren oder das Produktionsprogramm eine Rolle.

Beispiel Der Postdienst transportiert Pakete bis zu einem Gewicht von 20 kg.

Entscheidungskriterien

Die **Entscheidung zwischen firmeneigener oder firmenfremder Zustellung** ist von einer Vielzahl unternehmensspezifischer Faktoren abhängig. Im Vordergrund stehen jedoch immer die Kriterien Kosten und Zeit. Auf der einen Seite möchte man die kostengünstigste Alternative, auf der anderen Seite werden aufgrund des just-in-time Gedankens Lieferzeit und Zuverlässigkeit immer wichtiger. Zur Lösung dieses Entscheidungsproblems kann der Kostenminimierungsansatz der linearen Programmierung herangezogen werden.

4.2.2   Die Just-in-time[1]-Belieferung

Der Wunsch der **Hersteller** ist es, Produkte in möglichst **großen Mengen** zu liefern, da dann Produktion und Transport am wirtschaftlichsten sind. Der Wunsch der Abnehmer ist es, die Lieferzeiten so zu optimieren, dass möglichst **kleine Mengen** in jeweils kurzen Abständen geliefert werden, da so die erforderlichen Lagerkapazitäten und die damit verbundenen Kosten minimal sind.

Just-in-time

Die kleinste erforderliche Menge in der kürzesten Zeit wird „**Just-in-time**" geliefert, d. h., es erfolgt die zeitpunktgenaue Anlieferung im Moment der Nachfrage durch den Kunden. Der Abnehmer hat so die Möglichkeit, Lagerkapazitäten abzubauen und die Kapitalbindung zu minimieren.

Voraussetzungen der „Just-in-time"-Belieferung

Voraussetzungen/ Bedingungen

Um die „Just in-time"-Belieferung einführen zu können, sind folgende **Voraussetzungen** erforderlich:

–   ständige Produktions- und Lieferbereitschaft der beteiligten Betriebe,

---

[1] *just* = engl. genau, time = engl. Zeit; just-in-time demnach gerade zur rechten Zeit

– genaue Abstimmung der Produktions- und Lieferpläne zwischen Lieferer, Spediteur (Frachtführer) und Abnehmer,

– Einsatz moderner Kommunikationstechniken, der den überbetrieblichen Datenaustausch ermöglicht,

– Einsatz eines DV-gestützten Warenwirtschaftssystems,

– feste Kooperationsverträge zwischen allen Beteiligten, in denen die Mengen, die Termine, aber auch die Konventionalstrafen bei Vertragsbruch enthalten sind,

– ein flexibles Transportsystem, das einen ununterbrochenen Warenfluss ermöglicht.

Der **Ablauf** der „Just-in-time"-Belieferung könnte folgendermaßen erfolgen:

Ablauf

– Die Verkaufsdaten werden nach Artikeln und Lieferanten erfasst und an das Warenwirtschaftssystem weitergegeben.

– Bei Erreichung der definierten Bestellmenge druckt der Rechner einen Bestellvorschlag aus, oder er nimmt mit dem Zentralrechner des Lieferanten Kontakt auf, um die Bestellung selbständig zu veranlassen.

– Der Zentralrechner des Lieferanten veranlasst die Kommissionierung der Waren, arbeitet den Tourenplan aus und veranlasst die Lieferung.

Gerade mittelständische Lieferanten verfügen oft nicht über das erforderliche flexible Transportsystem. Oft sind auch die vom Kunden gewünschten Mengen zu klein, um einen Transport zu rechtfertigen. Hier können **Güterverkehrszentren** als logische Dienstleister in die Transportkette eingeschaltet werden. Diese Güterverkehrszentren bündeln die oft kleinen Mengen der einzelnen Lieferanten und liefern diese für eine Region gemeinsam aus.

Folgen der „Just-in-time" Belieferung

Durch die Einführung der „Just-in-time"-Belieferung werden die **betriebswirtschaftlichen Kosten** der Lagerhaltung deutlich **reduziert.** Dem steht als wesentlicher Nachteil eine starke Zunahme der Fahrten und Leerfahrten und eine damit verbundene Belastung der Umwelt durch Schadstoffemissionen, Energieverbrauch, Lärmbelästigung und Landverbrauch durch Straßenbau und damit eine **Zunahme der volkswirtschaftlichen Kosten** gegenüber.

Folgen

4.2.3 Die Lagerung der Ware

Die Wahl der Transportmittel kann nicht unabhängig von der Entscheidung für die Art und Anzahl der Distributionslager getroffen werden.

Arten der Lager sind das Materiallager, das Zwischenlager, das Absatzlager und das Ersatzteillager. Lager können als zentrale oder dezentrale Lager organisiert sein. Sie werden von Herstellern, Groß- und Einzelhandelsbetrieben, den Distributionshelfern (Speditionen und Lagerhaltern) und sonstigen Absatzmittlern (Kommissionären oder Handelsmaklern) unterhalten. Diese Distributionslager erleichtern es dem Hersteller, die Ware zur richtigen Zeit am richtigen Ort in der richtigen

Lagerarten

Menge zur Verfügung zu stellen und verringern die Lieferzeit und die Transportkosten.

Funktionen des Distributionslagers sind die Warenannahme, die Qualitätskontrolle, die Ein- und Auslagerung, die Kommissionierung, Auszeichnung und Etikettierung, Umformung und Veredelung, die Verpackung und der Versand der Ware.

Funktionen des Distributionslagers

Bei der Festlegung der **Zahl der Lager** muss zwischen Zentrallagern und dezentralen Lagern unterschieden werden.

Zentrale und dezentrale Lagerung

◆ Ein **Zentrallager** hat den **Vorteil**, dass die Kosten der Lagerhaltung i.d.R. geringer sind. Bei Bestellungen kann sehr schnell festgestellt werden, in welcher Stückzahl das Produkt vorhanden ist und ob neu produziert werden muss. Planung und Steuerung liegen hier in einer Hand. Werden die Meldebestände erreicht, können Informationen kurzfristig weitergeleitet werden. Zudem können Inventurbestände leichter aufgenommen und die Produkte besser auf Qualitätsmängel überprüft werden. Dem stehen als **Nachteil** die hohen Transportkosten gegenüber.

◆ **Dezentrale Lager** werden eingerichtet, wenn die Kunden eine hohe Verfügbarkeit der Produkte wünschen. Dezentrale Lager des Herstellers bieten sich an, wenn er direkt vertreibt, wenn die Umschlaggeschwindigkeit groß ist oder wenn der Hersteller ein großes Vertriebsgebiet hat und die Wege verkürzen will. **Vorteil** sind die geringen Transportkosten und die schnelle Liefermöglichkeit. Dem stehen als **Nachteil** die hohen Fixkosten des Lagers gegenüber.

Lagerhaltung beim Händler

Eine vorteilhafte Lösung der **Lagerhaltung in der Praxis** ist für den Hersteller die Lagerhaltung beim Händler. Die Ware wird nach Auslieferung bezahlt, und der Händler unternimmt im Rahmen seiner Funktionen Auszeichnung, Umformung, Veredelung und Verteilung der Ware. Der **Nachteil** ist jedoch, dass die hohen Lagerkosten beim Händler dazu führen können, dass dieser sein Lager klein hält und bei unerwartet großen Aufträgen nicht liefern kann. Darüber hinaus muss ihm für die Wahrnehmung seiner Funktionen eine entsprechend höhere Handelsspanne eingeräumt werden. Die Folge sind höhere Verkaufspreise oder niedrigere Gewinne. Aus diesen Gründen wird die Lagerhaltung meistens sowohl von Handels- als auch von Herstellerseite betrieben.

Ist der Händler nicht bereit, Ware des Herstellers auf Lager zu nehmen, weil er einen zu geringen Abverkauf erwartet oder die Einführung neuer Produkte mit Risiken behaftet ist, bietet sich das **Kommissionslager** an. Hier wird dem Händler entweder die Ware oder ein komplettes Lager unentgeltlich zur Verfügung gestellt. Der Händler wickelt den Auftrag im eigenen Namen ab und schreibt dem Hersteller den Rechnungsbetrag abzüglich seiner Provision gut. **Nachteil** des Kommissionslagers für den Hersteller sind die hohen Kosten und die späte Bezahlung der verkauften Ware.

A Aufgaben

● Wiederholungsaufgaben

1. Erläutern Sie anhand einer grafischen Darstellung die unterschiedlichen Absatzwege für Konsum- und Investitionsgüter!

2. Ein Kaufmann plant eine Existenzgründung im Einzelhandel. Er möchte sich im Bereich Foto und Elektronik selbstständig machen. Neben der Gründung eines eigenen Einzelhandelsunternehmens prüft er die Möglichkeit, in ein Franchise-System einzusteigen. Erläutern Sie das System des Franchising und stellen Sie Vor- und Nachteile gegenüber!

3. Erläutern Sie die Funktionen des Handels!

4. Stellen Sie die Betriebsformen des Einzelhandels anhand Ihres Sortimentes gegenüber!

5. Ein niederländischer Hersteller von hochwertigem Tiefkühl-Gemüse möchte seine Produkte künftig auch im deutschen Markt vertreiben. Als potenzielle Kunden werden die Feinkostgeschäfte angesehen. In einer ersten Phase sollen die 2.000 umsatzstärksten Unternehmen angesprochen werden. Aufgrund der schwierigen Wettbewerbssituation rechnet man in den ersten Jahren mit geringen Umsätzen.

   Die Mitarbeiter der Marketing-Abteilung stehen vor der Frage, ob sie Handelsvertreter einsetzen oder einen eigenen Außendienst aufbauen sollen.

   Als Mitarbeiter der Marketingabteilung werden Sie aufgefordert, die entscheidende Sitzung vorzubereiten. Der Marketingleiter bittet Sie, zu Beginn der Sitzung folgende Fragen zu klären:

   a) Die Rechtsstellung des Handelsvertreters und des Reisenden.
   b) Wesentliche Vor- und Nachteile des Einsatzes der Absatzmittler für das Unternehmen.
   c) Markt- und unternehmensbezogene Auswahlkriterien
   d) Kostenvergleich der Verkaufsorgane bei einem erwarteten
      Umsatz von 250 000,00 und   500 000,00 EUR p.a.
      Fixum: Handelsvertreter   500,00 EUR/Monat
                   Reisender   2 000,00 EUR/Monat
      Provision   Handelsvertreter   7,5% vom Umsatz
                   Reisender   1,5% vom Umsatz
   e) Ermittlung des kritischen Umsatzes
   f) Vorschläge für die organisatorische Gliederung des Außendienstes.

6. Erläutern Sie die Betriebsformendynamik im Einzelhandel anhand konkreter Beispiele aus Ihrem Erfahrungsbereich!

7. Der niederländische Tiefkühlhersteller steht vor der Entscheidung, ob er die Waren durch firmeneigene oder firmenfremde LKW zustellen lassen soll. Es liegen folgende Angaben über die Kosten des Einsatzes jeweils eines LKW vor:

	eigene LKW	fremde LKW
Fixkosten	5.000,00	1.000,00
variable Kosten je KM	0,30	1,20

   Ermitteln Sie den kritischen Wert der gefahrenen Kilometer, bei dem der Einsatz eines eigenen LKW lohnt!

8. Erläutern Sie den Unterschied zwischen absolutem und relativem Direktabsatz!

9. Stellen Sie Messe, Ausstellung und Fachausstellung anhand von Beispielen gegenüber!

10. Recherchieren Sie im Internet zum Thema Messen. Stellen Sie die Informationen zu den laufenden Messen vor!

11. Die Hauptgemeinschaft des Deutschen Einzelhandels informiert im Rahmen einer eigenen Homepage im Internet unter http://www.einzelhandel.de. Verschaffen Sie sich einen Überblick über die angebotenen Informationen.

12. In Deutschland wird zurzeit eine Diskussion über die Rolle des „König Kunden" geführt. Erläutern Sie die Ursachen für diese Diskussion, und machen Sie konkrete Verbesserungsvorschläge!

13. Stellen Sie das Konzept der Kundenorientierung im Einzelhandel anhand eines Beispiels dar!

14. Erläutern Sie die Folgen der dargestellten Unternehmens-Umsatz-Konzentration für den Endverbraucher und für die Konsumgüterhersteller!

15. Erläutern Sie anhand der dargestellten Entwicklung der Marktanteile im Einzelhandel (vgl. S. 191), wie der Einzelhandel auf den zunehmenden Konkurrenzdruck reagiert!

16. Die Factory Outlets stellen eine zunehmende Konkurrenz für den Handel dar. Machen Sie Vorschläge, wie der Einzelhandel dieser Konkurrenz begegnen kann!

17. Erläutern Sie die Voraussetzungen der „Just-in-time"-Belieferung anhand eines konkreten Unternehmens!

18. Stellen Sie den Ablauf einer „Just-in-time"-Belieferung anhand eines Beispiels dar!

19. „Durch die ‚Just-in-time'-Belieferung werden die Lager auf die Autobahnen verlagert"! Nehmen Sie zu dieser Aussage Stellung!

20. Erläutern Sie, welchen Beitrag Güterverkehrszentren zu einer Verringerung der Umweltbelastung durch die „Just-in-time"-Belieferung leisten können!

● **Betriebliche Handlungssituation**

Die **ComTel**, ein weltweit tätiger Konzern, stellt Produkte im Bereich der Telekommunikation und Unterhaltungselektronik her. Die Märkte der ComTel liegen in Nord- und Südamerika, Australien und Asien. In Europa ist die ComTel über eine Tochtergesellschaft in Frankreich und Großbritannien vertreten. Der Vorstand der ComTel-Europa plant, sich im Bereich der Unterhaltungselektronik in Deutschland zu engagieren.

Es ist vorgesehen, TV-Geräte, Videorecorder und Camcorder der gehobenen Preisklasse auf dem deutschen Markt einzuführen. Die Komponenten der Geräte werden in Asien gekauft und in England montiert. Sie sollen unter der Marke ComTel vertrieben werden.

Zur Vorbereitung der Sitzung des Vorstandes gibt Ihnen der Marketingdirektor folgende Aufträge:
a) Stellen Sie die grundsätzlichen Möglichkeiten bei der Wahl der Absatzwege vor!
b) Ordnen Sie die Hauptanbieter auf dem deutschen Markt den unterschiedlichen Absatzwegen zu!
c) Entwickeln Sie ein Vertriebskonzept der ComTel für den Deutschen Markt!

d) Erläutern Sie Möglichkeiten der physischen Distribution, und treffen Sie eine begründete Auswahl für die ComTel!

Das Ergebnis Ihrer Überlegungen sollen Sie in der Vorstandssitzung vortragen.

B Methodische Empfehlungen

● Das Manuskript

Grundlage jedes Vortrages ist ein **Manuskript**. Bei der Manuskripterstellung gibt es drei Möglichkeiten: Das wörtliche Manuskript, die freie Präsentation und das Stichwortkonzept.

Geht es um exakte Fakten oder komplizierte Fragestellungen, wie z. B. bei einem wissenschaftlichen Vortrag, ist ein **wörtliches Manuskript** sinnvoll. Vorteil des Verfahrens ist die Sicherheit des Präsentators, dass alle für wichtig erachteten Fakten in der geplanten Form vermittelt werden. Nachteil ist, dass der Vortrag als monoton erlebt werden kann, da sich der Präsentator am Manuskript und nicht an der Zielgruppe orientiert.

Die **freie Präsentation** ist immer dann sinnvoll, wenn es sich um ein klar abgegrenztes Thema von beschränktem Umfang handelt und wenn der Präsentator über ein hohes Maß an Sicherheit und Fachkompetenz verfügt.

Das **Stichwortkonzept** kann anhand folgender **Regeln** vorbereitet werden:

1. Kennzeichnen Sie in den Unterlagen der Präsentation die wesentlichen Stichworte und bringen Sie diese in eine sachlogische Reihenfolge!

2. Beschaffen Sie sich DIN-A-6 Karteikarten!

3. Notieren Sie die für wichtig erachteten Stichworte auf den Karteikarten. Beschriften Sie jede Karte mit nicht mehr als 4 bis 5 Stichworten!

4. Da Sie die Karten während der Präsentation in der ausgestreckten Hand halten oder auf dem Tisch liegen haben, muss bei der Beschriftung auf Lesbarkeit für diesen Blickabstand geachtet werden. Sie sollten einen breiteren Filzstift verwenden und in Druckbuchstaben schreiben!

5. Machen Sie sich an der vom Ablauf vorgesehenen Stelle Hinweise zu den geplanten Medien (z. B. Folie 1 oder Flip- Chart „Ziele")!

6. Nummerieren Sie die Karten durch!

7. Sie können farbige Karten für die unterschiedlichen Gliederungspunkte des Vortrages verwenden (z. B. gelb für die Einleitung, weiß für den Hauptteil, grün für den Schluss)!

8. Fertigen Sie zur Sicherheit eine Kopie des Stichwortkonzeptes an!

9. Führen Sie die Präsentation in ihrem gesamten Ablauf einmal probeweise durch. Sprechen Sie dabei laut!

C Literatur

Dichtl, E., Raffee', H., Niedetzky, H.-M., Reisende oder Handelsvertreter, München 1994

Kuhlmann, E., Verbraucherpolitik, München 1990, S. 199-230

Meffert, H., Marketing, Wiesbaden 2000, S. 421-442

Meffert, H., Steffenhagen, H., Konflikte zwischen Industrie und Handel, Wiesbaden 1998

Nieschlag, R., u. a., Marketing, Berlin 1997, S. 361-433

Poth, L.G., Praxis der Marketing-Logistik, Heidelberg 1995

Specht, G., Distributionsmanagement, Stuttgart 1998

Weis, H., Markting, Ludwigshafen 2001, S. 283-340

5 Kommunikationspolitik

Ein bislang nicht im Lebensmittelbereich tätiges Unternehmen beschließt, sich den steigenden Bedarf an qualitativ hochwertigem Fastfood zunutze zu machen und in diesem Bereich ein Produkt anzubieten. Aufgrund vorhandenen Know-hows wird ein kleines Fladenbrot kreiert, das Fastfood-Betrieben des gehobenen Standards angeboten werden soll. Das Fladenbrot kann mit unterschiedlichen Füllungen serviert werden. Die dazu erforderlichen Zutaten werden zusammen mit dem Fladenbrot geliefert. Produkt und Marketing-Konzept werden als Franchising-Paket angeboten. In dieser Phase werden Sie beauftragt, ein Konzept für die Kommunikationspolitik zu erstellen.

Die Kommunikationspolitik[1] umfasst die bewusste und geplante Gestaltung aller auf den Markt gerichteten Informationen eines Unternehmens.

Die hierzu eingesetzten **Instrumente** sind die **Absatzwerbung, Sales Promotions** (Verkaufsförderung), **Public Relations** (Öffentlichkeitsarbeit), der **persönliche Verkauf, Product Placement, Product Publicity und Sponsoring** sowie das einheitliche Bild des Unternehmens in der Öffentlichkeit, bezeichnet als **Corporate Identity**.

Instrumente der Kommunikationspolitik

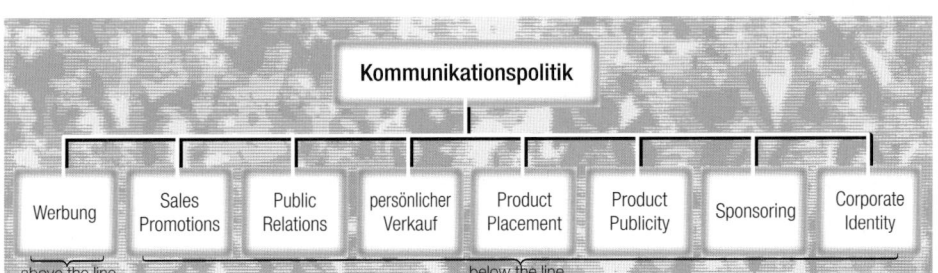

Neben der klassischen Werbung durch Medien gibt es weitere Instrumente der Kommunikationspolitik. Diese Instrumente werden auch als „**Below-the-line**"[2] (vgl. S. 231)-Maßnahmen bezeichnet, wobei für die Werbung durch Medien der Begriff „**Above-the-line**"[3] (vgl. S. 212) verwendet wird.

◆ **Above-the-line**

– klassische **Werbung** (Advertising)[4]
Bewusste Beeinflussung von Zielgruppen durch werbliche Botschaften mithilfe der Massenmedien.

◆ **Below-the-line**

– **Verkaufsförderung** (Sales Promotion)
Förderung des Produktvertriebs in den Handel hinein und aus dem Handel hinaus (POS)[5].

---

[1] *communicare* = mit jemandem etwas teilen, jemanden teilhaben lassen
[2] *below* = engl. oberhalb, line = engl. Linie; above-the-line demnach oberhalb der Linie
[3] *above* = engl. unterhalb; below-the-line demnach unterhalb der Linie
[4] *advertising* = engl. Werbung
[5] *point-of-sale* = engl. Ort des Verkaufs

– **Öffentlichkeitsarbeit** (Public Relations) (vgl. S. 235)
Systematischer Aufbau und Pflege der Beziehungen des Unternehmens zu verschiedenen Teilöffentlichkeiten.

– **Sponsoring** (vgl. S. 240)
Systematische Förderung von Personen, Organisationen oder Veranstaltungen im Bereich Kultur, Sport oder Soziales zur Erreichung der Kommunikationsziele. (uneigennütziger Charakter: Mäzenatentum)

– **Persönlicher Verkauf** (Direct Marketing) (vgl. S. 244)
Direkte Kommunikation zwischen der Verkaufsorganisation des Herstellers und den Kunden: Direkter persönlicher Verkauf (Reisende, Vertreter, Verkaufsveranstaltungen), Telefon (Call-Center) – und Internetverkauf oder der Verkauf über Response[1]-Elemente. Es wird hierbei immer der persönliche Kontakt mit der Zielgruppe hergestellt.

– **Eventmarketing**
Erlebnisorientierte Inszenierung von firmen- oder produktbezogenen Ereignissen.

– **Product Placement** (vgl. S. 239)
Kreative Einbindung eines Markenartikels in den redaktionellen Teil eines Mediums (v.a. TV, Kino).

– **Messe und Ausstellungen**
(regelmäßige) Veranstaltungen mit Marktcharakter, auf denen Besuchern ein umfassendes Angebot eines/mehrerer Wirtschaftszweige vorgestellt wird.

– **Neue Medien** (Webvertising)
Einsatz der globalen Kommunikationsnetze (www) als Werbeträger. Diesen Online-Systemen (Internet, T-online, AOL) sind gegenwärtig noch Grenzen gesetzt durch den Stand der Technologie: z.B. Übertragungsgeschwindigkeit bei komplexen Bildern oder Videosequenzen.

Nach Einschätzung der Unternehmen gewinnen in den nächsten Jahren vor allem die Below-the-Line-Kommunikation an Bedeutung.

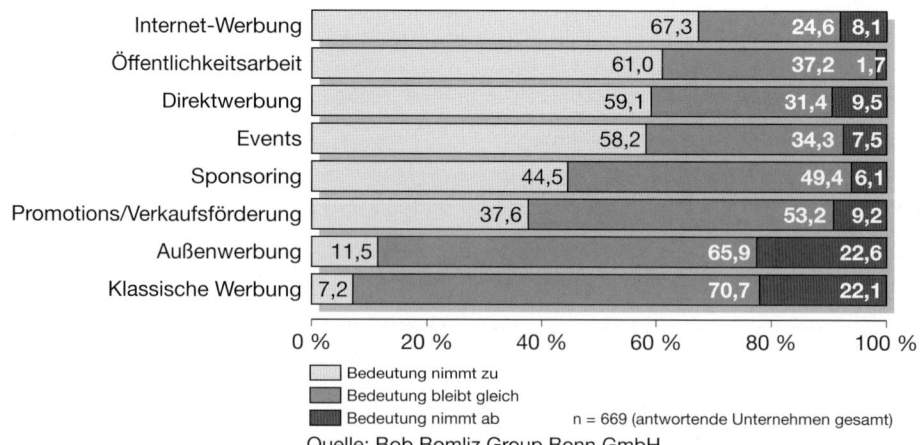

Quelle: Bob Bomliz Group Bonn GmbH

---

[1] *response* = Antwort

5.1 Ziele der Kommunikationspolitik

Die Kommunikationspolitik beinhaltet die planmäßige Gestaltung und Übermittlung aller auf den Markt gerichteten Informationen einer Unternehmung zur Information, Beeinflussung und Bestätigung von Meinungen, Einstellungen und Verhaltensweisen. Informieren, beeinflussen und bestätigen stellen dabei die Grundfunktionen der Kommunikation dar.

Die Ziele der Kommunikationspolitik sind in das Zielsystem der Unternehmung eingebunden.

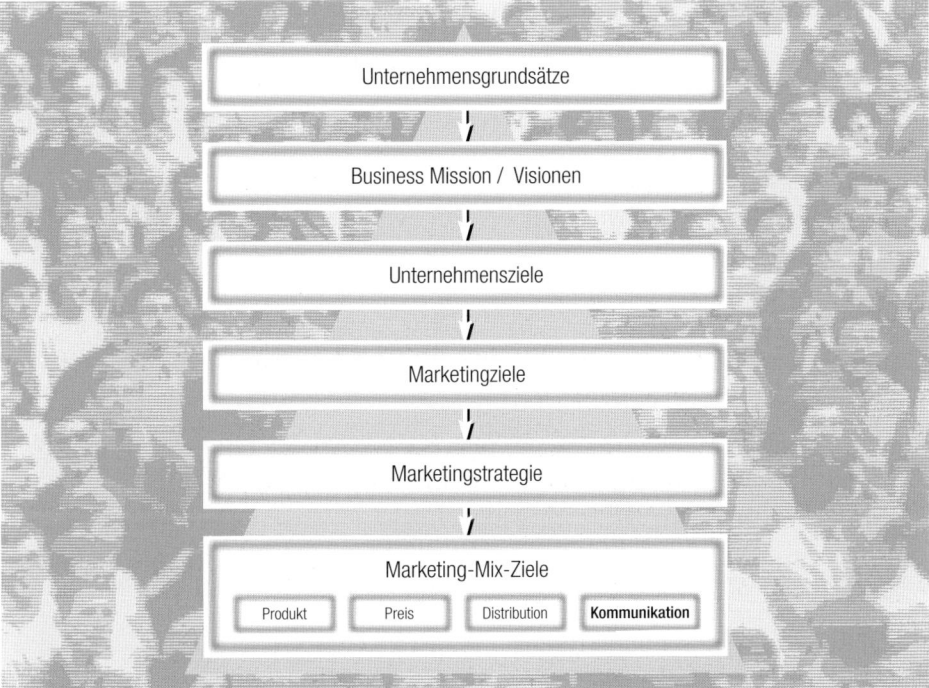

Ökonomische Kommunikationsziele (Gewinn, Umsatz) können nicht eindeutig ermittelt werden, da für diese Ziele letztlich der kombinierte Einsatz aller Marketing-Mix-Instrumente verantwortlich ist.

Deshalb stehen die **psychographischen** Kommunikationsziele im Vordergrund:

– die Erkenntnis betreffende Ziele (**kognitive** Reaktionen)
    1. **Aufmerksamkeit** und Wahrnehmung
    2. Kenntnis von Marken und Produkten **(Bekanntheitsgrad)**
    3. **Wissen** über Produktvorteile (Informationsstand)

– das Gefühl betreffende Ziele (**affektive** Reaktionen)
    1. Interesse an Produktangeboten
    2. **Einstellungen/Image**
    3. Emotionales Erleben von Marken.

– das Verhalten betreffende Ziele (**konative** Reaktionen)
1. Kaufabsichten
2. Probierkäufe

Beispiel   Durch eine Anzeige gelingt es einem Konsumgüterhersteller, die **Aufmerksamkeit** von 20% der definierten Zielgruppe zu erlangen. Die in der Anzeige enthaltenen Informationen vermitteln **Wissen** über das Produkt und steigern seine **Bekanntheit**. Stimmen das Angebot des Herstellers und der Bedarf des Kunden überein, wird der Kunde in seiner Kaufabsicht **bestärkt** oder es kommt zur **Auslösung** des Kaufs. Einem Kunden, der den Kauf bereits getätigt hat, wird **bestätigt**, dass seine Entscheidung richtig war.

5.2   Der Kommunikationsprozess

Voraussetzung für jede Kommunikation im Rahmen der Kommunikationspolitik ist, **dass sich Sender und Empfänger verstehen**. Jeder weiß, wie schwierig Kommunikation im Ausland sein kann, wenn man die Sprache des Landes nicht beherrscht. Jedoch auch innerhalb eines Sprachraumes gibt es erhebliche Unterschiede. Dialekte, sozial bedingter Sprachgebrauch oder die Sprache von Fachleuten können als Beispiele herangezogen werden.

Beispiel   Die Begriffe des Corporate Identity oder des Product Placement sind wahrscheinlich nur Marketing-Fachleuten verständlich. Richtet sich eine Botschaft an diese Zielgruppe, kann man die Begriffe verwenden. Ist die Botschaft an Nichtfachleute gerichtet, müssen die Begriffe erläutert werden.

Kommunika-
tionsmodell

Zur erfolgreichen Kommunikation ist das Verständnis der Grundlagen der Kommunikationstheorie und die Kenntnis des **Kommunikationsmodells** wichtige Voraussetzung.

Unter **Kommunikation** versteht man jegliche Art von bewusster oder unbewusster Informationsübertragung zwischen Sender und Empfänger.

Einfaches Kommunikationsmodell

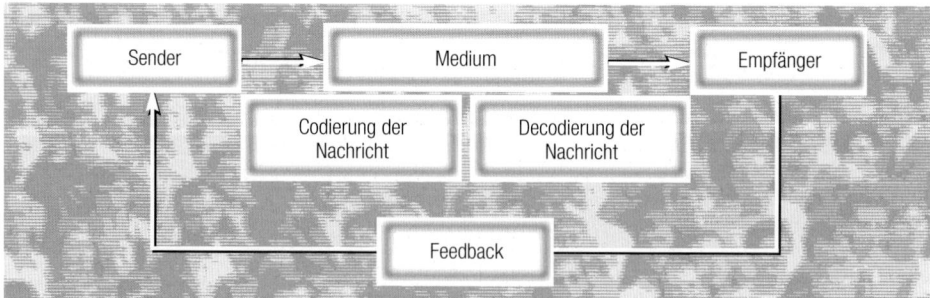

◆ Die **direkte oder unmittelbare Kommunikation** besteht aus drei Elementen.

Beispiel   Ein Kunde (**Sender**) fragt (**Nachricht**) den Verkäufer (**Empfänger**) in einem Einzelhandelsgeschäft nach dem Preis eines Artikels.

◆ Ist zur Übermittlung der Nachricht ein Informationsträger (Medium) erforderlich, handelt es sich um **indirekte oder mittelbare Kommunikation.**

Beispiel Ein Kunde fragt den Verkäufer am Telefon (**Medium**) nach dem Preis eines Artikels.

◆ Die Reaktion des Empfängers auf die Nachricht wird als **Feed-back** oder Rückkopplung bezeichnet. Durch das **Feed-back** kann der Sender feststellen, ob seine Nachricht den Empfänger erreicht hat und ob sie verstanden wurde.

Beispiel Nachdem der Kunde den Verkäufer telefonisch nach dem Preis der Ware gefragt hat, bittet dieser um Wiederholung (**Feed-back**), da er den Preis aufgrund der schlechten Telefonleitung nicht verstanden hat.

Durch dieses einfache Kommunikationsmodell lassen sich die **Problemfelder** bei der Gestaltung von Kommunikationsprozessen aufzeigen. Hierdurch kann fehlerhafte Kommunikation vermieden werden. Dies gelingt umso besser, je genauer man sich über die Funktionen der Kommunikation im Klaren ist.

– Informationsfunktion: Vermittlung von Wissen über marktrelevante Daten
– Beeinflussungsfunktion: Bildung von Präferenzen und Markenbewusstsein
– Bestätigungsfunktion: Abbau von Kaufreue (**kognitive Dissonanzen)**

Erweitertes Kommunikationsmodell (Buying-Center-Modell)
Das einfache Kommunikationsmodell versagt, wenn eine Kaufentscheidung nicht von einer Person, sondern von mehreren getätigt wird.

erweitertes Kommunikationsmodell

Beispiel – Familienentscheidungen
– Investitionsgüterbeschaffung
– Einkauf von organisierten Nachfragern (Handelsorganisationen)

In diesem Fall liegt ein sog. **Einkaufsgremium** vor, bei dem die kommunikative Beeinflussung auf den jeweiligen Empfänge abgestimmt sein muss (differenzierte Kommunikation).

Es werden **5 Rollen** unterschieden:

1. **Gatekeeper** (Informationsselektierer): Ihr Einfluss liegt in der Entscheidungsvorbereitung.
2. **User** (Produktbenutzer): Ihre Erfahrung bestimmt im Wesentlichen den Erfolg oder den Misserfolg des Einkaufs.
3. **Influencer** (Beeinflusser): Sie nehmen Einfluss in Form von Beratung (Controller).
4. **Buyer** (Einkäufer): Sie sind verantwortlich für den Vertragsabschluss und nehmen besonderen Einfluss auf die Auswahl des Lieferanten.
5. **Decider** (Entscheidungsträger): wählt zwischen alternativen Kaufoptionen aus.

Die Analyse der Rollen im **Buying-Center** wird eingesetzt, um die beteiligten Gruppen durch kommunikative Maßnahmen zielgerichtet anzusprechen.

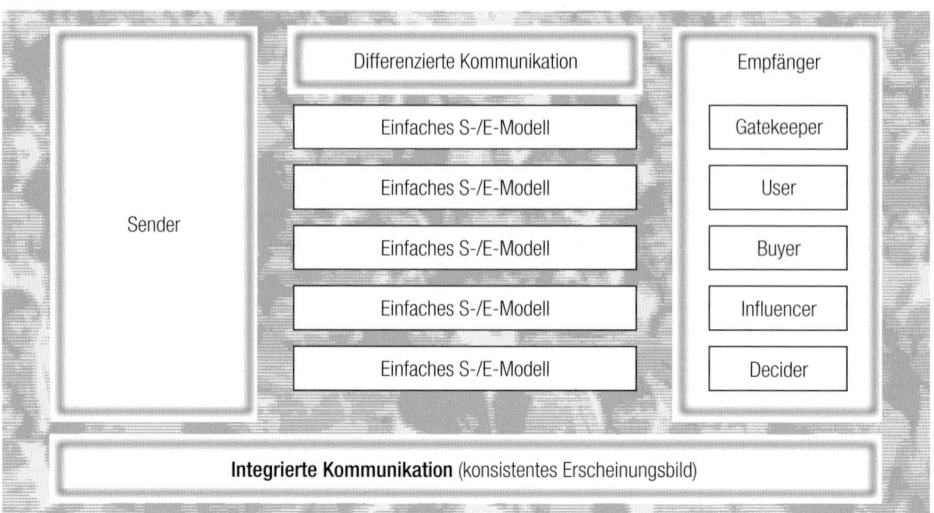

vgl.Meuffet, 2000

integrierte Kommunikation

Unter **integrierter Kommunikation** versteht man die inhaltliche und formale Abstimmung aller Maßnahmen der Marktkommunikation, um die von der Kommunikation erzeugten Eindrücke zu vereinheitlichen und somit zu verstärken. Dabei sollen sich die durch die Kommunikationsmittel hervorgerufenen Wirkungen gegenseitig unterstützen.

Ziel der integrierten Kommunikation ist die Optimierung der Kontaktwirkungen. Dieses Ziel wird erreicht durch eine durchgängige Umsetzung eines Kommunikationskonzeptes und durch die Abstimmung der Kommunikation sowohl im Zeitablauf als auch in den eingesetzten Kommunikationsinstrumenten.

Dadurch sollen die Erinnerung an die Kommunikation erleichtert sowie Präferenzen für die Marke verstärkt oder gefestigt werden. Aus Anbietersicht soll eine Zersplitterung der Kommunikationswirkung vermieden werden. Entsprechend dem ökonomischen Prinzip können mit dem gegebenen jährlichen Kommunikationsbudget die Kontaktwirkungen mit der Zielgruppe optimiert, oder die bisher erzielten Kontaktwirkungen mit einem geringeren Kommunikationsbudget erreicht werden als bei zersplitterter Kommunikation. Somit ist die Ausschöpfung von Kostensenkungspotenzialen durch Nutzung der Synergieeffekte[1] der integrierten Kommunikation möglich.

5.3   Zielgruppenanalyse

Im Vorfeld jeglicher kommunikativer Aktivitäten sollte genau überlegt werden, wer der Empfänger der jeweiligen Botschaft ist.

Für die Auswahl der **Zielgruppen** bietet sich folgende Vorgehensweise an:

1. Analyse des Produktes / der Dienstleistung
2. Definition von Zielgruppen aufgrund der Produkteigenschaften

---

[1] **Synergieeffekt** = Das Zusammenwirken von Faktoren, die sich gegenseitig positiv beeinflussen

3. Beschreibung der Zielgruppen durch geeignete Merkmale (soziodemographische, psychographische, regionale Merkmale)
4. Überprüfung der abgegrenzten Zielgruppen hinsichtlich ihrer Eignung. (Anforderungen an die Segmentierungskriterien)
5. Auswahl geeigneter Zielgruppen

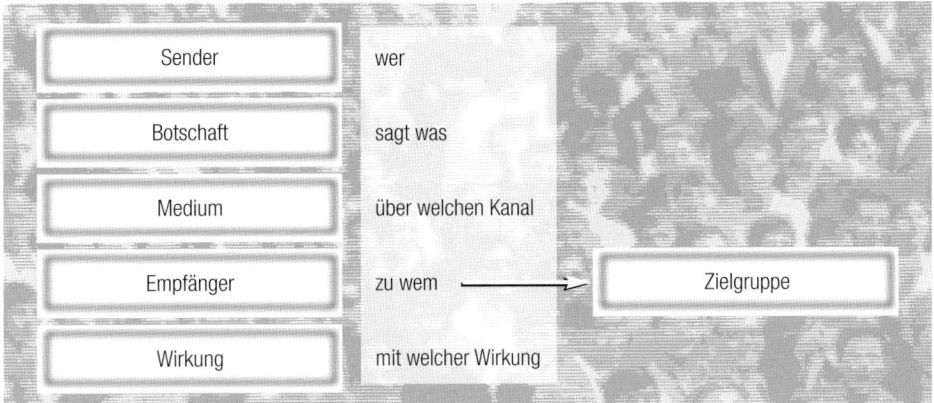

Folgende Aspekte sollten bei der Zielgruppenabgrenzung beachtet werden:

- Trennschärfe: Es muss klar sein, wer zur Zielgruppe gehört. Zum Geschlecht, Alter und dem Einkommen sollten verhaltensrelevante Aspekte zur Abgrenzung herangezogen werden.
- Identifizierbarkeit: Die beschriebenen Zielgruppen müssen gefunden werden können. Zudem sollen sie über einen längeren Zeitraum gelten. Gäbe es die Zielgruppe in 2–3 Jahren nicht mehr, wäre die differenzierte Marktbearbeitung ineffizient.
- Erreichbarkeit: Es muss möglich sein, die Marktsegmente/Zielgruppen kommunikativ – über Medien – zu erreichen.

Definition der Zielgruppen aufgrund der Produkteigenschaften

Bei der Abgrenzung von Zielgruppen für Kommunikationsmaßnahmen bietet sich zunächst eine Unterscheidung nach Güterarten an (diese erfolgt in Anlehnung an die volkswirtschaftliche Einteilung von Güterarten) (vgl. S. 210).

Je nach Güterart sind bei der Zielgruppenabgrenzung andere Aspekte zu berücksichtigen.

Zielgruppenabgrenzung bei bereits im Markt befindlichen Konsumgütern

- Verbrauchsgüter
  Im Rahmen der Vorüberlegung muss geprüft werden, welche Personengruppen als Zielgruppen von Marketing- und Kommunikationsmaßnahmen dazu geeignet sind, die angestrebten Ziele – z. B. langfristig den Absatz um einen vorgegebenen Prozentsatz zu steigern – zu erreichen.

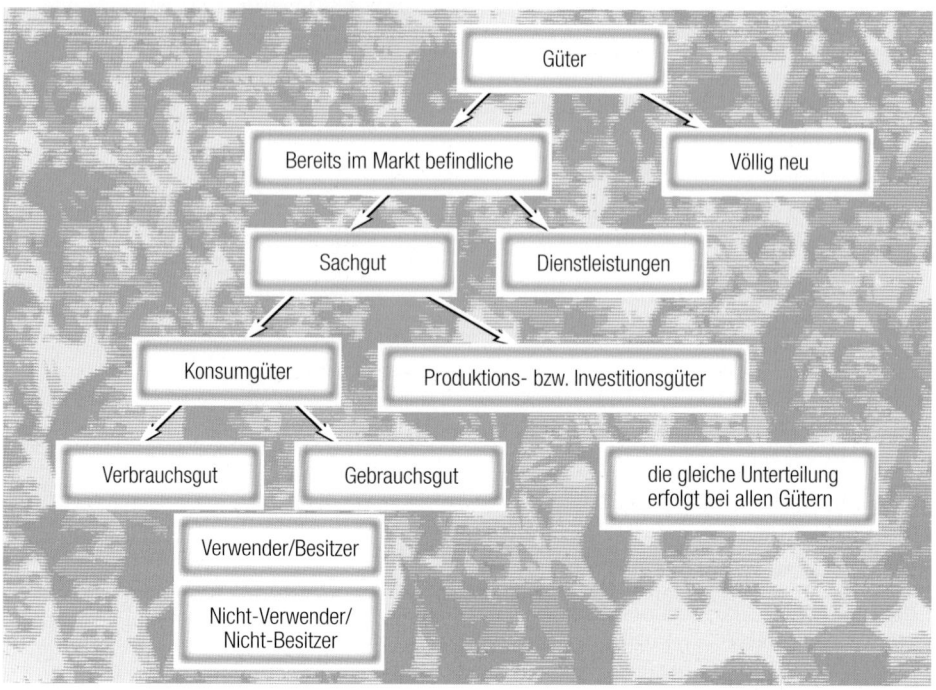

Bei Konsumgütern kann man zwei Zielgruppen – die Verwender und die Nicht-verwender – ins Auge fassen. Innerhalb der Verwendergruppe ist zu beachten, dass Käufer und Verwender auseinander fallen können. Bei den Nicht-Verwendern kann zusätzlich die Gruppe der Verwender von Substitutionsgütern mit in die Abgrenzungsüberlegung gezogen werden.

Verwender	Nicht-Verwender
– Verwender – Käufer – Nicht-Käufer	– Produktgruppe wird nicht verwendet – Kaufentscheider – Nicht-Kaufentscheider
– Kaufentscheider – Käufer – Nicht-Käufer	– Verwender von Substitutionsgütern – Käufer – Nicht-Käufer/Kaufentscheider

– **Gebrauchsgüter**

Da Gebrauchsgüter oft teuer sind und damit ein höheres Produktinteresse aufweisen und da vor allem Ersatzkäufe normalerweise erst nach einer längeren Zeit getätigt werden, erfordert die Zielgruppenabgrenzung für diese Güter eine etwas andere Überlegung als bei Verbrauchsgütern.

Besitzer/Eigentümer	Nichtbesitzer/Nichteigentümer
– Nutzer 　– Alleiniger Nutzer 　– Mehrere Nutzer – Lebensdauer: 　– Eventuell **Ersatzkauf,** da das alte Gut 　　veraltet oder kaputt ist? 　– Entscheider 　– Nicht-Entscheider – **Zusatzkauf** (z.B. Zweitauto)? 　– Entscheider 　– Nicht-Entscheider	– Besitz von **Subventionsgütern** 　– Entscheider 　– Nicht-Entscheider – Besitz von **Komplementärgütern** 　– Entscheider 　– Nicht-Entscheider – Nicht-Besitzer von Komplementär- bzw. 　Substitutionsgütern 　– Interessiert?

Informationen, um eine Zielgruppe präzise beschreiben zu können, liefert die Marktforschung (vgl. Kap. 1)

Beispiel ● Gängige **Verbraucherstudien**
　　　a. Demographisch
　　　b. Soziographisch
　　　c. Psychographisch (Einstellungen, Verhalten)

　● **Typologien**

　● Interne **Unternehmensdaten**
　　　a. Umsatzentwicklung
　　　b. Preispolitik
　　　c. Distributionspolitik

　● **Analyse der Marktsituation**
　　　a. Marktverhalten der Konkurrenz (Nielsen-Zahlen auswerten)

Um die Zielgruppe in homogene Teilgruppen einteilen zu können, wurden **Konsumententypologien** entwickelt. Diese strukturieren die Zielgruppe z.B. anhand demografischer oder soziografischer Merkmale und schreiben den so ermittelten Teilgruppen bestimmte Eigenschaften zu.

Konsumenten-Typologien

 Beispiel

Merkmale	Demographische Merkmale	Persönlichkeitsmerkmale
Typ I: Biedermann	50-100 m² Wohnung, selten Wohnungswechsel, eher älter, eher verheiratet, Mittel-/Oberschule, ohne Abitur	konservativ, unauffällig, sicherheitsbewusst, sparsam, sauberkeits-/ordnungsliebend
Typ II: Rebell	eher weniger Geld, kleine Wohnung, häufig Wohnungswechsel, eher Universität, eher jünger	sorglos, lebensfroh, jung, antiautoritär, vielseitig interessiert, experimentierfreudig, gastfreundlich, aktiv, extrovertiert, spontan, schlagfertig
Typ III: Hausvater	100-130 m² Wohnung, 26-30 Jahre, überwiegend männlich, gutes Einkommen, Hochschulbildung	sparsam, überlegt, verschlossen, schüchtern, introvertiert, wenige Bekannte, schutz- und geborgenheitssuchend
Typ IV: Gourmet	mittlere/große Wohnung, gutes Einkommen; eher Abitur und Studium	Individualist, lebensfroh, abergläubisch, leicht verletzlich, träumerisch, sauberkeitsliebend
Typ V: Moritaten-Liesel	100-200 m² Wohnung, selten Wohnungswechsel, eher weiblich, mittleres Einkommen; eher geringe Bildung	ängstlich, unauffällig, sehr abergläubisch, leicht verletzlich, träumerisch, sauberkeitsliebend
Typ VI: Aschenputtel	eher weiblich, 21-25 Jahre, geringes Einkommen, eher ledig, geschieden, häufig Abitur	kontaktarm, schüchtern, unauffällig, ängstlich, sicherheitsstrebend, sparsam, partnersuchend

5.4 Above-the-line

Die **Absatzwerbung** umfasst die den Unternehmenszielen dienende absichtliche und zwangsfreie Beeinflussung von Menschen mithilfe spezieller Kommunikationsmittel.

Kommunikation und Werbung

Gerade im Bereich der Werbung spielt das Kommunikationsmodell eine große Rolle. Hier werden jedoch andere Begriffe verwendet. So bezeichnet man den Sender als **Werbungtreibenden** und die Nachricht als **Werbebotschaft oder -aussage**. Die Werbebotschaft gelangt mithilfe eines **Werbemittels** über das Medium **Werbeträger** an den Empfänger **Werbesubjekt oder Zielgruppe**. Durch das Feed-back wird im Rahmen der **Werbeerfolgskontrolle** der ökonomische und außerökonomische Erfolg einer Werbemaßnahme gemessen. Das zu bewerbende Produkt wird als **Werbeobjekt** bezeichnet.

Die werbestärksten Branchen in Deutschland
Rangfolge der Brutto-Medien-Investitionen 2001, Werte gerundet

Branchen Rangfolge 2001	2001 in Mio Euro	2000 in Mio Euro	Vergleich 2001/2000 in Prozent	Rangfolge 2000
1. Massen-Medien	1703,12	1706,98	− 0,2	1
2. Auto-Markt	1560,65	1564,86	− 0,3	2
3. Handels-Organisationen	1094,59	1164,64	− 6,0	4
4. Telekommunikations-Netze	875,22	1412,02	− 38,0	3
5. Schokolade + Süßwaren	602,67	654,04	− 7,9	5
6. Spezial-Versender	594,65	463,70	+ 28,2	9
7. Parmazie Publikumswerbung	575,44	557,05	+ 3,3	7
8. Banken + Sparkasse	553,84	572,25	− 3,2	6
9. Bier	360,17	387,36	− 7,0	11
10. Unternehmens-Werbung	356,82	444,31	− 19,7	10
11. Versicherungen	355,97	308,91	+ 15,2	12
12. Alkoholfreie Getränke	291,42	249,70	+ 16,7	16
13. Haarpflege	271,95	244,42	+ 11,3	17
14. Finanz-Anlagen + Beratung	265,70	494,33	− 46,3	8
15. Buch-Verlage	264,92	272,65	− 2,8	14
16. Reise-Gesellschaften	260,04	291,93	− 10,9	13
17. Computer + Zusatzgeräte	258,45	270,50	− 4,5	15
18. Bild- und Tonträger	235,77	211,17	+ 11,7	19
19. Möbel und Einrichtung	202,96	198,53	+ 2,2	20
20. Kaffee, Tee, Kakao	186,80	189,67	− 1,5	22
21. Pflegende Kosmetik	182,50	196,93	− 7,3	21
22. Energie-Versorgungsbetriebe	182,16	175,72	+ 3,7	24
23. Oberbekleidung	180,51	171,07	+ 5,5	27
24. Waschmittel	176,76	236,67	− 25,3	18
25. Körperschaften	176,57	147,86	+ 19,4	32

Quelle: Nielsen-Werbeforschung S+P (Hamburg)/ZAW-Berechnung   www.zaw.de

Ein **Modell der Werbewirkung**, das den Verarbeitungsprozess der Werbeinformationen wiedergibt, ist das **AIDA-Schema**. Es stellt die Verarbeitung von Werbeinformationen durch die Werbesubjekte als mehrstufigen Prozess dar. Erst wenn die jeweils niedrigere Stufe abgeschlosen ist, kann die nächsthöhere erreicht werden. Die Stufen lauten:

Werbewirkung als Prozess

1. Aufmerksamkeit   (attention)
2. Interesse   (interest)
3. Kaufwunsch   (desire)
4. Kauf   (action)

Der **Ablauf des werblichen Kommunikationsprozesses** zwischen Werbungtreibendem und Werbesubjekt vollzieht sich in vier Phasen, nämlich der Codierung, der Transmission, der Rezeption und der Wirkungsphase.

Phasen des werblichen Kommunikationsprozesses

Codierung $\longrightarrow$ Transmission $\longrightarrow$ Rezeption $\longrightarrow$ Wirkung

◆ In der **Codierungsphase** wird die Werbebotschaft formuliert und mithilfe optischer und akustischer Zeichen in ein Werbemittel verwandelt. Dieser Vorgang wird auch als Verschlüsselung oder Codierung der Werbebotschaft bezeichnet. Wichtig hierbei ist, dass die verwendeten Zeichen dem Zeichenrepertoire der Zielgruppe entsprechen, um von dieser verstanden werden zu können.

Codierung

Beispiel Junge Menschen pflegen eine andere Sprache als alte. Sind die Zielgruppe z. B. junge Menschen zwischen 19 und 24 Jahren, muss die Gestaltung der Werbebotschaft und die Wahl der Werbemittel dieser Gruppe entsprechen.

Um sich das gehobene Image der französischen Küche zunutze zu machen, wird als Logo ein Franzose mit Baskenmütze gewählt. Der Markenname des Fladenbrotes lautet „Fladette". Es wird eine Vertriebsgesellschaft mit gleichlautendem Namen gegründet. Durch die Wahl des Produktnamens (Codierung) soll versucht werden, eine Brücke zwischen der französischen und der orientalischen Küche zu schlagen.

◆ In der **Transmissionsphase** werden Werbebotschaft und Werbemittel mithilfe des Werbeträgers an das Werbesubjekt herangetragen. Hier steht die Auswahl eines möglichst zielgenauen Mediums im Vordergrund. Der Werbungtreibende muss sich der Medien bedienen, die von seiner potenziellen Zielgruppe genutzt werden. Daneben spielt die Gestaltung des werblichen Umfeldes eine große Rolle.

Transmission

Beispiel Für die Tournee einer Rock-Band wird in den Stadt-Magazinen der Konzertorte geworben. Die zeitliche Abstimmung erfolgt so, dass die Anzeigen jeweils in den beiden Ausgaben vor dem Konzerttermin geschaltet werden. Die Plazierung erfolgt im redaktionellen Teil. Die Public-Relations-Abteilung der Konzertagentur kann erreichen, dass hier in einem Artikel über die Band und das geplante Konzert berichtet wird.

Da die Zielgruppe des Franchising-Paketes Gaststättenbetriebe sind, wird das Konzept in den einschlägigen Fachzeitschriften beworben. Die im Rahmen des Franchising vorgesehene Umwerbung der Endverbraucher sieht vor, dass an den potenziellen Standorten in der lokalen Presse inseriert wird und dass im unmittelbaren Umfeld Handzettel verteilt werden.

Rezeption

◆ In der **Rezeptionsphase** kommt es zur Aufnahme und Verarbeitung der Werbebotschaft durch den Empfänger. Voraussetzung hierfür ist, dass er die Botschaft bemerkt und sie versteht.

Aufschluss darüber, ob und in welchem Ausmaß die geplante Werbebotschaft vom Werbesubjekt aufgenommen und verarbeitet wird, kann mithilfe der **Marktforschung** gewonnen werden. Im Wege der Laborbeobachtung können z.B. Beobachtungswerte von Anzeigenmotiven ermittelt werden (vgl. die Abbildung „Beobachtungswerte einer Anzeige der Deutschen Bahn AG in Kapitel 1).

Wirkung

◆ In der **Wirkungsphase** sind unterschiedliche Möglichkeiten gegeben.
  – So kann das Werbesubjekt die Botschaft **wahrnehmen**, ohne dass es zu weiteren Reaktionen kommt.

> Beispiel   Die provozierend angelegte Werbekampagne eines Pulloverherstellers ist von 80% der Werbesubjekte wahrgenommen worden. Veränderungen der Einstellung oder Umsatzzuwächse wurden damit nicht erreicht.

  – Ziel des Werbungtreibenden wird es i.d.R. sein, die **Einstellung** des Werbesubjektes zu seinem Produkt **positiv zu beeinflussen**. Ist dies der Fall, kommt es zur Bildung von Präferenzen.

> Beispiel   Im Konsumgüterbereich gelingt es durch gezielte Werbung, Markenartikel zu profilieren und Kunden an diese Marke zu binden.

Durch den Versuch, das bislang anonyme Fladenbrot als Markenartikel zu profilieren, sollen Kunden an das Produkt gebunden werden.

  – Der Werbeerfolg wird i.d.R. durch eine **Veränderung des Verhaltens** des Werbesubjektes erreicht. So kommt es z.B. zum Kauf des angepriesenen Produktes.

> Beispiel   Eine Werbekampagne führt zu einer Umsatzsteigerung von 20%.

Ziel der Absatzwerbung

Ziel der Absatzwerbung ist es, die potenzielle Zielgruppe mit Informationen über die Identität und den Leistungsumfang des Unternehmens zu versorgen. Wichtig ist hierbei, welche Art von Produkt beworben wird (Werbeobjekt) und wer beworben werden soll (Werbesubjekt). Bei Produkten mit hohem Individualisierungsgrad werden nur wenige potenzielle Käufer in Frage kommen. Bei Produkten des alltäglichen Bedarfs werden Massenumwerbungen stattfinden.

Fladette verfolgt unterschiedliche Ziele. Werbeobjekt ist zum einen das Produkt „Fladette", zum anderen das Franchising-Paket „Fladette". Werbesubjekt für das Produkt „Fladette" sind als Zielgruppe zu definierende Endverbraucher. Zielgruppe für das Franchising-Paket sind fast-food-Betriebe gehobenen Genres.

Werbearten

Die Absatzwerbung lässt sich anhand unterschiedlicher Kriterien in folgende **Werbearten** unterteilen:

Hinsichtlich des **Werbeobjektes**:
- Sachleistungswerbung: MP3-Player von Sony
- Dienstleistungswerbung: Risikolebensversicherung der Hamburg Mannheimer
- Konsumgüterwerbung: Nahrungsmittel
- Investitionsgüterwerbung: Produktionsmaschinen

Nach der **Zahl der Umworbenen:**
- Einzelumwerbung (Direct-Mailings)
- Mehrheitsumwerbung (Massenmedien)

Nach der **Empfängerebene:**
- Handelswerbung (Trade-Werbung)
- Konsumentenwerbung (Consumer-Werbung)

Nach dem **Werbegegenstand:**
- Markenwerbung
- Firmenwerbung
- Imagewerbung

Nach dem **Produktlebenszyklus:**
- Ankündigungswerbung
- Einführungswerbung
- Stabilisierungswerbung
- Erinnerungswerbung
- Expansionswerbung
- Wiederbelebungswerbung

Nach den **Konjunkturzyklen:**
- zyklische Werbung
- antizyklische Werbung

Nach der **Zahl der Werbungtreibenden:**
- Gemeinschaftswerbung: Unternehmen der gleichen oder unterschiedlicher Wirtschaftsstufe werben gemeinsam, aber ohne Namensnennung für die gesamte Branche: Zucker macht das Leben süß
- Verbundwerbung: Unternehmen der gleichen oder unterschiedlicher Wirtschaftsstufe werben für komplementäre oder bedarfsverwandte Güter
- Sammelwerbung: Unternehmen der gleichen Wirtschaftsstufe werben zeitgleich begrenzt zusammen: Bautafeln
- Gruppenwerbung: Verbundene Unternehmen werben gemeinsam: VW und Seat
- Kooperative Werbung: Unternehmen unterschiedlicher Wirtschaftsstufe aber gleicher Branche werben gemeinsam: Textilhersteller und -händler

Nach der Stellung der Werbesubjekte im **Wirtschaftsprozess:**
- Unternehmenswerbung (Fachzeitschriften)
- Haushaltswerbung (Wurfsendungen)

Nach der **Wirkung** auf das Bewusstsein der Umworbenen:
- Informationswerbung (sachliche Werbung)
- Suggestivwerbung (verführerische Werbung)

Werbeträger

Als **Werbeträger** können **Printmedien** wie Tageszeitungen, Wochenzeitungen, Anzeigenblätter, Zeitschriften, Fachzeitschriften, Verbandszeitschriften oder Beilagen in Frage kommen. **Elektronische Medien** sind das Radio, das Fernsehen und das Kino (Film, Funk, Fernsehen). Dazu kommen die Möglichkeiten der **Außen- und Verkehrsmittelwerbung** wie Plakatwerbung, Großflächen, Litfaßsäulen, die Werbung in Bussen und Bahnen und neue Werbeträger wie Disketten und CD-ROM.

Netto-Werbeeinnahmen erfassbarer Werbeträger in Deutschland
in Mio Euro

Gebiet	Deutschland							
Werbeträger	1998	Prozent	1999	Prozent	2000	Prozent	2001	Prozent
Tageszeitungen[1]	5.868,30	+ 5,6	6.066,43	+ 3,4	6.556,55	+ 8,1	5.642,16	− 14,0
Fernsehen[2]	4.041,71	+ 6,3	4.317,55	+ 6,8	4.705,15	+ 9,0	4.469,03	− 5,1
Werbung per Post[3]	3.189,34	+ 5,3	3.309,85	+ 3,8	3.383,49	+ 2,2	3.255,78	− 3,7
Publikumszeitschriften[4]	1.868,98	+ 4,2	2.006,51	+ 7,4	2.247,32	+ 12,0	2.092,45	− 6,9
Anzeigenblätter[5]	1.761,91	+ 5,1	1.742,33	− 1,1	1.791,87	+ 2,8	1.742,00	− 2,8
Fachzeitschriften[7]	1.161,66	+ 5,1	1.189,78	+ 2,4	1.267,00	+ 6,5	1.057,00	− 16,6
Verzeichnis-Medien[6]	1.197,96	+ 1,8	1.227,10	+ 2,4	1.268,00	+ 3,3	1.269,40	+ 0,1
Hörfunk[8]	604,70	+ 0,6	690,93	+ 14,3	732,93	+ 6,1	677,98	− 7,5
Außenwerbung[9]	562,83	+ 9,8	681,71	−*	746,23	+ 9,5	759,71	+ 1,8
Wochen-/Sonntagszeitungen[1]	249,30	+ 3,2	261,32	+ 4,8	277,63	+ 6,2	286,73	+ 3,3*
Filmtheater[10]	165,45	+ 6,0	172,36	+ 4,2	175,12	+ 1,6	170,22	− 2,8
Online-Angebote[11]	25,56	+ 100	76,69	+ 200	153,39	+ 100	185,00	+ 20,6
Zeitungssupplements[1]	92,29	− 14,7	73,32	− 260,6	67,59	− 7,8	72,81	+ 7,7
Gesamt	20.790,00	+ 5,1	21.815,88	+ 4,9	23.372,27	+ 7,1	21.680,27	− 7,3

Netto – nach Abzug von Mengen- und Malrabatten sowie Mittlerprovisionen, sofern nicht anders bezeichnet; vor Skonti, ohne Produktionskosten

* Wegen unterschiedlicher Repräsentanz in der Erhebungsgruppe nur bedingt mit Vorjahr vergleichbar

Quellen:
1) Bundesverband Deutscher Zeitschriftenverleger (BDZV)
2) ARD-Werbung Sales & Services, ZDF-Werbefernsehen, Verband Privater Rundfunk und Telekommunikation (VPRT), IP Deutschland RTL, RTL 2, SuperRTL, Sat.1, Pro Sieben, Kabel 1, DSF sowie VOX, n-tv
3) Streukosten von Prospekten, Werbebriefen und Druckschriften nach den Verkehrszahlen der Deutschen Post AG
4) Fachverband Die Publikumszeitschriften im Verband Deutscher Zeitschriftenverleger e.V.
5) Bundesverband Deutscher Anzeigenblätter (BVDA)
6) Verband Deutscher Auskunfts- und Verzeichnismedien e.V., Erhebung bei Mitgliedern und Hochrechnung, nach Skonti, vor Mehrwertsteuer, inklusive rund 10 Prozent Mehrwertsteuer
7) Fachverband Fachpresse im Verband Deutscher Zeitschriftenverleger e.V.
8) ARD-Werbung Sales & Services, RMS Verein zur Förderung der Gattung Funk, Verband Privater Rundfunk und Telekommunikation (VPRT)
9) Hochrechnung des Fachverbandes Außenwerbung (FAW) und des ZAW
10) FDW Werbung im Kino e.V., Erhebung bei Mitgliedern
11) Gemeinsame Hochrechnung von Bundesverband Deutscher Zeitschriftenverleger, Verband Deutscher Zeitschriftenverleger und Verband Privater Rundfunk und Telekommunikation

Erreichbarkeit der Zielgruppe/ Kosten

Die Werbeträger werden nach der Erreichbarkeit der zu bewerbenden Zielgruppe und den **Kosten** ausgesucht. Medien, die ein breites Publikum erreichen, sind i. d. R. teurer als Werbeträger, die sich an eine kleine Zielgruppe wenden.

Die Aufgabe der Werbeträger ist es, die Werbebotschaften mittels Werbemitteln an die Kommunikanten heranzuführen.

Werbeträger sind zunehmend in Großverlagen konzentriert.
Zum Medienkonzern des Axel-Springer-Verlages gehören z. B. die folgenden Werbeträger:

Beispiel

Zeitungen	Zeitungen	Zeitungen
Zeitschriften	Zeitschriften	Zeitschriften
Spezialzeitschriften	• Hörzu	Spezialzeitschriften
Bücher + Romanreihen	• Funk Uhr	Bücher + Romanreihen
Titel im Ausland	• Bildwoche	Titel im Ausland
TV	• TVneu	TV
Hörfunk	• Sport Bild	Hörfunk
Online-Angebote	• Auto Bild	Online-Angebote
Recherchedienst	• Auto Bild motorsport	▫ Zeitungen
Infomaterial	• Auto Bild test&tuning	▫ Zeitschriften
Feedback	• Auto Bild alles allrad	• Hörzu
E-Mail an die Redaktionen	• Maxim	• Computer Bild
	• Familie & Co	• Auto Bild
	• Allegra	• Bild der Frau
	• Journal für die Frau	• Journal für die Frau
	• Bild der Frau	• Allegra
	• Finanzen	• Familie & Co
	• Computer Bild	• YAM!
	• Computer Bild Spiele	• Mädchen
	• YAM!	• Musikexpress
	• Mädchen	• Finanzen
	• Popcorn	• Maxim
	• Starflash	▫ Weitere Portale
	• Musikexpress	Recherchedienst
	• Hammer	Infomaterial
	Spezialzeitschriften	Recherchedienst
	Bücher + Romanreihen	Feedback
	Titel im Ausland	E-Mail an die Redaktionen
	TV	
	Hörfunk	
	Online-Angebote	
	Recherchedienst	
	Infomaterial	

Zu den Werbemitteln zählen alle konkreten, sinnlich wahrnehmbaren Erscheinungsformen der Werbebotschaft. Die wichtigsten Werbemittel sind Anzeigen, Plakate, Drucksachen, Kataloge, Werbefilme, Verkaufsgespräche, Vorführungen etc.

Die Auswahl von Werbemittel und Werbeträger erfolgt anhand von Leistungskennzahlen. Zu diesen gehören u. a. der Tausender-Kontakt-Preis (TKP) und die Reichweite. Diese Kennzahlen machen Werbeträger innerhalb einer Gattung vergleichbar.

Berechnung der Kosten für Anzeigen (W-Mittel) in Tageszeitungen (W-Träger)

Die **Berechnung der Kosten von Anzeigen** in Tageszeitungen erfolgt aufgrund der Anzeigenformate oder mithilfe des Millimeterpreises.

Anzeigenformate im Satzspiegel sind z. B. 1/1 Seite, $^3/_4$ Seite hoch oder $^1/_8$ Seite quer.

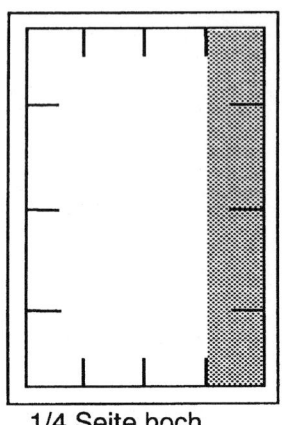
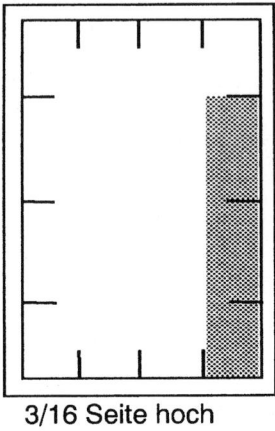
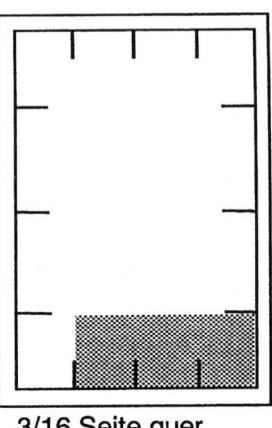

| 1/4 Seite hoch | 3/16 Seite hoch | 3/16 Seite quer |

Der **Millimeterpreis** bezieht sich auf einen Millimeter Höhe der Anzeige in einer Spalte. Die Zahl der Spalten ist dabei vom Zeitungsformat abhängig.

Berliner Format	Satzspiegel 430 x 278 mm	6 Anzeigenspalten
Rheinisches Format	Satzspiegel 487 x 325 mm	7 Anzeigenspalten
Nordisches Format	Satzspiegel 570 x 400 mm	8 Anzeigenspalten

Zeitungs-formate

Die **unterschiedlichen Zeitungsformate,** Spaltenanzahlen, Unterschiede zwischen Anzeigen- und Textteilen haben keinen produktionstechnischen, wohl aber einen produkttechnischen Grund. Jede regionale Abonnementzeitung ist ein Markenartikel in ihrem Verbreitungsgebiet. Und so wie man bei jedem anderen Markenartikel akzeptiert, dass Verpackung, Design, Marketing und Positionierung unterschiedlich sind, muss man dies auch für den Markenartikel Tageszeitung tun.

Diese Unterschiedlichkeit, die es im Übrigen auch bei Zeitschriften gibt, sorgt u.a. für die hohe Akzeptanz der Tageszeitung in ihrer Leserschaft. Eine Akzeptanz, die in der Folge auch für die Werbung in der Tageszeitung gilt.

Die Millimeterpreise sind je nach Ausgabe (z. B. Gesamtausgabe, Bezirksausgabe), Rubrik (z. B. Stellenanzeigen, Wortanzeigen, Nachrufe) und Zeitungsteil (z. B. Anzeigenteil, Textteil) unterschiedlich. Falls Zusatzfarben möglich sind, werden diese gesondert berechnet.

Nachlässe

Rabatte werden aufgrund von **Rabattstaffeln** gewährt. Dabei wird zwischen der Malstaffel und der Mengenstaffel unterschieden.

Rabatte nach **Malstaffel** sind gestaffelte Wiederholungsrabatte bei mehrmaliger Einschaltung innerhalb eines Jahres.

Rabatte nach **Mengenstaffel** werden auf den Gesamtumfang nach Millimetern oder Seiten gewährt.

Rabatte

Beispiele	Malstaffel: Bei Abnahme von mindestens		Mengenstaffel: Bei Abnahme von mindestens		Malstaffel:		Mengenstaffel:	
	6 Anzeigen	5%	3 000 mm	5%	6 Anzeigen	3%	3 Seiten	3%
	12 Anzeigen	10%	5 000 mm	10%	12 Anzeigen	5%	6 Seiten	7%
	24 Anzeigen	15%	10 000 mm	15%	24 Anzeigen	10%	9 Seiten	12%
	52 Anzeigen	20%	20 000 mm	20%	52 Anzeigen	20%	12 Seiten	17%
							18 Seiten	20%
							30 Seiten	22%
							42 Seiten	24%
							54 Seiten	26%
							75 bis 100 Seiten	28%

Keine Rabatte für Familien- und Wortanzeigen sowie Prospektbeilagen.

Quelle: Kölner Stadt-Anzeiger   Quelle: Spiegel

Einige Verlage gewähren einen **Bonus,**[1] d. h. einen nachträglich zum Abschlussjahr gewährten Rabatt.

| Beispiel | Der Umsatzbonus errechnet sich vom endgültigen Netto und ist am Ende des Abschlussjahres fällig.
Bei Abnahme von mindestens |

30 000 mm	1%	100 000 mm	5%
40 000 mm	2%	150 000 mm	6%
60 000 mm	3%	200 000 mm	7%
80 000 mm	4%		

Ab 250 000 mm Einzelkalkulation

Preise, Rabatte, Termine und technische Daten sind in den Tarifunterlagen der Verlage oder dem Nachschlagewerk **Mediadaten** (vgl. S. 221) enthalten.

| Beispiel | Auszug aus „Media-Daten" |

DER SPIEGEL   TARIFE

Anzeigenformate / Anzeigenpreise (Euro)

Bruttopreise (ohne Mehrwertsteuer) in Euro

Grundformate		Satzspiegel	Anschnitt	Vierfarbig	Skalenfarben	Schwarz-weiß
		Breite/Höhe	Breite/Höhe		(bis zu zwei)	
1/1	Seite Umschlag 4c	185/261	212/280	47.610	-	-
1/1	Seite Innenteil 4c	185/261	212/280	46.000	-	-
1/1	Seite	185/261	212/280	46.000	42.500	30.800
2/3	Seite	122/261	137/280	31.587	29.183	21.149
1/2	Seite, quer	185/128	212/137	25.300	23.375	16.940
3/8	Seite, 2-spaltig	122/195	-	24.150	22.313	16.170
1/3	Seite, 1-spaltig	59/261	74/280	19.300	17.215	10.780
1/3	Seite, 2-spaltig	122/128	-	19.300	17.215	10.780

---

[1] **Bonus** = Vergütung, Rabatt

Beispiel Preisliste Spiegel-Online

PageImpressions[1] 112.940.552
Visits   21.435.837

IVW September 2002

Preisliste 2002

Banner / XXL-Banner[2]/ Promotionfläche

Belegungs-einheiten	Erzielte PageImpr. September 2002	Bannerformate TKP			XXL-Banner TKP	Promotion-fläche TKP
Monat		137x60	234x60	468x60	700x60	137x150
Homepage	40.391.000	€20	€30	€40	€60	€40
Politik	13.296.000	€20	€30	€40	€60	€40
Wirtschaft	7.057.000	€20	€30	€40	€60	€40
Panorama	9.688.000	€20	€30	€40	€60	€40
Netzwelt	1.923.000	€20	€30	€40	€60	€40
Kultur	4.591.000	€20	€30	€40	€60	€40
Sport	4.090.000	€20	€30	€40	€60	€40
Wissenschaft	3.284.000	€20	€30	€40	€60	€40
Auto	2.616.000	€20	€30	€40	€60	€40
Reise	926.000	€20	€30	€40	€60	€40
Der SPIEGEL	1.746.000	€20	€30	€40	€60	€40

Kosten-Nutzen-Vergleiche

◆ Das Verhältnis von Kosten zur Leistung eines Werbeträgers kann mithilfe des **Tausenderpreises** (vgl. S. 261) ausgedrückt werden. Er gibt den Preis für jeweils 1.000 Kontakte an und macht Werbemittel mit unterschiedlicher Auflage und unterschiedlichen Preisen vergleichbar.

$$\text{Tausender-Auflagen-Preis} = \frac{\text{Preis je Einschaltung} \cdot 1.000}{\text{Auflage}}$$

Als Preis je Einschaltung kann der Preis für eine Anzeige bestimmter Größe, für einen TV- oder Funkspot bestimmter Dauer, für eine Großfläche usw. eingesetzt werden.

Beispiel Eine Zeitschrift A, die eine Auflage von 100.000 Exemplaren im Monat erreicht, hat einen Seitenpreis von 3000,00 EUR. Die Alternative ist die Zeitschrift B mit einer Auflage von 1.500.000 Exemplaren und einem Seitenpreis von 40.000,00 EUR. Der Produktmanager errechnet den Tausenderpreis, um das Kosten-Leistungs-Verhältnis zu ermitteln.

$$\text{Tausenderpreis} = \frac{\text{Preis je Einschaltung} \cdot 1.000}{\text{Auflage}}$$

---

[1] **page** = Seite; **impression** = Abdruck, Zahl der Sichtkontakte beliebiger Nutzer auf Internetseiten
[2] **Banner** = Fahne; hier Werbeflächen auf Web-Seiten

$$\text{Zeitschrift A} \quad = \quad \frac{3.000,00 \cdot 1.000}{100.000}$$

$$= 30,00 \text{ EUR je } 1.000 \text{ Exemplare}$$

$$\text{Zeitschrift B} \quad = \quad \frac{40.000,00 \cdot 1.000}{1.500.000}$$

$$= 26,67 \text{ EUR je } 1.000 \text{ Exemplare}$$

Da insbesondere Zeitschriften nicht nur von einer Person gelesen werden, kann der Tausenderpreis auch auf die Zahl der **Leser pro Nummer** (LpN) oder die **Zahl der erreichten Zielpersonen** beziehen.

$$\text{Tausender-Leser-Preis} \quad = \quad \frac{\text{Preis je Einschaltung} \cdot 1.000}{\text{Leser-pro-Nummer}}$$

$$\text{Tausender-Zielpersonen-Preis} = \frac{\text{Preis je Einschaltung} \cdot 1.000}{\text{Anzahl der erreichten Zielpersonen}}$$

Beispiel Zeitschrift A hat einen LpN-Wert von 3,0,
Zeitschrift B gibt den LpN-Wert mit 2,0 an.
Es ergeben sich folgende Tausender-Leser-Preise

$$\text{Zeitschrift A} = \frac{3.000,00 \cdot 1.000}{300.000}$$

$$= 10,00 \text{ EUR je } 1.000 \text{ Leser}$$

$$\text{Zeitschrift B} = \frac{40.000,00 \cdot 1.000}{3.000.000}$$

$$= 13,33 \text{ EUR je } 1.000 \text{ Leser}$$

◆ Möchte man wissen, welche Zeitschriften wieviele Leser pro Nummer hat und welche Leser hiermit angesprochen werden, so kann man bei den Verlagen **Mediadaten** und **Leseranalysen** anfordern. Diese Daten geben zum Teil sehr ausführlich über die Leser der jeweiligen Zeitschrift Auskunft. Über den Erfolg der Werbung können sie selbstverständlich keine Aussage machen.

Auflagedaten

Über die Höhe der Auflage einer Zeitschrift erteilt die „Informationsgemeinschaft zur Feststellung der Verbreitung von Werbeträgern e. V.", kurz IVW Auskunft. Aufgabe der IVW ist es, Auflagen und Verbreitungsdaten von periodisch erscheinenden Printmedien zu ermitteln, zu kontrollieren und zu veröffentlichen. Darüber hinaus kontrolliert die IVW den Plakatanschlag, die Besucherzahlen von Kinos und, ob Rundfunk und Fernsehsender störungsfrei Werbespots ausgestrahlt haben.

Zweck der IVW ist es, durch vergleichbare und objektiv ermittelte Unterlagen über die Verbreitung von Werbeträgern einen echten Leistungswettbewerb zu sichern.

Bei der Planung Print-Medien sind Auflagen neben der zielgruppenbezogenen Reichweite das wichtigste Entscheidungskriterium.

Beispiel   Leseranalyse / Kölner Stadt-Anzeiger

	Bevöl-kerung in Tsd.	Kölner Stadt-Anzeiger/ Kölnische Rundschau Leser pro Ausgabe			
		in Tsd.	Reich-weite %	Struktur %	Index
Bevölkerung ab 14 Jahre					
Gesamt	2.423	1.139	47,0	100	100
Männer	1.149	532	46,2	47	98
Frauen	1.274	607	47,7	53	101
Alter der Befragten					
14 – 19 Jahre	162	49	30,6	4	65
20 – 29 Jahre	301	112	37,2	10	79
30 – 39 Jahre	466	198	42,5	17	90
40 – 49 Jahre	393	199	50,5	17	108
50 – 59 Jahre	370	193	52,0	17	111
60 – 69 Jahre	378	200	52,9	18	113
70 Jahre und älter	352	188	53,3	16	113
Ausbildung der Befragten					
Volks-, Hauptschule mit/ohne Lehre	1.270	524	41,3	46	88
weiterf. Schule ohne Abitur	634	332	52,3	29	111
Abitur, Studium	519	282	54,4	25	116
Stellung in Haushalt					
Haupteinkommensbezieher/1-Pers.-Haushalt	1.270	598	47,1	53	100
Befragter ist haushaltsführend	1.311	619	47,2	54	100
Berufstätigkeit der Befragten					
berufstätig	1.177	542	46,1	48	98
in Ausbildung	253	86	34,2	8	73
Rentner, Pensionär	654	349	53,4	31	114
nicht berufstätig/keine Angabe	339	161	47,4	14	101
Beruf des Haupteinkommensbeziehers (jetziger oder früherer)					
Selbstständige	208	109	52,4	10	112
Leitende Angestellte und Beamte	298	176	59,0	15	126
Sonstige Angestellte und Beamte	1.059	538	50,8	47	108
Arbeiter/Facharbeiter	775	293	37,7	26	80
(noch) nie berufstätig/.k.A./Auszubildende	61	17	27,7	1	59
Haushaltsnettoeinkommen					
bis unter 2.000 DM*	210	63	29,8	6	64
2.000 DM bis unter 3.000 DM	478	200	41,8	18	89
3.000 DM bis unter 4.000 DM	461	212	45,9	19	98
4.000 DM bis unter 5.000 DM	498	238	47,8	21	102
5.000 DM und mehr	775	426	55,0	37	117
Personen im Haushalt insgesamt					
1 Person	431	178	41,3	16	88
2 Personen	930	490	52,7	43	112
3 Personen	446	210	47,0	18	100
4 Personen	414	181	43,8	16	93
5 Personen oder mehr	201	80	39,6	7	84

Datenquelle: MA 2001 Tageszeitungen, Verbreitungsgebiet Kölner Stadt-Anzeiger/Kölnische Rundschau

* Die Angaben wurden für das Jahr 2001 erhoben und erscheinen deshalb noch mit DM

◆ Neben dem Verhältnis von Kosten und Leistung ist die **Reichweite** eines Werbeträgers für die Mediaplanung von entscheidender Bedeutung.

– Die **quantitative Reichweite** gibt an, welche Zahl von Personen der Werbeträger in einem bestimmten Zeitraum erreicht.

– Die **räumliche Reichweite** gibt Auskunft über das Gebiet, das von einem Werbeträger abgedeckt wird.

– Die **qualitative Reichweite** informiert über die Erreichung der definierten Zielgruppe.

> **Beispiel** Für die Update-Version eines Textverarbeitungsprogramms sollen alle Nutzer dieses Programms angesprochen werden. Als Werbemittel wird eine Computerzeitschrift mit einer Auflage von 10.000 Exemplaren ausgewählt. Die Zahl der Leser pro Nummer beträgt lt. Leseranalyse 3,5. Die **quantitative Reichweite** beträgt demnach 35.000 Kontakte. Die **räumliche Reichweite** ist das Verbreitungsgebiet der Zeitschrift, in diesem Fall die Nielsen-Gebiete I,II und III. Lt. Leseranalyse nutzen 50% der Leser das Textverarbeitungsprogramm. **Die qualitative Reichweite** beträgt demnach 17.500 Kontakte.

– Die **Nettoreichweite** gibt an, wie viele Personen mit einem Werbemittel bei einmaliger Einschaltung Kontakt haben.

– Wird ein Werbemittel mehrmals in einem Werbeträger eingeschaltet, macht die **kumulierte Reichweite** Aussagen über die Gesamtzahl der Kontakte.

– Die **kombinierte Reichweite** ergibt sich aus der gleichzeitigen Einschaltung eines Werbemittels in unterschiedlichen Werbeträgern.

◆ Um **Streuverluste** zu vermeiden, müssen bei der Auswahl der Werbeträger die Fragen der Überdeckung, der Unterdeckung und der Überschneidung geklärt werden.

– Im Fall der **Überdeckung** geht die Reichweite über das Streugebiet hinaus (Überstreuung).

– Verfügt der Werbeträger nicht über die Reichweite des Streugebietes, liegt eine **Unterdeckung** vor (Unterstreuung).

– Sind die Mediennutzer der ausgewählten Werbeträger identisch, spricht man von einer **Überschneidung** der Werbeträger.

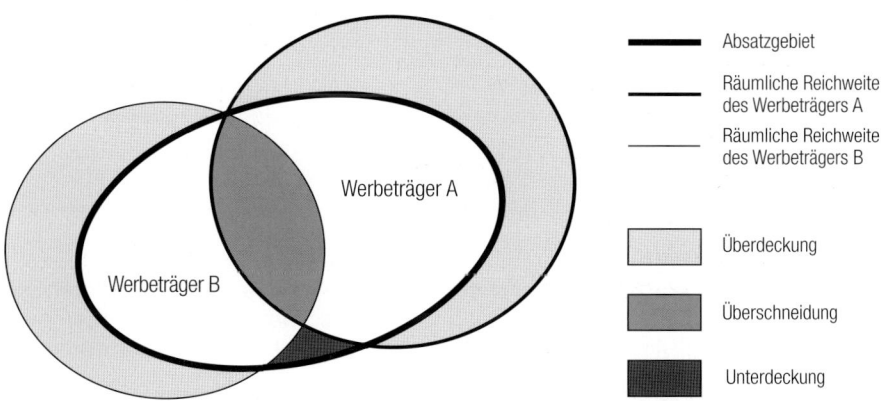

Induktoren

◆ Neben den potenziellen Verbrauchern werden als **Zielgruppe** häufig so genannte Induktoren angesprochen. Zur Gruppe der **Induktoren** zählen die Konsumpioniere, die „**opinion leader**" (Meinungsführer) und die „**fashion leader**" (Modeführer). Induktoren oder Meinungsmacher können Personen des öffentlichen Lebens sein oder Personen, die in ihrem Umfeld Anerkennung genießen. Die Verbindung zwischen der Stellung der Induktoren und dem beworbenen Produkt soll hierbei einen verstärkenden Effekt bewirken.

◆ **Opinion Leader** (Meinungsführer) sind Personen, die in einem bestimmten Bereich (z.B. Mode, Auto, etc) auf andere Personen einen verhaltensbestimmenden Einfluss ausüben. Eine besondere meinungsbildende Funktion besitzen sie im Freundeskreis. Hier übernehmen sie die Funktion von Ratgebern.

Opinion Leader gibt es in allen sozialen Schichten. Sie zeigen ein starkes Informationssuchverhalten, wobei sie objektive Quellen (Fachzeitschriften, Fachbücher) bevorzugen.

Beispiel Ein bekannter Tennisspieler löscht seinen Durst ausschließlich mit einem bestimmten Getränk, eine Schwimmerin sieht eine lila Kuh, während sie im Badeanzug genüsslich in einen Riegel beißt. Menschen, die sich mit diesen Sportlern identifizieren, sollen in ihrer Konsumhaltung beeinflusst werden.

◆ **Fashion-Leader** (Modeführer) sind sehr innovationsfreudige Personen.

◆ **Professionelle Multiplikatoren** sind z.B. Journalisten, Politiker, Professoren.

Die Wirkung der Multiplikatoren wird in der folgenden Abbildung deutlich:

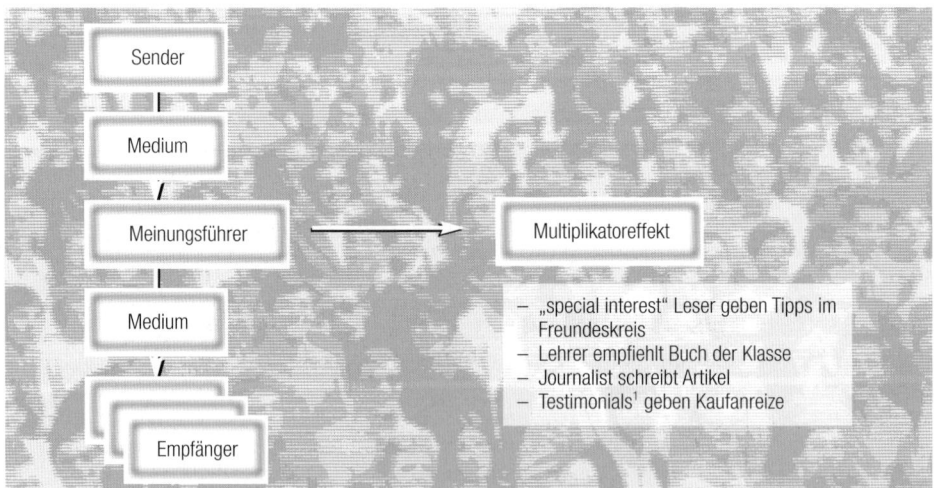

Im Rahmen der **Werbeplanung** sind ausgehend von den Marketingzielen die Werbeziele festzulegen. Anschließend sollte man die relevanten Zielgruppen identifizieren, beschreiben und deren Erreichbarkeit über Medien (Werbeträger) ermitteln (vgl. Kap. 5.3). Im Mittelpunkt der Werbeplanung steht die **Werbestrategie**. Hierbei

---

¹ **testimony** = Zeugnis ablegen für jemanden (hier für ein bestimmtes Produkt)

sollte man langfristig und verbindlich angeben, mit welchen Werbeträgern und Werbemitteln die Werbeziele des Unternehmens erreicht werden sollen.

Bei der Planung von Maßnahmen der Werbung wie auch jeder anderen kommunikationspolitischen Entscheidung kann sich der Werbungtreibende an der **Kommunikationsformel nach Lasswell** orientieren:

Kommunikationsformel nach Lasswell

Frage	Beispiel
wer	Werbungtreibender
sagt was	Werbebotschaft
in welcher Form	Codierung
mit welcher Absicht	Aufmerksamkeitsgewinnung Wissensvermittlung Bekanntheitssteigerung Handlungsverstärkung Handlungsauslösung Bestätigung
über welche Kanäle	Werbeträger
zu wem	Zielgruppe
mit welcher Wirkung	Kommunikationserfolg

Auf der Basis dieser Strategie ist das **Werbebudget** festzulegen. Hierbei beeinflussen Produktionskosten der Anzeigengestaltung, Schaltkosten in den Medien, Beratungskosten für die Werbeagentur) die Höhe des Budgets. Das Budget kann sich darüber hinaus an folgenden Größen orientieren:

Werbebudget

– Prozentsatz vom Umsatz/Gewinn
– Ausrichtung an Absatzmengen
– Ausrichtung an verfügbaren Finanzmitteln, etc.

Die anschließende Verteilung des Werbebudgets (Werbestreuplanung) erfolgt in zweierlei Hinsicht:

– Sachliche Verteilung: auf Produkte, Werbeträger und Werbemittel, ...
– Zeitliche Verteilung: Wahl des Belegungs- bzw. Schaltzeitpunktes. (Mediaplan)

Im Rahmen der **Werbeerfolgskontrolle** (vgl. S. 263) wird die Frage nach der Effektivität einer Werbemaßnahme gestellt. Eine Antwort hierauf zu geben, fällt insofern schwer, weil man zwischen kurzfristigem und langfristigem Erfolg unterscheiden muss.

Werbeerfolgskontrolle

◆ Der **kurzfristige Erfolg** kann anhand von Umsatzerhöhungen oder Rückmeldungen des Außendienstes auf eine Aktion gemessen werden.

◆ **Langfristige Wirkungen** werden z. B. anhand einer Imageverbesserung oder eines generellen Umsatzzuwachses deutlich.

Beispiel Zur Problematik der Werbeerfolgskontrolle kann ein amerikanischer Werbefachmann zitiert werden, der gesagt haben soll: „Ich weiß, dass ich die Hälfte meines Werbeetats aus dem Fenster werfe, aber ich weiß leider nicht, welche Hälfte".

AIDA-Formel

Die **Messung des Erfolgs** einer Werbemaßnahme erfolgt auf jeder der bereits beschriebenen Werbewirkungsstufen der AIDA-Formel (vgl. Kap. 5.2), wobei die Erfolgsmessung auf den ersten drei Stufen (Aufmerksamkeit, Interesse, Kaufwunsch) nur außerökonomisch erfolgen kann. Die vierte Stufe (Kauf) erfolgt durch ökonomische Werbeerfolgskontrollen:

Werbeerfolgskontrolle			
Außerökonomische Werbeerfolgskontrolle			Ökonomische Werbeerfolgskontrolle
Aufmerksamkeit	Interesse	Kaufwunsch	Kauf

Bei der Messung des **außerökonomischen Werbeerfolgs** wird eine bereits durchgeführte Werbemaßnahme auf den ersten drei Wirkungsstufen nach dem Gesichtspunkt untersucht, in welchem Ausmaß sind die zuvor definierten Werbeziele (z.B. Bekanntheitsgrad) erreicht worden sind.

Auch der **ökonomische Werbeerfolg** ist für die Überprüfung der Werbeaktion wichtig, jedoch in der Praxis sehr schwierig. So kann z.B. die Steigerung des Umsatzes oder die Erhöhung des Marktanteils auch durch andere Faktoren wie beispielsweise durch eine Produktverbesserung, einen Geschmackswandel oder allgemein durch einen Konjunkturaufschwung bedingt sein. In diesem Zusammenhang spricht man von sog. Carry-over[1] Effekten.

Im Rahmen der außerökonomischen Werbeerfolgskontrolle unterteilen sich die **Untersuchungsmethoden** in Verfahren mit technisch-apparativen Instrumenten, in Recall- und Recognitiontests und in Methoden der psychologischen Marktforschung (vgl. Kap.1).

1. **Verfahren mit technisch-apparativen Instrumenten:**
   a) Hautwiderstandsmessung
   b) Herz-, Atem-, Puls- oder Stimmfrequenz,
   c) Hirnstrommesser
   d) Pupillometer (Pupillenveränderung, Blickaufzeichnung)
   e) Tachistoskop

2. **Recall- und Recognitiontest (Copy-tests)**
   Recalltest: (Erinnerungstest):
   Man fragt sich, ob die Personen sich an bestimmte Werbebotschaften erinnern. Hierbei unterscheidet man
   – Ungestützte Recall-Tests:
     Es werden keine Erinnerungshilfen bereitgestellt. (= aktive Bekanntheit)
   – Gestützte Recall-Tests (Aided-Recall-Tests):
     Hierbei werden Erinnerungshilfen gezeigt – Listen mit Markennamen, Markenzeichen, ...) (= passive Bekanntheit)
   Recognitiontest: (Wiedererkennungstest):
   Die Probanden werden – unter Vorlage einer Zeitschrift – gefragt, welche Anzeigen sie gesehen haben und welche Anzeigenelemente sie wiedererkennen.

Der sog. „Starch-Test" ermittelt, ob die Anzeigen ganz oder teilweise wiedererkannt werden.

---

[1] **carry-over** = engl. übertragen

- Hat die Person die Anzeige gesehen?
- Hat die Person die Anzeige gesehen und teilweise gelesen?
- Hat die Person die Anzeige eingehender studiert?

Man möchte mit den Ergebnissen Rückschlüsse auf Interesse und mögliche Kaufabsichten schließen.

Die Ergebnisse sind aber mit Vorsicht zu genießen, denn die Testpersonen können

- die Anzeigen verwechseln
- raten oder
- zu Übertreibungen neigen.

Realkauf

INSGESAMT:	57%
MÄNNER:	65%
FRAUEN:	49%

Detailbeachtung der Anzeigenelemente – Realkauf

	Gesamt	Alter			Haushaltseinkommen		
		14–29 Jahre	30–49 Jahre	50 Jahre und älter	unter 3 000 DM	3 000– 4 000 DM	mehr als 4 000 DM
	in %	in %	in %	in %	in %	in %	in %
Anzeige gesehen	57	46	62	56	56	56	59
Beachtungswerte der einzelnen Anzeigenelemente:							
1	53	42	57	52	54	48	54
2	44	33	45	47	46	40	46
3	47	35	53	46	45	47	50
4	24	19	29	22	30	25	13
5	50	38	54	50	49	52	50
6	34	20	38	36	36	33	34
7	28	20	31	28	33	27	20
8	22	18	24	21	29	19	12
Anzahl der Fälle	262	37	97	128	119	71	73

	Gesamt	Männer	Frauen	Produkt- interessierte
	in %	in %	in %	in %
Anzeige gesehen	57	65	49	72
Beachtungswerte der einzelnen Anzeigenelemente:				
1	53	61	44	68
2	44	49	40	62
3	47	50	43	68
4	24	23	25	42
5	50	53	47	70
6	34	35	34	56
7	28	28	28	46
8	22	20	24	40
Anzahl der Fälle	262	134	128	88

Die Beachtungswerte von Anzeigen und Anzeigenelementen werden z. B. durch folgende Fragestellungen ermittelt:

1. Wie ist es mit dieser Anzeige? Haben Sie diese Anzeige gesehen, als Sie gestern den EXPRESS gelesen haben, oder haben Sie diese Anzeige nicht gesehen?
2. Ich hätte gerne von Ihnen gewusst, was Sie auf dieser Anzeige alles gesehen haben. Haben Sie das Markenzeichen / den Firmennamen bemerkt?
3. Was haben Sie sonst noch auf der Anzeige bemerkt? Bitte zeigen Sie mir alle Einzelheiten auf der Anzeige (vom Interviewer direkt in der Anzeige angestrichen).
4. Und was genau haben Sie in dieser Anzeige gelesen? Zeigen Sie mir bitte, wie viel Sie vom Text auf dieser Anzeige gelesen haben. Wir meinen mit Text alles Geschriebene (vom Interviewer direkt in der Anzeige angestrichen).

5. Unabhängig davon, ob Sie diese Anzeige gesehen haben, sagen Sie mir nun noch, ob für Sie persönlich das beworbene Produkt eher interessant oder eher nicht interessant ist.

3. Methoden der psychologischen Marktforschung

– Beim **Satzergänzungstest** werden unvollständige Sätze vom Probanden ergänzt (eingeschränkte Antwortfreiheit). Daraus kann man Rückschlüsse auf Einstellungen/Motive ziehen.

– Beim **Wortassoziationstest** nimmt der Proband zu bestimmten Worten Stellung (Assoziationen abgeben). Man erhält z.B. Rückschlüssen zum Image von Markennamen.

– Beim **Zuordnungstest** ordnet die Versuchspersonen den vorgegebenen Werbemitteln bestimmte Eigenschaften zu. z.B. „interessant", „naturorientiert", „bürgerlich", ...

Im Rahmen der **ökonomischen Werbeerfolgskontrolle** bedient man sich des BuBa-Verfahrens (Bestellung unter Bezugnahme auf das Werbemittel), misst den Bestelleingang bei Direktwerbeaktionen oder führt eine Direktbefragung durch. Der Umsatz stellt innerhalb der ökonomischen Werbeerfolgskontrolle kein geeignetes Mittel dar, weil viele andere Einflussfaktoren eine Rolle spielen könnten (gesamte Marketing-Mix-Maßnahmen).

1. Bei der **Bestellung unter Bezugnahme auf das Werbemittel** heftet man an die Werbebotschaft einen Bestellabschnitt und misst den Werbeerfolg anhand der eingehenden Bestellungen.

   Beispiel

Konzeptions- und Schaltungskosten:	40.000,00 EUR
Bestellungseingänge:	1.000 Stck.
Verkaufspreis:	299,00 EUR
Gewinn pro Stück:	49,00 EUR

   Werbeerfolg: Bestellwert: 49.000,00 – Kosten: 40.000,00 = 9.000,00 EUR

2. Bei der **Durchführung von Direktwerbeaktionen** misst man den Werbeerfolg anhand des Bestellungseingangs.

   Beispiel

Werbebriefe:	20.000 Stck.
Kosten pro Brief:	5,00 EUR
Bestellungseingang:	1.500 Stck.
Gewinn pro Stück:	60,00 EUR

   Werbeerfolg: Bestellwert: 90.000,00 – Kosten 100.000,00 = –10.000

3. Innerhalb der **Methode der Direktbefragung** wird der Käufer befragt, auf welche Werbemaßnahme er seine Käufe zurückführt.

In der Praxis wird Planung und Durchführung der Werbung häufig von **Werbeagenturen** übernommen. Eine Werbeagentur ist ein Dienstleistungsunternehmen, das gegen Entgelt Werbungtreibende in Fragen der Werbung berät und für diese die einheitliche Planung, Gestaltung, Streuung und Kontrolle der Werbemaßnahmen übernimmt.

Werbeagentur

**Abrechnungs-
verfahren**

◆ Die **Abrechnungsverfahren** der Werbeagenturen sind unterschiedlich.

– Beim **reinen Provisionssystem** finanziert sich die Werbeagentur aus den von den Medien gewährten Mittlerprovisionen, der so genannten AE-Provision[1], in Höhe von 15 % vom Netto-Einschaltbetrag. Nachteil dieses Verfahrens ist, dass die Agentur den Werbeetat überwiegend für Mediawerbung verplanen wird, denn nur hier erhält sie ihre Provision.

– Beim **gemischten Provisions- und Honorarsystem** erhält die Werbeagentur neben der AE-Provision ein Honorar für zusätzliche Leistungen. In der Praxis besteht dieses Honorar oft aus einem Aufschlag auf die Selbst- oder Fremd-kosten.

– Beim **reinen Honorarsystem** werden alle Leistungen der Agentur über eine vereinbarte Pauschale abgegolten. Etwaige AE-Provisionen werden an den Kunden weitergegeben. Dieses Verfahren ist z.B. im Bereich der Investitions-güter sinnvoll, wenn nur ein kleiner Teil des Etats für provisionsfähige Streu-werbung aufgewendet wird.

– Bei begrenzten Aufträgen, z. B. der Entwicklung eines Firmenzeichens (Logo) oder einer Packungsgestaltung, wird die Werbeagentur über einen **Stunden-satz** abrechnen.

Fladette schaltet für Konzeption und Realisation der Werbekampagne eine Wer-beagentur ein. Man einigt sich auf ein reines Provisionssystem. Vom Werbeetat in Höhe von 250.000,00 EUR sind 150.000,00 EUR für Mediawerbung vorgese-hen. Die Werbeagentur erhält somit AE-Provisionen in Höhe von 25.000,00 EUR.

Die finanzielle Vertragsgestaltung ist ein wesentliches Kriterium bei der **Auswahl der Werbeagentur**. Daneben spielen jedoch noch andere Faktoren eine Rolle, wie die Größe der Agentur, die Branchenerfahrung, das Leistungsangebot, der Ruf, der Firmensitz und die Qualität der Arbeit.

Ist die Auswahl auf zwei oder drei Agenturen eingeschränkt, werden diese zu einer **Präsentation** der ausgearbeiteten Werbekonzeption eingeladen.

Die 50 größten Werbeagenturen in Deutschland

Rang	Werbeagenturen	GWA-Mitglied	Netto-Roheinkommen 2001 in Mio Euro	Betreutes Werbevolumen 2001 in Mio Euro
1	BBDO Group Germany, Düsseldorf	●	301.019	2.007.797
	MSBK Proximity, Hamburg	●	19.214	128.157
	BBDO InterOne, München		12.739	84.969
	Leonhardt & Kern, Stuttgart	●	6.193	41.307
2	Grey Global Group Deutschland, Düsseldorf	●	150.700	1.005.169
	Gramm, Düsseldorf	●	8.347	55.674
	Phoenix Kommunikation, Düsseldorf		7.279	48.551
	Dorland, Berlin	●	4.705	31.382
	Greco, Düsseldorf		4.641	30.955
	Consell Gruppe, Frankfurt/Main	●	4.552	30.362
	K.M. Wolff & Partner, Hamburg	●	4.014	26.773
	Grey Connect, München	●	3.808	25.399

---

[1] **AE** = Annoncen Expedition = Anzeigenvermittlung

Rang	Werbeagenturen	GWA-Mitglied	Netto-Roheinkommen 2001 in Mio Euro	Betreutes Werbevolumen 2001 in Mio Euro
3	Publicis Gruppe Deutschland, Düsseldorf	●	135.925	906.620
	Publicis Werbeagenturen, Frankfurt/Main	●	100.598	670.989
	BMZ, Düsseldorf	●	35.327	235.631
4	McCann-Erickson Gruppe Deutschland, Frankfurt/Main	●	103.937	693.260
5	Ogilvy & Mather Gruppe Deutschland, Frankfurt/Main	●	100.077	667.514
	OgilvyOne Worldwide, Frankfurt/Main	●	28.894	192.723
6	Young & Rubicam Gruppe, Frankfurt/Main	●	78.807	525.645
	Wunderman, Frankfurt/Main	●	41.849	279.134
7	Scholz & Friends, Berlin[1]	●	69.517	463.678
8	Springer & Jacoby Gruppe, Hamburg	●	68.885	459.463
9	J. Walter Thompson Communication Group, Frankfurt/Main	●	61.216	408.311
10	DDB Gruppe Deutschland, Düsseldorf	●	58.533	390.415
11	FCB Deutschland, Hamburg	●	55.927	373.033
12	TBWA Deutschland, Frankfurt/Main		52.031	347.047
13	Lowe Communication Group, Hamburg	●	51.408	342.891
14	ServicePlan Gruppe, München	●	50.700	338.169
15	Citigate Gruppe Deutschland, Düsseldorf	●	41.730	278.339
16	Michael Conrad & Leo Burnett, Frankfurt/Main	●	41.481	276.675
17	Jung von Matt Gruppe, Hamburg	●	38.234	255.021
18	Heye & Partner, Unterhaching	●	37.484	250.018

[1] Vorläufige Schätzung wegen Börsennotierung

5.5 Below-the-line

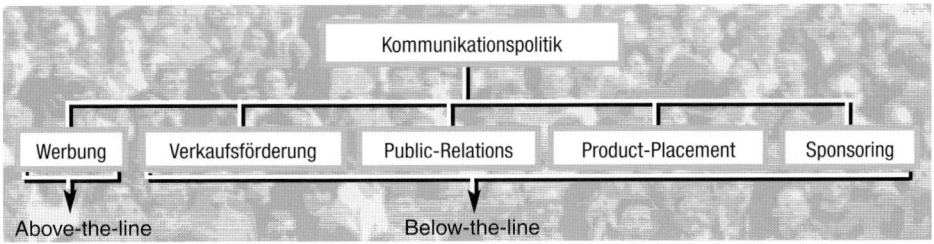

5.5.1 Verkaufsförderung

Die Verkaufsförderung umfasst diejenigen Maßnahmen der Kommunikationspolitik, die der Unterstützung und Erhöhung der Effizienz der unternehmensinternen Distributionsorgane, der unternehmensexternen Distributionsorgane und der Beeinflussung der Verwender dienen.   *Zielsetzung der Verkaufsförderung*

Die kommunikationspolitischen Instrumente der Werbung und Verkaufsförderung **ergänzen sich.** Während die Werbung die langfristige Profilierung von Produkt und Unternehmen zum Ziel hat, schafft die Verkaufsförderung kurzfristige zusätzliche

Kaufanreize, die zur vorübergehenden Absatzsteigerung des durch die Werbung geschaffenen stetigen Produktabsatzes führen.

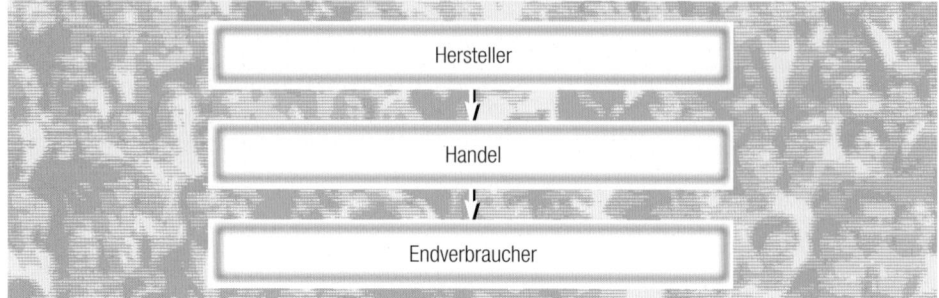

Zielgruppen der Verkaufs-förderung

Adressaten der verkaufsfördernden Maßnahmen sind die **eigenen Verkaufsorgane**, die **Absatzmittler** und die **Verbraucher**.

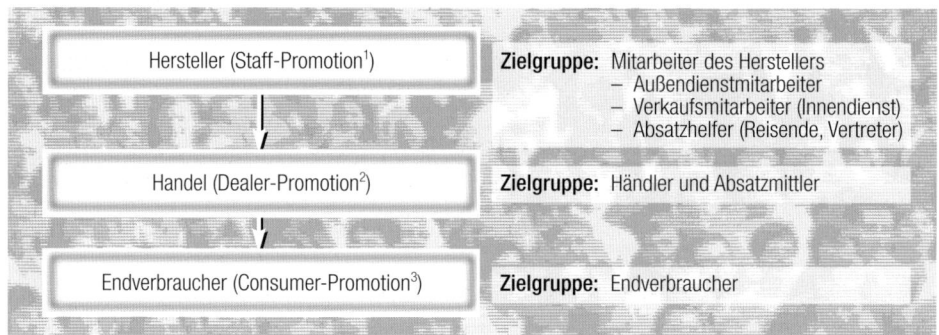

Verkäufer-orientierung

◆ **Verkäuferorientierte Verkaufsförderung** soll die Leistungsfähigkeit des eigenen Verkaufspersonals steigern und ihre Verkaufsbemühungen unterstützen. Sie dient somit dem „**Reinverkauf**" in den Handel (Push-Strategie). Maßnahmen der Verkaufsförderung, die sich an die eigenen Verkaufsorgane richten, sind z. B. die Ausbildung und Schulung von Außendienstmitarbeitern, die optimale Ausstattung der Außendienstmitarbeiter mit Verkaufsunterlagen wie z. B. Handbücher, Musterbücher, Musterstücke, Salesfolder, Referenzen und Testergebnisse sowie Maßnahmen zur Steigerung der Leistungsbereitschaft durch materielle oder nicht-materielle Anreize.

Push-Strategie

Push-Strategie:

Die Maßnahmen setzen direkt beim Handel an. Der Hersteller versucht – durch gezielte Maßnahmen – den Handel dazu zu bewegen, das Produkt zu listen.

---

[1] **Staff** = engl. Personal
[2] **Dealer** = engl. Händler
[3] **Consumer** = engl. Endverbraucher

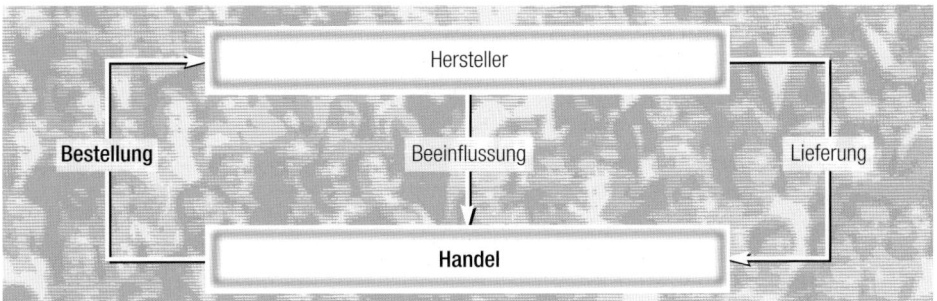

Beispiel Ein großer Markenartikelhersteller plant die Einführung eines neuen Schoko-Riegels. Das Unternehmen führt für seine Außendienstmitarbeiter folgende Verkaufsförderungsmaßnahmen durch: Die Mitarbeiter nehmen an einem Schulungsseminar zum Thema „Verkaufsgesprächsführung zum neuen Produkt" teil, sie erhalten ein „Sales Manual", das alle Daten zum einzuführenden Produkt enthält, und es wird eine zusätzliche Absatzprämie pro verkaufter Einheit gewährt.

Fladette stellt drei Reisende ein. Sie nehmen während einer Trainingsphase an einer Produktschulung und einem Verkaufstraining teil. Für ihre Akquisitionstätigkeit steht Ihnen eine Präsentationsmappe mit Farbfotos der zubereiteten Fladetts und Fotos der geplanten Werbemittel zur Verfügung. Für jedes abgeschlossene Franchising-Paket erhalten Sie einen Bonus in Höhe von 1% vom Jahresumsatz.

◆ **Handelsorientierte Verkaufsförderung** (Dealer Promotion) unterstützt die Verkaufsbemühungen der Absatzmittler. Diesem Ansatz liegt der Gedanke zugrunde, dass die Produkte des Herstellers erst verkauft sind, wenn sie den Handel passiert und den Weg zum Letztverbraucher gefunden haben. Handelsorientierte Verkaufsförderung dient der Förderung des „**Rausverkaufs**", d.h. des Verkaufs des Handels. Maßnahmen sind die Schulung der Händler und ihres Verkaufspersonals, Maßnahmen zur Steigerung der Leistungsbereitschaft wie Händlerpreisausschreiben oder Plazierungswettbewerbe sowie Maßnahmen des „Merchandising".

Handelsorientierung

Beispiel Der Markenartikelhersteller führt für ausgewählte Händler eine Produktschulung im Herstellbetrieb durch und lobt für die beste Plazierung eine Fernreise aus.

Unter „**Merchandising**"[1] werden alle verkaufsfördernden Maßnahmen im Geschäft des Einzelhändlers, am „point of purchase"[2], verstanden. In den Lebensmittelgeschäften können beispielsweise Produkte in speziellen Regalen, Ständern oder mithilfe von Displaymaterialien dargeboten werden.

Merchandising

Der Begriff des Merchandising wird heute auch für die Vermarktung von Rechten in den Bereichen Film und Fernsehen und im Sport verwendet.

Beispiel Titel und Stars erfolgreicher TV-Serien werden auf Videos, CD's und auf T-Shirts vermarktet.

---

[1] **Merchandising** *Verkaufsförderung, englisch merchant = Kaufmann; merchandising = Handel betreiben*
[2] **point of purchase** *englisch = Ort des Kaufens*

Fladette stellt den Vertragspartnern im Rahmen der Verkaufsförderung unter anderem hintergrundbeleuchtete Großdias mit Serviervorschlägen zur Verfügung, die hinter der Theke angebracht werden können.

Verbraucher-orientierung

◆ **Verbraucherorientierte Verkaufsförderung** (Consumer Promotion) stellt die dritte Säule der Verkaufsförderungmaßnahmen des Herstellers dar. Sie sollen den Verbraucher in besonderem Maße auf ein Produkt aufmerksam machen, auf besondere Vorteile hinweisen oder den potenziellen Kunden mit dem Produkt in Berührung bringen. Maßnahmen sind z. B. die Verteilung von Proben oder Zugaben, Werbegeschenke oder die Durchführung von Sonderverkaufsaktionen.

 Im Rahmen der Produkteinführung des Schoko-Riegels werden im Einzelhandel durch Propagandisten Proben verteilt. Die Kunden werden zum Geschmack des Riegels befragt und nehmen an einer Verlosung teil. Beim Kauf einer Großpackung erhalten die Kunden drei „Mini-Riegel" als Zugabe.

Pull-Strategie

Pull-Strategie:

Die Maßnahmen setzen beim Endverbraucher an:
– Durch Werbung wird beim Endverbraucher eine Nachfrage nach dem Produkt erzeugt.
– Der Endverbraucher fragt im Handel nach dem Produkt.
– Der Handel wird gezwungen, das Produkt in sein Sortiment aufzunehmen.
– Das Produkt wird somit in den Handel hineingezogen.

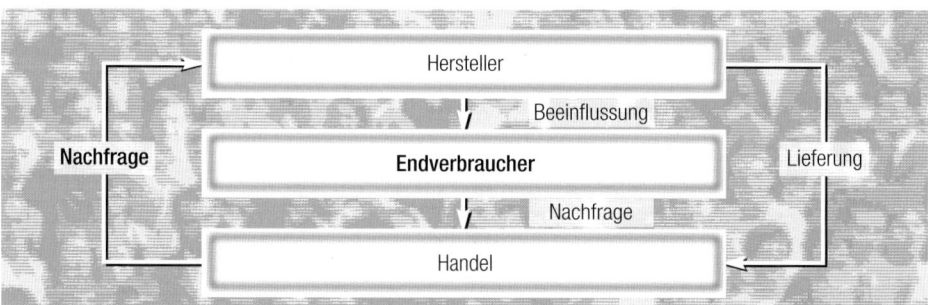

Das Verkaufsförderungskonzept

Ein Verkaufsförderungskonzept sollte folgende Punkte berücksichtigen:

Zielgruppen:	Ziele:	Maßnahmen:
– Herstellerebene *(Staff-Promotion)*	– auf Herstellerebene	– auf Herstellerebene
– Handelsebene *(Dealer-Promotion)*	– auf Handelsebene	– auf Handelsebene
– Verbraucherebene *(Consumer-Promotion)*	– auf Verbraucherebene	– auf Verbraucherebene

5.5.2 Public Relations

Die Deutsche Public Relations Gesellschaft definiert Public Relations[1]

PR-Ziele

„als das bewusste und legitime Bemühen um Verständnis sowie um Aufbau und Pflege von Vertrauen in der Öffentlichkeit".

Public Relations hat das **Ziel,** Aufmerksamkeit und Interesse zu wecken, Vertrauen, Verständnis, Akzeptanz und Glaubwürdigkeit zu schaffen. Sie soll ein positives Bild des jeweiligen Unternehmens (Organisation, Verband) aufbauen und festigen und den Bekanntheitsgrad erhöhen.

Voraussetzungen für erfolgreiche Public Relations sind Wahrheit und Ehrlichkeit. Wer mit Öffentlichkeitsarbeit bloß den Verkauf ankurbeln oder eine Umweltsünde kaschieren will, hat mit seriöser Öffentlichkeitsarbeit nichts zu tun und wird langfristig auch keinen Erfolg haben. Nur wer eine faire und offene Informationspolitik betreibt, kann auch in Krisenfällen mit einer fairen Berichterstattung rechnen.

Public Relation ist Kommunikationsarbeit

Kommunikation bedeutet gegenseitige Informationsvermittlung (Dialog) mit dem Ziel der Verständigung. Dazu gehört das Gespräch mit den Mitarbeitern ebenso wie die schriftlichen Mitteilungen an die Presse über neue Initiativen oder der Jubiläumsempfang für Kunden und Geschäftsfreunde.

Das Spektrum der meinungsbildenden Faktoren umfasst das Wirtschaftsleben, die Finanzwelt, die Meinungsbildner, Politik und Verwaltung sowie die öffentliche Meinung.

Beispiel		
	Das Wirtschaftsleben	– Mitarbeiter (inklusive Familie und Freunde)
		– Kunden
		– Lieferanten
		– Geschäftspartner
		– Wirtschaftspresse
		– Wettbewerber
	Finanzwelt:	– Banken
		– Investoren
		– Leasing-Gesellschaften
		– Gläubiger
		– Händler
		– Finanzpresse
		– Berater
	Meinungsbildner	– Medien
		– Interessengruppen (z.B. Gewerkschaften)
		– Verbraucherorganisationen
		– Fachverbände
		– Unternehmerverbände
	Politik und Verwaltung	– Behörden
		– politische Verwaltung
		– Politiker in den Städten und Gemeinden
		– Länder und Bund
	Die Öffentliche Meinung	– regional und national, einschließlich der Presse
		– Kirchen und soziale Institutionen

---

[1] **public relations** englisch public = Öffentlichkeit; relationship = Beziehung; public relations = Öffentlichkeitsarbeit

interne PR-
Maßnahmen

Interne Öffentlichkeitsarbeit (Human Relation)[1]

Die eigenen Mitarbeiter sind immer die wichtigste Zielgruppe der Öffentlichkeitsarbeit, denn sie prägen durch ihre Meinung und Zufriedenheit das Image eines
Unternehmens oder einer Organisation. Funktioniert die interne Kommunikation,
hat das positiven Einfluss auf die Motivation der Mitarbeiter, ihre Leistung, das Be-
triebsklima und wirkt auch positiv nach außen.

Medien und Mittel der Human Relations sind institutionelle Einrichtungen, hauseigene Medien, personelle Kommunikationsmedien oder sonstige Mittel.

Institutionelle Einrichtungen
– Betriebliches Vorschlagswesen
– Kulturelle Einrichtungen
– Soziale Einrichtungen
– Einrichtung einer Fachbibliothek
– Sport- und Freizeitgruppen
– Auszeichnungsweisen etc.

Hauseigene Medien
– Betriebsmitteilungen
– Jahresberichte
– Jährliche Sozialbilanz
– Mitarbeiterzeitschrift
– Mitarbeiterbriefe
– „Schwarzes Brett"
– Business-TV
– Betriebsinternes Ausstellungswesen
– Firmendokumentation für neue Mitarbeiter etc.

Personelle Kommunikationsmedien
– Betriebsversammlungen
– Betriebsfeste
– Veranstaltungen des Betriebes
– Weiterbildungsprogramme
– Sprechstunden etc.

Sonstige Mittel
– Geburtstagsgeschenke
– Präsente für langjährige Betriebszugehörigkeit
– Mitarbeiterehrungen

externe PR-
Maßnahmen

◆ Die **externe** PR wendet sich an die Öffentlichkeit und versucht, das Unternehmen oder die Unternehmensleistung im positiven Sinne in die Umwelt einzuord-
nen. Zielgruppe sind dabei i. d. R. Multiplikatoren wie Verbände, Politiker, Journalisten oder Lehrer.

Ereignisse, Kontakte und Begegnungen für die externe PR sind beispielsweise
Begegnungen, Ausstellungen, Ehrungen, Einweihungen.

Begegnungen
– „Tag der offenen Tür"   – Journalistenreisen
– Betriebsbesichtigungen   – Diskussionsveranstaltungen
– Pressekonferenzen   – Informationsgespräche etc.

---

[1] **human** = menschlich; **relation** = Beziehung

Ausstellungen
- Messebeteiligung
- Ausstellungsbeteiligung
- Beteiligung an Veranstaltungen etc.

Ehrungen
- Journalistenpreise
- Auszeichnung „Sportler des Jahres"
- Jugend forscht-Preis etc.

Einweihungen
- Betriebserweiterungen
- Neue Technologien
- Umweltschutzmaßnahmen etc.

Jubiläen
- jeglicher Art

Einrichtungen
- Museen
- Bibliotheken
- Kommunikationszentren etc.

Lobbyismus
- Gründung einer Stiftung
- Übernahme von Patenschaften
- Mitgliedschaften in Verbänden
- Vereinsmitgliedschaften etc.
- Förderung von Vereinen
- Spenden etc.

Kompetenzen aneignen
- Gütezeichen
- Werbegemeinschaften etc.

Fachliche Anleitungen
- Beratungszentren
- Ausbildungseinrichtungen
- Fachliche Printmedien
- Fachperiodika etc.

Das mögliche Vorgehen zur systematischen Erstellung eines **PR-Konzeptes** zeigt folgende Checkliste:

PR-Konzept

1. Problemstellung
    a) Brainstorming
        I. Was haben wir anzubieten?
        II. Was weiß man über uns? (Erforschen der öffentlichen Meinung)
        III. Was erwartet man von uns?
        IV. Wo gibt es welche Probleme?
        V. Welches sind die Ursachen?
    b) Selektion der Stärken und Schwächen

    c) Konkrete Aufgabenstellung
       I. Welche Schwächen wollen wir aufheben?
       II. Welche Haltungen wollen wir verändern?
       III. Welche Informationsdefizite müssen wir abbauen?

2. Strategie
    a) Ziele präzise definieren (kurzfristig, mittelfristig, langfristig)
    b) Zielgruppen festlegen (Wen wollen wir ansprechen?)
    c) Botschaft festlegen (Was wollen wir den Zielgruppen sagen?)
    d) Mittel festlegen (Wie wollen wir die Zielgruppe erreichen?)

3. Umsetzung der Strategie
    a) Instrumente: Festlegen, was wir tun
    b) Evaluierung: Festlegen, wie wir Erfolg und Wirkung ermitteln
    c) Kosten/Zeitplan: Festlegen, wann wer was tut und was es kostet.

Gerade in Krisen oder außergewöhnlichen Situationen kommt einer gezielten PR große Bedeutung zu.

Krisen-PR

Zur Strukturierung der internen und externen Unternehmenskommunikation bei Krisenfällen empfiehlt sich eine Orientierung an den vier folgenden Krisenphasen.

1. Potenzielle Krisenphase:
– Potenzielle Krisen werden gedanklich antizipiert.
– Ableitung von Maßnahmen zur Absicherung gegen diese bald möglicherweise eintretende Krise.
Aufgabe der Unternehmenskommunikation:
– Persönliches Verhältnis zwischen dem Unternehmen und den Medien aufbauen.

2. Latente Krisenphase
– Durch Methoden der Früherkennung latente Krisen rechtzeitig identifizieren.
– Maßnahmen zur Vermeidung eine akuten Krise einleiten.
Aufgabe der Unternehmenskommunikation:
– Issue-Management[1]: Der Versuch, Veränderungen in der Umwelt bereits zum Zeitpunkt ihres inhaltlich noch unstrukturierten Entstehens zu entdecken, ihre möglichen Entwicklungslinien und Auswirkungen auf das Unternehmen zu prognostizieren und geeignete Reaktionsstrategien zu realisieren.

3. Akute Krisenphase
– Maßnahmen zur raschen Überwindung akuter Krisensituationen.
    a) Krisenhandbücher
    b) Vorbereitete Internetseiten freischalten (sog. dark sites)
Aufgabe der Unternehmenskommunikation:
– Rückhaltlose offene Informationspolitik betreiben.

4. Nach-Krisenphase
– Dient der Krisennachbereitung.
– Maßnahmen zur Wiedergewinnung des Vertrauens der internen und externen Anspruchsgruppen
– Krise als „Chance zum Wandel" begreifen: Lehren für die Erkennung, Vermeidung und Bewältigung zukünftiger Krisen ableiten.
Aufgabe der Unternehmenskommunikation:
– Dialog mit den Anspruchsgruppen herstellen und moderieren (Symposien).

---

[1] **issue** = Ausweg; Issue-Management = rechtzeitig Ausweg / Lösungen erkennen

5.5.3 Product-Placement (PP)

◆ Product-Placement[1] ist eine Form der indirekten mittelbaren Kommunikation zwischen Werbungtreibendem und Werbesubjekt. Das Produkt des Werbungtreibenden wird dabei in artfremden Zusammenhängen wie im Film oder Fernsehen gezeigt, ohne dass die werbende Wirkung unmittelbar erkennbar wird. Dies kann z.B. dadurch geschehen, dass Multiplikatoren das Produkt im Film, Funk oder Fernsehen nutzen.

Beispiel Ein großer Automobilhersteller vereinbart mit dem Produzenten einer Fernsehserie, dass die Hauptdarsteller im Film Fahrzeuge des Herstellers nutzen.

Fladette schließt mit der Produktionsfirma einer beliebten Serie des Vorabendprogramms einen Vertrag, der vorsieht, dass der Hauptdarsteller statt an einem üblichen Imbiss in einem Fladett-Betrieb einkehrt.

Vorteile	Nachteile
– PP führt zu einer hohen Glaubwürdigkeit, da das Produkt in einer „realen" Umgebung gezeigt wird. – Eventuelle Einflussnahme des Vertriebsmanagers auf die Art der Präsentation im Film aufgrund der Vertragsgestaltung. – Die Kombination des Produktes mit der positiven Ausstrahlung und Kompetenz eines bekannten Darstellers (Multiplikator) erhöht die Werbewirkung. – Durch die Auswahl geeigneter Filme ermöglicht das PP eine genaue Zielgruppenselektion. – Ist der gewählte Film erfolgreich, werden sehr hohe Reichweiten erreicht: Kino, Pay-TV, Free-TV – I.d.R. liegt ein hoher Aufmerksamkeitswert innerhalb der Zielgruppe vor, da die Werbeabsicht z.T. nicht erkannt wird und der Filmkonsum in einer entspannten Atmosphäre stattfindet. – Es entsteht ein unauffällig gewecktes Verlangen nach den gezeigten Markenartikeln.	– Die Zielperson kommt nur ein bis maximal zweimal mit dem Werbeträger in Berührung, da sie einen Kino- oder Fernsehfilm nur einmal anschaut (geringe Kontaktdichte). – Wegen der begrenzten Kinodichte auf dem deutschen Markt ist das PP oft nur für internationale Markenprodukte geeignet. – Es besteht die Gefahr der Überladung von Filmen mit Markenartikeln. – Die Wirkungsmessung ist sehr schwierig.

Beispiel Der Automobilhersteller vereinbart mit dem Produzenten, dass seine Fahrzeuge nur von den positiv besetzten Darstellern genutzt werden und dass die Fahrzeuge nicht bei Übertretungen der Straßenverkehrsordnung oder Unfällen gezeigt werden dürfen.

„Top Gun": Ray Ban-Sonnenbrille,
„Zurück in die Zukunft": Pepsi
„Liebling Kreuzberg": Götterspeise

---

[1] *place* englisch = Platz, Stelle

Product-Publicity

◆ Zahlt ein Unternehmen dafür, dass das Produkt in artfremdem Zusammenhang gezeigt wird, handelt es sich um Product-Placement. Zahlt der Hersteller dafür **nicht**, wird dies als **Product-Publicity**[1] bezeichnet.

Beispiel	Eine Automobilzeitschrift führt nach der Neueinführung eines Fahrzeugs einen Vergleichstest durch.

Der **Vorteil von Product-Publicity** ist der Werbeeffekt ohne die Entstehung von Kosten. Ein weiterer Vorteil liegt darin, dass die Berichterstattung z.B. von Journalisten als glaubwürdig angesehen wird.
Der **Nachteil von Product-Publicity** ist, dass der Hersteller keinen Einfluss auf die Darstellung seines Produktes hat.

Beispiel	Bei dem durchgeführten Vergleichstest werden dem Fahrzeug des Herstellers gravierende Mängel zugeschrieben.

Würde man das Product Placement (wie beim Sponsoring) durch Nennung der Firmennamen öffentlich bekannt geben, geht die unbewusste Suggestion der Zielperson verloren. Das PP verliert seine Wirkung.

5.5.4   Sponsoring

Um Sponsoring handelt es sich, wenn Unternehmen Personen oder Organisationen Geld- oder Sachmittel zur Verfügung stellen. Die Sponsoren erwarten für ihre Leistung eine Gegenleistung, die in der Nennung des Sponsors z.B. auf Plakaten oder Programmen oder auf der Kleidung oder Ausrüstung des Sponsors bestehen kann.

Das primäre Ziel von Sponsoring ist
– die Ausprägung des Markenbildes. Das heißt, Sponsoring soll eine Marke erlebbar machen und mit einem entsprechenden Image aufladen.
– Um eine Steigerung der Bekanntheit geht es demnach nur da, wo eine Marke neu auf dem Markt eingeführt wird.

Sponsoring wird heute in den Bereichen Sport, Kunst, Wissenschaft, Umwelt und Medien eingesetzt.

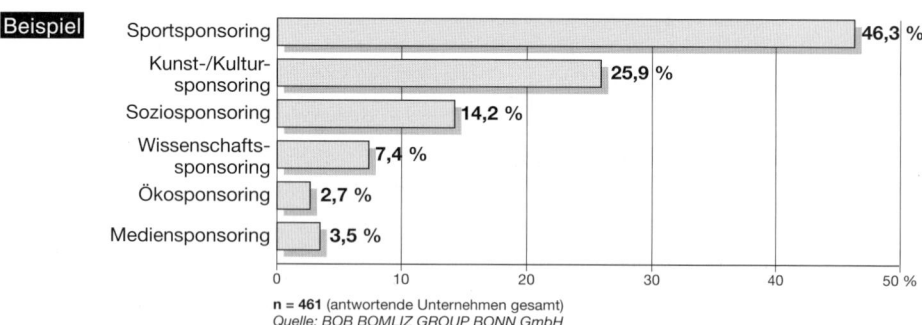

n = 461 (antwortende Unternehmen gesamt)
Quelle: BOB BOMLIZ GROUP BONN GmbH

Quelle: www.bob-bomliz-group.com

---

[1] **publicity** englisch = Werbung, Reklame; publicize = bekannt machen, an die Öffentlichkeit bringen

Das **Sportsponsoring** ist die älteste und wichtigste Form des Sponsorings. Gesponsert werden Einzelpersonen, Mannschaften oder Veranstaltungen. Die Auswahl der Sportart hängt von der Zielgruppen des Unternehmens ab.

Bei breiten Zielgruppen wird man eher auf populäre Sportarten wie Fußball oder Formel 1 zurückgreifen, während bei vornehmlich jungen Zielpersonen Trendsportarten wie Skaten oder Bungie-Jumping in Frage kommen.

Beispiel Im Motorsport ist es üblich, dass Fahrzeuge und Kleidung mit den Namen oder Logo der Sponsoren gekennzeichnet sind. Im Tennis werden Schläger und Kleidung publikumswirksam präsentiert, und im Wintersport zeigen sich Skiläufer grundsätzlich mit den Skiern des Sponsors vor der Kamera. Wenn der erfolgreiche Rennfahrer auf seinem Anzug den Namen des Automobilherstellers trägt, erhofft sich der Hersteller, dass die potenziellen Kunden Erfolg und Kompetenz des Sportlers auf das Produkt übertragen.

Innerhalb der Veranstaltungen sind z. B. die Olympischen Spiele für Großsponsoren wie die Baumarktkette Obi, die Brauerei Bitburger sowie der Sportartikel-Konzern Adidas ein wichtiger Werbeträger. Diese setzen ihr finanzielles Engagement bei Olympia zur gezielten Marken- und Imagepflege ein.

Zum einen sorgt die reichweitenstarke **Medien-Berichterstattung** für eine Steigerung des Bekanntheitsgrades der Sponsoren. Auf der anderen Seite profitieren sie vom **positiven Image der Spiele.** Olympia ist mit Sympathiewerten wie dynamisch, sportlich, fair und leistungsbewusst äußerst positiv besetzt. Die Partner-Firmen nutzen diese positiv besetzten Attribute für einen Imagetransfer, indem sie als Präsentator der Fernsehübertragungen z.B. der öffentl.-rechtl. Sendeanstalten auftreten.

Auf diese Weise sichert sich die Sponsorenschaft eine aufmerksamkeitsstarke Präsenz im Umfeld eines TV-Formates, das sonst werbefrei ist. Diese Werbebotschaft wird zusätzlich mit anderen Werbeformen vernetzt. Sport-Sponsoring ist damit integraler Bestandteil multimedialer Kommunikationskonzepte.

Beispiel Bei den Winterspielen in Salt Lake City hat **Sportsponsoring** bei den olympischen Ereignissen zum ersten Mal die bisher führenden klassischen Erlösquellen überrundet. Den Löwenanteil (55 %) an den Gesamteinnahmen steuern dieses Mal internationale Top-Sponsoren wie Coca Cola, Kodak oder Visa mit 1 Mrd. Dollar bei. Durch den Verkauf der Fernsehrechte (738 Millionen US-Dollar) und der Eintrittskarten (172 Millionen Dollar) können die Veranstalter insgesamt rund 2 Mrd. Dollar erwirtschaften. www.sponsoring-verband.de

Sportsponsoring

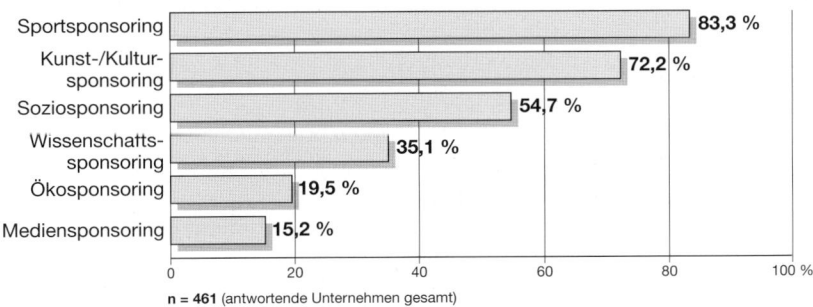

n = **461** (antwortende Unternehmen gesamt)
Quelle: BOB BOMLIZ GROUP BONN GmbH

Die Gründe für ein **Engagement** eines Unternehmens **im kulturellen, sozialen und ökologischen Bereich** sind im wirtschaftlichen und gesellschaftlichen Wandel begründet.

Wirtschaftliche Veränderungen:
- Austauschbarkeit der Produkte,
- Verkürzung der Produktlebenszyklen,
- hoher Konkurrenzdruck
- Globalisierung und Internationalisierung

Gesellschaftlicher Wertewandel:
- hoher Stellenwert gesellschaftsbezogener Werte
- Individualität und Selbstverwirklichung treten in den Vordergrund
- Ökologie, Gesundheit, Verwirklichung sozialer und humanitärer Ziele haben einen hohen Stellenwert
- ...

Im Zuge dieser Veränderungen hat die Bedeutung **imageorientierter Kommunikation** und damit des Sponsorings stark zugenommen. Für Unternehmen aller Größenordnungen ist es wichtig, sich aufgrund der immer homogener werdenden Produktpalette im Image von der Konkurrenz abzuheben und somit für die Außenwelt eine unverwechselbare Identität aufzubauen und zu pflegen.

Im Rahmen dieses Vorhabens setzen Unternehmen vermehrt auf kulturelles, soziales und ökologisches Engagement. Denn wer heute seine Produkte und Dienstleistungen verkaufen will, muss sich in der Regel auch als aktiver Partner in der Gesellschaft positionieren. Leistung wird zunehmend danach bemessen, inwieweit es gelingt, in sozialer, ökologischer und ethischer Hinsicht korrekt und glaubwürdig zu agieren.

Kultur-sponsoring

Im **Kultursponsoring** fordern Unternehmen einzelne Künstler, Kulturgruppen und Kulturorganisationen vor allem in den Kulturbereichen
- Theater (Schauspiel, Ballett, Oper, Operette)
- Bildende Kunst (Malerei, Fotografie, Architektur, Design)
- Musik (klassische Musik; Unterhaltungsmusik)
- Literatur und Film.

> **Beispiel** Die Tournee einer Rockband wird von einem Erfrischungsgetränkehersteller gefördert. Das Firmenzeichen wird auf allen Plakaten und Eintrittskarten gezeigt. Während der Veranstaltung werden nur Getränke des Herstellers angeboten.

Für die Glaubwürdigkeit des Sponsors im kulturellen Bereich ist es wichtig, dass das Unternehmen eine starke inhaltliche Auseinandersetzung mit den künstlerischen Anliegen sucht. Sind die Voraussetzungen gegeben, trägt das Kultursponsoring zum Aufbau einer unverwechselbaren Identität bei.

> **Beispiel** Theater, große Opern- und Konzerthäuser haben heute ohne private Unterstützung kaum mehr eine Überlebenschance. In Berlin wäre der Sommer eine kulturelle Wüste, gäbe es nicht Veranstaltungen wie die „Young Euro Classic Konzerte" auf dem Gendarmenmarkt, bei der BMW zu den größten Sponsoren gehört. Der eigens gegründete Arbeitskreis Kultursponsoring des BDI fand heraus, dass zurückhaltende Kommunikation mittels Kultursponsoring in hohem Maße von der Bevölkerung wahrgenommen wird.
> www.sponsoring-verband.de

Sozio-sponsoring

Soziosponsoring ist im Wesentlichen die kommunikative Förderung der Bereiche Bildung, Forschung Gesundheit oder die Unterstützung sozialer Randgruppen.

Es können Institutionen (Schulen, Hochschulen) oder auch Einzelprojekte mit Geld- oder Sachleistungen unterstützt werden.

Beispiel Ein großer Mineralölkonzern finanziert eine jährlich erscheinende Studie zum Thema „Jugend". Der Bericht trägt den Namen des Unternehmens.

Nur ein kleiner Teil von fünf bis sechs Prozent des gesamten Sponsoringmarktes kommt sozialen Einrichtungen oder Schulen zugute, da hier keine Millionen von TV-Kontakten wie im Sport erreicht werden und sich kaum attraktive Aufhänger für PR-Aktionen bieten.

Vielleicht nutzen angesichts der derzeitigen Diskussion um eine Gesellschaft mit mehr sozialer Kompetenz zukünftig mehr Unternehmen die Chance, mit einem glaubwürdigen Engagement und einer professionellen Öffentlichkeitsarbeit im sozialen Bereich Sympathie in ihren Zielgruppen zu erreichen.

Beim **Ökosponsoring** handelt es sich um eine Form des Sponsorings, bei der im Vergleich zum Sport- und Kultursponsoring nicht persönlich Geförderte im Vordergrund stehen, sondern die thematischen Förderungsziele. *Öko-sponsoring*

Gesponsert werden in erster Linie Umweltschutzorganisationen vor allem auf den Gebieten Natur- und Artenschutz. Die Möglichkeiten als Sponsor in Erscheinung zu treten, sind hier eingeschränkt. Dafür kann allerdings mit hohem Interesse der Zielgruppen gerechnet werden.

Unter **Medien-Sponsoring** versteht man allgemein die Unterstützung der Verbreitung bestimmter Medienangebote (TV, Radio, Internet) durch ein Unternehmen.

Beim **TV-Sponsoring** werden beispielsweise Fernsehübertragungen oder einzelne Sendungen und Serien gesponsert. Die Ausstrahlung wird dabei vom Unternehmen mitfinanziert. Alls Gegenleistung wird vor und nach dem Programm das Logo und der Name des Sponsors für maximal 5 Sekunden eingeblendet. *TV-Sponsoring*

TV-Sponsoring wird von Unternehmen genutzt,
– da durch diese langfristige Bindung ein Image-Transfer des gesponserten Formates auf die Marke möglich ist.
– da sie dadurch eine hohe Werbewirksamkeit und Alleinstellung erlangen, die in normalen Werbeblöcken nicht gegeben ist.
– da die Möglichkeit besteht, auch an Tagen, an denen in öffentlich-rechtlichen Sendern ein gesetzliches Wettbewerbsverbot besteht (Sonn- und Feiertags) präsent zu sein.
– da sie durch ihre unmittelbare zeitliche Nähe zur Sendung ein Zapping unmöglich macht.
– da durch die Platzierung in einem zielgruppenaffinen Umfeld die Medialeistung erhöht und der Bekanntheitsgrad gesteigert werden kann.

Die Präsentation des TV-Programms ermöglicht dem Sponsor einen unverwechselbaren Auftritt im zielgruppenaffinen Umfeld, wobei durch die Exklusivität unmittelbar vor, in und nach dem Format hohe Aufmerksamkeit und Zuschauerakzeptanz garantiert sind.

Durch die Auswahl eines zielgruppenaffinen Formats verbindet sich die Marke oder das Produkt glaubwürdig mit dem Programm und bewirkt einen hohen Imagetransfer.

Direkt vor dem Format wird der Opener, im Format der Reminder und nach dem Format der Closer platziert.

Grundsätzlich sollte bei jeder Sponsoringart geprüft werden, ob eine Imageaffinität zwischen dem geldgebenden Unternehmen und dem Gesponsorten besteht.

 Beispiel Aus der Studie **Sponsor Visions 2002** der Agentur **Pilot Checkpoint**
Sponsoring liegt im Trend. Bis 2006 sollen die jährlichen Investitionen von derzeit 2,7 Milliarden Euro auf 3,3 Milliarden Euro wachsen.

Der Löwenanteil der Investitionen fließt in das **Sport-Sponsoring:**
Derzeit sind es 1,6 Milliarden Euro. 2006 könnten es 1,9 Milliarden Euro sein. Dabei sehen die Experten bei der Formel 1 nur noch zu 47 Prozent Entwicklungsspielraum – 2000 waren es noch 73 Prozent. Neue Perspektiven eröffneten sich beim Golf (54 Prozent vs. 43 Prozent in 2000) oder Basketball (51 Prozent vs. 36 Prozent).

Zunehmender Attraktivität erfreut sich auch das **Medien-Sponsoring:**
Dort hinein fließen gegenwärtig 0,6 Milliarden Euro. 2006 sollen es 0,8 Milliarden Euro sein. Die Favoriten heißen dabei TV, Radio, Internet – in dieser Reihenfolge. Das Fernsehen hält das größte Angebot an Sonderwerbeformen bereit; dort sehen die Experten auch das größte Potenzial.
Zulegen konnte das Radio in der Expertensicht als Sponsoring-Plattform. Das Internet wird dagegen skeptischer beurteilt. Immerhin noch 51 Prozent der Befragten sehen darin ein relevantes Medium für Sponsoring – 2000 waren es noch 89 Prozent. Deutlich besser werden dagegen die Printmedien beurteilt, bei denen vor allem die Kooperationsbereitschaft und Flexibilität geschätzt wird.

Stagnierend ist der Bereich **Kultur, Soziales, Umwelt:**
Hier fallen die Etatprognosen eher verhalten aus. Mit einem konstanten 20 Prozentanteil werden bis 2006 keine großen Sprünge erwartet. Noch in den 90er-Jahren galten gerade Umwelt und Soziales als Sponsoring-Branchen mit Zukunft.

5.5.5   Persönlicher Verkauf

Persönlicher
Verkauf/
Bedeutung und
Gewicht

Der **persönliche Verkauf** umfasst die direkte oder unmittelbare Kommunikation der Verkaufsorgane des Herstellers mit dem Kunden.

Das **Gewicht**, das dem persönlichen Verkauf zukommt, ist von der Erklärungsbedürftigkeit, dem Wert des Angebotes, seiner Bekanntheit oder Neuartigkeit und dem Wettbewerb abhängig.

◆ Je komplexer und erklärungsbedürftiger, je hochpreisiger und unbekannter und je neuartiger die Leistung des Unternehmens, desto bedeutsamer ist das persönliche Verkaufsgespräch.

Nach Auskunft von Investitionsgüterherstellern kommt dem persönlichen Verkauf in Deutschland die **größte Bedeutung** innerhalb des kommunikationspolitischen Instrumentariums zu. Der persönliche Verkauf stellt damit das wirksamste Instrument der Kommunikationspolitik für Investitionsgüter dar.

◆ Aber auch Produkte, die einem sehr schnellen Wandel unterworfen sind, oder Produkte, deren Kauf mit einem sozialen Risiko verbunden ist, sollten im persönlichen Verkauf angeboten werden.

Beispiel Der Kauf von Bekleidung wird im Regelfall im Fachgeschäft mit Bedienung erfolgen. Bei der Auswahl von Wein für einen wichtigen Anlass wird der Verkäufer als Berater herangezogen.

Ziel des Verkaufsgesprächs ist der Verkaufsabschluss. Daneben spielen jedoch auch weitere Ziele eine Rolle, so z.B. die Förderung des Bildes des Unternehmens in der Öffentlichkeit, die Beeinflussung der Einstellung gegenüber Produkt und Unternehmen oder die Gewinnung von Informationen, z.B. über den Wettbewerb.

Ziele des Verkaufs-gesprächs

Der erfolgreiche Verkäufer versucht, eine möglichst positive, verkaufsfördernde Beziehung zwischen sich und dem Kunden, sich und der Ware, dem Kunden und der Ware und dem Kunden und seinem Betrieb herzustellen. Ansprüche an den Verkäufer sind eine ansprechende äußere Erscheinung, angemessene Kleidung, gute Umgangsformen, eine verkaufsfördernde Sprache, gute Waren- und umfassende Sortimentskenntnisse und ein glaubwürdiges Auftreten.

Im Rahmen des Franchising-Paketes wird das Personal der Partnerbetriebe von Fladette in drei Wochenendseminaren geschult.

Der **Vorteil** des persönlichen Verkaufs liegt im direkten Kontakt mit dem Kunden. Fragen können sofort beantwortet und aufkommende Zweifel durch geeignete Argumente widerlegt werden. Der Verkäufer hat somit unmittelbaren Einfluss auf den Kunden. Die Person des Verkäufers wird neben dem Produkt zum wichtigen Kriterium beim Kauf.

Vorteile und Nachteile des persönlichen Verkaufs

Nachteile des persönlichen Verkaufs sind die hohen Personalkosten, die hohen Kosten für Aus- und Weiterbildung und die mangelnde Flexibilität aufgrund arbeitsrechtlicher Bestimmungen.

5.6 Corporate Identity

Die **Corporate-Identity-Politik**[1] hat die Aufgabe, die unterschiedlichen Maßnahmen der Kommunikationspolitik und der anderen absatzpolitischen Instrumente so zu koordinieren, dass ein unverwechselbares Bild des Unternehmens in der Öffentlichkeit entsteht. Dieses Bild wird als Unternehmensidentität, als Corporate Identity, bezeichnet.

Instrumente der Corporate-Identity

Die Unternehmenskultur, die Verhaltensweisen, Wertvorstellungen sowie Wünsche und Erwartungen der Belegschaft und externer Bezugsgruppen zum Ausdruck bringt, ist die Grundlage für die Formulierung eines sog. Unternehmensleitbildes.

---

[1] *corporate* englisch = gemeinsam, kooperativ; *corporate action* = geschlossenes oder gemeinsames Vorgehen
Identity englisch = Identität

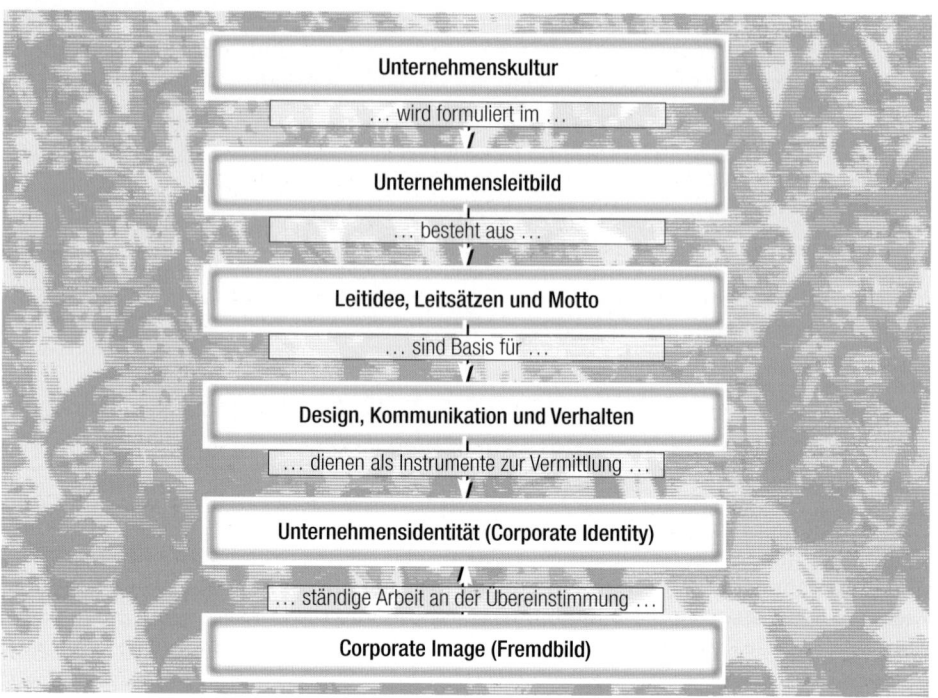

Das Unternehmensleitbild – auch Unternehmensphilosophie, Vision oder Mission genannt – **formuliert die angestrebte Identität des Unternehmens.** Basis ist die gelebte Unternehmenskultur sowie die Wünsche und Erwartungen der Belegschaft und externer Bezugsgruppen.

Das Unternehmensleitbild besteht aus der Leitidee, den Leitsätzen und dem Motto.

Leitidee

- Die **Leitidee** nennt den Sinn des Unternehmens und vermittelt eine Vision, wie es aktuelle und künftige Probleme lösen oder dazu beitragen will.

  Beispiel „Wir wollen den Menschen helfen, die größte Erfüllung im Sport zu finden, indem wir ihnen die besten Produkte in Hinsicht auf Funktion, Aussehen, Qualität und Komfort zur Verfügung stellen." (adidas)

Leitsätze

- Die **Leitsätze** sind Kernaussagen, die grundlegende Werte, Ziele und Erfolgskriterien festlegen. Sie bestimmen das Verhältnis des Unternehmens zu zentralen Bezugsgruppen wie Mitarbeiter, Kunden, Aktionäre, Medien. Die Leitsätze formulieren die spezifische Kompetenz des Unternehmens, seine Leistungsfähigkeit und die Wettbewerbsvorteile. Leitsätze sind so allgemein formuliert, dass sie für alle Bereiche des Unternehmens gelten, aber nicht so allgemein, dass sie zu hohlen Phrasen verkommen. Leitsätze sind allgemein zugänglich und verständlich.

  Beispiel **Unternehmensleitsätze der Firma Miele**
  „**Immer besser**" – Bei Miele reichen diese zwei Worte, um eine gesamte und umfassende Unternehmensphilosophie zu beschreiben, die alle Bereiche des Unternehmens erfasst. Diese zwei Worte haben Miele über fast ein Jahrhundert begleitet.

„**Immer besser**" – Die Firmengründer Carl Miele und Reinhard Zinkann schrieben diesen Slogan 1901 auf die „Hera", ihre erste Holzbottichwaschmaschine. Sie begründeten damit eine Unternehmensphilosophie, die auch heute noch Richtschnur für das Unternehmen ist.

„**Immer besser**" – Für alle Mitarbeiter ist der Leitgedanke Verpflichtung und Ansporn zugleich. Jeder – ob in Entwicklung, Konstruktion, Produktion, Verwaltung oder Vertrieb tätig – leistet seinen Beitrag, um diesem Anspruch gerecht zu werden. In den Gründerjahren kam es besonders darauf an, die neuartigen Maschinen und Geräte weiterzuentwickeln und ihren Gebrauchsnutzen zu erhöhen. Diese Aufgabe wurde zur Pionierleistung, weil die Hausarbeit durch immer neue und bessere Maschinen im Laufe der Jahre erheblich erleichtert werden konnte. Verbunden mit der sprichwörtlichen Miele-Qualität brachten die neuen und besseren Ideen, die in den Maschinen verwirklicht werden konnten, mehr Menschen dazu, Miele-Maschinen zu kaufen.

● Das **Motto** fasst alles in einem kurzen, prägnanten Slogan zusammen. **Motto**

> Beispiel Avis: **We try harder**, BASF: **Wir tun mehr für Sie**, BMW: **Freude am Fahren**

Instrumente der Corporate-Identity-Politik sind Corporate Design, Corporate Communications und Corporate Behavior.

◆ Im **Corporate Design**[1] geht es um die einheitliche Gestaltung der visuell wahrnehmbaren Firmenpersönlichkeit. Corporate design bezieht sich also auf das „Outfit" des Unternehmens. Vom Firmenzeichen bis zum Auslieferungsfahrzeug, vom Produktdesign bis zur Gestaltung der Geschäftsgebäude soll eine einheitliche Linie erkennbar sein.

> Beispiel Bürogebäude und Fertigungshalle eines Aluminiumkoffer-Herstellers sind in Anlehnung an Design und Material der Koffer mit Aluminium verkleidet.

◆ Im Rahmen der **Corporate Communications** wird versucht, in allen Kommunikationsaktivitäten die einheitliche Unternehmensidentität sichtbar zu machen.

> Beispiel Ein Unternehmen möchte sich als besonders fortschrittlich und modern darstellen. Im Rahmen der Corporate Communications wird darauf geachtet, dass bei allen Kommunikationsaktivitäten die Themen Fortschritt, Forschung und Zukunft im Vordergrund stehen. Der Slogan des Unternehmens lautet „Vorsprung durch Technik".

◆ **Corporate Behavior**[2] wirkt nach innen und nach außen. Nach außen gerichtet betrifft es das Verhalten des Unternehmens auf den Beschaffungs- und Absatzmärkten. Nach innen gerichtet ist das Verhalten gegenüber den Mitarbeitern angesprochen. Führung und Vergütung, Maßnahmen der Personalentwicklung und der Umgangston sollten auf das gewünschte Bild des Unternehmens in der Öffentlichkeit abgestimmt sein.

> Beispiel Ein großes schwedisches Möbelhaus möchte sich in der Öffentlichkeit als „junges" Unternehmen mit hochqualifizierten Mitarbeitern darstellen. Der Umgangston ist locker, und alle Mitarbeiter werden mit dem Vornamen angesprochen. Im Rahmen der Personalbeschaffung werden an Bewerber hohe Anforderungen gestellt und dies auch im Rahmen der Stellenanzeigen kommuniziert.

---

[1] *design* lateinischen Ursprungs = zeichnerischer oder plastischer Entwurf, Skizze, Modell
[2] *behavior* Benehmen, Verhalten, Betragen

Corporate
Identity und
Corporate
Image

Die Abgrenzung von Corporate Identity und Corporate Image

Corporate Identity ist die Unternehmensidentität, die auf einem in sich geschlossenen Verhalten **(Corporate Behaviour)** nach innen wie nach außen, auf einer einheitlichen Kommunikation **(Corporate Communications)** sowie einem konsistenten Erscheinungsbild **(Corporate Design)** beruht. Das Unternehmen erläutert im Unternehmensleitbild, wie es nach außen erscheinen möchte. Dieses Fremdbild des Unternehmens wird als **Corporate Image** bezeichnet.

Die ständige Übereinstimmung von **angestrebtem und tatsächlichem Image** bestimmt dabei die Aufgaben der Corporate Identity-Politik.

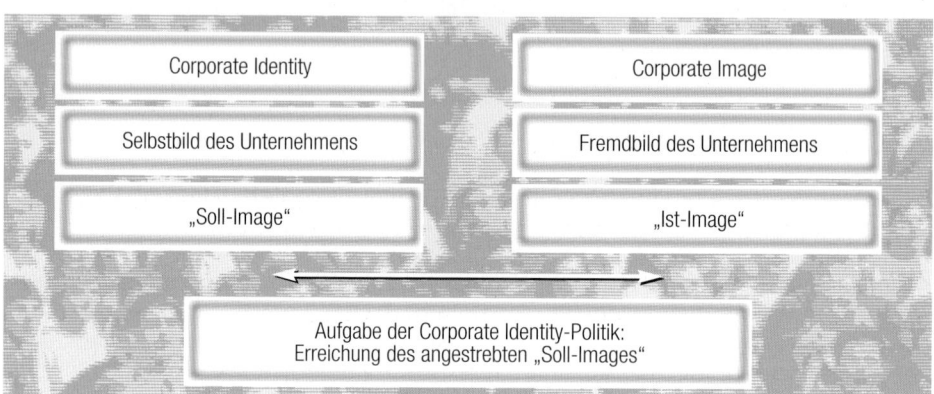

Corporate Identity kann interne und externe Ziele verfolgen.

Interne Ziele

- Formulierung von Leitsätzen bzw. eines Leitbildes.
- Einhaltung einer Unternehmensphilosophie, Umsetzung in ein Selbstbild **(Identity)** und ständige Überprüfung mit dem Sollbild **(Image)**.
- Erzeugung eines einheitlichen, in sich geschlossenen Unternehmensbildes:
  - Förderung des Zusammengehörigkeitsgefühls
  - Steigerung der Arbeitszufriedenheit
  - Steigerung der Motivation und Leistungsbereitschaft
- Produktivitäts- und Leistungssteigerung durch:
  - Transparente Unternehmensstrukturen für Mitarbeiter
  - Berücksichtigung der Wünsche und Erwartungen der Mitarbeiter
  - Positive Einstellung der Mitarbeiter gegenüber Wünschen des Managements
  - Gemeinsame Zielsetzung
  - Vertrauen und Akzeptanz der Mitarbeiter in das Unternehmen als Grundlagen für ein harmonisches Zusammenspiel
  - Senkung von Kosten

Externe Ziele

- Die Steigerung der Glaubwürdigkeit, der Akzeptanz und des Vertrauens in ein Unternehmen
- Vermeidung eines negative Ist-Bildes (Image), welches verursacht wird durch:
  - das Unternehmen selbst
  - die Konkurrenz

- – die Medien
- – Meinungsführer und
- – das soziale Umfeld.
- Herausragen aus der Anonymität des Marktes
  - – Erzeugung eines eindeutigen Bildes bei Kunden und Lieferanten
  - – Erhöhung des Bekanntheitsgrades
- Übereinstimmung von Wort und Tat

Je größer ein Unternehmen und je komplexer und unterschiedlicher die Produktgruppen, desto wichtiger wird die **Klammer der Corporate Identity**, die das Unternehmen trotz aller Vielfältigkeit als Einheit präsentiert.

5.7 Rechtliche Grundlagen

Aktivitäten im Bereich der Kommunikationspolitik müssen in enger Abstimmung mit den **wettbewerbsrechtlichen Rahmenbedingungen** geplant werden. Dabei schränken die wettbewerbsrechtlichen Regelungen die kommunikationspolitischen Möglichkeiten der Unternehmen ein. Sie schützen die Unternehmen aber zugleich auch vor rechtswidrigem Verhalten der Mitbewerber.
Wettbewerbs-
rechtliche
Rahmen-
bedingungen

Es gibt kein „Werbe- oder Marketingrecht" als abgeschlossenes Rechtsgebiet, wie etwa das BGB; vielmehr sind die einzelnen Regeln über das Werberecht in einer Vielzahl von Gesetzen, Verordnungen und freiwilligen Vereinbarungen zu finden.

Zu beachten sind europäisches Wettbewerbsrecht, nationales Wettbewerbsrecht und nationale gewerbliche Schutzrechte.

◆ Das **europäische Wettbewerbsrecht** untersagt in Artikel 85 Absatz 1 des EWG-Vertrages alle Vereinbarungen und Verhaltensweisen, die den Handel zwischen den Mitgliedsstaaten beeinträchtigen und eine Behinderung, Einschränkung oder Verfälschung des Wettbewerbs innerhalb des gemeinsamen Marktes bezwecken oder bewirken.
Europäisches
Wettbewerbs-
recht

Beispiel Ein Schoko-Riegel-Hersteller führt einen Eiscreme-Riegel ein. Diese Riegel sollten in den Speiseeis-Kühltruhen im Handel angeboten werden. Die großen Speiseeishersteller, die Eigentümer der meisten Truhen im Einzelhandel sind, verboten dem Handel, die Eiscreme-Riegel in diesen Truhen zu lagern und anzubieten und weitere Kühltruhen aufzustellen. Die EG-Kommission sah hierin einen Verstoß gegen EG-Wettbewerbsrecht und setzte die Verbote der Eiscremehersteller per einstweiliger Verfügung außer Kraft.

◆ Das **nationale Wettbewerbsrecht** soll den privatwirtschaftlichen Wettbewerb ordnen und steuern. Wesentliche Rechtsvorschriften sind das Gesetz gegen Wettbewerbsbeschränkungen (GWB) und das Gesetz gegen den unlauteren Wettbewerb (UWG).
Nationales
Wettbewerbs-
recht

Das **Gesetz gegen Wettbewerbsbeschränkungen** (GWB) dient der Erhaltung der wettbewerblichen Marktprozesse. Verträge sind nach GWB unwirksam,
GWB

> **§ 1 Abs. 1 GWB**
> „…soweit sie geeignet sind, die Erzeugung oder die Marktverhältnisse für den Verkehr mit Waren oder gewerblichen Leistungen durch Beschränkung des Wettbewerbs zu beeinflussen."

Das GWB enthält insbesondere Vorschriften über Kartellverträge, marktbeherrschende Stellung von Unternehmen sowie abgestimmtes wettbewerbsbeschränkendes und diskriminierendes Verhalten.

 Ein Pharmakonzern verfügt bei Beruhigungsmitteln über einen Marktanteil von mehr als 50%. Unter Ausnutzung der marktbeherrschenden Stellung verlangt das Unternehmen nach Ansicht der Kartellbehörde bei diesen Produkten überhöhte Preise und wird aufgefordert, die Preise nachhaltig zu senken.

UWG

Das **Gesetz gegen den unlauteren Wettbewerb** (UWG) dient der rechtlichen Regelung des Wettbewerbs im Einzelfall. Dabei sollen die einzelnen Wettbewerber untereinander vor unlauteren Methoden geschützt werden **(Konkurrenten-Schutzgesetz)**. Das UWG dient weiterhin dem **Schutz des Verbrauchers,** der z.B. über die Verbraucherschutzverbände gegen unlautere Werbung vorgehen kann.

> **§ 1 UWG**
> „Wer im geschäftlichen Verkehre zum Zwecke des Wettbewerbs Handlungen vornimmt, die gegen die guten Sitten verstoßen, kann auf Unterlassung und Schadensersatz in Anspruch genommen werden."

Neben der Generalklausel des §1 sind Tatbestände wie die irreführenden Angaben (§3), die strafbare Werbung (§4), die Sonderveranstaltungen (§7ff), die Bestechung (§12), die Anschwärzung (§14), die geschäftliche Verleumdung (§15) und der Verrat von Geschäfts- oder Betriebsgeheimnissen (§17) geregelt.

Personengruppen, die gegen Verstöße aus dem UWG vorgehen können, sind zum einen Mitbewerber, die in der gleichen Branche tätig sind. Zum anderen können Verbraucherschutzverbände, rechtsfähige Verbände zur Förderung der gewerblichen Interessen sowie die Industrie- und Handelskammer bzw. die Handelskammer rechtlich Schritte einleiten.

Ein vorläufiger – aber schnell herbeizuführender Rechtsschutz besteht für die Betroffenen in der Beantragung einer **einstweiligen Verfügung.** Danach haben sie die Möglichkeit, **Klage** bei der Kammer für Handelssachen zu erheben oder zunächst die **Einigungsstelle** der zuständigen Industrie- und Handelskammer anzurufen.

Zudem ist es den Betroffenen erlaubt, den Beklagten öffentlich bekannt zu geben.

Die Werbeagentur macht Fladette den Vorschlag, Anzeigen in Form redaktioneller Beiträge zu gestalten, in denen ein Meisterkoch Serviervorschläge für Fladette vorstellt. Um nicht den Tatbestand der irreführenden Werbung nach § 3 UWG zu erfüllen, müssen die Veröffentlichungen deutlich als „Anzeige" gekennzeichnet sein.

ZAW

Die Dachorganisation der Werbewirtschaft ist der **Zentralausschuss der Werbewirtschaft e.V. (ZAW).** Der ZAW vertritt die Interessen der Werbewirtschaft und versucht durch Selbstkontrolle staatliche Regelungen entbehrlich zu machen. Dem ZAW gehören 44 Verbände der werbungtreibenden Wirtschaft an.

Die Organisationen

Werbungtreibende

- Bundesverband der Deutschen Industrie e.V.
- Bundesverband der Arzneimittel-Hersteller e.V.
- Bundesverband deutscher Banken e.V.
- Deutscher Brauer-Bund e.V.
- Deutscher Sparkassen- und Giroverband
- Deutscher Verband der Spielwaren-Industrie e.V.
- Gesamtverband der Deutschen Versicherungswirtschaft e.V. (GDV)
- Hauptverband des Deutschen Einzelhandels e.V.
- Markenverband e.V.
- Verband der Cigarettenindustrie e.V.
- Zentralausschuß der Deutschen Landwirtschaft

Werbeagenturen

- Gesamtverband Kommunikationsagenturen GWA e.V.

Werbeberufe und Marktforschung

- AG-MA Arbeitsgemeinschaft Media-Analyse e.V.
- ADM Arbeitskreis Deutscher Markt- und Sozialforschungsinstitute e.V.
- Art Directors Club für Deutschland e.V. (ADC)
- BDS Bund Deutscher Schauwerbegestalter/ Visual Merchandiser e.V. Zentralverband
- Berufsverband Deutscher Markt- und Sozialforscher e.V. (BVM)
- kommunikationsverband.de

Organisation

Präsident

Präsidium

Deutscher Werberat

Präsidialrat

Gegenwärtige ZAW Arbeitsgruppen

Harmonisierung/ Modernisierung des Werberechts

EU-Richtlinien zur Tabakwerbung

Rundfunkwerbung

Urheberrecht

Alkohol und Werbung

Datenschutz im Internet

Zentralverband der deutschen Werbewirtschaft e.V.
Postfach 20 14 14
53144 Bonn
Tel. (02 28) 8 20 92-0
Telefax (02 28) 35 75 83
E-Mail: zaw@zaw.de
Internet: www.zaw.de

Werbungdurchführende und Werbemittelhersteller

- Arbeitsgemeinschaft der ARD-Werbegesellschaften
- awk AUSSENWERBUNG GmbH
- Bundesverband Deutscher Anzeigenblätter e.V. BVDA
- Bundesverband Deutscher Zeitungsverleger e.V. (BDZV)
- Bundesverband Druck und Medien e.V. (bvdm)
- Deutsche Eisenbahn-Reklame GmbH
- DeTeMedien Deutsche Telekom Medien GmbH
- DSM Deutsche Städte-Medien GmbH
- DDV Deutscher Direktmarketing Verband e.V.
- Fachverband Aussenwerbung e.V.
- Fachverband Kalender und Werbeartikel e.V.
- Fachverband Lichtwerbung e.V.
- FDW Werbung im Kino e.V.
- Die deutschen Großmessen: Berlin, Düsseldorf, Frankfurt/M., Hannover, Köln, München
- IP Deutschland GmbH
- ProSiebenSat.1 Media GmbH
- RMS-Verein zur Förderung der Gattung Funk
- VDAV-Verband Deutscher Auskunfts- und Verzeichnismedien e.V.
- Verband Deutscher Werbefilmproduzenten e.V.
- Verband Deutscher Zeitschriftenverleger e.V.
- Verband Privater Rundfunk und Telekommunikation (VPRT) e.V.
- Zweites Deutsches Fernsehen

Quelle: ZAW, 2002

◆ **Gewerbliche Schutzrechte** dienen dem Schutz der Rechte an der Verwertung einer gewerblich-technischen Leistung oder Bezeichnung. Rechtsvorschriften sind das Patentgesetz (PatG), das Gebrauchsmustergesetz (GebrMG), das Geschmacksmustergesetz (GeschmMG) und das Markengesetz.

Patent

Das **Patentgesetz** schützt das Recht des Erfinders an seiner Erfindung. Patentfähig sind Erfindungen, wenn sie neu sind, auf einer erfinderischen Tätigkeit beruhen und gewerblich angewendet werden können (§1 PatG). Die Erfindung wird beim Patentamt angemeldet und nach Prüfung in die Patentrolle eingetragen. Die Schutzdauer beträgt 20 Jahre.

Fladette entwickelt einen Backofen zur Fertigung der Fladenbrote. Das dabei angewendete Verfahren ist neu. Nach Anmeldung und eingehender Prüfung wird vom Deutschen Patentamt ein Patent verliehen. Da Fladette die Öfen nicht selber bauen kann und will, überlässt man einem Hersteller die Verwertung des Patents im Rahmen eines Lizenzvertrages.

Gebrauchsmuster

Der **Gebrauchsmusterschutz** ist ein gewerbliches Schutzrecht, das neben dem Patent Schutz für technische Erfindungen gewährt. Für den Gebrauchsmusterschutz genügt ein **geringeres Maß an erfinderischer Leistung.** Die Schutzdauer beträgt 3 Jahre, wobei eine Verlängerung auf maximal 10 Jahre erfolgen kann. Der Gebrauchsmusterschutz wird ohne Prüfung eingetragen und bekannt gemacht. Eine Prüfung erfolgt erst bei Verletzung durch Dritte.

Geschmacksmuster

Durch das **Geschmacksmuster** wird die **ästhetische Formgestaltung** und Wirkung (Design) von Erzeugnissen geschützt. Zur Anmeldung reicht eine Fotografie. Voraussetzungen für eine Anmeldung sind der ästhetische Gehalt, das Erzeugnis muss gewerblich verwertbar und objektiv neu sein. Auch hier prüft das Patentamt erst bei einer Verletzung. Die Schutzdauer beträgt gemäß EU-Richtlinie: 5 Jahre, Verlängerung bis auf max. 20 Jahre.

Marke

Durch das **Markengesetz** (MarkenG) und die **Markenverordnung** (MarkenVO) wird das europäische Markenrecht in nationales Recht umgesetzt. Das Markengesetz ist in 9 Teile gegliedert.

Teil 1 regelt den **Geltungsbereich des MarkenG.**

Das Markengesetz schützt:

– Zeichen, Wörter, Personennamen, Abbildungen, Buchstaben, Zahlen, dreidimensionale Gestaltungen, ...
– **geschäftliche Kennzeichen** (Corporate-Design-Auftritt)
– **Jingels** (wiederholte Einblendungen, die – mit technischen und musikalischen Effekten verbunden – die Sendebezeichnung oder den Sendetitel enthält)
– die **geografische Herkunftsangabe:** Angaben oder Zeichen, die im Geschäftsverkehr zur Kennzeichnung der geographischen Herkunft von Waren und DL benutzt werden, müssen aus dem angegebenen Gebiet stammen.
– vor **„Domain-Grabbing":** Es ist nicht zulässig, den bekannten Namen eines Unternehmens im Internet als Domain-Namen zu benutzen.

Teil 2 regelt die **Voraussetzungen,** den **Inhalt** und die **Schranken** des Schutzes von Marken und geschäftlichen Bezeichnungen. Marken sind danach Gegenstand des Sachenrechts und somit verkäuflich lizenzierbar, veräußerlich und verpfändbar. Die Eintragung der Marke erfolgt beim Deutschen Patentamt in München.

---

§ 3 MarkenG
(1) Als Marke können alle Zeichen, insbesondere Wörter einschließlich Personennamen, Abbildungen, Buchstaben, Zahlen, Hörzeichen, dreidimensionale Gestaltungen einschließlich der Form einer Ware oder ihrer Verpackung sowie sonstige Aufmachungen einschließlich Farben und Farbzusammenstellungen geschützt werden, die geeignet sind, Waren oder Dienstleistungen eines Unternehmens von denjenigen anderer Unternehmen zu unterscheiden.

Fladette bietet die Fladenbrote in einer neuartigen Faltschachtel an, die sich durch Form und Farbgestaltung deutlich von den Mitbewerbern abhebt. Die Verpackung wird als Marke angemeldet und registriert.

Teil 3 enthält Vorschriften über die **Verfahren** in Markenangelegenheiten.

---

§ 47 MarkenG
(1) Die Schutzdauer einer eingetragenen Marke beginnt mit dem Anmeldetag und endet zehn Jahre nach dem Ablauf des Monats, in den der Anmeldetag fällt.
(2) Die Schutzdauer kann um jeweils 10 Jahre verlängert werden.

Die Eintragung einer Marke wird **gelöscht**, wenn sie fünf Jahre ab Eintragung nicht genutzt wurde. Wird die Marke, z. B. in Rahmen eines Relaunch einer Modernisierung unterzogen, ist eine erneute Eintragung nicht erforderlich.

Teil 4 enthält besondere Vorschriften über Kollektivmarken, Teil 5 über die internationale Markenregistrierung und Teil 6 den Schutz von geografischen Herkunftsangaben. In den Teilen 7 bis 9 sind Verfahrensgrundsätze und Straf- und Bußgeldvorschriften geregelt.

Gewerbliche Schutzrechte

	Patent	Gebrauchs- muster	Marke	Geschmacks- muster
Gegenstand des Rechtsschutzes:	**Erfindungen** (Gegenstände, Stoffe, Herstel- lungs- und Arbeitsverfahren)	**Erfindungen** (Neuerungen an Gegenständen, keine Verfahren)	**Wort-, Bild-, Hörmarken, 3D-Marken** zur Kennzeich- nung und Untersuchung von Waren oder Dienstleistungen	**Muster und Modelle** in gewerblicher Verwendung
Voraus- setzungen:	Neuheit, Erfin- dungshöhe, An- wendbarkeit auf einem gewerb- lichen Gebiet	Neuheit, Erfin- dungshöhe, An- wendbarkeit auf einem gewerb- lichen Gebiet	Unterscheidungs- kraft	Neuheit und Eigentümlichkeit der Gestaltung
Erteilung der Schutzrechte durch:	**Deutsches Patentamt**	**Deutsches Patentamt**	**Deutsches Patentamt**	**Deutsches Patentamt**
Schutzdauer:	20 Jahre	3 Jahre (Verländerung bis höchstens 10 Jahre)	10 Jahre (Verlängerung um jeweils weitere 10 Jahre)	5 Jahre (Verlängerung bis höchstens 20 Jahre)

5.8   Produktwerbeaktionen konzipieren, durchführen und kontrollieren

Produktwerbe- aktionen als selbststeuern- des Modell

Konzeption, Durchführung und Kontrolle einer Produktwerbeaktion sollen sich als **selbststeuerndes Modell** in einem Prozess ständiger Rückkopplung vollziehen. Die zu durchlaufenden Schritte sind die Abstimmung mit den **Marketingzielen**, die Formulierung der **Werbeziele**, die **Planung und Durchführung** der Produktwerbe- aktion und die **Werbeerfolgskontrolle**. Die Ergebnisse der Erfolgskontrolle führen im Sinne eines **Feed-back** zu Revision oder Bestätigung der Ziele.

Gründe für die Durchführung einer Produktwerbeaktion können eine Produktneu- einführung, ein Produktrelaunch, eine verändertes Imagekonzept, der Erhalt der Zielgruppe, die Ansprache einer neuen Zielgruppe oder das Ziel einer weiteren Durchdringung im bestehenden Markt sein.

5.8.1 Marketingziele

Produktwerbeaktionen können nur in enger Abstimmung mit dem gesamten Marketingkonzept und dem **Zielsystem der Unternehmung** geplant werden.

Marketingziele

Dabei beziehen sich **Marketingziele** immer auf das **Leistungsergebnis des Unternehmens**.

 Beispiel Ein operationalisiertes Marketingziel – abgeleitet aus den Unternehmenszielen Wachstum und Rentabilität (vgl. Kap. 1) – könnte lauten:
  – Erhöhung des Fladenbrot-Umsatzes mit Kleinbäckereien innerhalb der nächsten zwölf Monate um 10 % gegenüber dem Vorjahr im Vertriebsgebiet Nord.
  – Steigerung des bundesweiten Bekanntheitsgrades für die neu einzuführende Zeitschrift MEGGI innerhalb der nächsten vier Monate von 0 auf 40% im Segment der 18–25 Jährigen.

5.8.2 Werbeziele

Produktwerbeaktionen können sich auf ein einzelnes Produkt oder eine Produktfamilie beziehen. Werbeaktionen für eine Produktfamilie bieten den Vorteil der **Synergieeffekte**[1]. Auf der anderen Seite besteht die Gefahr, dass die Werbeaussage zu allgemein gehalten wird und der einzigartige Nutzen des Produktes, der **USP** (Unique Selling Proposition), nicht vermittelt werden kann.

Werbeziele

Hat sich der Produktmanager für ein Produkt entschieden, das beworben werden soll, so wird er in Form von Werbezielen festlegen, **was** die Werbung bewirken soll.

Werbeziele sind immer **Kommunikationsziele**, die sich z. B. auf die Aufmerksamkeit, die Bekanntheit, Informationen oder Einstellungen beziehen.

Für Fladette soll in der Zielgruppe der 19 – 24jährigen im Gebiet Nielsen II im Jahr der Einführung ein Bekanntheitsgrad von 25% erreicht werden.

Die Zielfestlegung kann sowohl ein Werbeziel wie auch mehrere Werbeziele beinhalten. Bei mehreren Zielen muss darauf geachtet werden, dass die Ziele **kompatibel** sind oder sich zumindest neutral zueinander verhalten.

5.8.3 Planung und Durchführung der Produktwerbeaktion

Nach der Auswahl der Werbeziele stellt sich die Frage der **Zielgruppe**. Denkt man an die Fernsehwerbung, so fällt auf, dass i. d. R. der Endverbraucher als Werbesubjekt im Vordergrund steht. Daneben können jedoch auch andere Zielgruppen wie Absatzmittler oder Induktoren beworben werden.

Planung und Durchführung

Beispiel Ist der Produktmanager z. B. für chemische Produkte verantwortlich, die in der Industrie eingesetzt werden, dann liegt es nahe, Weiterverarbeiter anzusprechen. Bei Kosmetika werden Endverbraucher als Zielgruppe definiert. Die beiden Beispiele zeigen, dass die Zielgruppeneinteilung weitaus differenzierter erfolgen muss. Im ersten Beispiel sollte konkret die chemische Industrie angesprochen werden und hier auch nur die Unternehmen, die potenzielle Verwender der Produkte sind. Im zweiten Beispiel stellt sich die Frage nach dem Geschlecht, der Altersstruktur, dem Einkommen und weiterer soziodemografischer, psychografischer und verhaltensbezogener Merkmale (vgl. S. 209 f.).

Zielgruppe

---

[1] *Synergieeffekt* das Zusammenwirken von Faktoren, die sich gegenseitig fördern

Eine möglichst genaue Festlegung der Zielgruppe hat den Vorteil, dass die Werbebotschaft gezielt auf diese Gruppe abgestimmt werden kann. Die Codierung der Werbebotschaft wie auch die Auswahl von Werbemittel und Werbeträger kann dadurch zielgenau erfolgen, und **Streuverluste** können minimiert werden.

Werbeträger

Ausgangspunkt bei der Auswahl der **Werbeträger** ist die Frage, wie gut diese die gewünschte Zielgruppe erreichen.

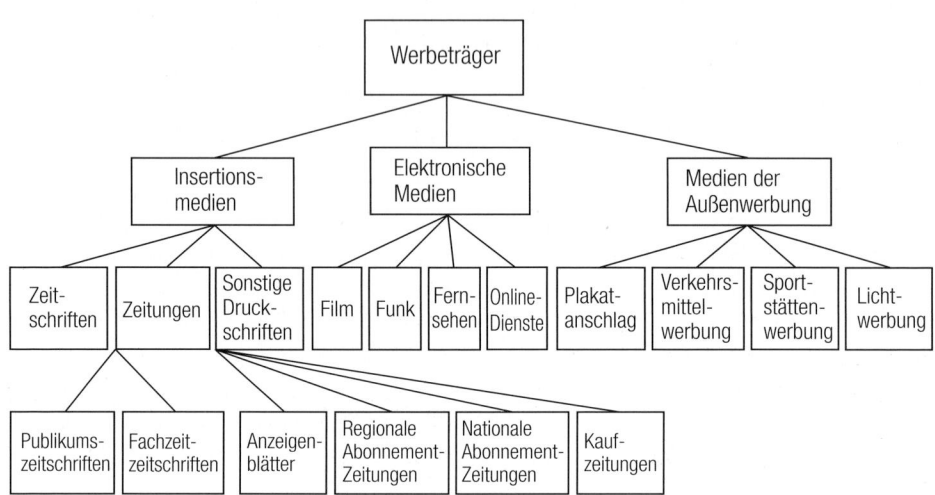

Kriterien für die Auswahl der Werbeträger

◆ Bei der Auswahl der Werbeträger ist die **Kontakthäufigkeit** ein wichtiges Kriterium. Sie gibt an, wie häufig der potenzielle Käufer mit der Werbung konfrontiert wird. Hierbei spielen unterschiedliche Werbezeiten bei den verschiedenen Fernseh- oder Rundfunkanstalten genauso eine Rolle wie die Erscheinungshäufigkeit von Zeitungen oder Zeitschriften und die Zahl der Leser pro Nummer.

◆ Ein weiteres Kriterium der Auswahl ist die **Reichweite** des Mediums. Fachzeitschriften haben meist eine geringere Reichweite als Publikumszeitschriften, werden dafür häufig intensiver von einer bestimmten Personengruppe gelesen.

Leser und Reichweiten

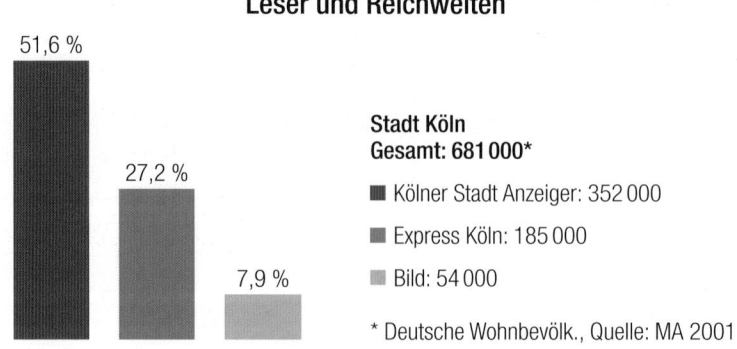

51,6 %

27,2 %

7,9 %

Stadt Köln
Gesamt: 681 000*

■ Kölner Stadt Anzeiger: 352 000

■ Express Köln: 185 000

■ Bild: 54 000

* Deutsche Wohnbevölk., Quelle: MA 2001

◆ Entscheidender Faktor bei der Auswahl des Werbeträgers sind die **Kosten**. Neben den Kosten, die die Werbeschaltungen mit sich bringen, sind auch die Kosten für die Produktion des Werbemittels von großer Bedeutung. Eine Anzeige konzipieren zu lassen, kostet weitaus weniger, als einen Werbespot zu produzieren. Während im ersten Fall ein Grafiker und ein Texter ausreichen, müssen im zweiten Fall ein Drehbuch, die Regie, ein Kamerateam und ein Stab sowie die entsprechenden Schauspieler engagiert werden.

| Beispiel | Die Produktionskosten für einen 30-Sekunden Fernsehspot eines Shampoo-Herstellers betragen 1,5 Mio. EUR, die Einschaltkosten im Abendprogramm eines großen Privatsenders 2.000,00 EUR je Sekunde. |

◆ Die Kosten für die Werbeschaltungen können bei den einzelnen Medien erfragt werden. Es existieren darüber hinaus **Datenbanken**, die die Kosten für die Werbeschaltung in den verschiedenen Medien aufschlüsseln.

| Beispiel | Kosten für einen 30-Sek.-Werbespot bei SAT 1 |

Spotlänge 30 Sek.

Index	100	Jan	Feb	Mar	Apr	Mai	Jun	Jul	Aug	Sep	Okt	Nov	Dez	
		80	96	120	115	105	84	67	67	107	124	124	111	Saisonalitätsindex
PG	Ø 30 Sek.													
1	480	390	450	570	540	510	390	330	330	510	600	600	540	
2	720	570	690	870	840	750	600	480	480	780	900	900	810	
3	1.020	810	990	1.230	1.170	1.080	870	690	690	1.080	1.260	1.260	1.140	
4	1.320	1.050	1.260	1.590	1.530	1.380	1.110	870	870	1.410	1.650	1.650	1.470	
5	1.710	1.380	1.650	2.040	1.980	1.800	1.440	1.140	1.140	1.830	2.130	2.130	1.890	
6	2.220	1.770	2.130	2.670	2.550	2.340	1.860	1.500	1.500	2.370	2.760	2.760	2.460	
7	2.880	2.310	2.760	3.450	3.300	3.030	2.430	1.920	1.920	3.090	3.570	3.570	3.210	
8	3.600	2.880	3.450	4.320	4.140	3.780	3.030	2.400	2.400	3.840	4.470	4.470	3.990	
9	4.500	3.600	4.320	5.400	5.190	4.740	3.780	3.030	3.030	4.830	5.580	5.580	5.010	
10	5.400	4.320	5.190	6.480	6.210	5.670	4.530	3.630	3.630	5.790	6.690	6.690	6.000	
11	6.480	5.190	6.210	7.770	7.440	6.810	5.430	4.350	4.350	6.930	8.040	8.040	7.200	
12	7.440	5.940	7.140	8.940	8.550	7.800	6.240	4.980	4.980	7.950	9.240	9.240	8.250	
13	8.190	6.540	7.860	9.840	9.420	8.610	6.870	5.490	5.490	8.760	10.170	10.170	9.090	
14	9.000	7.200	8.640	10.800	10.350	9.450	7.560	6.030	6.030	9.630	11.160	11.160	9.990	
15	9.900	7.920	9.510	11.880	11.400	10.410	8.310	6.630	6.630	10.590	12.720	12.720	10.980	
16	10.890	8.700	10.440	13.080	12.510	11.430	9.150	7.290	7.290	11.640	13.500	13.500	12.090	
17	12.000	9.600	11.520	14.400	13.800	12.600	10.080	8.040	8.040	12.840	14.880	14.880	13.320	
18	13.200	10.560	12.660	15.840	15.180	13.860	11.100	8.850	8.850	14.130	16.380	16.380	14.640	
19	14.520	11.610	13.950	17.430	16.710	15.240	12.210	9.720	9.720	15.540	18.000	18.000	16.110	
20	15.990	12.780	15.360	19.200	18.390	16.800	13.440	10.710	10.710	17.100	19.830	19.830	17.760	
21	17.610	14.100	16.920	21.120	20.250	18.480	14.790	11.790	11.790	18.840	21.840	21.840	19.560	
22	19.380	15.510	18.600	23.250	22.290	20.340	16.290	12.990	12.990	20.730	24.030	24.030	21.510	
23	21.330	17.070	20.490	25.590	24.540	22.410	17.910	14.280	14.280	22.830	26.460	26.460	23.670	
24	23.460	18.780	22.530	28.140	26.970	24.630	19.710	15.720	15.720	25.110	29.100	29.100	26.040	
25	24.630	19.710	23.640	29.550	28.320	25.860	20.700	16.500	16.500	26.340	30.540	30.540	27.330	
26	25.860	20.700	24.840	31.020	29.730	27.150	21.720	17.340	17.340	27.660	32.070	32.070	28.710	
27	27.150	21.720	26.070	32.580	31.230	28.500	22.800	18.180	18.180	29.040	33.660	33.660	30.150	
28	28.500	22.800	27.360	34.200	32.790	29.940	23.940	19.110	19.110	30.510	35.340	35.340	31.650	
29	29.940	23.940	28.740	35.940	34.440	31.440	25.140	20.070	20.070	32.040	37.140	37.140	33.240	
30	31.440	25.140	30.180	37.740	36.150	33.000	26.400	21.060	21.060	33.630	39.000	39.000	34.890	
31	33.000	26.400	31.680	39.600	37.950	34.650	27.720	22.110	22.110	35.310	40.920	40.920	36.630	
32	34.650	27.720	33.270	41.580	39.840	36.390	29.100	23.220	23.220	37.080	42.960	42.960	38.400	
33	38.130	30.510	36.600	45.750	43.860	40.050	32.040	25.560	25.560	40.800	47.280	47.280	42.330	
34	41.940	33.540	40.260	50.340	48.240	44.040	35.220	28.110	28.110	44.880	52.020	52.020	46.560	
35	46.140	36.900	44.280	55.380	53.070	48.450	38.760	30.900	30.900	49.380	57.210	57.210	51.210	
36	50.760	40.620	48.720	60.900	58.380	53.310	42.630	34.020	34.020	54.300	62.940	62.940	56.340	

Beispiel

Spotlänge 30 Sek.

	Index 100	Jan	Feb	Mar	Apr	Mai	Jun	Jul	Aug	Sep	Okt	Nov	Dez
Saisonalitätsindex		80	96	120	115	105	84	67	67	107	124	124	111
PG	Ø 30 Sek.												
41	480	390	450	570	540	510	390	330	330	510	600	600	540
42	720	570	690	870	840	750	600	480	480	780	900	900	810
43	1.020	810	990	1.230	1.170	1.080	870	690	690	1.080	1.260	1.260	1.140
44	1.320	1.050	1.260	1.590	1.530	1.380	1.110	870	870	1.410	1.650	1.650	1.470
45	1.710	1.380	1.650	2.040	1.980	1.800	1.440	1.140	1.140	1.830	2.130	2.130	1.890
46	2.220	1.770	2.130	2.670	2.550	2.340	1.860	1.500	1.500	2.370	2.760	2.760	2.460
47	2.880	2.310	2.760	3.450	3.300	3.030	2.430	1.920	1.920	3.090	3.570	3.570	3.210

	Kinder	Jan	Feb	Mar	Apr	Mai	Jun	Jul	Aug	Sep	Okt	Nov	Dez
Saisonalitätsindex		75	105	130	120	85	65	55	55	110	140	150	120
PG	Ø 30 Sek.												
50	240	180	240	300	300	210	120	120	120	270	330	360	300
51	480	360	510	630	570	420	270	270	270	540	660	720	570
52	720	540	750	930	870	600	390	390	390	780	1.020	1.080	870
53	1.020	780	1.080	1.320	1.230	870	570	570	570	1.110	1.440	1.530	1.230
54	1.320	990	1.380	1.710	1.590	1.110	720	720	720	1.440	1.860	1.980	1.590
55	1.710	1.290	1.800	2.220	2.040	1.440	930	930	930	1.890	2.400	2.580	2.040
56	2.220	1.680	2.340	2.880	2.670	1.890	1.230	1.230	1.230	2.430	3.120	3.330	2.670
57	2.880	2.160	3.030	3.750	3.450	2.460	1.590	1.590	1.590	3.180	4.020	4.320	3.450
58	3.600	2.700	3.780	4.680	4.320	3.060	1.980	1.980	1.980	3.960	5.040	5.400	4.320

	ran	Jan	Feb	Mar	Apr	Mai	Jun	Jul	Aug	Sep	Okt	Nov	Dez
Saisonalitätsindex		75	100	120	117	98		65	65	106	122	122	110
PG	Ø 30 Sek.												
65	21.330	15.990	21.330	25.590	24.960	20.910		13.860	13.860	22.620	26.010	26.010	23.460
66	23.460	17.610	23.460	28.140	27.450	22.980		15.240	15.240	24.870	28.620	28.620	25.800
67	27.150	20.370	27.150	32.580	31.770	26.610		17.640	17.640	28.770	33.120	33.120	29.880
68	29.940	22.470	29.940	35.940	35.040	29.340		19.470	19.470	31.740	36.540	36.540	32.940
69	33.000	24.750	33.000	39.600	38.610	32.340		21.450	21.450	34.980	40.260	40.260	36.300
70	38.130	28.590	38.130	45.750	44.610	37.380		24.780	24.780	40.410	46.530	46.530	41.940
71	41.940	31.470	41.940	50.340	49.080	41.100		27.270	27.270	44.460	51.180	51.180	46.140
72	46.140	34.620	46.140	55.380	53.970	45.210		30.000	30.000	48.900	56.280	56.280	50.760
73	50.760	38.070	50.760	60.900	59.400	49.740		33.000	33.000	53.820	61.920	61.920	55.830
74	55.860	41.910	55.860	67.020	65.370	54.750		36.300	36.300	59.220	68.160	68.160	61.440
75	61.440	46.080	61.440	73.740	71.880	60.210		39.930	39.930	65.130	74.970	74.970	67.590

PG = Preisgruppe (ist abhängig vom gerade geschalteten Programm)

Stand Juli 2001
Gültig ab 1.1.2002
Änderungen und Druckfehler vorbehalten
Quelle: SevenOne Media GmbH, Unterföhring

Beispiel Dazugehöriger Werbekostenblock

	C1	C2	C3	C4	C5	C6	C7	C8	
:00	U-WB 24 21 20								21:00
05					U-WB 25 21 30		U-WB 22 21 30		05
10		U-WB 30 21 20		U-WB 30 21 20				UWB 33 21 20	10
15			Serie		Serie	Serie	Comedy		15
20						U-WB 32 21 40			20
25									25
30		U-WB 22 21 30			U-WB 33 21 40		U-WB 28 21 40		30
35									35
40						U-WB 32 21 50			40
45							Comedy		45
50	U-WB 26 21 30	U-WB 30 21 30		U-WB 30 21 30				U-WB 33 21 30	50
55			U-WB 22 21 40		U-WB 33 21 50				55
2:00							U-WB 28 22 50		22:00
05						U-WB 32 22 60			05
10				E-WB 87 22 27				WB 28 22 65	10
15	Comedy	Comedy	Serie	Magazin		Serie	Comedy	Film	15
20			U-WB 17 22 60		U-WB 31 22 60	U-WB 27 22 70			20
25									25
30	U-WB 24 22 50	U-WB 23 22 50		U-WB 27 22 50			U-WB 24 22 60		30
35								U-WB 24 22 60	35
40			U-WB 15 22 70			U-WB 25 22 80			40
45		Information					Comedy		45
50		U-WB 16 22 60			U-WB 27 22 70				50
55	U-WB 24 22 60		U-WB 13 22 80	U-WB 24 22 60		U-WB 23 22 90			55
3:00		U-WB 14 23 70					U-WB 16 23 70		23:00
05									05
10								U-WB 20 23 70	10
15	Comedy	U-WB 12 23 80	Magazin	Comedy	Comedy	Comedy	Comedy		15
20				U-WB 17 23 70	U-WB 17 23 70	U-WB 17 23 70	U-WB 15 23 70		20
25		WB 07 23 65							25
30	U-WB 16 23 70	Magazin							30
35				U-WB 16 23 80	U-WB 16 23 80	U-WB 16 23 80	U-WB 14 23 80		35
40									40
45			WB 11 23 65					U-WB 15 23 80	45
50	U-WB 15 23 80	Magazin							50
55		U-WB 09 23 80							55

Beachten Sie bitte: Diese Preise gelten nur für die oben ausgewiesene Struktur. Bei Programm- und Strukturänderungen sowie Sonderprogrammierungen können sich neue Preise ergeben. Alle angegebenen Zeiten sind Planzeiten. Anzahl der U-WBs in Spielfilmen vorbehaltlich Spielfilmlänge. Die wöchentliche Programminformation für Sat.1 zeigt die aktuell gültige Wochenstruktur. Den Feiertagen 2002 (01.01., 29.03., 31.03., 01.04., 01.05., 09.05., 19.05., 20.05., 03.10., 01.11., 24.–26.12., 31.12.) liegt die Feiertagsstruktur zugrunde.

PG = Preisgruppe
WB = Werbeblock
U-WB = Unterbrecher-Werbeblock
E-WB = Exklusiv-Werbeblock
W-Uhr = Werbeuhr

Änderungen und Druckfehler vorbehalten. Stand: November 2001.
Gültig ab 01.01.2002

PG			
1	21	44	70
2	22	45	71
3	23	46	72
4	24	47	73
5	25		74
6	26	Junior 50	75
7	27	51	
8	28	52	W-Uhr/ 81
9	29	53	E-WB 82
10	30	54	83
11	31	55	84
12	32	56	85
13	33	57	86
14	34	58	87
15	35		88
16	36	ran 65	89
17		66	
18	Tele- 41	67	
19	shopping 42	68	
20	43	69	

Quelle: SevenOne Media GmbH, Unterföhring

Beispiel

PAKETE 2002 - NACHRICHTEN SENDERÜBERGREIFEND

Einzeln stark-zusammen unentbehrlich

- N24: Nachrichtenkompetenz rund um die Uhr
- BLOOMBERG TELEVISION: Das Fenster in die Welt der Wirtschaft und Finanzen
- BallungsraumFernsehen: Regionale News-Kompetenz

PAKET L

Sender	Werbe-produkt	Zeitraum	Mediabrutto Mrz-Apr in EUR	Mediabrutto Mai in EUR	Mediabrutto Jun-Jul in EUR
N24	Spots 30 Sek. Werbeuhr Online	3 Wochen 1 Woche 4 Wochen	18.540 22.110 10.000	18.540 22.110 10.000	13.410 16.140 10.000
BLOOMBERG TELEVISION	Spots 30 Sek. Presseticker	4 Wochen 1 Woche	29.280 9.000	29.280 9.000	29.280 9.000
BallungsraumFernsehen	Spots 30 Sek. Werbeuhr	3 Wochen 1 Woche	25.320 34.740	23.040 31.500	20.760 28.350
	Mediabrutto Paketpreis		**148.990 126.642**	**143.470 121.950**	**126.940 107.899**

Paketzeitraum: Insgesamt 4 Wochen. Der Paketpreis ist sowohl rabattbildend und rabattfähig. Darüber hinaus gelten die AGB der SevenOne Media.

→ **Formate auf Einzelseiten**

Satzspiegel-Anzeigen		4c in EURO	3c in EURO	2c in EURO	sw in EURO
2/1	normal	95.400,00	84.200,00	84.200,00	71.200,00
1 3/4	hoch	85.200,00	74.600,00	74.600,00	62.600,00
2×3/4	hoch	75.000,00	65.000,00	65.000,00	54.000,00
2×3/4	quer	75.000,00	65.000,00	65.000,00	54.000,00
1 1/2	hoch	75.000,00	65.000,00	65.000,00	54.000,00
1 1/3	hoch	68.200,00	58.800,00	58.800,00	48.000,00
2×2/3	hoch	68.200,00	58.800,00	58.800,00	48.000,00
2×2/3	quer	68.200,00	58.800,00	58.800,00	48.000,00
1 1/4	hoch	64.900,00	55.600,00	55.600,00	44.900,00
2×9/16	quer	59.600,00	50.600,00	50.600,00	41.200,00

stand: oktober 2002

◆ Da die Reichweite der Medien sehr unterschiedlich ist, werden meistens die absoluten Kosten in **Tausender-Preise** umgerechnet. Im Medium Fernsehen, Kino oder Radio werden die Zuschauerquoten zugrunde gelegt. Zeitungen und Zeitschriften gehen von der Auflagenstärke, der Zahl der Leser pro Nummer oder der Zahl der Kontakte aus. Medien der Außenwerbung, wie Banden-, Schaufenster- oder Plakatwerbung, Werbung auf Straßen- oder U-Bahnen, auf PKWs oder LKWs, legen den Blickkontakt zugrunde.

Tausenderpreis

| **Beispiel** | Ein LKW kann nach einer Studie des Verbandes Außenwerbung bis zu 6 Millionen Blickkontakte in einem Jahr auf sich ziehen. Geht man bei einem LKW davon aus, dass die Werbung darauf alle drei Jahre verändert wird, so können je LKW ca. 18 Millionen Menschen erreicht werden. |

Grundlage der Berechnung der Tausender-Preise sind die von den Werbeträgern angegebenen Auflagen oder Kontaktzahlen. Um die Objektivität zu gewährleisten, werden diese von neutralen Instituten, wie z.B. der **Informationsgemeinschaft zur Feststellung der Verbreitung von Werbeträgern e.V.** (IVW), erhoben (vgl. S. 35).

Hat man das Werbeobjekt festgelegt, die Zielgruppe/n bestimmt und mögliche Werbeträger ausgewählt, werden diese in einem **Mediaplan** festgehalten.

Mediaplan

Zielgruppe Premium-Sekt mit Konsumkraft: Potenzial: 5,3%, 1621 Fälle, 3,39 Mio.

RW-Kurve	Titel (Wtk)	GRP (ges.)	Freq.	Sep 36	37	38	39	Okt 40	41	42	43	Nov 44	45	46	47	48	Dez 49	50	51	52	Jan 1	2	3	4	5	6	Feb 7	8	9	Mrz 10	11	12
				3	10	17	24	1	8	15	22	29	5	12	19	26	3	10	17	24	31	7	14	21	28	4	11	18	25	4	11	18
				9	16	23	30	7	14	21	28	4	11	18	25	2	9	16	23	30	6	13	20	27	3	10	17	24	3	10	17	24
3	Focus	16	6/6					X	X	X									X	X	X											
3	DER SPIEGEL	15	6/6							X	X	X	X				X	X													
5	Stern	19	6/6									X	X	X	X	X	X		X												
9	ADAC motorwelt	35	2/2				X				X																					
12	PC-WELT	5	3/3						X					X					X													
6	Freizeit-Revue	4	6/6						X	X			X		X		X		X													
2	Hörzu	10	6/6						X	X	X				X		X			X												
2	TV Hören und Sehen	7	6/6					X	X				X	X	X		X														
9	Geo	8	3/3								X					X				X												
12	COMPUTER BILD	6	4/4				X		X					X			X														
7	Neue Revue	3	6/6					X		X		X		X		X		X													
10	Für Sie	6	3/3										X		X		X														
10	Journal für die Frau	4	3/3					X					X					X													
3	Bunte	7	3/3							X			X			X															
11	Mein schöner Garten	6	3/3								X				X					X												
Index = 100 bei Gleichverteilung				0	0	0	37	59	98	101	106	94	102	103	84	95	92	97	105	60	23	13	10	7	5	4	2	2	1	1	0	0
GRP pro Woche				0	0	0	19	30	49	51	53	47	51	51	42	47	46	49	53	30	11	6	5	3	3	2	1	1	0	0	0	0
GRP pro Monat							19				182					239				177						29			4		0
Kontakte in Mio. 22,02							0,63				6,16					8,09				6,01						0,97			0,14		0,01

Hat man sich für ein Werbekonzept entschieden, werden die Ergebnisse in Form eines Briefing[1] für die Werbeagentur als Grundlage der **Werbekonzeption** zusammengefasst. Das Briefing enthält Marketing- und Werbeziel, die Definition der Zielgruppe, Informationen über das Unternehmen und den Markt und weitere Angaben, wie z.B. die Höhe des Etats.

Werbekonzeption

---

[1] **Briefing** englisch = Instruktionen, Anweisungen

Kundenbriefing   Beispiel   **Was Kunden beim Briefing beachten sollten**

Grundregeln:

1. Binden Sie die Agentur schon in der ersten Planungsphase ein. Je enger die Zusammenarbeit zwischen Kunde und Agentur ist, desto bessere Ergebnisse können Sie erwarten.
2. Briefings sollten möglichst schriftlich erfolgen. Ausführliche Briefinggespräche helfen, Missverständnisse im Vorfeld zu vermeiden.
3. Geben Sie Ihrer Agentur Zugang zu allen relevanten internen und externen Informationen.

Die zwölf Punkte eines guten Briefings:

1. Unternehmensdaten
   - Relevante Informationen über das Unternehmen (Entwicklung, Positionierung im Markt, Finanzzahlen etc.)
2. Marktbeschreibung
   - Entwicklung des Markts, Marktsituation, Wettbewerbssituation (Informationen über die wichtigsten Konkurrenzmarken)
3. Produktinformationen:
   - Informationen, die das Produkt selbst betreffen (Positionierung, Produktnutzen, Packungsgrößen etc.)
4. Marketingmaßnahmen und Marketingziele
5. Werbe- und Kommunikationsziele
6. Informationen zur Kampagne (Kreation) und zum Mediaeinsatz
7. Informationen über vorhandene oder bereits eingesetzte Werbemittel (klassische und nicht-klassische Maßnahmen)
8. Zielgruppe
   - Möglichst detaillierte Beschreibung der Marketing- und Kommunikationszielgruppe (Unterscheidung zwischen der heutigen Verwenderzielgruppe und der zukünftig gewünschten Marketingzielgruppe)
   - Demographische Merkmale (Alter, Geschlecht, Familienstand etc.)
   - Soziographische Merkmale (Einkommen, Bildung, Beruf, soziale Schicht)
   - Geographische Merkmale (Wohnort, Wohngebiet, Kaufkraftbezirk)
   - Psychologische Merkmale
   - Persönlichkeitsmerkmale (Innovationsfreudigkeit, Führungsverhalten etc.)
   - Produktbezogene Merkmale (Markenpräferenz, Einstellung gegenüber dem Produkt, Produktinteresse)
   - Weitere, für das Produkt relevante psychographische Merkmale (z.B. Freizeitverhalten)
   - Besitz- und Konsum-Merkmale
   - Eventuell Zuordnung auf Basis von Typologien
9. Vorgaben zum zeitlichen Einsatz
   - z.B. saisonale Besonderheiten
10. Vorgaben zum regionalen Einsatz
    - Distributionsdaten nach Bundesländern, Nielsen-Gebieten, Ortsgrößen
11. Streuetat
12. Timing

media & marketing 1/98 S. 59

Präsentation   Nachdem die Werbeagentur die Werbekonzeption erstellt hat, werden Konzept und Layout **präsentiert** und mit dem Produktmanager abgesprochen. Nach den erforderlichen Korrekturen werden die Werbemittel erstellt. In den meisten Fällen übernimmt die Agentur die zeitliche Koordination, d.h., sie schaltet die Anzeigen, koordiniert den Versand der Mailings etc.

5.8.4 Werbeerfolgskontrolle

Im Rahmen der Werbeerfolgskontrolle wird festgestellt, **ob und inwieweit die Werbeziele erreicht wurden**. Die Erfolgskontrolle ist der Ausgangspunkt für Bestätigung oder Veränderung der Ziele im Sinne des Feed-back.

Ziel der Werbeerfolgskontrolle

Eine Möglichkeit, die Werbewirkung zu kontrollieren, ist der **Umsatzvergleich**. Leider lassen sich Umsatzveränderungen jedoch auf viele Faktoren zurückführen. Rechtliche Veränderungen, Veränderungen von sozialen Einstellungen, wirtschaftliche Veränderungen etc. können für Umsatzveränderungen verantwortlich sein (vgl. Kap. 5).

Umsatzvergleich

Da Werbekonzepte häufig erst langfristig sichtbare Erfolge erzielen, ist die Werbeerfolgskontrolle sehr schwierig. Dennoch ist es möglich, mithilfe der **Marktforschung** Werbewirkungen zu ermitteln.

Marktforschung

◆ Um ein Werbekonzept vor seiner Realisierung zu testen, kann ein **Pretest** durchgeführt werden. Dabei wird das Werbekonzept in einer bestimmten Region als Versuch realisiert. Nach Durchführung des Pretests werden die Werbesubjekte befragt und die Ergebnisse zur Korrektur oder Bestätigung der Konzeption verwendet.

Fladette führt einen Pretest im Saarland und in Berlin durch. Dabei wird die Akzeptanz der Ausstattung der Verkaufsstellen ermittelt. Aufgrund der Ergebnisse der anschließenden Befragungen wird die farbliche Ausstattung der Verkaufsstellen geändert.

◆ Im Rahmen einer **Ex-post-Befragung** können Werbesubjekte z. B. darüber befragt werden, ob sie Werbemaßnahmen wahrgenommen haben. Weiterhin können Fragen zum Bekanntheitsgrad oder Wissensfragen zum Produkt gestellt werden. Wird vom Probanden geäußert, dass er dieses Produkt aufgrund der Werbemaßnahmen gekauft hat, ist die Werbewirkung eindeutig. Kritisch sind Äußerungen über Kaufabsichten zu bewerten, da ihre Realisierung nicht überprüft werden kann (vgl. Kap. 5).

In den Partnerbetrieben von Fladette liegen Postkarten aus, auf denen die Gäste angeben müssen, woher sie Fladette kennen. Unter den Einsendern werden Gutscheine für kostenlose Essen bei Fladette ausgelost.

◆ Im **Labortest** können Probanden z. B. zu Alternativwerbemaßnahmen befragt werden. Da die Testsituation nicht der Realität entspricht, sollte man bei Labortests die Ergebnisse immer kritisch hinterfragen.

Das Firmenlogo von Fladette, ein Franzose mit Baskenmütze, ist in der Marketingabteilung umstritten. Die Kritiker sind der Meinung, dass mit Frankreich nur Baguette verbunden werde und das Fladenbrot eher in den orientalischen Raum passe. Im Rahmen eines Labortests soll ermittelt werden, welche Assoziationen Werbesubjekte beim Anblick des Logos haben.

5.8.5 Aufbau- und Ablauforganisation einer Werbeagentur

◆ Die **Aufbauorganisation** (vgl. S. 307 ff.) einer Werbeagentur stellt ihren organisatorischen Rahmen dar. Sie wird durch das Organigramm dargestellt.

Beispiel   Organigramm einer Full-Service-Werbeagentur

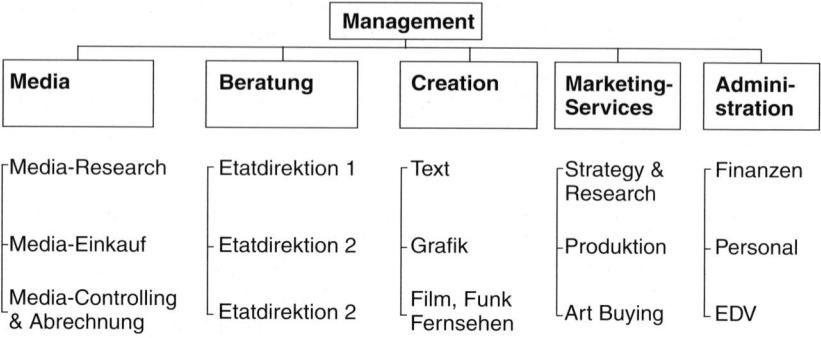

Aufgaben in der Werbeagentur	◆ Der Mensch wird im Rahmen der Aufbauorganisation als Aufgabenträger gesehen: Er übernimmt ein Bündel von Teilaufgaben und ist für die Aufgabenerfüllung verantwortlich. In der Werbeagentur werden u.a. folgende **Aufgabenträger** beschrieben:

Agentur-Controller sind für das wirtschaftliche Ergebnis der Agentur zuständig. Sie analysieren im Bereich der kurz- und mittelfristigen Finanzplanung, sie überwachen die Rentabilität im Kundenverkehr, ermitteln Kostenquellen oder erarbeiten beispielsweise einen optimalen EDV-Einsatz.

Art Buyer kaufen, organisieren und koordinieren künstlerische Leistungen freier Mitarbeiter für die Produktion der Werbeagentur. Sie entscheiden für die jeweilige Kampagne über Fotografen, Illustratoren, Texter, Kostümbildner, Designer, Reinzeichner und verhandeln über Honorare und über das Copyright.

Der **Art Director** leitet die Grafikergruppe (künstlerisch) und koordiniert die visuellgestalterischen Arbeitsprozesse. In seinen Verantwortungsbereich fällt alles, was mit der optischen Gestaltung der Werbebotschaft zusammenhängt. Entsprechend des Kundenbriefings entwickelt er die Strategie für die Kampagne. Er entwirft selbstständig Werbekonzeptionen, Gestaltungsvorschläge für Messen, Ausstellungen oder Verkaufsförderungsaktionen und ist für deren bildliche, textliche und typographische Umsetzung verantwortlich.

Die jeweilige Leitung und Koordination der verschiedenen Gestaltungsgruppen (Bild und Text) einer Werbeagentur übernimmt der **Creativ Director.** Er gestaltet Werbekampagnen, entscheidet über Werbeziele, Medienarten und Gestaltungsmittel.

Der **Direktmarketing-Spezialist** erstellt und verwaltet eine Adressen-Datenbank, in der er alle erforderlichen Daten über Zielgruppen erfasst und für den jeweiligen Werbezweck zur Verfügung stellt. Im Rahmen des Direktmarketing erstellt er Konzepte, die auf die Bedürfnisse des Kunden zugeschnitten sind.

Ein **Event-Manager** spezialisiert sich auf die Planung, Durchführung und Kontrolle von Veranstaltungen. Er konzipiert und organisiert Produktpräsentationen, Messen, Firmenjubiläen u.ä. Auf die Organisation von Messen kann sich ein sog. **Messe-Spezialist** konzentrieren.

Der **FFF-Producer** ist verantwortlich für den **F**ilm-, **F**unk- und **F**ernsehbereich einer Agentur. Er berät beispielsweise Texter und Art Director bei der Ideenfindung und der Ausarbeitung der Drehbücher („Story Boards"). Während der Herstellung überwacht er als Vertreter der Agentur die Film- und Tonaufnahmen und präsentiert das fertige FFF-Produkt beim Kunden.

Der **Kontakter** ist die Verbindungsstelle zwischen der Agentur und dem Kunden. Er beschafft Informationen über den Kunden, entwickelt Briefings für die Fachabteilungen der Agentur und formuliert in Abstimmung mit dem Kunden eine Copy-Strategie zur werblichen Darstellung des betreffenden Produktes.

Der **Marktforscher** beschafft, analysiert und interpretiert Daten zur Planung, Durchführung und Kontrolle von marketingpolitischen Maßnahmen. Mit besonderen Testverfahren ermittelt er im Rahmen von Pre- und Posttest den wirksamsten Werbeansatz. Der Marktforscher unterstützt aber auch andere Marketingbereiche, für die er mit seinen Informationen den Entscheidungsträgern Anregungen liefert und sie bei langfristigen Planungen unterstützt.

Ein **Mediaplaner** geht der Frage nach, durch welchen Medieneinsatz die Werbebotschaft im Rahmen des verfügbaren Budget die Zielgruppe am wirkungsvollsten erreicht werden kann. Entsprechend ist sein Aufgabengebiet die Planung, Durchführung und Kontrolle der damit verbundenen Aufgaben.

Der **Produktioner** ist das Bindeglied zwischen der Kreation und Produktion. Er ist verantwortlich für die kostengünstige Umsetzung Werbekonzepte. Er berät u.a. die Kreativen über die technische Umsetzbarkeit von Gestaltungsideen, er verhandelt mit Setzereien, Lithoanstalten, Verlagen und Druckereien und er überwacht nach der Auftragsvergabe die Qualität und die Termine der Produktion.

◆ In der Werbeagentur werden die Stellen zu folgenden organisatorischen Einheiten zusammengefasst:

Abteilungen in der Werbeagentur

– Das **Management** gibt das Unternehmensziel vor, plant die Organisationsstruktur und die Personalpolitik, beschäftigt sich mit Fragen des Budgets und der Finanzierung und akquiriert bei Neugeschäften.

– Die Abteilung **Media** recherchiert Daten über das Lese-, Seh- und Hörverhalten der potenziellen Zielgruppe und versucht diese anhand von Segmentierungskriterien (vgl. S. 283 ff.) zu homogenen Zielgruppen zusammenzufassen. Im Rahmen der Mediaplanung werden Streupläne erstellt, Seiten oder Zeiten bei Werbeträgern eingekauft, die Einschaltungen der Werbemittel abgewickelt, überwacht und abgerechnet.

– Die Abteilung **Beratung** führt in selbstständigen Etatdirektionen die Kundenetats. Ihre Aufgabe besteht in der agenturinternen Koordination aller auf den Kunden bezogenen Aktivitäten, der strategischen Beratung des Kunden, dem „Verkauf" der entwickelten Kampagnen und der kundenbezogenen Kosten- und Rentabilitätskontrolle. Die Nahtstelle zwischen Kunde und Agentur ist der **Kontakter**.

---

[1] **creative** = engl. kreativ, director = engl. Direktor, Leiter; creative director demnach Leiter der Abteilung Creation

– Aufgabe der Abteilung **Creation** ist die Konzeption und Realisation von Grafik, Text und FFF. An der Spitze der Abteilung steht der **Creativ Director (CD)**[1]. Er bestimmt die grundsätzliche Linie der kreativen Konzeption. Die bildliche, textliche und typografische Umsetzung der Konzeption durch die Texter und Grafik Designer koordiniert der **Art**[1]**Director (AD)**.

– Die Abteilung **Marketing Services** kann die Bereiche Strategy & Research, Produktion und Art Buying umfassen. Strategy & Research[2] umfasst die Marktinformationsbeschaffung und die strategischen Empfehlungen aus den gewonnenen Daten. Die Produktion der Werbemittel wird i. d. R. in die Bereiche Print und FFF gegliedert. Produktion Print überwacht die Herstellung der Druckvorlagen, holt Angebote ein, vergibt die Aufträge und kontrolliert den Druckausfall. Produktion FFF wählt FFF-Produzenten aus und betreut die Produktion vor (Pre-Production), während und nach der Durchführung (Post-Production). Das **Art Buying**[3] ist für die Auswahl, das Buchen und die Abwicklung von Fotografen, Regisseuren, Komponisten, Models und Schauspielern zuständig.

– Die Abteilung **Administration** beschäftigt sich mit den Finanzen, dem Personal und der EDV. Der Bereich Finanzen umfasst das Rechnungswesen, die Investitionsplanung, die Stundenerfassung, die Rentabilitätsrechnung und das Cash-Management. Die Personalabteilung zeichnet für die Beschaffung, Führung, den Einsatz und die Vergütung der Mitarbeiter verantwortlich. Der Bereich EDV pflegt Hard- und Software.

Projektablauf
◆ Die Arbeitsweise einer Werbeagentur soll anhand eines **typischen Projektablaufs** dargestellt werden (Ablauforganisation).

– Nach der Kundenanfrage, ob die Werbeagentur grundsätzlich an einer Zusammenarbeit interessiert ist, fasst der Kunde die Aufgabenstellung im **Kundenbriefing**[4] zusammen.

– Nach der Analyse des Briefing und der Ergänzung fehlender Informationen im Rahmen des Desk-research findet ein **Re-Briefing** mit dem Kunden statt, in dem die Agentur ihre Sicht des Problems mit dem Kunden abstimmt und ggf. Korrekturen vornimmt.

– Im Rahmen der **Analyse** der unternehmensspezifischen Ausgangslage werden Informationen über die **Wettbewerbssituation** und die **potenziellen Kunden** erhoben.

– Nach der Formulierung erster strategischer Thesen werden **kreative Spontanlösungen** gesucht.

– Vor dem Hintergrund der Ergebnisse werden **alternative Kommunikationsstrategien** erarbeitet und agenturintern präsentiert.

– Nach entsprechender Überarbeitung werden die **Copy-Strategie (vgl. S. 295)**, die **Mediastrategie** und die **Promotion-Strategie** erarbeitet.

– In einer weiteren **Kundenpräsentation** entscheidet sich dieser für eine Kampagne.

– Unter Berücksichtigung des Kunden-Feed-back wird die **Kampagne realisiert**.

---

[1] **art** = engl. Kunst
[2] **strategy** = engl. Strategie, **research** = Forschung
[3] **buying** = engl. Einkauf
[4] **briefing** = engl. Einsatzbesprechung, Einweisung, Instruktion

◆ Die Planung des dargestellten Projektablaufs kann mithilfe der **Netzplantechnik** erfolgen. Dazu wird zunächst eine Liste der Teilaufgaben erstellt, und die Dauer der Durchführung der einzelnen Aufgabe festgelegt.

Netzplan-technik

Vorgang	Teilaufgabe	Dauer
A	Kundenbriefing	1
B	Re-Briefing	2
C	Analyse der Wettbewerbssituation	8
D	Analyse der potenziellen Kunden	8
E	kreative Spontanlösungen	2
F	Kommunikationsstrategie A	8
G	Kommunikationsstrategie B	8
H	Copy-Strategie	5
I	Mediastrategie	5
J	Promotion-Strategie	5
K	Kundenpräsentation	1

Nachdem für die einzelnen Teilaufgaben festgelegt ist, welche **Vorgänger- und** welche **Nachfolgeaufgaben** sie haben, kann der Netzplan erstellt werden. Die einzelnen Teilaufgaben werden in einem sogenannten Vorgangsknoten dargestellt und mit Pfeilen verbunden.

Bei der Metra-Potenzial-Methode wird der **Vorgangsknoten** wie folgt dargestellt:

FAZ		FEZ
Nr.	Vorgang	
Dauer	Pufferzeit	
SAZ		SEZ

FAZ = frühester Anfangszeitpunkt
FEZ = frühester Endzeitpunkt
SAZ = spätester Anfangszeitpunkt
SEZ = spätester Endzeitpunkt

Beispiel vereinfachte Darstellung des Netzplans einer Kampagnen-Entwicklung

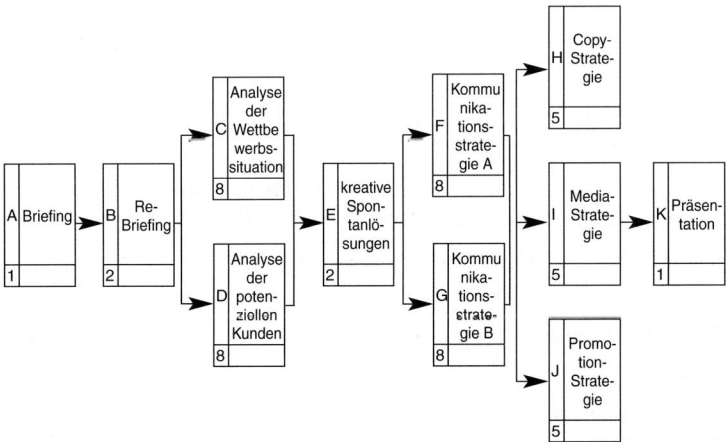

5.9 Verkaufsgespräche vorbereiten und führen

Ziel des
Verkaufs-
gesprächs

In Zeiten stagnierender Märkte und bei wachsender Komplexität und Erklärungsbedürftigkeit der Produkte hängen Verkaufserfolge zunehmend von fachlich ver-
sierten, persönlichkeitsstarken und in Verhandlungsführung geschulten Verkäuferinnen und Verkäufern ab. Deren Aufgabe ist es, in einem ersten Schritt **den Bedarf
des Kunden zu ermitteln**. Im zweiten Schritt wird dann das mit dem Bedarf verbundene **Problem des Kunden durch das Angebot des Verkäufers gelöst**.

Der erfolgreiche Verkäufer wird ausreichend Zeit auf die **Vorbereitung des Ver-
kaufsgespräches** verwenden, sich bei der **Durchführung des Verkaufsgesprächs**
der Verkaufstechniken bedienen und in einer **Nachabschlussphase** die Grundlage
für einen erfolgreichen Fortgang der Geschäftsbeziehung legen.

5.9.1 Die Vorbereitung des Verkaufsgesprächs

Vorbereitung
des Verkaufs-
gesprächs

Die Vorbereitung des Verkaufsgesprächs ist je **nach Ort oder Medium unterschiedlich**. So muss danach unterschieden werden, ob der Kunde den Verkäufer
besucht oder der Verkäufer den Kunden, ob es sich um ein Verkaufsgespräch an
einem dritten Ort handelt oder ob das Gespräch am Telefon geführt wird.

Verkauf im
Einzelhandel

Der **Besuch des Kunden beim Verkäufer** ist der Regelfall im Einzelhandel. Hier
sollte die Vorbereitung auf das Verkaufsgespräch in der Aneignung der erforderli-
chen **Warenkenntnisse** und einem entsprechenden **Verkaufstraining** bestehen.
Für dieses Training ist die Einteilung des Verkaufsgesprächs in unterschiedliche
Phasen sowie Planung und Einübung entsprechender Verhaltensweisen eine gute
Voraussetzung.

Kunden-
besuche

Besucht der Verkäufer den Kunden, hat er es in vielen Punkten einfacher als beim
Verkauf im Ladenlokal, da er sich auf die Situation einstellen und Informationen
über das zu besuchende Unternehmen und den Kunden beschaffen kann. Je besser der Verkäufer den Kunden kennt, desto einfacher wird die Führung des Verkaufsgesprächs.

Fragenkatalog
als Basis-
vorbereitung

◆ Bei der Vorbereitung des Besuchs sollte der Verkäufer folgende **Fragen** klären:

1. Welche Marktentwicklung hat das zu besuchende Unternehmen in der
   letzten Zeit genommen?
2. Wie waren die Geschäftsbeziehungen in der Vergangenheit?
3. Mit welchem Erfolg ist mein Produkt beim Kunden eingesetzt/weiterver-
   kauft worden?
4. Welche Kompetenzen hat mein Gesprächspartner?
5. Welche Kaufmotive hat mein Kunde?
6. Welche Einstellung hat mein Gesprächspartner zu meinem Produkt?
7. Welche Beschaffungspolitik verfolgt das Unternehmen?
8. Welche Stärken und Schwächen hat mein Produkt?
9. Welche Stärken und Schwächen haben die wichtigsten Konkurrenzprodukte?
10. Welche Schwierigkeiten können im Verkaufsgespräch auftreten?

◆ Zur Vorbereitung auf den Besuch gehört auch die Überprüfung der Ausstattung. Muster, Proben, Preislisten und Prospekte sollten in ausreichender Zahl bereitgehalten werden. Bewährt haben sich auch sog. **FAB-Sheets** (feature-advantage-benefits)[1], in denen Vorteile, Eigenschaften und Nutzen des eigenen Produktes zusammengefasst sind und die der Argumentationshilfe dienen.

Verkaufsargumente können auch nach Kundenmotiven oder Käufertypen gegliedert werden.

Verkaufs-argumente

Kundenmotive/ Käufertypen

Kundenmotive	Vorzüge
Ästhetik:	• Eigenständige Linienführung • Eleganz, Stilsicherheit, Klarheit • Gestreckte Frontpartie, kurzes sportliches Heck • Klassisches Design mit persönlicher Note
Qualität:	• Sichtbare und fühlbare gute Verarbeitung innen und außen • elegante, solide Armaturentafel • besonders steife Karossierstruktur, stark dimensionierte Bleche • umfassender Korrosionsschutz, alle gefährdeten Bleche (80%) • vorbehandelt durch Verzinkung und Galvanisierung • Steinschlagschutz, Hohlraumschutz, besonders starke Grundierung, extrem staubfreie Lackierung • Neue Generation elektrischer Kontakte und Verbindungen
Passive Sicherheit:	• Steife Karosseriezelle mit ringförmigen Verstärkungen im Holm, Boden und Dach • Seitenaufprallschutz in den Türen • Präzise berechnete, energieverzehrende Front- und Heckpartie • Geschützter Tank außerhalb der Deformierungszonen • Kopfstützen in Höhe und Neigung verstellbar • Sicherheitsgurte mit Blockiervorrichtung

Die „Klassischen" bevorzugen

• den guten Geschmack und Wertstabilität,
• das Stufenheck, Synonym für Familie und sozialen Status,
• Eleganz, Vornehmheit, dezente Sportlichkeit,
• Format und Zuverlässigkeit nach „deutscher Art",
• verlässliche Werte,
• Robustheit/Sicherheit,
• Lebensqualität

Die „Modernen" bevorzugen

• die Klarheit, die stilistische Ausstrahlung,
• die Kompaktheit und Sportlichkeit der Linienführung,
• ein gewisses Wertempfinden für das Neue und Individuelle,
• die Veränderung, den Kontrast,
• ästhetisches Äußeres und Genuss,
• das Neue, wenn es zuverlässig ist,
• Robustheit/Sichrheit,
• Lebensqualität

◆ Grundsätzlich sollte jeder Kundenbesuch nach telefonischer oder schriftlicher **Anmeldung** erfolgen. Nur so ist sichergestellt, dass der gewünschte Gesprächspartner auch erreichbar ist und ausreichend Zeit zur Verfügung steht. Ausgenommen hiervon sind lediglich Unternehmen mit festen Besuchstagen.

Anmeldung

◆ Kundenbesuche sollten sich in ein **langfristiges Betreuungskonzept** einfügen, in dem Maßnahmen der Pflege der Beziehung zum Kunden langfristig geplant werden.

Betreuungs-konzept

---

[1] **feature advantage benefits** englisch; feature = Merkmal, Kennzeichen; advantage benefits = Vorteil, Nutzen; sheet of paper = Blatt Papier

Für **das Verkaufsgespräch an einem dritten Ort** gelten grundsätzlich die gleichen Überlegungen wie beim Besuch des Kunden. Zusätzlich müssen Fragen nach dem Ort des Gesprächs, dem Zeitrahmen und Möglichkeiten der Kommunikation mit den Unternehmen von Käufer und Verkäufer geklärt werden.

Beispiel Das Verkaufsgespräch findet anlässlich einer Messe im Hotel statt. Hierfür ist ein Besprechungszimmer reserviert. Im Besprechungsraum befindet sich ein Telefon, ein Faxgerät, ein Notebook und ein Modem.

Beim **Verkaufsgespräch am Telefon** muss zwischen aktivem und passivem Telefonverkauf unterschieden werden.

Aktiver Telefonverkauf

◆ Beim **aktiven Telefonverkauf** kann es neben dem telefonischen Verkaufsabschluß z. B. um die Bedarfsermittlung oder die Terminvereinbarung für einen Außendienstbesuch gehen. Zur Vorbereitung des aktiven Telefonverkaufs ist die Erarbeitung eines auf die jeweilige Situation zugeschnittenen Telefonskripts sinnvoll.

Das **Telefonskript** enthält Formulierungsvorschläge für die unterschiedlichen Stufen des Verkaufsgesprächs, wie z. B. die Eröffnung, das Angebot, Alternativ- und Zusatzangebote, Einwände und den Abschluss.

Passiver Telefonverkauf

◆ Der **passive Telefonverkauf** erfolgt z. B. im Rahmen der Annahme von Bestellungen oder Reklamationen. Wie beim aktiven Telefonverkauf ist auch hier darauf zu achten, dass nur das verstandene Wort den Gesprächspartner erreicht. Die Verkäufer sollten klar und anschaulich, bildhaft und partnerorientiert sprechen.

5.9.2   Die Durchführung des Verkaufsgesprächs

Phasen des Verkaufsgesprächs

Jedes Verkaufsgespräch läuft grundsätzlich in den gleichen **Phasen** ab. Die Kenntnis dieser Phasen ermöglicht die Planung der Gespräche. Eine erfolgreiche Planung des Verkaufsgesprächs gestattet eine systematische Gesprächsführung, erleichtert die Arbeit und führt schneller zum Erfolg.

In der Praxis lassen sich folgende Phasen des Verkaufsgesprächs isolieren:

➤ **Kontaktphase,**
➤ **Gesprächseröffnung,**
➤ **Bedarfsermittlung,**
➤ **Argumentation** und
➤ **Abschluss.**

■ **Die Kontaktphase**

Kontaktphase

In der Kontaktphase geht es darum, eine **positive Beziehung zum Kunden** aufzubauen. Ein guter Kontakt zum Kunden schafft eine angenehme Verkaufsatmosphäre, baut Misstrauen ab und wirkt verkaufsfördernd. Gerade in dieser Phase des Verkaufsgesprächs sind Gestik, Mimik und Körpersprache von großer Bedeutung.

■ **Die Gesprächseröffnung**

Eröffnungs-phase

Kennt der Verkäufer seine Kunden und hat er sie in ein **langfristiges Betreuungskonzept** eingebunden, ergeben sich daraus vielfältige Möglichkeiten der Gesprächseröffnung. Die Art und Weise der Gesprächseröffnung ist dabei von den regionalen Gebräuchen, der Tageszeit und davon, wie gut der Kunde dem Verkäufer bekannt ist, abhängig.

■ **Die Bedarfsermittlung**

Die Bedarfsermittlung sollte durch offene Fragen nach dem **Einsatzbereich des Produktes** oder dem **Problem des Kunden** erfolgen. Ausgehend vom Bedarf des Kunden oder einem betrieblichen Problem kann der Verkäufer jetzt konkrete Problemlösungen anbieten.

◆ Das **aktive Zuhören** liefert dem Verkäufer Informationen und signalisiert seinem Kunden Interesse. Der Verkäufer kann nur als aktiver Problemlöser auftreten, wenn er das Problem seines Kunden kennt. Und er wird die Probleme seiner Kunden nur kennen lernen, wenn er ihnen zuhört. Die Vorstellung, den Kunden überzeugen zu müssen, lässt manche Verkäufer zu großen Monologen ausholen. Dabei kann der geschulte Verkäufer eine Menge Zeit sparen, wenn er aktiv zuhört. Er zeigt dies, indem er während des Gesprächs keine anderen Arbeiten erledigt, sich dem Kunden auch körpersprachlich zuwendet, ihm nicht ins Wort fällt, Zustimmung signalisiert und Ausführungen bestätigend wiederholt.

◆ Neben Zuhören spielt die Fähigkeit, **offene Fragen** zu stellen, eine wichtige Rolle. Der Vorteil dieser Frageart liegt darin, dass der Kunde selbst erzählt und der Verkäufer sehr schnell feststellt, worauf es dem Kunden ankommt. Er kann sich so auf Sprache und Problem des Kunden einstellen und gewinnt darüber hinaus Zeit, um den Kunden kennenzulernen.

Phase der Bedarfsermittlung

Kommunikationsregeln

■ **Die Argumentation**

In der Argumentationsphase sollen dem Kunden **Argumente für den Kauf des Produktes** geliefert werden. Darüber hinaus kann in dieser Phase eine Begründung des Nutzens, der vom Produkt erfüllt werden soll (**consumer benefit**)[1], erfolgen. Der Kunde erfährt, warum gerade dieses Produkt sein Problem löst. Hilfe bei der Beweisführung sind sogenannte Testimonials (Aussagen zufriedener Kunden oder Referenzen), die Erläuterung der Leistungsdaten oder das Angebot einer Garantie.

◆ Hilfe bei der Wahl der Argumente bietet die **Hierarchie der Bedürfnisse nach Maslow**. Maslow geht vom „Prinzip der relativen Vorrangigkeit der Motivaktualisierung" aus. Er unterstellt, dass ein höherwertiges Motiv erst verhaltenswirksam werden kann, wenn die Bedürfnisse der vorgelagerten Dringlichkeitsstufe befriedigt sind.

Phase der Argumentation

Berücksichtigung der Kundenbedürfnisse

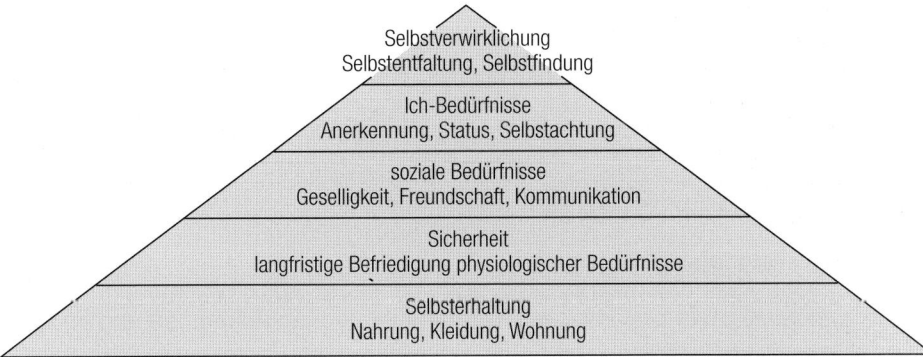

Selbstverwirklichung
Selbstentfaltung, Selbstfindung

Ich-Bedürfnisse
Anerkennung, Status, Selbstachtung

soziale Bedürfnisse
Geselligkeit, Freundschaft, Kommunikation

Sicherheit
langfristige Befriedigung physiologischer Bedürfnisse

Selbsterhaltung
Nahrung, Kleidung, Wohnung

---

[1] **consumer benefit** englisch consumer = Verbraucher, Konsument; benefit = Vorteil, Nutzen, Gewinn

Der Verkäufer sollte dem Kunden immer das Gefühl geben, dass möglichst viele seiner Bedürfnisse durch das Produkt befriedigt werden. Empfehlenswert ist es auch, die Argumentation in der **aufsteigenden Reihenfolge der Bedürfnisse** durchzuführen, d. h. ausgehend vom konkreten materiellen Vorteil hin zum Ziel der Selbstverwirklichung.

> **Beispiel** Ein Automobilhersteller könnte den Bedürfnissen nach Maslow folgende Produktvorteile gegenüberstellen:
>
> | | |
> |---|---|
> | Selbstverwirklichung | eigenständige Linienführung |
> | | persönliche Note |
> | Ich-Bedürfnisse | klassisches Design mit persönlicher Note |
> | | hohe Leistungsreserve |
> | Soziale Bedürfnisse | sichtbar gute Verarbeitung innen und außen |
> | | elegante Armaturentafel |
> | Sicherheit | Airbag serienmäßig, Seitenaufprallschutz |
> | | energieverzehrende Front- und Heckpartie |
> | Selbsterhaltung | Preis, Verbrauch, Wiederverkaufswert |

Berücksichtigung der Kundeneinwände

◆ **Kundeneinwände** geben wichtige Hinweise für den weiteren Verlauf des Verkaufsgesprächs. Aufgabe des Verkäufers ist es hier, zunächst den Grund für den Einwand zu erkennen. Einwände können sich auf das Produkt, den Preis, die Person des Verkäufers oder seine Argumentation beziehen. Ist der Grund für den Einwand erkannt, kann der Verkäufer gezielt darauf reagieren. Wichtig ist jedoch, dass er stets **positiv** auf Einwände der Kunden eingeht.

Handelt es sich um einen **Vorwand**, z. B. um das Gespräch ohne Gesichtsverlust beenden zu können, ist jede Argumentation zwecklos.

Techniken der Einwandbehandlung

◆ Die Verkaufspraxis kennt verschiedene **Techniken der Einwandbehandlung**, die aber nie schematisch, sondern immer situations- und kundenbezogen eingesetzt werden sollten.

– **Die „Ja-aber-Methode"**
Hier stimmt der Verkäufer dem Kunden zunächst zu, bringt dann aber das Gegenargument.

> **Beispiel** „Ich stimme Ihnen völlig zu, dass unser Produkt...allerdings darf man dabei nicht vergessen..."

– **Die Fragemethode**
Stellt der Verkäufer aufgrund sprachlicher oder nicht sprachlicher Signale fest, dass beim Kunden Widerstände vorliegen, kann er ihn auffordern, seine Bedenken offen zu äußern, um dann gezielt darauf einzugehen.

> **Beispiel** „Ich merke, dass Sie mit der von mir entwickelten Problemlösung noch nicht zufrieden sind. Worin liegen Ihre Bedenken?"

– **Die Vorwegnahmemethode**
Mögliche Kundeneinwände, die dem Verkäufer aus vorhergehenden Verkaufsgesprächen bekannt sind, werden hier vorweggenommen und im Laufe des Verkaufsgesprächs entkräftet.

> **Beispiel** „Es ist Ihnen sicher nicht entgangen, dass unser Produkt in der oberen Preisklasse liegt, aber im Gegensatz zu den Mitbewerbern..."

– **Die Referenzmethode**
Der Kundeneinwand wird durch rationale Begründungen wie Tests, Leistungsdaten oder Referenzen entkräftet.

`Beispiel` „Sicherlich handelt es sich bei unserem Produkt um eine Neuentwicklung, aber ausführliche Tests haben bewiesen..."

– **Die Umkehrmethode**
Durch Umformulierung des Kundeneinwandes versucht der Verkäufer dem Argument Gewicht und Schärfe zu nehmen oder es sogar in einen Vorteil umzukehren. Er stimmt dem Kundeneinwand also zunächst zu, formuliert ihn dann aber in einen Vorteil für das eigene Produkt um.

`Beispiel` „Sie haben Recht, unser Produkt liegt im oberen Bereich des Preisniveaus, aber gerade das garantiert einen hohen Wiederverkaufspreis."

■ **Der Abschluss**
Signalisiert der Kunde durch körpersprachliche oder verbale Signale die Bereitschaft zum Kauf, versucht der Verkäufer den Kaufentschluss des Kunden zu unterstützen. Auch hier kennt die Praxis **Abschlusstechniken**, die den Kunden zum Kaufabschluss führen.

Phase des Abschlusses

◆ **Kontrollfragen stellen, die der Kunde mit „Ja" beantwortet.**
Durch die positive Beantwortung der Fragen wird der Kunde zu einer positiven Kaufentscheidug hingeführt.

Abschlusstechniken

`Beispiel` „Das Preis-Leistung-Verhältnis unseres Produktes scheint Ihnen angemessen?
Die Leistungsdaten entsprechen genau Ihren Anforderungen?
Sind Sie damit einverstanden, dass wir die Anlage in der 44. Kalenderwoche liefern?"

Fragetechnik

◆ **Alternativfragen zwischen zwei positive Möglichkeiten stellen.**
Hat der Kunde im Verlauf des Verkaufsgesprächs zwei für ihn positive Problemlösungen erkannt, wird er jetzt vor die Wahl zwischen diesen Produkten gestellt.

`Beispiel` „Entspricht die Anlage mit der Leistung von 5000 Einheiten oder die mit 7500 Einheiten Ihren Vorstellungen?"

◆ **Zusammenfassung der wichtigsten Produktvorteile**
Die Zusammenfassung der Produktvorteile sollte in aufsteigender Reihenfolge erfolgen, so dass das stärkste Argument am Schluss gebracht wird.

Zusammenfassungen

`Beispiel` „Wir haben festgestellt, dass die vorgestellte Lösung das günstigste Preis-Leistungs-Verhältnis aufweist, dass unser Produkt ausführlichen Tests unterzogen wurde, die Leistungsdaten genau Ihren Anforderungen entsprechen und wir in der von Ihnen gewünschten Zeit liefern können."

◆ **Die Empfehlung**
Die Empfehlung sollte durch rationale Begründungen verstärkt werden. Sie erleichtert dem Kunden die Entscheidung, da der Verkäufer mit seiner Kompetenz für die gefundene Problemlösung eintritt.

Empfehlung

`Beispiel` „Ich empfehle Ihnen aufgrund der vorliegenden Testergebnisse die Anlage mit der Leistung von 5000 Einheiten. Sie erfüllt Ihre Vorstellungen und Wünsche hinsichtlich..."

Falls nach Abschluss des Gespräches **kein Vertragsabschluss** zustande kommt, sollte der Verkäufer mit dem Kunden eine Vereinbarung über den Fortgang der Geschäftsbeziehung treffen, um z. B. festzulegen, wann er sich wieder beim Kunden melden kann.

Unmittelbar nach Abschluss des Gesprächs sollte der Verkäufer die Daten und den Gesprächsverlauf festhalten. Mithilfe von Diktiergerät oder Notebook ist dies kein Problem. Neben Name, Anschrift und Telefon- Faxnummer und Gesprächsverlauf kann hier gleichzeitig der Termin der Rücksprache festgehalten werden. So kann sich der Verkäufer pünktlich melden und sich auf den Inhalt des vorangegangenen Gesprächs beziehen.

5.9.3   Die Nachabschlussphase

Bestätigung
der
Entscheidung

Hat der Kunde die Kaufentscheidung getroffen, sucht er verstärkt nach Bestätigung seiner Entscheidung. Es kommt zu einer Umbewertung der abgelehnten Alternativen, und es stellt sich eine **kognitive Spannung (Dissonanz)** ein. Der Kunde fragt sich, ob er nicht doch besser anders entschieden hätte. In dieser Phase kann der Verkäufer durch eine Bestätigung des Kunden die Grundlage für einen positiven Fortgang der Geschäftsbeziehung in der Zukunft legen.

 Mit Abschluss des Kaufvertrages werden Kunden in eine Datei aufgenommen. Sie erhalten eine Kundenzeitschrift und Glückwünsche zum Geburtstag.

A Aufgaben

● Wiederholungsaufgaben

1. Werbung, Sales Promotions, Public Relations, Product Placement und Sponsoring sind Instrumente der Kommunikationspolitik. Erläutern Sie jedes dieser Instrumente anhand eines Beispiels!

2. Stellen Sie den Kommunikationsprozess dar und erläutern Sie die Benennung seiner Elemente in der Absatzwerbung!

3. Der Ablauf des werblichen Kommunikationsprozesses vollzieht sich in vier Phasen. Erläutern Sie diese Phasen anhand eines konkreten Beispiels!

4. Der Produktmanager plant die Einschaltung einer Anzeige in einer Fachzeitschrift. Aufgrund des begrenzten Etats muss er zwischen zwei Zeitschriften auswählen:

	Zeitschrift A	Zeitschrift B
Seitenpreis EUR	3.000,00	4.500,00
Verkaufsauflage	100.000	150.000
Bevölkerung im Verbreitungsgebiet	1.000.000	1.200.000
quanitative Reichweite %	30%	25%
LpN	3,0	2,0
qualitative Reichweite %	20%	50%

a) Errechnen Sie den Tausender-Auflagen-Preis, den Tausender-Leser-Preis und den Tausender-Zielpersonen-Preis!

b) Treffen Sie aufgrund der errechneten Tausender-Preise eine begründete Auswahl zwischen den Werbeträgern!

5. Analysieren Sie eine Anzeige Ihrer Wahl anhand der Fragen der Kommunikationsformel nach Lasswell!

6. Ein Investitionsgüterhersteller plant die Einschaltung einer Werbeagentur. Der Werbeetat des vergangenen Jahres betrug 500.000,00 EUR. In den vergangenen Jahren wurde keinerlei Streuwerbung betrieben, und auch in den kommenden Jahren soll an diesem Grundsatz festgehalten werden. Begründen Sie, welches Abrechnungsverfahren sinnvoll ist!

7. Grenzen Sie die kommunikationspolitischen Instrumente der Werbung und Verkaufsförderung gegeneinander ab!

8. Analysieren Sie die Tageszeitung auf Meldungen hin, die ihren Ursprung in Public-Relations-Maßnahmen der betroffenen Unternehmen haben könnten!

9. Erstellen Sie eine Liste von Product-Placement- und Sponsoring-Maßnahmen, die Sie in letzter Zeit bemerkt haben!

10. Unterscheiden Sie Patente, Gebrauchsmuster, Marken und Geschmacksmuster!

11. Ein Konsumgüterhersteller möchte seinen Marktanteil bei Natur-Joghurt im kommenden Jahr um 10% auf 22% steigern. Formulieren Sie mögliche Kommunikationsziele!

12. Spielen Sie das folgende Rollenspiel im Verkauf. Nutzen Sie die Techniken der Einwandbehandlung.

a) Ein Kunde verlangt einen Artikel, der in der gewünschten Ausführung nicht am Lager ist.

Rolle Verkäufer: Sie bieten dem Kunden einen ähnlichen Artikel an und versuchen, ihn von Ihrem Alternativangebot zu überzeugen.

Rolle Kunde: Sie wollen unbedingt den Artikel der gewünschten Art, da Sie diesen aus der Fernsehwerbung kennen.
Sie sind ausgesprochen wählerisch und preissensibel.
Auf eine Sonderbestellung wollen Sie nicht warten.

b) Der Verkäufer hat Sie von seinem Alternativangebot überzeugt, und Sie haben den Kauf getätigt. Nach einer Woche ist das Gerät defekt.

Rolle Verkäufer: Handeln Sie situationsgerecht und helfen Sie dem Kunden weiter.

Rolle Kunde: Sie sind verärgert; mit dem von Ihnen gewünschten Markenartikel wäre das nicht passiert!
Sie benötigen dringend ein neues Gerät, sind aber misstrauisch, ob dieses fehlerfrei ist.

13. Ein Kunde plant die Einschaltung einer Anzeige 2-spaltig, 100 mm, 4c. Errechnen Sie die Kosten aufgrund der mm-Preise einer Tageszeitung Ihrer Wahl.

14. Der Kunde möchte die Anzeige 25 mal schalten. Stellen Sie fest, welche Rabattstaffel zur Anwendung kommt!

15. Viele Tageszeitungen bieten Informationen online an. Recherchieren Sie im Internet, welche Informationen zum Werbeträger Kölner Stadt-Anzeiger vorliegen. (Informationen im Internet: – http://www.ksta.de)

16. Erläutern Sie die Begriffe
    a) quantitative Reichweite,
    b) qualitative Reichweite,
    c) Nettoreichweite,
    d) kumulierte Reichweite,
    e) kombinierte Reichweite.

17. Unterscheiden Sie Copy-, Recall- und Recognition-Test!

18. Stellen Sie den Projektablauf in einer Werbeagentur dar!

19. Erläutern Sie die Hierarchie der Bedürfnisse nach Maslow anhand eines Beispiels Ihrer Wahl!

20. Im Kapital 7. Marketing-Organisation (vgl. S. 306 ff.) werden unterschiedliche Formen der Aufbauorganisation dargestellt. Ordnen Sie das vorgestellte Organigramm einer Werbeagentur der entsprechenden Organisationsform zu!

21. Erläutern Sie die Bedeutung des Begriffs „Merchandising"!

● **Betriebliche Handlungssituationen**

Ein **Schulbuchverlag** führt einmal jährlich ein Treffen der Außendienstmitarbeiter durch. Hier werden die Marktsituation und die Verkaufserfolge des vergangenen Jahres und die geplanten Aktivitäten des kommenden Jahres vorgestellt und diskutiert. Aufgrund der Stagnation der Absatzzahlen vertritt der Verkaufsleiter die Meinung, dass ein zusätzlicher Außendienstmitarbeiter eingestellt werden sollte. Der Werbeleiter legt ein Konzept vor, nach dem in den führenden Fachzeitschriften eine Anzeigenkampagne geschaltet werden soll. Der Verkaufsleiter meint, dass durch Anzeigen keine Bücher verkauft werden, da auf den Bedarf der Schulen vor Ort individuell eingegangen werden muss. Es werden weitere Argumente ausgetauscht, und die Diskussion wird immer hitziger. Am Ende verlässt der Werbeleiter verärgert den Raum.

Sie sind seit einem Jahr als Assistent der Geschäftsleitung Mitarbeiter des Verlages und werden gebeten, am nächsten Tag die Kontroverse zwischen dem Werbeleiter und dem Verkaufsleiter unter Einbeziehung der Außendienstmitarbeiter konstruktiv zu lösen.

Miele hat sich seit vielen Jahren die Verpflichtung auferlegt, neuartige Maschinen und Geräte weiterzuentwickeln und ihren Gebrauchsnutzen zu erhöhen. Diese Aufgabe wurde zur Pionierleistung, weil die Hausarbeit durch immer neue und bessere Maschinen im Laufe der Jahre erheblich erleichtert werden konnte. Verbunden mit der sprichwörtlichen Miele-Qualität brachten die neuen und besseren Ideen, die in den Maschinen verwirklicht werden konnten, mehr Menschen dazu, Miele-Maschinen zu kaufen.

Die Unternehmensphilosopie, die eine dynamische Weiterentwicklung der Qualität und Technik in den Mittelpunkt stellt, führte zur Identifikation der Marke Miele mit höchster Produktqualität.

Obwohl die Konsumenten mit dem Namen Miele immer noch die Vorstellung von qualitativ hochwertigen Haushaltsgeräten verbinden, ist der Absatz im Bereich Waschmaschinen und Wäschetrockner und damit auch der Marktanteil in diesem für das Unternehmen sehr wichtigen Markt in den letzten Jahren ständig gesunken.

Aus diesem Grund hat Miele viel Geld in Forschungsaktivitäten gesteckt und es ist ihr gelungen, ein Gerät zu entwickeln, das bei dem technischen Standard neue Maßstäbe setzt und auch in qualitativer Hinsicht die Konkurrenzprodukte übertrifft. Der neue Waschautomat soll unter der Marke „lavamat future" in den Markt eingeführt werden. Der Endverbraucherpreis liegt etwa 5% über dem vergleichbarer Konkurrenzprodukte. Erklärtes Ziel ist es, mit dem Gerät wieder Marktführer zu werden.

Aufgaben

a) Führen Sie für die Markteinführung des „lavamat future" eine Zielgruppenanalyse durch und beschreiben Sie anschließend die Zielgruppen durch geeignete Merkmale.

b) Berücksichtigen Sie dabei die Möglichkeit Informationsgewinnung durch Markt-Media-Studien.

Ein **Sportboot-Hersteller** hat sich auf die Produktion von leistungsstarken und gleichzeitig umweltschonenden Bootsmotoren spezialisiert. Ab dem kommenden Jahr sollen die Produkte nicht mehr wie bisher nur in den USA, sondern auch in Europa verkauft werden. Der Facheinzelhandel soll als Absatzmittler gewonnen werden. Da vergleichbare Produkte aber noch nicht am Markt sind, steht der Facheinzelhandel den Produkten eher zurückhaltend gegenüber. Welche generellen Möglichkeiten (Strategien) hat das Unternehmen, die notwendige Zahl von Absatzmittlern zur Mitarbeit zu gewinnen?

B Methodische Hinweise

● Die Kartenabfrage

Setzen Sie zur Lösung eines Problems das Hilfsmittel der **Kartenabfrage** ein. Sie benutzen dazu eine stabile Pinnwand, auf der Sie mithilfe von Stecknadeln farbige Karten befestigen können. Die Karten werden während der Diskussion durch Sie oder die Teilnehmer beschriftet und an die Wand geheftet. In einem zweiten Durchgang können die Karten strukturiert und zu Themen zusammengefasst werden.

Das Verfahren bietet den Teilnehmern die Möglichkeit, am Lösungsprozess eines Problems mitzuarbeiten oder den Lösungsweg mitzuerleben. Es aktiviert die Teilnehmer und fordert sie zur Mitarbeit heraus. Darüber hinaus schafft die Einbeziehung der Teilnehmer Vertrauen in den Präsentator und die erarbeitete Lösung.

Einsatzbereiche für die Kartenabfrage sind Seminare, Vorträge, Diskussionen und Präsentationen. Die Kartenabfrage wird hier als ergänzendes Hilfsmittel zum Festhalten grundlegender Aussagen oder Zwischenfragen und Kommentaren aus dem Publikum eingesetzt.

Voraussetzungen für den Einsatz sind

1. Eine stabile Pinnwand
2. Pinnwand-Papier, mit dem die Wand bespannt wird und auf dem geschrieben werden kann.
3. Pinnwand-Karten in verschiedenen Farben, Formaten und Formen.
4. Stecknadeln
5. Filzstifte in mehreren Farben und Breiten.
6. Selbstklebende Punkte in mehreren Farben.

Die **Aufstellung** der Pinnwand sollte im 45-Grad-Winkel zu den Zuschauern erfolgen. So steht der Präsentator im Mittelpunkt, und die Pinnwand hat eine unterstützende Funktion.

Regeln für die Gestaltung der Pinnwand:

1. Beschreiben Sie die Karten in Druckbuchstaben.
2. Verwenden Sie jeweils eine Karte pro Stichwort oder Thema.
3. Falls möglich, verwenden Sie farbige Karten für einzelne Themen.
4. Stellen Sie die Karten zunächst zu groben Themen zusammen.
5. Lassen Sie die erste Zeile auf der Pinnwand frei. Hier können Sie später das Thema oder Überschriften, möglichst auf farbigen Karten, anheften.
6. Bilden Sie anschließend durch Umstecken Blöcke, um Strukturen zu verdeutlichen.
7. Fassen Sie die Blöcke durch Einrahmung zusammen.
8. Schreiben Sie Themen oder Überschriften auf farbig abgesetzte Karten und heften Sie diese über den jeweiligen Themenblock.
9. Nutzen Sie Karten in Form von Kreisen, Pfeilen oder Wolken zur Hervorhebung.
10. Gewichtungen können z. B. durch das Aufkleben farbiger Punkte vorgenommen werden.
11. Verwenden Sie bei unterschiedlichen Themen je Tafel ein Thema.

Vorteile der Pinnwand sind die Möglichkeit der Dokumentation eines Prozesses, der übersichtlichen Darstellung komplexer Sachverhalte und die Möglichkeit zur Umstrukturierung und Veränderung erarbeiteter Lösungen.

Nachteile sind der Zeitaufwand durch die Beschriftung der Karten, der Platzbedarf, die kurze Lebensdauer und das Archivierungsproblem, da die Pinnwand i. d. R. nicht kopiert werden kann.

● **Fallstudie**

Das **Reisebüro Ökotours** ist ein Kölner Veranstalter, der Reisen unter dem Thema „sanfter Tourismus" anbietet (vgl. Kapitel 6). Aufgrund der unbefriedigenden Wachstumsraten in zwei Produktbereichen beschließt Ökotours, das Produktprogramm zu überdenken und ein Produktrelaunch durchzuführen.

1. Jedes Relaunch beginnt mit einer Produkt- und Programmanalyse. Stellen Sie zwei mögliche Verfahren dar!

2. Erstellen Sie eine Portfolio-Analyse der Produkte der Ökotours!

Im Rahmen des Relaunches wird auch die Kommunikationspolitik überdacht. Zur Ausarbeitung der Werbeanalyse stellt sich der Marketingleiter der Ökotours folgende Fragen:

3. Ökotours ist seit 10 Jahren am Markt vertreten. Für die künftige Produktpositionierung ist es wichtig, dass Image des Unternehmens am Markt zu kennen. Wie können diese Informationen sinnvoll und wirtschaftlich erhoben werden?

4. Der Marketingleiter will die Aktivitäten im Rahmen der Kommunikationspolitik der letzten zwei Jahre überprüfen. Welche Daten müssen erhoben werden, und welche Informationsquellen bieten sich an?

Nach Abschluss der Analyse formuliert der Marketingleiter das Image von Ökotours wie folgt:
„Reisen für Studienräte mit Kniebundhose und Baskenmütze".
Im Rahmen der Kommunikationspolitik soll der Versuch unternommen werden, die Produkte von Ökotours als Reisen für aktive junge Menschen zu profilieren, die Freude am Leben haben, etwas erleben möchten und trotzdem in Einklang mit der Natur leben wollen.

5. Erarbeiten Sie ein konkretes Werbeziel!

6. Beschreiben Sie die Zielgruppe anhand fünf konkreter Merkmale!

Im Rahmen der Mediastrategie wurde festgelegt, ausschließlich Printwerbung durchzuführen. Sie sollen bei zwei Werbeträgern einen Wirtschaftlichkeitsvergleich durchführen und eine Empfehlung an die Geschäftsleitung abgeben. Gehen Sie aus Gründen der Vereinfachung von einer einmaligen Belegung aus.
Ihnen stehen folgende Daten zur Verfügung:

	Zeitung A	Zeitung B
Seitenpreis	15.000,00 EUR	22.000,00 EUR
Verkaufsauflage	180.000	200.000 Stück
Bevölkerung im Einzugsgebiet	1.000.000	1.200.000
quantitative Reichweite	60%	50%
LpN	3,5	2,5
qualitative Reichweite	15%	25%

7. Erläutern Sie zunächst die Begriffe der quantitativen Reichweite, der qualitativen Reichweite, der kumulierten Reichweite und der Leser pro Nummer.

8. Stellen Sie die Zeitungen anhand der definierten Reichweiten gegenüber und geben Sie eine begründete Empfehlung für eine der beiden Zeitschriften.

9. Erläutern Sie, wodurch sich die Mediastrategie unterscheidet, wenn die Kontaktfrequenz oder die Reichweite im Vordergrund steht.

10. Erläutern Sie am Beispiel von zwei Werbeträgern des Springer-Verlages (vgl. Abbildung aus S. 217) die Probleme der Überdeckung, der Unterdeckung und der Überschneidung.

C Literatur

Behrens, G., Werbewirkungsanalyse, Köln 1982

Behrens, K.Ch., Absatzwerbung, Wiesbaden 1998

Behrens, K.Ch., Hrsg., Handbuch der Werbung, Wiesbaden 1985

Hundhausen, C., Public Relations, Berlin 1990

Meffert, H., Fallstudien Marketing, Münster 1993

Meffert, H., Marketing, Wiesbaden 2001

Meffert, H., Marketing und Neue Medien, Stuttgart 1985

Nieschlag, R., u.a., Marketing, Berlin 1997

Rogge, H., Werbung, Ludwigshafen 1996

Tietz, B., Zentes, H., Die Werbung der Unternehmung, Hamburg 1986

Weis, H., Marketing, Ludwigshafen 2001

Weis, H., Verkauf, Ludwigshafen 2000

6 Marketing-Konzeption

6.1 Marketingstrategien entwickeln und umsetzen

Das Reisebüro Ökotours ist ein Kölner Veranstalter, der Reisen unter dem Thema „sanfter Tourismus" anbietet. Ökotours hat vom Tourismusboom der vergangenen Jahre und dem Wertewandel der Gesellschaft in Richtung Ökologie profitiert. Der Umsatz im vergangenen Jahr betrug 2,7 Mio. EUR.

Ökotours bietet folgende Produkte an:	*relativer Marktanteil*	*Markt- wachstum*
– Deutschlandreisen in Ferienhäuser mit dem Siegel „baubiologisch einwandfrei"	*60%*	*2%*
– Fahrradtouren in den deutschen Mittelgebirgen	*20%*	*5%*
– Flugreisen in die Türkei in einem im Naturschutzgebiet gebauten Komplex, der nach baubiologischen Gesichtspunkten errichtet und von der EU als umweltfreundlich eingestuft wurde	*10%*	*15%*
– Reisen in die Nationalparks Osteuropas	*10%*	*20%*

Die Produkte werden über 6 eigene Filialen in Großstädten Nordrhein-Westfalens angeboten. Preislich liegt das Angebot von Ökotours im oberen Marktsegment. Maßnahmen der Kommunikationspolitik beschränkten sich in der Vergangenheit auf Anzeigen in den örtlichen Tageszeitungen, in denen Saison- oder Sonderangebote herausgestellt wurden. Das Unternehmen ist am Markt als Anbieter für Reisen von „Studienräten in Kniebundhosen und mit Baskenmütze" bekannt.

In dieser Situation werden Sie als Marketing-Assistent bei Ökotours eingestellt. Ihr erster Auftrag besteht in der Entwicklung einer zukunftsweisenden Marketingstrategie für das Unternehmen. Die Produkte sollen dabei als Reisen für aktive junge Menschen profiliert werden, die Freude am Leben haben, etwas erleben möchten und trotzdem in Einklang mit der Natur leben wollen.

Eine **Marketingstrategie** ist ein langfristiger Verhaltensplan zur Erreichung der Unternehmens- und Marketingziele. Sie beinhaltet konkrete Aussagen über die operativen Maßnahmen im Rahmen des Marketing-Mix.

Marketing-Strategien können je nach ihrem Ansatzpunkt in Wachstumsstrategien, Marktsegmentierungsstrategien, Wettbewerbsstrategien, Preisstrategien und Kommunikationsstrategien gegliedert werden.

Zielrichtungen der Strategien

6.1.1   Produktstrategien

Markt-
wachstum

Die Analyse der unternehmensspezifischen Ausgangslage wird für die meisten Unternehmen ergeben, dass das Ziel **Marktwachstum an erster Stelle** steht. Die Ursachen hierfür sind vielfältig. Ein wachsendes Unternehmen wird als erfolgreich und kreditwürdig angesehen. Am Markt erfolgreiche Produkte mit guten Wachstumschancen werden im Rahmen der Portfolio-Analyse als „Stars" bezeichnet. Darüber hinaus spielen übergeordnete Gründe, wie das Streben der Eigentümer nach Macht und Prestige, eine Rolle.

Zur Erreichung des Ziels Marktwachstum können die Strategien der Marktdurchdringung, der Marktentwicklung, der Produktentwicklung und der Diversifikation eingesetzt werden.

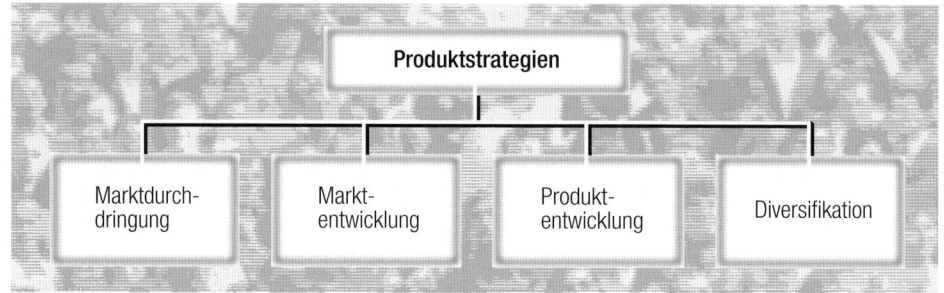

Marktdurch-
dringung

◆ Ziel der **Marktdurchdringung** (Penetrationsstrategie) ist es, durch eine Intensivierung der Marketing-Aktivitäten mit den **vorhandenen Produkten** eine stärkere Durchdringung (Penetration) der **vorhandenen Märkte** zu erreichen. Zur Erreichung dieses Ziels bieten sich folgende Möglichkeiten an:

Ansatzpunkte
der Penetra-
tionsstrategie

Erhöhung der Verbrauchs- oder Verwendungsintensität bei den eigenen Kunden durch eine Verkürzung des Produkt-Lebenszyklus, die Vergrößerung der Verpackungseinheiten oder die Gewährung von Preisvorteilen.

 – Ein KFZ-Hersteller will den Produktlebenszyklus seiner PKW verkürzen. Aus diesem Grund werden neue Modelle einer Baureihe nicht mehr alle fünf Jahre, sondern schon nach drei Jahren eingeführt (technische Veraltung).

– Ein Waschmittelhersteller bietet sein Produkt statt in der 2,5-kg Trommel in einer 5-kg-Großverpackung an.

Ökotours entwickelt ein Bonus-System, nach dem Mehrfachkunden Preisnachlässe erhalten. Die durchschnittliche Zahl der Reisen pro Kunde und Jahr erhöht sich dadurch von 1,4 auf 1,6.

Abwerbung der Kunden von der Konkurrenz durch Profilierung des eigenen Produktes und Schaffung einer positiven Distanz zum Angebot des Mitbewerbers.

Beispiel Einem Unternehmen der Mikroelektronik gelingt es, durch entsprechende Marketing-Aktivitäten einen Mikroprozessor als Markenartikel zu positionieren. Die dadurch entstehenden Präferenzen veranlassen Kunden verstärkt, Rechner mit dem Marken-Chip nachzufragen.

Gewinnung von Neukunden z. B. durch gezielte Werbung, das Angebot von Proben oder preispolitische Maßnahmen

Ökotours bietet im Bereich Fahrradtouren ein „Schnupperwochenende" zum Preis von 99,00 EUR an.

◆ Verfolgt ein Unternehmen die Strategie der **Marktentwicklung**, wird der Versuch unternommen, für **vorhandene Produkte neue Märkte** zu erschließen. Dies kann durch die Erschließung zusätzlicher geografischer Märkte oder die Erfassung neuer Käuferschichten geschehen.

vorhandene Produkte/neue Märkte

Ökotours wird ein Reisebüro in den neuen Bundesländern zum Kauf angeboten. Die Geschäftsleitung prüft, ob das Unternehmen übernommen und das Angebot von Ökotours auf die neuen Bundesländer ausgedehnt werden soll.

◆ Im Rahmen der Strategie der **Produktentwicklung** werden für **bestehende Märkte neue Produkte** entwickelt. Die immer kürzer werdenden Innovationsintervalle und die Sättigung der Märkte zwingen Unternehmen zu dieser marktorientierten Innovationspolitik. Durch die Strategie der Produktentwicklung wird der Versuch unternommen, laufend verbesserte Produkte anzubieten, um den differenzierten Wünschen der potenziellen Kunden zu entsprechen und neue Kundengruppen zu gewinnen.

neue Produkte/ bestehende Märkte

Ökotours bietet bei allen Reisezielen normale Kost, Vollwertkost und vegetarische Kost als Wahlmöglichkeit an.

◆ Im Rahmen der **Diversifikation** werden **neue Produkte für neue Märkte** angeboten. Je weiter sich ein Unternehmen vom bisherigen Betätigungsfeld entfernt, umso größer wird jedoch das unternehmerische Risiko. Deshalb sollte bei einer geplanten Diversifikation immer geprüft werden, ob ein sinnvoller Zusammenhang zwischen dem bisherigen Betätigungsfeld und dem neuen Produkt besteht.

neue Produkte/ neue Märkte

Ökotours prüft die Beteiligung an einer Kette von Fachgeschäften für baubiologische Produkte. Die Fachgeschäfte sollen in Ökobau umbenannt werden und neben ihrem Kernsortiment Kurzreisen von Ökotours anbieten.

6.1.2 Marktsegmentierungsstrategien

Der Markt ist keine homogene Einheit, sondern er besteht aus einer Vielzahl von Individuen, die sich z. B. hinsichtlich Wohnort und Alter, Familienstand und Einkommen, Prestigebewußtsein und Kaufgewohnheiten unterscheiden. Die Aufteilung des Gesamtmarktes anhand dieser Merkmale und die gezielte Ansprache der so entstandenen **homogenen Gruppen** durch ein abgestimmtes Marketing-Mix wird als Strategie der Marktsegmentierung bezeichnet.

Strategieinhalt

Ziel und Formen der Marktsegmentierung

Ziel der Marktsegmentierung ist es, einen möglichst hohen Grad an **Übereinstimmung zwischen dem Produktangebot und den Ansprüchen der potenziellen Kunden** zu erreichen. Dies ist umso eher möglich, je homogener die definierte Zielgruppe ist.

Die Bildung homogener Zielgruppen kann z.B. anhand geografischer, demografischer und psychografischer Bestimmungsfaktoren erfolgen.

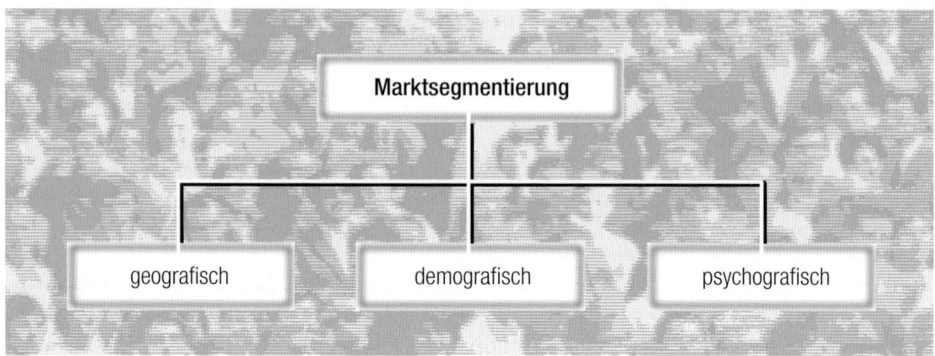

Geografisch

◆ Die **geografische Marktsegmentierung** trägt den unterschiedlichen Konsumgewohnheiten, z.B. in den alten und neuen Bundesländern oder der Stadt- und Landbevölkerung, Rechnung.

Ökotours stellt fest, dass in den neuen Bundesländern Fernreisen zu attraktiven Preisen gefragt sind. Die Themen Ökologie und Ernährung stehen eher im Hintergrund. Man beschließt aus diesem Grund, auf die Übernahme der angebotenen Filiale in den neuen Bundesländern zu verzichten.

◆ Die Merkmale der **soziodemografischen Marktsegmentierung**[1] lassen sich relativ leicht erfassen und zu aussagefähigen Kriterienkombinationen verknüpfen. In den gängigen Verbraucherstudien (vgl. Kap. 1) findet man u.a. die folgenden **soziodemografischen** Merkmale:

Merkmale des Befragten
– Geschlecht
– Stellung im Haushalt
– Staatsangehörigkeit
– Alter
– Schulbildung
– Berufsbildung
– Ausbildung
– Berufstätigkeit
– Beruf
– Nettoeinkommen
– Konfession

– Familienstand
– Staatsangehörigkeit

Merkmale des Haushaltsvorstandes
– Geschlecht
– Staatsangehörigkeit
– Alter
– Schulbildung
– Berufsbildung
– Ausbildung
– Berufstätigkeit
– Beruf

---

[1] *Demografische Kriterien sind Teilfaktoren der soziodemografischen Kriterien (Geschlecht, Alter, Familienstand, Haushaltsgröße)*

Merkmale der haushaltführenden Personen	Merkmale des Haushalts
– Geschlecht	– Führerscheinbesitz Haushaltsgröße
– Alter	– Personen im Haushalt ab 14 Jahre
– Berufstätigkeit	– Verdiener im Haushalt
– Beruf	– Berufstätige im Haushalt
	– Haushaltsnettoeinkommen

Ökotours definiert das folgende demografische Marktsegment als potenzielle Zielgruppe:

Alter des Haushaltsvorstandes	*25-35*
Beruf	*Freiberufler, Beamte, leitende Angestellte*
Familienstand	*verheiratet*
Familiengröße	*3 Personen*
Haushaltseinkommen	*über 30 000,00 EUR*

Zur Bekanntmachung der aktuellen Angebote will Ökotours in regionalen Tageszeitungen inserieren. Für die Stadt Köln soll eine Entscheidung zwischen dem Kölner Stadt-Anzeiger und dem Express getroffen werden. Beschaffen Sie sich die erforderlichen Unterlagen und treffen Sie eine begründete Auswahl!

Beispiel Leseranalyse Kölner Stadt-Anzeiger/Kölnische Rundschau

	Bevölkerung in Tsd.	Kölner Stadt-Anzeiger/ Kölnische Rundschau Leser pro Ausgabe			
		in Tsd.	Reichweite %	Struktur %	Index
Bevölkerung ab 14 Jahre					
Gesamt	2.423	1.139	47,0	100	100
Männer	1.149	532	46,2	47	98
Frauen	1.274	607	47,7	53	101
Alter der Befragten					
14 – 19 Jahre	162	49	30,6	4	65
20 – 29 Jahre	301	112	37,2	10	79
30 – 39 Jahre	466	198	42,5	17	90
40 – 49 Jahre	393	199	50,5	17	108
50 – 59 Jahre	370	193	52,0	17	111
60 – 69 Jahre	378	200	52,9	18	113
70 Jahre und älter	352	188	53,3	16	113
Ausbildung der Befragten					
Volks-, Hauptschule mit/ohne Lehre	1.270	524	41,3	46	88
weiterf. Schule ohne Abitur	634	332	52,3	29	111
Abitur, Studium	519	282	54,4	25	116
Stellung in Haushalt					
Haupteinkommensbezieher/1-Pers.-Haushalt	1.270	598	47,1	53	100
Befragter ist haushaltsführend	1.311	619	47,2	54	100
Berufstätigkeit der Befragten					
berufstätig	1.177	542	46,1	48	98
in Ausbildung	253	86	34,2	8	73
Rentner, Pensionär	654	349	53,4	31	114
nicht berufstätig/keine Angabe	339	161	47,4	14	101

	Bevöl-kerung in Tsd.	Kölner Stadt-Anzeiger/ Kölnische Rundschau Leser pro Ausgabe			
		in Tsd.	Reich-weite %	Struktur %	Index
Beruf des Haupteinkommensbeziehers (jetziger oder früherer)					
Selbstständige	208	109	52,4	10	112
Leitende Angestellte und Beamte	298	176	59,0	15	126
Sonstige Angestellte und Beamte	1.059	538	50,8	47	108
Arbeiter/Facharbeiter	775	293	37,7	26	80
(noch) nie berufstätig/.k.A./Auszubildende	61	17	27,7	1	59
Haushaltsnettoeinkommen					
bis unter 2.000 DM*	210	63	29,8	6	64
2.000 DM bis unter 3.000 DM	478	200	41,8	18	89
3.000 DM bis unter 4.000 DM	461	212	45,9	19	98
4.000 DM bis unter 5.000 DM	498	238	47,8	21	102
5.000 DM und mehr	775	426	55,0	37	117
Personen im Haushalt insgesamt					
1 Person	431	178	41,3	16	88
2 Personen	930	490	52,7	43	112
3 Personen	446	210	47,0	18	100
4 Personen	414	181	43,8	16	93
5 Personen oder mehr	201	80	39,6	7	84

Datenquelle: MA 2001 Tageszeitungen, Verbreitungsgebiet Kölner Stadt-Anzeiger/Kölnische Rundschau

* Die Angaben wurden für das Jahr 2001 erhoben und erscheinen deshalb noch mit DM.

Beispiel   VerbraucherAnalyse 2001/4

Gesamtbevölkerung Potenzial: 100.0%, 30.673 Fälle, 64,10 Mio.

	Basis		Cola-Getränke: Getrunkene Marken Coca-Cola/Coke		
Basis	Mio. 64,10	% vert. 100	Mio. 24,17	% vert. 100	**Index 100**
Altersgruppen					
14–19 Jahre	4,99	8	3,54	15	**188**
20–29 Jahre	8,09	13	4,95	20	**162**
30–39 Jahre	11,96	19	6,19	26	**137**
40–49 Jahre	10,78	17	4,47	18	**110**
50–59 Jahre	9,80	15	2,82	12	**76**
Geschlecht					
Männer	30,61	48	13,95	58	**121**
Frauen	33,49	52	10,22	42	**81**

Beispiel Zusammensetzung der Leserschaft in %: MA 2002

Kürzel	Titel	Ersch.-weise	Geschlecht Männer	Frauen	Haushaltführende	Alter 14–19 Jahre	20–29 Jahre	30–39 Jahre	40–49 Jahre	50–59 Jahre	60 Jahre +	Kinder unter 14 Jahre im Haushalt	monatliches Haushaltseinkommen netto bis 1.000 €	1.000–1.250 €	1.250–1.500 €	1.500–2.000 €	2.000–2.500 €	2.500 € und mehr	Regionen Nielsen 1	Nielsen 2	Nielsen 3a	Nielsen 3b	Nielsen 4	Nielsen 5a	Nielsen 5b, 6, 7
	Bevölkerung ab 14 Jahre		48	52	55	8	12	19	17	15	30	23	9	9	11	23	21	28	16	21	13	12	15	2	20
BS	Bild am Sonntag	wö	60	40	46	6	10	18	19	17	30	21	7	8	12	25	23	25	16	25	14	11	17	1	17
B	Bunte	wö	31	69	69	3	9	14	17	17	41	18	9	10	11	22	20	27	16	21	18	14	19	3	9
FOC	Focus	wö	65	35	42	6	16	22	19	18	20	24	4	5	8	18	21	43	19	24	15	16	14	3	9
N	Neue Revue	wö	62	38	47	7	13	20	19	14	27	23	7	8	12	21	21	31	24	27	13	17	11	1	6
SUI	Super Illu	wö	43	57	58	5	9	17	19	16	33	20	14	8	12	30	21	16	3	2	1	3	2	1	89
SP	DER SPIEGEL	wö	64	36	43	4	16	21	20	17	22	24	5	5	7	16	21	47	20	22	13	14	4	9	
S	Stern	wö	55	45	49	6	13	20	20	17	24	23	5	6	9	18	21	40	21	25	16	11	17	3	6
DB	Das Beste	mo	43	57	60	3	6	10	15	17	48	15	8	8	10	25	21	28	18	17	15	15	14	2	18
AEB	auf einen Blick	wö	35	65	66	4	7	12	13	16	47	18	13	12	13	24	19	19	21	20	12	10	15	1	21
BF	Bild + Funk	wö	40	60	62	2	5	13	16	17	47	19	11	11	13	22	19	24	10	17	19	25	25	0	3
BIW	Bildwoche	wö	43	57	58	5	7	17	15	14	43	20	11	9	14	28	20	17	18	19	19	7	18	1	17
FW	Fernsehwoche	wö	46	54	57	6	8	14	18	17	37	18	11	11	13	21	20	24	23	18	16	11	18	4	9
FU	FUNKUHR	wö	42	58	59	7	6	15	14	17	42	18	9	11	13	20	21	25	28	22	15	8	16	4	7
G	Gong	wö	49	51	51	8	6	14	16	17	40	19	8	8	10	24	19	31	7	19	12	17	43	0	2
H	Hörzu	wö	48	52	56	5	7	12	14	18	42	17	7	9	12	21	20	3	20	29	16	12	13	4	7
STV	super TV	wö	36	64	64	8	8	16	16	18	36	19	15	11	16	28	17	13	2	2	3	1	1	0	90
HS	TV Hören und Sehen	wö	45	55	58	5	8	13	16	17	42	17	7	11	12	25	21	25	20	24	15	12	20	3	7
DZW	die 2	wö	32	68	70	4	5	20	18	12	40	20	11	11	12	32	18	16	17	20	19	19	18	2	5
TKL	TV klar	wö	43	57	57	7	12	20	16	13	31	25	12	10	13	26	20	19	17	25	14	8	10	1	25
TNE	TV neu	wö	45	55	55	8	12	14	18	14	33	22	13	8	10	23	24	21	20	25	12	8	11	3	20
TVD	TV direkt	14	50	50	55	9	16	23	19	16	18	26	11	9	12	24	17	27	18	17	13	13	12	3	24
TMV	TV Movie	14	54	46	47	13	21	25	21	11	10	31	6	6	8	23	24	33	13	22	16	13	10	2	23
TSF	TV Spielfilm	14	53	47	47	11	20	27	21	11	11	31	5	6	9	22	24	35	16	24	15	14	13	2	16
TDY	TV TODAY	14	54	46	48	11	16	23	21	12	16	26	7	6	10	20	21	30	13	20	10	11	10	2	34
TVV	TV 14	14	46	54	56	9	14	22	17	16	22	28	11	8	11	23	23	24	14	19	13	14	12	2	25
PRW	Premiere	mo	59	41	44	13	19	27	22	12	6	35	4	4	7	21	24	40	20	25	15	9	12	3	15
BWZ	BWZ Bunte Wochenztg.	wö	45	55	57	6	8	12	17	16	40	15	9	11	14	27	19	20	1	67	1	1	1	0	30
IWZ	IWZ Illustrierte Wochenztg.	wö	45	55	59	5	7	14	16	17	40	22	7	6	8	22	19	38	0	1	18	79	2	0	0
PRI	Prisma Gesamt	wö	45	55	55	6	9	17	17	16	35	20	8	8	12	25	20	28	6	62	1	0	0	3	28
RV	rtv	wö	45	55	54	7	7	14	18	16	36	20	8	8	10	24	22	28	15	1	19	10	22	1	31
EF	Echo der Frau	wö	15	85	85	2	5	10	12	17	54	15	14	17	24	16	15		13	22	11	11	14	2	27
F	Frau aktuell	wö	13	87	83	1	7	12	16	16	49	16	14	11	14	21	23	16	11	16	13	18	28	1	13
FH	Frau mit Herz	wö	15	85	84	1	3	10	14	21	52	16	15	12	13	26	17	17	15	23	12	19	16	1	13

◆ Neben geografischen und soziodemografischen Merkmalen können Merkmale zur **psychografischen Marktsegmentierung** herangezogen werden. Hier wird der Versuch unternommen, potenzielle Kunden anhand von Persönlichkeitsmerkmalen, Verhaltensweisen, Wertvorstellungen und Erwartungen zu homogenen Gruppen zusammenzufassen.

Psychografisch

Ökotours konkretisiert seine potenzielle Zielgruppe für das Produkt „Deutschlandreisen in baubiologisch einwandfreie Ferienhäuser" aufgrund psychografischer Merkmale wie folgt:

– Persönlichkeitsmerkmale: *kontaktfähig*
         aufgeschlossen
         selbständig
         progressiv

– *Verhaltensweisen:*   *hohe Markenloyalität*
     geringe Preiselastizität
     Kurzurlauber
– *Einstellungen:*   *ökologisch orientiert*
     ernährungsbewusst

Beispiel   Einstellungen und Verhaltensmerkmale die in der Verbraucheranalyse des Axel Springer Verlags erhoben werden

Qualitative Merkmale (Freizeit etc.)
- Typologien
- Freizeitinteressen
- Bevorzugte Musikrichtung
- Leseinteressen
- Fernsehinteressen
- Bevorzugter Kleidungsstil
- Wohnzimmereinrichtung
- Soziale Werte
- Einstellungen
  - Umgang mit Geld, Vorsorgebedürfnis
  - Genussorientierung
  - Gesundheitsbewusstsein
  - Einstellung zur gesunden Ernährung
  - Umweltbewusstsein
  - Einstellung zum Haushalt
  - Einstellung zum Wohnen, Einrichten
  - Kochen und Backen als Hobby
  - Rollenverständnis in der Ehe, Partnerschaft
  - Einstellung zum äußeren Erscheinungsbild
  - Markenbewusstsein
  - Qualitätsbewusstsein
  - Einstellung zur Werbung
  - Umgang mit Technik
  - Sonstige Einstellungen
- Lebenszyklen, Lebensphasen
- Preis- versus Marken-Präferenz
- Zusammenfassungen

Lifestyle-Typologie

Lifestyle-Typologien beschreiben das Kauf- und Konsumverhalten der Mediennutzer und deren Einstellungen und Verhalten. Es wird angenommen, dass das Konsumverhalten von Menschen stark von ihrem Lebensstil geprägt wird.

Der Lebensstil drückt sich dabei durch das beobachtbare Verhalten in der Freizeit und im Berufsleben (**aktivities**), durch seine Interessen (**interests**) und durch seine Meinungen (**opinions**) aus. Man spricht deshalb vom „AIO"-Ansatz.

Mithilfe einer Clusteranalyse werden Personen aufgrund ihrer Ähnlichkeiten (bzw. Unähnlichkeiten) zu „Typen" gruppiert. Die Personen eines Typs sind zueinander möglichst homogen, die Typen untereinander möglichst heterogen. Die Typennamen sind dabei Interpretationen.

Die **Sinus-Studie der sozialen Milieus** bietet ein solches Konzept der Marktsegmentierung. Hier werden von der Sociovision S.A. anhand von Milieu-Bausteinen 10 "soziale Milieus" definiert und Aussagen über die Beziehung der Milieus zueinander formuliert.

SINUS-Studie

Während die Sociovision S.A. bis Mitte 2001 ein Ost- und ein Westdeutsches Modell erstellten, haben sie nun – aufgrund von der Annäherung der Lebenswelten in West- und Ostdeutschland – zum ersten Mal ein **gesamtdeutsches Modell der Sinus-Milieus** entwickelt.

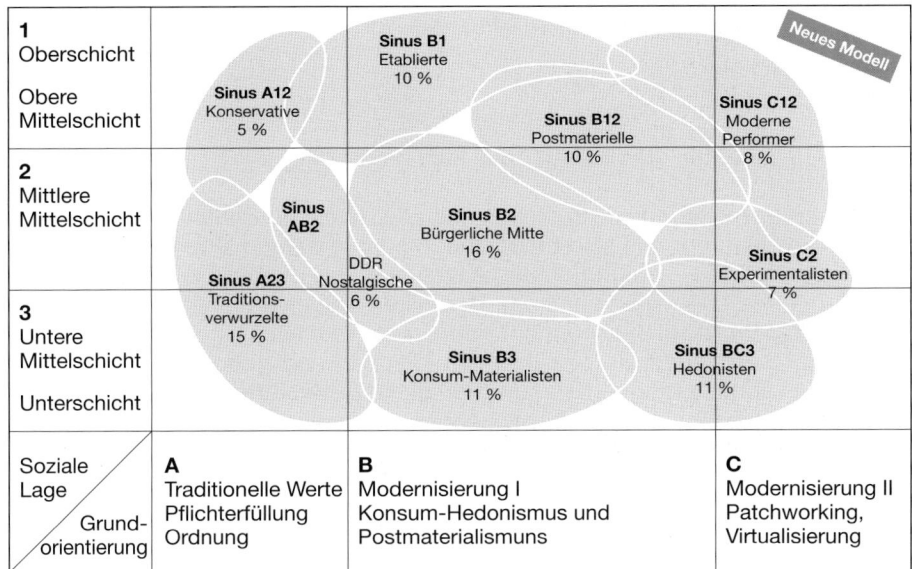

Die Sinus-Milieus® in Deutschland

Die obenstehende Grafik verortet die Milieus wie folgt:

Von oben nach unten erfolgt eine Aufteilung nach sozialer Lage in Schichten, auf der Grundlage von Alter, Bildung, Beruf und Einkommen. Von links nach rechts erfolgt die Einteilung nach der Grundorientierung von traditionell bis postmodern.

Allgemeiner spricht man im oberen Bereich von den gesellschaftlichen **Leitmilieus.** Am linken Rand sind die **Traditionellen Milieus,** in der Mitte die **Mainstream Milieus** und rechts die **Hedonistischen Milieus** angesiedelt.

Zur Festlegung der Milieus untersucht die Sociovision S.A. in ihrer Lebensweltforschung die Bereiche, mit denen Menschen tagtäglich zu tun haben und was die Menschen – aus ihrer subjektiven Sicht – dazu wahrnehmen. Diese Informationen verdichten sie zu den **Bausteinen** der Sinus-Milieus.

Bausteine der Sinus-Milieus:

- Typische Aussagen
- Kundenpotenzial
- Soziale Lage
- Arbeit und Beruf
- Freizeit
- Konsum
- Produktinteressen
- Mediaverhalten: Print, TV
- Typischer Wohnstil
- Alltagsästhetik
- Leitbildqualitäten
- Geld

SINUS-Milieus   Im Folgenden werden die Sinus-Milieus kurz umrissen.

Die **Konservativen (Sinus A12)** stellen das alte deutsche Bildungsbürgertum dar (5% der Bevölkerung). Sie sind meist über 60 Jahre alt und leben in Zwei-Personen-Haushalten. Die – aufgrund ihres Alters sich überwiegend im Ruhestand befindenden – Personen waren in ihrem Berufsleben überwiegend Akademiker und bezogen ein gehobenes Einkommen. Heute haben sie ein größeres Vermögen angesammelt. Sie pflegen die bewährten Traditionen und gehobene Umgangsformen – leiden somit extrem unter dem „Verfall der guten Sitten". Sie legen großen Wert darauf, dass sie – aufgrund ihrer gehobenen Stellung – von der normalen Bevölkerung abgegrenzt werden.

Die **Traditionsverwurzelten (Sinus A23)** sind die Sicherheit und Ordnung liebende Kriegsgeneration. Sie weisen entsprechend einen hohen Frauenanteil aus. Ihre Wurzeln haben sie in der traditionellen Arbeiterkultur. Als frühere Angestellte und Beamte bezogen sie kleine bis mittlere Einkommen. Sie haben ein Leben lang gespart und nur „Sinnvolles" und Notwendiges angeschafft. Wenn sie heute Geld ausgeben, dann für ihre Kinder und Enkelkinder. Ihre Interessen beschränken sich auf Familie, Gartenarbeit und manchmal auch Ausflüge und Kaffeefahrten.

Die **DDR-Nostalgischen (Sinus AB2)** machen 6% der Gesamtbevölkerung aus. Die Dazugehörigen sind überwiegend über 50 Jahre alt und werden als die „resignierten Wende-Verlierer" bezeichnet. Sie orientieren sich an preußischen Tugenden und halten an altsozialistischen Vorstellungen von Gerechtigkeit und Solidarität fest. Ihre Verbitterung ist stark dadurch geprägt, dass sie früher eher zum Führungskader in Politik und Wirtschaft gehörten, heute allerdings einfache Berufe (Angestellte/Arbeiter) ausüben oder sogar arbeitslos sind. Sie führen daher ein einfaches Leben, konzentrieren sich auf ihre Familie und gleichgesinnte Freunde. Ihre Interessen beschränken sich auf Heimwerken und Renovieren, aber auch auf ein gewissen Engagement in Vereinen und lokaler Politik.

Zu den **Etablierten (Sinus B1)** gehören Personen ab 30 Jahren, wobei der Schwerpunkt bei den 40 bis 60 Jährigen liegt. Sie sind gebildet, verfolgen klare Karrierestrategien und beziehen somit ein überdurchschnittlich hohes Einkommen. Zu ihrem Lebensgenuss gehören Kunst, Kultur und exklusive Reisen, was sie sich aufgrund ihrer privilegierten finanziellen Situation leisten können. Sie beschäftigen sich zudem nachhaltig mit Politik und Wirtschaft.

Die **Postmateriellen (Sinus B12)** umfassen 10% der Bevölkerung. Sie weisen ein breites Altersspektrum auf. Zu ihnen gehören sowohl 20-Jährige als auch die Generation der „jungen Alten". Die Personen dieses Sinus-Typs sind überwiegend hochgebildet (Abitur, Studium), beziehen ein höheres Einkommen und gehen entsprechend souverän mit beruflichen Herausforderungen um. Neben ihrem angestrebten beruflichen Erfolg schaffen sie sich genügend Freiräume, um ihr Interesse an Literatur, Kunst und Kultur zu verwirklichen. Ihr umwelt- und gesundheitsgeprägter Lebensstil veranlasst sie oft, für die entsprechenden Konsumgüter einen hohen Preis zu zahlen. Überflüssigen Konsum lehnen sie allerdings ab.

Die **Bürgerliche Mitte (Sinus B2)** lebt in gut gesicherten, harmonischen Verhältnissen, sie zeigen Leistung und Zielstrebigkeit. Sie weisen qualifizierte, mittlere Bildungsabschlüsse, im Berufsleben eine gesicherte Position und somit mittlere Einkommensklassen auf. Der Lebensstil dieser Gruppe drückt sich darin aus, dass sie gerne Gäste einladen, gemeinsam kochen, im Verein engagiert sind und die sportliche Betätigung in der Gruppe suchen.

Die **Konsummaterialisten (Sinus B3)** sind stark materialistisch geprägt. Ihre Konsumziele konzentrieren sich auf Unterhaltungselektronik, auf ein „repräsentatives Auto" und auf Kurzreisen. Letztlich all das, was die eigene Person nach außen ins rechte Licht setzt. Obwohl ihre finanziellen Mittel es nicht zulassen, konzentrieren sie sich auf diesen prestigegeprägten Konsum, um zu beweisen, dass sie „mithalten" können. Diese Gruppe weist überdurchschnittlich viele Hauptschulabsolventen aus, die jetzt als Arbeiter/Facharbeiter tätig sind.

Die **Hedonisten (Sinus BC3)** haben ihren Schwerpunkt bei den unter 30-Jährigen (11% der Bevölkerung). Sie leben ganz im Hier und Jetzt, sind spaßorientiert und immer auf der Suche nach Fun und Action. Im Berufsleben sind sie allerdings eher angepasst an den Berufsalltag. Auch wenn sie ihren Spaß an der Provokation der „Spießer" haben, träumen sie doch selbst von einem geordneten Leben mit Familie, geregeltem Einkommen und einem schönen Auto. Ihre Freizeit ist geprägt durch Fernsehen, Musik hören, Computerspiele, Sport, Kino- und Kneipenbesuche.

Die **Modernen Performer (Sinus C12)** stellen den jüngsten der insgesamt 10 Milieu-Typen dar. Der Altersschwerpunkt liegt bei unter 30 Jahren. Man spricht von der jungen, unkonventionellen Leistungselite, die täglich ihre beruflichen und sportlichen Leistungsgrenzen erfahrbar machen. Unter den Berufstätigen befindet sich ein hoher Anteil an Selbstständigen (Start-ups). Sie nutzen moderne Kommunikationstechnologien sowohl im Beruf als auch in der Freizeit. Ihr Konsumstil ist geprägt durch die Lust auf das Besondere, wofür sie viel Geld ausgeben.

Auch die **Experimentalisten (Sinus C2)** stellen ein sehr junges Milieu dar (7% der Bevölkerung). Obwohl diese Personen durchweg sehr gehobene Bildungsabschlüsse aufweisen, ist ihnen materieller Erfolg, Status und Karriere weniger wichtig. Sich lebenslang an einen Arbeitgeber zu binden, widerstrebt ihnen. Sie weisen deshalb oft „Patchwork"-Karrieren auf. Sie haben ein großes Bedürfnis nach Kommunikation und Unterhaltung und sind somit immer dort zu finden, wo etwas Spannendes, Neues los ist.

Sinus-Milieus finden beispielsweise Anwendung in folgenden Zusammenhängen:

- in der **Marketingplanung** und im **Controlling.** Hier werden mittel- und kurzfristige Budgets, im Verhältnis zum Marktpotenzial der Produkte, aufgestellt und beobachtet.
- in der **Entwicklung** und im **Design:** Es werden Produkte konstruiert, die es nicht jedem recht machen können, zu der Zielgruppe jedoch exakt passen müssen.
- in der **Kommunikation** mit dem Markt: Man muss für den Dialog mit dem Kunden, im Verkauf, in der Werbung, im Kundendienst, im Internet, im Beschwerde-Management usw. den passenden Ton finden.
- in der **Kreation** und **Mediaplanung:** Hier erfolgt die Werbegestaltung und die entsprechende Platzierung in den Medien.
- im **Verkauf:** wo an Direktmarketing, an 1:1 Marketing und individuelle Akquisition gedacht werden muss.
- im **Personalwesen:** Es ist leichter Menschen zu finden, die zueinander und zu Ihren Kunden passen, von der Stellenausschreibung bis zur Mitarbeiterförderung.
- in der **Politik:** Ausmaß, Bedeutung und Bewegungsrichtung von sozialen Phänomenen müssen verstanden werden (z.B. der Globalisierungskritiker oder des neuen Rechtsextremismus unter Jugendlichen).

6.1.3 Wettbewerbsstrategien

Zielrichtung
Wettbewerb

Wettbewerbsstrategien haben ihren Ansatzpunkt im **Verhältnis des Unternehmens zum Wettbewerb.** Hier sind drei Varianten denkbar, nämlich die Strategie der umfassenden Kostenführerschaft, die Strategie der Differenzierung und die Strategie der Konzentration.

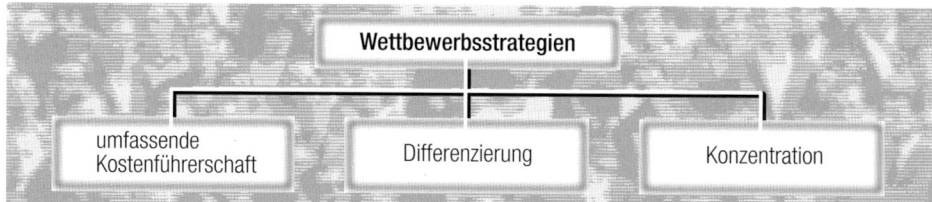

Kosten-
führerschaft

Die **Strategie der umfassenden Kostenführerschaft** hat zum Ziel, mit niedrigeren Kosten als die Konkurrenz zu produzieren. Der Schwerpunkt dieser Strategie liegt also im Bereich der Produktpolitik. Voraussetzung für die Verfolgung der Strategie ist i.d.R. die Produktion in großen Stückzahlen, die dafür erforderlichen hohen Investitionen, eine intensive Kostenkontrolle sowie Produkte, die sich für die Massenproduktion eignen.

Differenzierung

Die **Strategie der Differenzierung** hat zum Ziel, das eigene Produkt als einzigartig erscheinen zu lassen. Hier steht die Kommunikationspolitik im Vordergrund, die den USP des Produktes deutlich herausstellen muss.

Durch das Thema „Ökologie" profiliert sich Ökotours als das grundsätzlich andere Reisebüro.

Im Rahmen der **Strategie der Konzentration** auf Schwerpunkte konzentriert sich das Unternehmen auf eine begrenzte Zahl von Abnehmern und/oder Produkten. Zugunsten der Konzentration wird hier auf den maximal erreichbaren Umsatz verzichtet.

Konzentration

6.1.4 Preisstrategien

Die preispolitischen Strategien der Skimming Policy, der Penetrationspreis-Strategie und der Preisflexibilität wurden im Rahmen der **Kontrahierungspolitik** erörtert.

Zielrichtung Preisgestaltung

6.1.5 Kommunikationsstrategie

Angesichts der Tatsache, dass Produkte immer homogener werden, kommt der Kommunikationsstrategie ein immer bedeutenderer Stellenwert zu. Erfolgreiche Kommunikation verlangt eine systematische Problemanalyse durch Einbindung in das Zielsystem des Unternehmens, die Formulierung einer langfristigen Marketingstrategie, die Entwicklung einer kreativen Kampagne und eine zielentsprechende Realisation.

Zielrichtung Kommunikation

Die **Marketingstrategie** enthält Festlegungen, die unabdingbare Voraussetzung für die Formulierung der Kommunikationsstrategie sind. Dazu gehören Aussagen über das Produkt, den Markt, die potenzielle Zielgruppe, das Marketingziel und den Etat.

Entwicklung einer langfristigen Marktstrategie

◆ Zum **Produkt** muss zunächst geklärt werden, welche für den Markt und die Zielgruppe wichtigen Eigenschaften das Produkt mitbringt. Welche Vorteile hat es gegenüber dem Wettbewerb, und welche technischen Daten oder Testergebnisse bestätigen diese Vorteile?

Elemente

◆ Der **Markt** muss im Rahmen der Marktsegmentierung in homogene Gruppen von Verbrauchern eingeteilt werden, und er ist nach Menge und Wert zu quantifizieren. Darüber hinaus ist die Frage der zukünftigen Entwicklung des Marktes von zentraler Bedeutung. Hilfe hierbei leistet das Modell des Produktlebenszyklus, das nicht nur für Produkte und Produktgruppen, sondern auch für ganze Märkte erstellt werden kann.

◆ Die potenziellen **Abnehmer** für das Produkt sind zu ermitteln und zu quantifizieren. Dabei ist die Frage nach der zukünftigen Entwicklung der Zielgruppe zu klären und die Frage zu beantworten, ob diese dem Produkt das notwendige Wachstumspotenzial sichert.

◆ Das **Marketingziel** gibt Auskunft über den geplanten Marktanteil und Umsatz, den das Produkt in der vorgegebenen Zeit erreichen soll. Darüber hinaus ist hier der Einsatz des absatzpolitischen Instrumentariums festgelegt.

◆ Nicht zuletzt muss die Frage nach dem für die Instrumente des Marketing zur Verfügung stehenden **Etat** beantwortet werden, da er den Instrumenteneinsatz von der Kostenseite her begrenzt.

Entwicklung einer langfristigen Kommunikationsstrategie

Die **Kommunikationsstrategie** macht Aussagen über die Produktpositionierung, die Zielgruppe, das Kommunikationsziel, die Copy-Strategie und das Methodenkonzept.

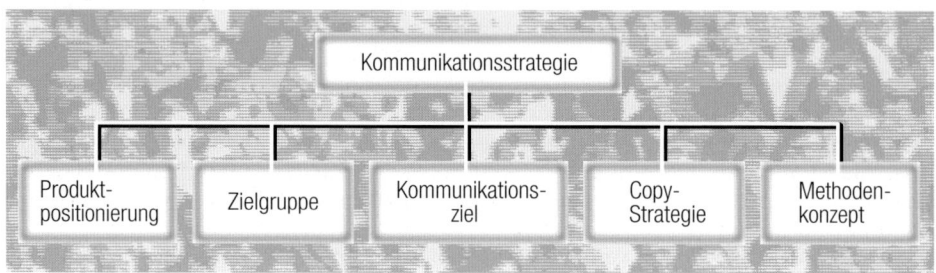

Produktpositionierung

◆ Positionierungsmodelle zeigen, dass ein Markt nicht nur nach technischen Merkmalen, sondern auch nach psychologischen und soziologischen Merkmalen definiert und strukturiert werden kann. Im Rahmen der **Produktpositionierung** wird der Standort des Produktes oder der Marke im Meinungsspektrum der Zielgruppe festgelegt. Hierbei sind Meinungsfelder zu besetzen, die über eine ausreichende Marktrelevanz verfügen und eine Erfolg versprechende Alleinstellung des Produktes ermöglichen.

Positionierung des Reisebüros Ökotours im Feld der mittelständischen Anbieter

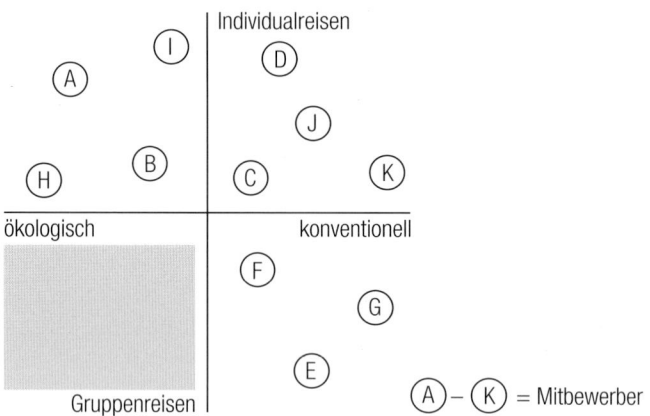

Aufgrund der vorgenommenen Positionierung der Mitbewerber erkennt der Produktmanager, dass im Segment der ökologisch orientierten Gruppenreisen eine Marktlücke existiert.

◆ Die **Zielgruppe** wird auch im Rahmen der Kommunikationsstrategie nach geografischen, demografischen und psychografischen Merkmalen definiert. Im Mittelpunkt steht die Frage: Wer soll angesprochen werden, wer soll meinen, wissen oder reagieren, wen müssen wir mit unserer Botschaft erreichen, um erfolgreich zu sein? Dazu ist die Zielgruppe möglichst genau und möglichst plastisch in ihrem Lebensumfeld, ihren Gewohnheiten, ihren Wertvorstellungen und Denkweisen zu beschreiben (vgl. Kap. 5.3).

Zielgruppe

◆ Das **Kommunikationsziel** legt die Botschaft, die kommuniziert werden soll, für alle Teilzielgruppen fest. Kommunikationsziele beziehen sich auf die Aufmerksamkeit, den Bekanntheitsgrad und das Produktimage, das kommuniziert werden soll. Das Kommunikationsziel verbindet die Aufgabenstellung der Marketingstrategie mit den Erkenntnissen der Produktpositionierung und der Analyse der Zielgruppe (vgl. Kap. 5.1).

Botschaft

◆ In der **Copy-Strategie** wird festgelegt, **was** der Zielgruppe als entscheidende Botschaft **wie** in den Medien gesagt werden soll, um das Kommunikationsziel zu erreichen. Die Copy-Strategie formuliert als zentrale Werbebotschaft das einzigartige Produktversprechen („Unique Selling Proposition", USP) und die rationale Begründung des Versprechens („Reason why").

Copystrategie

– Das **einzigartige Produktversprechen** (USP) beinhaltet das objektive, funktionale Nutzenversprechen, das sich direkt aus der technischen Dimensiondes Produktes sowie der psychologischen Leistungsdimension, die den persönlichen Zusatznutzen des Produktes ausmacht, ableitet. Das Produktversprechen muss für die definierte Zielgruppe entscheidungs- und kaufrelevant sein und die angestrebte Positionierung sicherstellen.

USP

– Die **unterstützende Beweisführung** (Reason why) versucht das Produktversprechen durch rationale Begründungen, wie z.B. Testimonials oder die Angabe der Wirkstoffe, zu untermauern.

◆ Das **Methodenkonzept** beinhaltet die Festlegung auf die Elemente des Kommunikations-Mix. Produktname und Verpackungsgestaltung sind hier ebenso festzulegen wie die Auswahl der Werbeträger und der Einsatz von Verkaufsförderung, PR-Maßnahmen, Product-Placement, Product-Publicity und Sponsoring-Aktivitäten.

6.1.6   Die Kampagnenentwicklung

Nach Abschluss der strategischen Überlegungen und der Planung folgt die Phase der **Umsetzung in konkrete Werbemittel**. Diese Phase kann in die Schritte des Briefing, der kreativen Analyse, des Rückbriefing, der Formulierung der Kampagnenidee, der Festlegung der Art der Ansprache, der Entwicklung der Werbemittel und der Kostenplanung gegliedert werden.

Umsetzungsphase

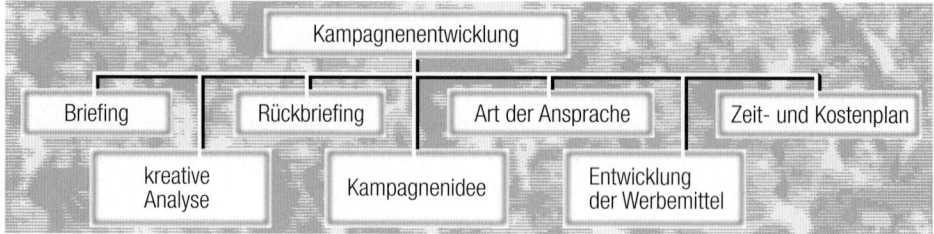

Schritte der Umsetzung

◆ Das **Briefing** ist die Grundlage der kreativen Arbeit durch Werbeagenturen und andere Dienstleistungebetriebe. Die Vorgaben der Marketing- und Kommunikationsstrategie werden hier in eine überschaubare Form gebracht und zu einer schlüssigen Aufgabenstellung zusammengefasst.

◆ Die beauftragte Werbeagentur setzt sich im Rahmen einer **kreativen Analyse** mit dem Briefing auseinander. Agentureigene Kenntnisse des Marktes und des Meinungsumfeldes führen zu ersten kreativen Ansätzen und zu einem Rückbriefing der Agentur.

◆ Das **Rückbriefing** stellt im Sinne eines Feed-back sicher, dass Agentur und Auftraggeber die Aufgabenstellung in gleicher Weise interpretieren. Das Rückbriefing wird durch kritische Hinweise und Reflektionen der Agentur ergänzt.

◆ Die **Kampagnenidee** besteht aus den zentralen textlichen und grafischen Elementen zur Erreichung des Kommunikationsziels. Sie sollten sich in das Erscheinungsbild des gesamten Unternehmens (vgl. Corporate Design) einfügen.

◆ Bei der **Art der Ansprache** (Tonality)[1] geht es um die individuelle Ansprache im Unterschied zum Wettbewerb.

◆ In der Phase der **Entwicklung der Werbemittel** werden alle textlichen und visuellen Elemente in konkrete Werbemittel umgesetzt.

◆ Im Rahmen der **Mediaplanung** werden die einzusetzenden Medien nach Zeit und Umfang, die sich daraus ergebenden Kosten und die mediatechnischen Werte wie Reichweite und Kontaktfrequenz erfasst.

---

[1] **tonality**   englisch = Tonalität, Klang, Tonart

◆ Zum Abschluss der Kampagnenentwicklung wird ein detaillierter **Zeit- und Kostenplan** erarbeitet.

	TERMINE	2001 Nov.	Dez.	2002 Jan.	Feb.	März	April	Mai	Juni	Juli
Präsentation	15.11.2001	▮								
Entscheidung	17.11.-25.11.2001	▪								
Beauftragung	28.11.2001	▮								
Abstimmung Liste Namen/Orte	28.11.-02.12.2001	▪								
Texte und Recherche	05.12.2001-21.01.2002		▬▬							
Bilder und Recherche	05.12.2001-21.01.2002		▬▬							
Erstellung Layout	02.01.-21.01.2002			▪						
Präsentation Layout	23.01.-27.01.2002			▮						
Abstimmung Änderungen	30.01.-03.02.2002			▮						
Übersetzungen	06.02.-17.3.2002				▬▬					
Erstellung von 12 Reinzeichnungen	20.03.-14.04.2002					▬				
Satz und Litho	18.04.-19.05.2002						▬			
Andruck	22.05.-10.06.2002							▪		
Druck	12.06.-14.07.2002								▬	
Auslieferung	17.07.2002									▮

6.1.7 Die Kampagnenrealisierung

Die beste Idee nutzt nichts, wenn sie nicht gut realisiert wird. Deshalb kommt der Suche nach geeigneten kreativen Dienstleistern, wie z. B. Werbeagenturen, Grafischen Ateliers, Fotografen, Textern und Regisseuren, große Bedeutung zu.

Die Zielgruppe sieht weder die Marketing- noch die Kommunikationsstrategie oder die Konzepte im Rahmen der Kampagnenentwicklung. **Der Erfolg der Kommunikationspolitik wird ausschließlich durch die Umsetzung in konkrete Werbemittel und deren Kontakt mit der Zielgruppe bestimmt.** Deshalb muss auf die Realisierung der Kampagne die gleiche Aufmerksamkeit gerichtet werden wie auf die Phase der Zielsetzung und Konzeption.

Bedeutung der Realisationsphase

6.2 Marketing-Mix-Entscheidungen optimieren

Das Marketing-Mix ist die **Kombination des marketingpolitischen Instrumentariums eines Unternehmens**, das dieses für einen bestimmten Zeitraum zur Erreichung seiner Marketingziele einsetzt. Das Marketing-Mix umfasst dabei die Auswahl der einzusetzenden marketingpolitischen Instrumente, ihre Kombination und die Kombination der Maßnahmen innerhalb der Aktionsbereiche.

Marketingpolitische Instrumente sind die Produktpolitik, die Kontrahierungspolitik, die Distributionspolitik und die Kommunikationspolitik. Die Kombination der Maßnahmen innerhalb der Instrumente wird auch als **Submix** bezeichnet.

Marketingpolitische Instrumente

◆ Das **Produktmix** umfasst die Kombination der Maßnahmen der Produktpolitik wie z. B. die Produktinnovation, -modifikation oder -elemination.

◆ Das **Kontrahierungsmix** umfasst die Kombination der Maßnahmen der Preis- und Konditionenpolitik wie z. B. Fragen der Preisfestsetzung und Einführung von Rabattsystemen.

◆ Das **Distributionsmix** beschäftigt sich mit der Wahl der Absatzwege und der physischen Distribution.

◆ Das **Kommunikationsmix** umfasst die Kombination der Instrumente der Kommunikationspolitik wie z. B. der Werbung, Verkaufsförderung, Public Relations, Product-Placement, Product-Publicity, Sponsoring und Corporate Identity.

Koordination/ optimale Mittelaufteilung

Der **koordinierte Einsatz** der marketingpolitischen Instrumente und die optimale Aufteilung des verfügbaren Marketingbudgets ist Aufgabe des Marketing-Mix. Dabei hängt die Bedeutung der einzelnen Instrumente und ihrer Kombination wesentlich vom **Wirtschaftsbereich** des Unternehmens ab.

Beispiel Die Produktpolitik spielt bei homogenen Gütern eine eher untergeordnete Rolle. Die Preisfestsetzung im Rahmen der Kontrahierungspolitik ist bei Existenzgütern von großer Bedeutung. Die Distributionspolitik spielt bei Investitionsgütern eine untergeordnete Rolle. Die Kommunikationspolitik ist wesentliches Element der Profilierung von Markenartikeln.

Einsatzschwerpunkte der absatzpolitischen Instrumente in verschiedenen Aktionsfeldern

Absatzpolitische Instrumente	Investitionsgüter		Konsumgüter		Dienstleistungen	
	Rohstoffgewinnende Unternehmen	Produktionsunternehmen von Fertigerzeugnissen	Markenartikelhersteller	Hersteller von Handelsmarken	Handel	Sonstige
■ Produktqualität	●	●	●			●
■ Angebotsprogramm		●	●		●	●
■ Garantien		●	●			
■ Kundendienst		●	●		●	●
■ Preis			●	●	●	
■ Rabatte			●	●		
■ Zahlungsbedingungen	●	●				
■ Standort der Letztverkaufsstellen			●	●	●	●
■ Absatzkanal			●			
■ Lieferbereitschaft, physische Distribution	●	●	●		●	●
■ „Klassische Werbung"	●		●		●	●
■ Verkaufsförderung			●		●	●
■ Public Relations	●	●	●			
■ Direktwerbung						●
■ Absatzpolitisches Aktivitätsniveau	sehr klein	klein	sehr groß	sehr klein	sehr groß	groß

● Dominantes absatzpolitisches Instrument.

Charakterisierung des Marketing-Mix ausgewählter Wirtschaftsbereiche   (Quelle: Böcker/Thomas 1984, S. 284)

Theorie und Praxis der Marketing-Mix-Optimierung

Im Rahmen des Marketing-Mix soll ein verfügbares Marketing-Budget so auf die Marketing-Instrumente aufgeteilt werden, dass für jeden Submix-Bereich der **optimale Betrag zur Erreichung des Marketing-Ziels** zur Verfügung steht. Darüber hinaus stellt sich die Frage nach der Höhe des optimalen Marketingbudgets für ein Produkt bzw. für das gesamte Unternehmen.

Optimierung als Zielrichtung

Um sich den geforderten optimalen Werten annähern zu können, sind **Informationen über die zu erwartenden Marktreaktionen** erforderlich. Die Abschätzung und Messung dieser Reaktionen sind das Kernproblem der Marketing-Mix-Planung.

Der Grundzusammenhang zwischen Marketingaktivitätsniveau und Zielerreichungsgrad soll durch **Marktreaktionsfunktionen** dargestellt werden.

Marktreaktionsfunktion als Messgröße

◆ So kann z. B. der Zusammenhang zwischen Zielerreichung (Z), Marketingaktivität (A) und Umweltsituation (S) ausgedrückt werden.

$$Z = f(A, S)$$

◆ Wird die Zielgröße als Absatzmenge (x) definiert und werden als Aktionsvariablen des Marketing die marketingpolitischen Instrumente der Produktpolitik (P), Kontrahierungspolitik (Ko), Distributionspolitik (D) und Kommunikationspolitik (Km) angenommen, stellt sich die Marktreaktionsfunktion folgendermaßen dar:

$$x = f(P, Ko, D, Km)$$

Hauptproblem bei der Darstellung von Zielerreichung und Marketingaktivität im Rahmen von Marktreaktionsfunktionen ist die Quantifizierbarkeit der geforderten Größen. So sind z. B. die Kosten der Produktpolitik nur schwer zu isolieren. Zusätzliche Erträge oder Verluste im Rahmen der Preispolitik werden als steigende oder sinkende Umsatzerlöse ausgewiesen und lassen sich nur schwer dem „Budget" der Preispolitik zuordnen, und ein Großteil der Kosten des Distributions-Mix sind Fixkosten, die kurzfristig nicht variiert werden können.

Ein weiterer Versuch der Darstellung des Zusammenhangs von absatzpolitischen Aktivitäten und Marktreaktionen kann mithilfe der **Preiselastizität der Nachfrage** unternommen werden.

Preiselastizität der Nachfrage als Messgröße

Neben der Frage der Quantifizierbarkeit ist die Bestimmung des optimalen Marketing-Mix mit folgenden **Problemen** verbunden:

Messbarkeit als immanentes und durch Außenwirkungen entstehendes Problem

◆ Es besteht eine **Vielzahl von möglichen Kombinationsmöglichkeiten** der marketingpolitischen Instrumente und der Maßnahmen innerhalb der Instrumente im Submix.

Beispiel Bei 4 absatzpolitischen Instrumenten und jeweils 10 möglichen Maßnahmen im Submix der einzelnen Instrumente sind bereits 10^4 mögliche Varianten denkbar.

◆ Die auf die marketingpolitischen Aktivitäten eines Unternehmens einwirkenden **Umwelteinflüsse** lassen sich nur schwer erfassen.

> **Beispiel** In Zeiten der Hochkonjunktur steigen die Umsätze eines Unternehmens. Inwieweit der Einsatz marketingpolitischer Instrumente hierfür mitentscheidend ist, kann schwer festgestellt werden.

◆ Der Wirkungsbereich einzelner absatzpolitischer Maßnahmen kann nur schwer isoliert werden, da es zu **Ausstrahlungseffekten** (Spill-over-Effekten)[1] kommt.

> **Beispiel** Eine Versicherung stellt im Rahmen der Kommunikationspolitik die Beratung heraus. Gleichzeitig wird im Rahmen der Distributionspolitik ein neues Entgeltsystem für den Außendienst eingeführt. Das Fixum der Reisenden wird gekürzt und der Provisionsanteil deutlich erhöht. Will der Reisende sein Einkommen halten, muss er mehr oder höhere Abschlüsse erzielen. Es besteht die Gefahr, dass er die Beratung zugunsten von Abschlüssen einschränkt.

6.3 Die Marketing-Konzeption in der Praxis

Ausgangslage

Die Marketing-Konzeption formuliert Aussagen zur unternehmensspezifischen Ausgangslage und zum Einsatz der Marketing-Instrumente. Sie kann anhand folgender Gesichtspunkte aufgebaut werden:

1 **Analyse der unternehmensspezifischen Ausgangslage**

1.1 Unternehmensanalyse
   – Unternehmenssituation
   – Marketingziele
   – Marketingstrategie

1.2 Ermittlung der Wettbewerbssituation
   – Absatzmarkt
   – Mitbewerber

1.3 Analyse der relevanten Kundenschichten
   – potenzielle Zielgruppe

Instrumente

2 **Produkt- und Sortimentspolitik**
   – Produktinnovation
   – Produktmodifikation
   – Produktelimination
   – Einflussgrößen der Sortimentsbildung

3 **Kontrahierungspolitik**
   – Preise
   – Konditionen
   – Dienstleistungen

4 **Distributionspolitik**
   – Wahl der Absatzwege

5 **Kommunikationspolitik**
   – Auswahl der Instrumente

---

[1] **spill-over** englisch = überlaufen, überquellen, sich ausbreiten

A Aufgaben

● Wiederholungsaufgaben

1. Erläutern Sie mögliche Wachstumsstrategien der Marktdurchdringung!

2. Im Rahmen der Marktentwicklung versuchen Unternehmen für vorhandene Produkte neue Märkte zu erschließen. Suchen Sie Beispiele für Unternehmen, die Ihrer Meinung nach diese Strategie verfolgen!

3. Im Rahmen des Kapitels zur Produktpolitik haben Sie Methoden zur Erzeugung von Produktideen kennengelernt. Setzen Sie eines dieser Verfahren zur Produktentwicklung für das Reisebüro Ökotours ein!

4. Erläutern Sie die Bedeutung der Marktsegmentierung im Rahmen der Marketingkonzeption!

5. Sie beschäftigen sich in Ihrer Eigenschaft als Marketingassistent des Reisebüros Ökotours mit der Mediaplanung. Im Rahmen der Mediastrategie wurde festgelegt, Printwerbung in Reise- und Naturzeitschriften durchzuführen. Sie sollen zwischen den Zeitschriften GEO und NATUR einen Wirtschaftlichkeitsvergleich durchführen und eine Empfehlung an die Geschäftsleitung abgeben.

   Ihnen stehen folgende Daten zur Verfügung:

	GEO	NATUR
Seitenpreis vierfarbig	65.736,00	23.940,00
Verkaufsauflage	512.169	125.119
qualitative Reichweite	20%	50%

5.1. Erläutern Sie zunächst den Begriff der qualitativen Reichweite!

5.2. Führen Sie den Wirtschaftlichkeitsvergleich auf der Grundlage des Tausender-Auflagen-Preises und des Tausender-Zielpersonen-Preises durch!

5.3. Geben Sie eine begründete Empfehlung für eine der beiden Zeitschriften!

5.4. Erläutern Sie, wodurch sich die Mediastrategie unterscheidet, wenn
   a) die Kontaktfrequenz,
   b) die Reichweite im Vordergrund steht!

5.5. Erläutern Sie, welche Zeitschriftenkombination Sie wie oft belegen würden, wenn der gesamte Streuetat in Höhe von 1 Mio. EUR für Anzeigenwerbung in den genannten Zeitschriften verplant werden soll!

5.6. Die Mediaplanung sieht die Einschaltung der Anzeigen ausschließlich in den genannten Zeitschriften vor. Erläutern Sie am Beispiel der beiden Werbeträger die Probleme der Überdeckung, der Unterdeckung und der Überschneidung!

5.7. Die aktuellen Angebote will Ökotours durch Anzeigen in regionalen Tageszeitungen bekanntmachen. Die von der Werbeagentur gestaltete SW-Anzeige ist 430 mm hoch und zwei Spalten breit. Der Preis je mm 1-spaltig beträgt im Kölner Stadt-Anzeiger 13,45 EUR.

a) Errechnen Sie die Einschaltkosten der Anzeige!

b) Die Preisliste des Kölner Stadt-Anzeiger enthält folgende Rabattstaffel:

Mengenstaffel	
bei Abnahme von mindestens:	
3.000 mm	5%
5.000 mm	10%
10.000 mm	15%
20.000 mm	20%

Errechnen Sie den Gesamtpreis von 12 Anzeigen unter Berücksichtigung der entsprechenden Rabatte!

6. Erstellen Sie eine Tabelle, in der Sie Instrumente des Marketing-Mix und mögliche Submix-Aktivitäten darstellen!

7. Stellen Sie für nachfolgende Produkte oder Dienstleistungen die Bedeutung der absatzpolitischen Instrumente dar. Gewichten Sie dabei zwischen 1 (sehr groß) und 6 (keine Bedeutung): Kaffee, Joghurt, Fernsehgerät, Kartoffeln, Busreisen, Dienstleistungen einer Bank, LKW, Lebensversicherung.

8. Erläutern Sie den Zusammenhang von absatzpolitischen Aktivitäten und Marktreaktionen anhand des Modells der Preiselastizität der Nachfrage!

9. Ermitteln Sie die maximale Zahl der Reaktionsmöglichkeiten Ihrer in Aufgabe 6. dargestellen Submix-Aktivitäten!

10. Stellen Sie mögliche Ausstrahlungseffekte (Spill-over-Effekte) möglicher absatzpolitischer Aktivitäten des Reisebüros Ökotours dar!

11. Die Entwicklung des Elektro-Kleingerätemarktes ist seit Beginn der 90er Jahre durch eine Stagnation des Marktvolumens gekennzeichnet. Die starke Zunahme von Billigangeboten hat zu einem Preisverfall und Verdrängungswettbewerb geführt.

Die Edelmarke „Bauer" hat im letzten Jahr in einigen Segmenten leichte Marktanteilsverluste (u.a. bei Kaffeeautomaten) hinnehmen müssen, konnte jedoch ihre führende Position knapp behaupten. In dieser Situation sind wirkungsvolle Marketingmaßnahmen erforderlich, um die Marktstellung als führender Anbieter im deutschen Elektrokleingerätemarkt zu festigen und die Marktführerschaft in den bisher dominierten Produktgruppen zu behaupten.

In dieser Situation werden Sie als Marketingassistent der Bauer AG aufgefordert, eine erfolgversprechende Marketingstrategie zu skizzieren und ein daraus abgeleitetes Marketing Mix für die Bauer AG zu entwickeln!

12. „Ziel der Marktdurchdringung ist es, durch eine Intensivierung der Marketing-Aktivitäten mit den vorhandenen Produkten eine stärkere Durchdringung der vorhandenen Märkte zu erreichen"
Erläutern Sie anhand von konkreten Beispielen, welche Möglichkeiten sich zur Erreichung dieses Zieles anbieten!

13. Erläutern Sie die SINUS-Studie der sozialen Milieus. Stellen Sie zu jedem Milieu einen Prototyp vor!

14. Im Rahmen der Kommunikationspolitik soll eine Zielgruppe Ihrer Wahl über die entsprechende Leitzielgruppe angesprochen werden. Stellen Sie diese Möglichkeit anhand eines Beispiels dar!

15. Stellen Sie anhand der Leser-Analysen des Kölner Stadt-Anzeiger den durchschnittlichen Leser dieser Zeitung vor!

16. Das Vektor-Modell (vgl. S. 294) kann zur Positionierung von Produkten im Markt verwendet werden. Erläutern Sie anhand eines Beispiels die Positionierung eines Produktes Ihrer Wahl!

17. Die Copy-Strategie macht Aussagen zum USP, zum Reason why und zum Methodenkonzept. Formulieren Sie eine Copy-Strategie für eine Produktlinie des Reisebüros Ökotours!

18. Stellen Sie die unterschiedliche Bedeutung der absatzpolitischen Instrumente bei folgenden Produkten dar:
a) Brötchen
b) Kaffee
c) Herren-Oberbekleidung
d) Pkw
e) Lkw
f) Landmaschinen

19. Formulieren Sie für ein Produkt des Reisebüros Ökotours eine Marketing-Konzeption. Orientieren Sie sich dabei an der Gliederung auf Seite 300!

20. Im Rahmen der Diversifikation wird zwischen horizontaler, vertikaler und lateraler Diversifikation unterschieden. Erläutern Sie diese Formen anhand des Reisebüros Ökotours!

● **Betriebliche Handlungssituationen**

Im Rahmen Ihrer Tätigkeit als Marketingassistent des **Reisebüros Ökotours** erhalten Sie den Auftrag, eine Kommunikationsstrategie zu formulieren. Orientieren Sie sich bei der Erarbeitung der Strategie an den in diesem Kapitel dargestellten Schritten. Die erforderlichen Daten entnehmen Sie bitte der Fallstudie auf S. 279 oder ergänzen Sie diese durch Angaben Ihrer Wahl.

Die **Zeitlos GmbH**, ein mittelständisches Unternehmen produziert hochwertige Qualitätsuhren für Damen und Herren und vertreibt diese unter der Dachmarke „elegance". Der Endverbraucherpreis liegt je nach Modell zwischen 4.000,00 EUR und 10.000,00 EUR.

Wegen ihres ausgefallenen Designs genießen die Uhren unter Kennern einen gewissen Kultstatus. Vor 10 Jahren hatte die Marke „elegance" in der relevanten Zielgruppe einen Bekanntheitsgrad von 85%. Das Unternehmen hat in der Folgezeit die Werbemaßnahmen stark eingeschränkt. Seit Mitte der 90er-Jahre verzeichnet das Unternehmen kontinuierliche Absatzrückgänge. Eine im Jahr 2002 durchgeführte Untersuchung ergab, dass der aktive Markenbekanntheitsgrad in der Zielgruppe auf 10% zurückgegangen ist.

Daraufhin plant die Unternehmensleitung ein umfangreiches Marketing-Mix-Konzept. Unter anderem beabsichtigt sie im Rahmen der Produktpolitik, eine neue Uhrenserie im Bauhaus-Stil einzuführen. Die Uhren sollen für ca. 3.500,00 EUR je Stück angeboten werden. zudem hat das Unternehmen eine neue Uhr entwickelt, für die ein Endverbraucherpreis von 30,00 EUR vorgesehen ist. Dies ermöglicht die Erschließung neuer Marktsegmente.

a) Erläutern Sie, welche Marketingstrategien das Unternehmen verfolgt!

   Um den Erfolg des Marketing-Mix-Konzeptes im Nachhinein überprüfen zu können, müssen Marketingziele in operationalistischer Form, d.h. vollständig und präzise formuliert werden.

b) Nennen und erläutern Sie drei Dimensionen bzw. Kriterien, in denen ein Marketingziel präzisiert werden sollte.

   Formulieren Sie ein entsprechend präzisiertes Marketingziel, das die Zeitlos GmbH im Zusammenhang mit dem geplanten Marketing-Mix anstreben sollte.

B Methodische Empfehlungen

● Das Flip-Chart

Präsentieren Sie Ihre Ergebnisse mithilfe eines **Flip-Chart**. Steht Ihnen kein Flip-Chart zur Verfügung, können Sie auch große Papierbögen an die Wand heften. Ein Flip-Chart eignet sich besonders als ergänzendes Hilfsmittel bei Vorträgen und Präsentationen mit bis zu 25 Teilnehmern.

Die Charts können vorbereitet sein oder während der Präsentation erstellt werden. Für die Diskussion können wichtige Charts an der Wand angeheftet werden und bleiben dadurch für die Dauer der gesamten Präsentation sichtbar.

Mögliche **Einsatzbereiche** des Flip-Charts im Rahmen der Präsentation:

◆ Festhalten grundlegender Aussagen wie z. B. Tagesordnung, Ziele, Maßnahmen,
◆ Visualisierung von Konzepten oder Statistiken,
◆ Festhalten von Zwischenfragen oder Kommentaren aus dem Publikum,

◆ Erstellung von Mind-maps oder Fixierung von Ideen.

Voraussetzungen für den Einsatz des Flip-Charts:

◆ Flip-Chart-Ständer und Flip-Chart-Papier,
◆ Filzstifte verschiedener Dicke und Farbe,
◆ Training im Beschriften der Charts,
◆ Fläche und Klebefilm zum Anheften wichtiger Charts.

---

1. Stellen Sie den Chart-Ständer im 45-Grad-Winkel zu den Zuschauern auf und achten Sie darauf, dass die Teilnehmer das Chart gut sehen können.
2. Wenden Sie sich beim Erklären den Teilnehmern zu, sprechen Sie nie zur Tafel.
3. Stellen Sie sich neben das Flip-Chart und zeigen Sie mit der dem Medium zugewandten Hand.
4. Lesen Sie nicht vor, sondern benutzen Sie die Visualisierung als roten Faden.
5. Schreiben Sie lesbar, möglichst in Druckbuchstaben.
6. Beginnen Sie immer oben links und arbeiten Sie nach rechts unten.
7. Achten Sie darauf, dass die Anordnung der Beschriftung die logische Struktur dessen widerspiegelt, was Sie darstellen wollen.
8. Bilden Sie Blöcke, fassen Sie sinnvolle Einheiten dadurch zusammen, dass Sie diese räumlich nah beieinander abbilden.
9. Heben Sie Wichtiges durch Farben, Umrahmungen, Unterstreichungen hervor.
10. Verwenden Sie maximal drei Farben pro Darstellung.
11. Nutzen Sie die stimulierende Wirkung der freien Grafik.
12. Hüten Sie sich vor zu perfekten Darstellungen; zu glatte Charts wirken kühl und schaffen Distanz.

Beim Umgang mit dem Flip-Chart sollten Sie folgende **Regeln** beachten:

Vorteile des Flip-Chart sind, dass Visualisierungen während der Präsentation jederzeit ergänzt werden können, dass Diskussionsbeiträge jederzeit festgehalten werden können und dass Charts einfach und schnell zu erstellen sind. Der Flip-Chart-Einsatz wirkt aktuell und aktiv und schafft Übersicht auch bei komplizierten Themen.

Nachteil ist, dass das Arbeitsergebnis nicht kopiert werden kann, dass eine gewisse Übung bei der Beschriftung erforderlich ist und dass der Blickkontakt beim Schreiben unterbrochen wird.

C Literatur

Becker, J., Marketing-Konzeption, München 2001

Meffert, H., Marketing, Wiesbaden 2000

Nieschlag, R., u.a., Marketing, Berlin 1997

Sinus GmbH, Die sozialen Milieus 1995, Heidelberg 1995, www.sinus-milieus.de

Weis, H., Marketing, Ludwigshafen 2001

7   Marketing-Organisation

Erinnern Sie sich noch an Ökotours? Das Unternehmen war mit seinem Konzept einer Vermarktung des „sanften Tourismus" sehr erfolgreich. Es ist mittlerweile in allen Bundesländern mit Filialen vertreten und hat sein Angebot erheblich ausgedehnt.

Die Schwerpunkte der Tätigkeit liegen in folgenden Sparten:

	Anteil am Gesamtumsatz	Anteil am Gewinn	Entwicklung
◆ Vermittlung von Flügen innerhalb Europas, nach Asien und in die USA	22%	4%	+ 12%
◆ Deutschlandreisen in Ferienhäuser mit dem Gütesiegel „baubiologisch einwandfrei"	31%	24%	+ 8%
◆ Fahrradtouren in Deutschland	8%	12%	– 2%
◆ Reisen in unter ökologischen Gesichtspunkten gebaute Ferienanlagen in der Türkei	18%	21%	+ 18%
◆ Bahnreisen in die Nationalparks Osteuropas	6%	15%	+ 20%
◆ Kreuzfahrten auf der Elbe, dem Rhein und der Ostsee mit Vollwertkost	10%	12%	+ 3%
◆ Kongressbetreuung mit ökologischer Ausrichtung	5%	12%	+ 10%

Für die Bewältigung der neuen Aufgaben soll ein leitender Mitarbeiter für das Marketing eingestellt werden.

Der Werbeleiter möchte in der Wochenendausgabe einer großen Tageszeitung die folgende Stellenanzeige schalten:

„Haben Sie eine abgeschlossene Ausbildung mit Schwerpunkt Marketing? Können Sie selbstständig Konzepte entwerfen und umsetzen? Können Sie den Wettbewerb beobachten und durch eigene Marktbeobachtungen immer einen Schritt schneller sein? Verfügen Sie über analytisches Denkvermögen und besitzen Sie große Überzeugungskraft? Macht es Ihnen Spaß mit anderen Leuten im Team zusammenzuarbeiten, Vorschläge zu entwickeln und diese auch umzusetzen? Dann sind Sie bei uns an der richtigen Adresse. Wir sind ein bundesweit operierender Reiseveranstalter für ökologisches Reisen und möchten Sie in unser Team integrieren!"

Der Marketing-Assistent ist anderer Meinung. „Um das Unternehmen konsequent vom Markt her führen zu können, benötigen wir zunächst eine geeignete Marketing-Organisation, erst dann können wir den entsprechenden Mitarbeiter suchen!"

Der Geschäftsführer beauftragt den Marketing-Assistenten daraufhin, einen Vorschlag für eine Marketing-Organisation auszuarbeiten und diesen in einer Sitzung der Geschäftsleitung vorzustellen. Im Anschluss daran soll eine Stellenbeschreibung formuliert werden, und erst danach wird der Werbeleiter die Anzeige für den erforderlichen Mitarbeiter konzipieren.

Soll ein Unternehmen nach den Grundsätzen des Marketing konsequent vom Markt her geführt werden, müssen die personellen und organisatorischen Voraussetzungen geschaffen werden. Ziel sollte dabei immer ein **integriertes Marketing** sein, das eine enge Abstimmung zwischen den Teilbereichen des Marketing und den anderen Funktionsbereichen des Unternehmens ermöglicht.

Integriertes Marketing als Ziel

7.1 Grundlagen der Organisationsgestaltung

Betriebliche Abläufe werden in einer bestimmten Ordnung durchgeführt. Die Regeln, nach denen sie vollzogen werden, sind durch die **Organisationsstruktur** festgelegt. Man unterscheidet dabei zwischen der Aufbau- und der Ablauforganisation.

7.1.1 Die Aufbauorganisation

Die **Aufbauorganisation** stellt den organisatorischen Rahmen des Unternehmens dar. Die Gesamtaufgabe des Unternehmens wird dabei in Teilaufgaben zerlegt, die zu sinnvollen organisatorischen Einheiten kombiniert werden. Ziel ist es, eine arbeitsteilige Gliederung und Ordnung der betrieblichen Handlungsprozesse zu ermöglichen.

Aufbauorganisation in ihren Grundausprägungen

Die kleinsten organisatorischen Einheiten sind die **Stellen**, die die Zusammenfassung von Teilaufgaben zum Arbeitsbereich einer Person darstellen. Sie sind durch Kompetenzen voneinander abgegrenzt und durch Weisungsbefugnisse miteinander verbunden.

Stellen mit Entscheidungs- und Anordnungsbefugnis heißen **Instanzen,** sie nehmen Führungsaufgaben wahr.

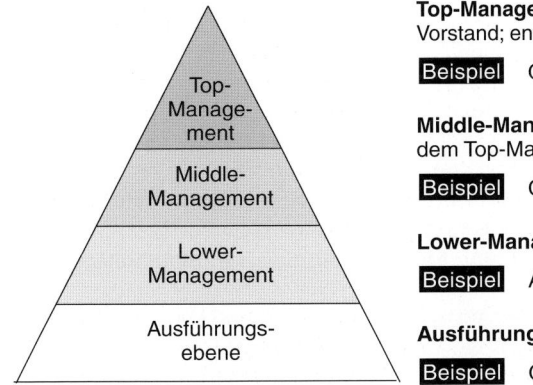

Top-Management: Unternehmer, Geschäftsführer, Vorstand; entscheidet, kontrolliert und trifft Anweisungen

Beispiel   Geschäftsführer einer Werbeagentur

Middle-Management: Abteilungsleiter, dem Top-Management direkt unterstellt

Beispiel   Creativ-Director (CD)

Lower-Management: Gruppenleiter

Beispiel   Art-Director (AD)

Ausführungsebene: Angestellter

Beispiel   Grafik-Designer

Grundformen der Organisation sind das Einliniensystem, das Mehrliniensystem und das Stab-Linien-System.

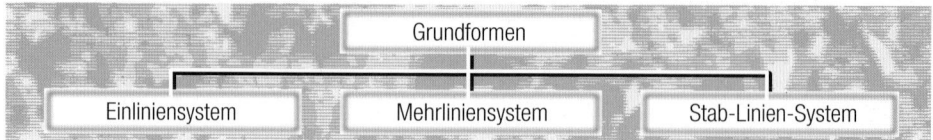

◆ Im **Einliniensystem** haben Mitarbeiter nur einen Vorgesetzten. Es gilt das Prinzip der Einheit der Auftragserteilung.

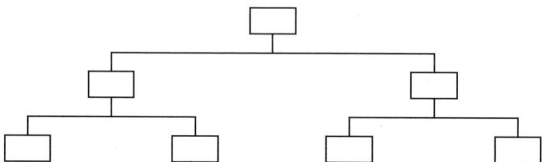

◆ Im **Mehrliniensystem** haben Mitarbeiter mehrere Vorgesetzte. Es gilt das Prinzip der Spezialisierung der Leitung.

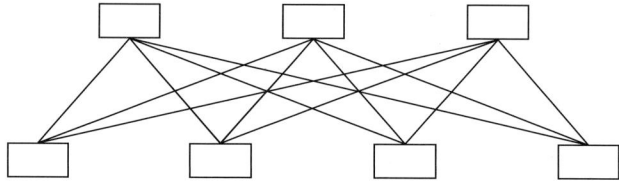

◆ Im **Stab-Linien-System** werden Stabstellen als Leitungshilfsstellen ohne Weisungsbefugnis genutzt. Das Einliniensystem wird beibehalten.

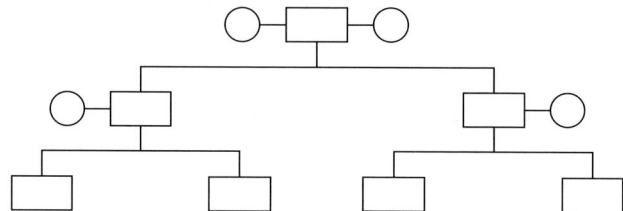

7.1.2   Die Ablauforganisation

Ablauforgani-
sation/Inhalt

Die **Ablauforganisation** regelt die Gestaltung von Arbeitsprozessen nach Arbeitsinhalt, Arbeitszeit, Arbeitsraum und die Arbeitszuordnung zu den entsprechenden Stellen. Ziel der Ablauforganisation ist eine Minimierung der Durchlaufzeiten.

Da zwischen Aufbau- und Ablauforganisation enge und vielfältige Beziehungen bestehen, muss die Organisation von Aufbau und Ablauf in **enger Abstimmung** erfolgen.

7.2 Bestimmungsgrößen der Organisationsgestaltung

Die Marketingorganisation eines Unternehmens wird durch externe und interne Faktoren determiniert.

Externe Faktoren sind z. B. Art, Anzahl, Umfang und Unterschiedlichkeit der Märkte, die Kundenstruktur, die Existenz unternehmensexterner Absatzorgane oder die Wettbewerbsverhältnisse.

externe und interne Faktoren

Die Märkte von Ökotours liegen in den 16 Bundesländern Deutschlands, die Kundenstruktur lässt sich grob in Privat- und Geschäftskunden gliedern. Diese Faktoren könnten Ansatzpunkte für die Organisationsgestaltung des Unternehmens sein.

Interne Faktoren sind z. B. die Berücksichtigung der Ziele des Unternehmens, das Alter, die Größe und das kapazitätsmäßige und finanzielle Potenzial des Unternehmens, die Qualifikation der Mitarbeiter, die Art und Zahl der Produkte sowie bereits bestehende Vertriebskanäle.

Die Kongressbetreuung durch Ökotours erfordert spezielles Fachwissen. Sie kann nicht durch die Berater in den Reisebüros erfolgen. Dieser Tatsache müsste durch eine geeignete Organisationsgestaltung Rechnung getragen werden.

7.3 Grundformen der Marketingorganisation

Nach der Art der Abgrenzung und der Weisungsbefugnis zwischen den Stellen lassen sich die folgenden **Grundformen der Marketingorganisation** darstellen.

7.3.1 Funktionsorientierte Marketingorganisation

Die **funktionsorientierte Marketingorganisation** gliedert anhand der Hauptfunktionen der Unternehmung, wie z. B. Beschaffung, Produktion und Absatz bzw. des Marketing, wie z. B. Produktentwicklung, Vertrieb usw. Jeder Mitarbeiter ist für sein Ressort verantwortlich und damit Spezialist in seinem Funktionsbereich. Die funktionsorientierte Marketing-Organisation nutzt die Vorteile des **Ein-Linien-Sys-**

Eingliederung nach Funktion

tems mit ihren klaren Kompetenzzuweisungen. Arbeitsanweisungen gehen immer von einer übergeordneten Stelle aus und werden auf dem Dienstweg weitergeleitet.

Beurteilung der funktionsorientierten Marketingorganisation

◆ Die funktionsorientierte Marketingorganisation **eignet sich** für Unternehmen, die ein kleines oder homogenes Produktprogramm auf überschaubaren Märkten anbieten.

◆ **Vorteil** sind die klare Zuweisung der Kompetenzen und das hohe Erfahrungswissen der Funktionsspezialisten.

◆ **Nachteil** sind der langwierige Informationsfluss zwischen den Abteilungen aufgrund des Dienstweges, die fehlende Gewinnverantwortlichkeit für einzelne Produkte, die Innenorientierung innerhalb der Funktionsbereiche mit einem ausgeprägten Ressortdenken und die schwierige Koordination aller Aktivitäten im Hinblick auf das Marketingziel.

Zuordnung von Stabsstellen

◆ Eine in der Praxis häufig anzutreffende Variante der funktionsorientierten Marketingorganisation ist die **funktionsorientierte Marketingorganisation mit funktionellen Stabsstellen.** Stabsstellen sind der Leitung zugeordnete Spezialisten ohne Entscheidungs- und Weisungsbefugnis.

Der Instanzenweg des Liniensystems wird dabei grundsätzlich beibehalten. Den Abteilungen werden jedoch Stabsstellen beigeordnet, die Teilaufgaben übernehmen können, jedoch keine Weisungsbefugnis besitzen. Die Stabsstellen bestehen meist aus Spezialisten, die die Abteilungen unterstützen und eine beratende Funktion wahrnehmen. Häufig werden Stabsstellen auch für Spezialaufgaben eingerichtet.

Das **Problem** bei der Einrichtung von Stabsstellen ist, dass diese aufgrund der fehlenden Weisungsbefugnis nicht gleichwertig in die Organisationsstruktur des Unternehmens integriert sind. Als Folge können sich Konflikte zwischen der Stabs- und Linieninstanz ergeben.

Bislang ist der Marketingassistent des Reiseveranstalters Ökotours dem Geschäftsführer als Stabsstelle zugeordnet. Er berät den Geschäftsführer in Fragen des Marketing ohne eigene Weisungsbefugnis.

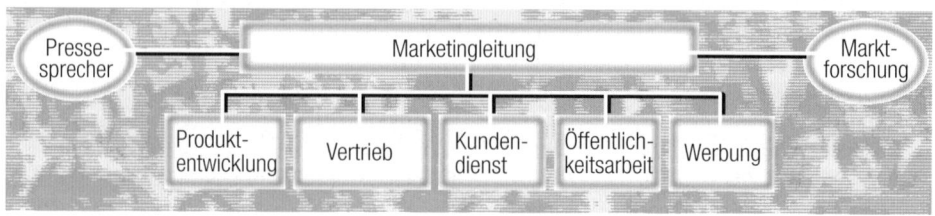

7.3.2 Produktorientierte Marketingorganisation

In der **produktorientierten Marketingorganisation** stellen die Produkte den Bezugspunkt für die organisatorische Gliederung dar. Erst auf einer tieferen Ebene der Unternehmenshierarchie gelangen Funktionsaspekte zur Anwendung. Für die verschiedenen Produktgruppen können so maßgeschneiderte Marketingkonzeptionen entwickelt werden. Die Produktgruppe wird von einem **Produktmanager** oder Produktdirektor geleitet, der für die gesamten Marketingaktivitäten in seinem Bereich verantwortlich ist.

Gliederung nach Produkten

◆ Die produktorientierte Marketingorganisation **eignet sich** für Unternehmen mit umfangreichem und differenziertem Produktprogramm.

◆ Der **Vorteil** liegt in der intensiven Betreuung der Produkte, in der einfachen Kompetenzabgrenzung und der größeren Flexibilität und Kreativität sowie in der direkten Erfolgszumessung.

◆ **Nachteil** sind der hohe Personalaufwand durch eine Vielzahl funktional gleicher Abteilungen, die Gefahr von Parallelarbeiten in den einzelnen Produktsparten und das Konkurrieren der Produktsparten um knappe Ressourcen des Unternehmens.

◆ Eine in der Praxis anzutreffende Variante der produktorientierten Marketingorganisation ist die **Spartenorganisation**, bei der Produktgruppen zu homogenen Sparten zusammengefaßt werden. Sämtliche produktbezogenen Funktionen, wie Beschaffung, Forschung und Entwicklung, Produktion, Personal, Finanzen und Absatz, werden dem Spartenleiter untergeordnet. Diese Organisationsstruktur bietet sich insbesondere bei Großunternehmen mit heterogenem Produktprogramm an.

Beurteilung der produkt-orientierten Marketing-organisation

Sparten-organisation

Beispiel Ein Automobilhersteller strukturiert sein Unternehmen anhand der Sparten Kleinwagen, Mittelklasse, Oberklasse und Kleintransporter. Ein Chemiekonzern strukturiert in die Sparten Waschmittel, anorganische Produkte/Klebstoffe, organische Produkte, Kosmetik. Die Bereiche Logistik, Personalwesen und Rechnungswesen bleiben als Zentralfunktionen erhalten.

7.3.3   Kundenorientierte Marketingorganisation

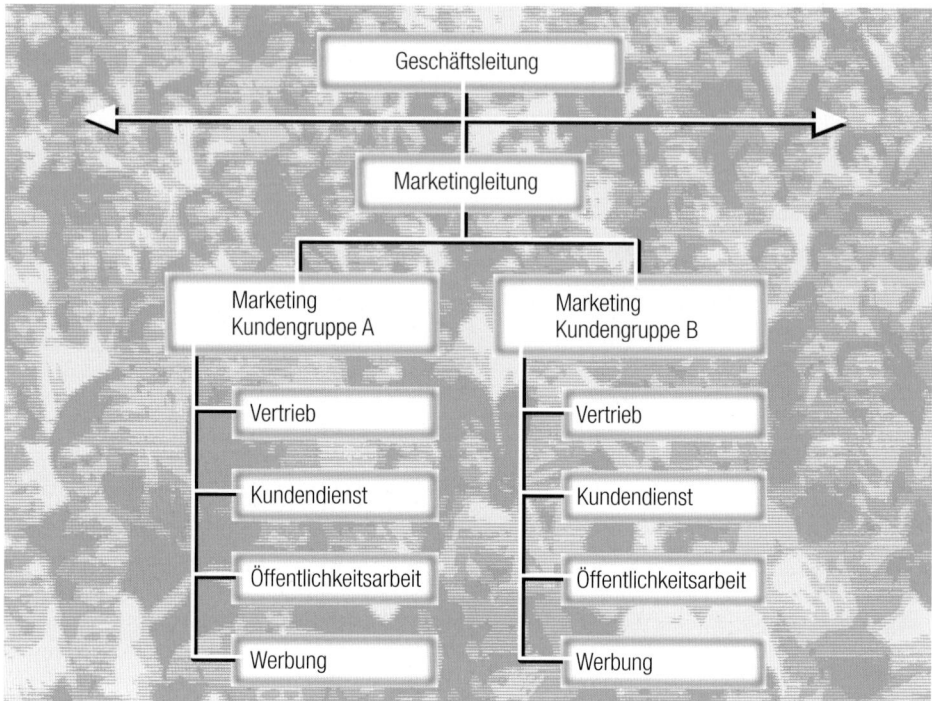

Kundenstruktur als Gliederungsprinzip

Die kundenorientierte Marketingorganisation kommt dem Ideal der marktorientierten Unternehmensführung am nächsten, da hier eine gezielte Ausrichtung aller Marketingaktivitäten auf die Wünsche der Kunden erfolgt. Voraussetzung für die Wahl dieser Organisationsform ist, dass sich die Kunden in klar zu unterteilende Marktsegmente gliedern lassen und dass die Kaufgewohnheiten sowie die Verwendung der Produkte stark voneinander abweichen.

◆ Einzelne Kunden oder Kundengruppen werden von einem **Kundenmanager (Key-Account-Manager)** betreut, der als Stabsstelle des Verkaufs oder als Linieninstanz dafür verantwortlich ist, dass die Marketingaktivitäten kundenbezogen koordiniert werden.

Beurteilung der kundenorientierten Marketingorganisation

◆ **Vorteile** der kundenorientierten Marketingorganisation sind die konsequente Kundenorientierung, die schnelle Information über Wünsche und Entwicklungen der Kunden und die kundenbezogene Koordination der Marketingaktivitäten.

◆ **Nachteile** sind die häufig mangelnde Homogenität der Kundengruppen und der zu geringe Umfang der Marktsegmente.

◆ In der Praxis spielt die kundenorientierte Marketingorganisation im Konsumgüterbereich eine zunehmende Rolle. Hier werden Großkunden des Groß- und Einzelhandels von **Key-Account-Managern**[1] betreut, deren Aufgabe es ist, die Beziehungen zum Kunden im Hinblick auf das gesamte Leistungsprogramm des Herstellers so günstig wie möglich zu gestalten. Darüber hinaus werden Wünsche und Anregungen der Kunden hinsichtlich der Innovation oder Modifikation von Produkten an das Unternehmen weitergegeben.

Zuordnung von Großkunden

7.3.4 Gebietsorientierte Marketingorganisation

Die **gebietsorientierte Marketingorganisation** kommt für Unternehmen in Betracht, die über ein großes Absatzgebiet verfügen oder sich einem nach Gebieten differenzierten Verbraucherverhalten gegenübersehen. Dies ist z. B. bei multinationalen Unternehmen der Fall, deren Teilmärkte sich hinsichtlich Sprache, Rechtsordnung und Verbraucherverhalten erheblich unterscheiden können.

Gebiete als Gliederungsprinzip

7.4 Die Matrixorganisation

Die Matrixorganisation entstand aus dem Bemühen, die Nachteile der eindimensionalen Organisationsformen zu vermeiden. Es wurde der Versuch unternommen, **die funktionsorientierte und die produktorientierte Organisationsform zu kombinieren**. Dadurch überlagern sich zwei Weisungssysteme in Form einer Matrix, und für jede Stelle sind zwei übergeordnete Instanzen, z. B. der jeweilige Produktmanager und der entsprechende Funktionsmanager, zuständig.

Funktion plus Produkt als Gliederungsmerkmale

◆ Der **Produktmanager** (vgl. S. 315) hier fällt alle Entscheidungen, die für die optimale Betreuung des Produktes erforderlich sind. Er legt fest, **welche** absatzpolitischen Aktivitäten **wann** für sein Produkt erforderlich sind.

---

[1] **key-account-manager**   englisch; key = Schlüssel, Lösungs-, Schlüsselstellung; account = erklären, Rechnung, Konto; key-account-manager demgemäß = Manager für Schlüssel- oder Großkunden

◆ Der **Funktionsmanager** hat diesen Weisungen zu folgen, er entscheidet jedoch, **wie** diese Vorgaben in seinem Funktionsbereich umgesetzt werden.

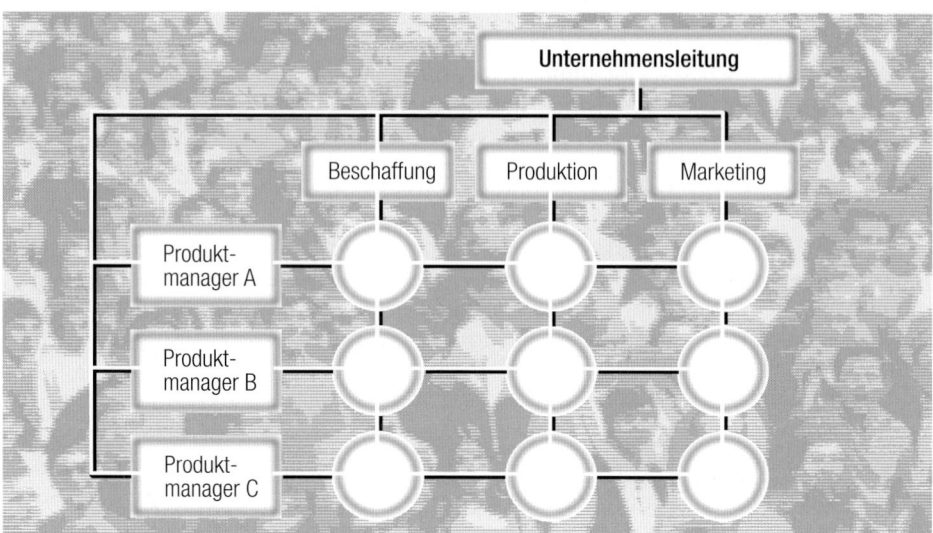

Beurteilung der Matrixorganisation

◆ Der **Vorteil** dieser Organisationsform liegt in der Bündelung des Wissens von Produkt- und Funktionsmanager. Probleme können schneller gelöst werden, und Entscheidungen können auf direktem Wege und ohne Kommunikationsverlust von den beteiligten Spezialisten getroffen werden.

◆ **Nachteile** sind der hohe Koordinierungsaufwand und die Möglichkeit von Konflikten zwischen Funktions- und Produktmanager.

Matrixorganisation in der Praxis

◆ **In der Praxis** ist die Matrixorganisation gerade bei Großunternehmen häufig anzutreffen. Funktionen sind hier z.B. die Beschaffung, die Produktion, das Marketing oder das Rechnungswesen. Sie werden als vertikale Organisationsebene installiert. Die Produkte oder Produktgruppen stellen die horizontale Ebene dar. Der Leiter der Abteilung ist der Produkt- oder Projektmanager. Seine Aufgabe besteht darin, alle Tätigkeiten, die mit seinem Produkt oder Projekt in Zusammenhang stehen, zu koordinieren. Von der Produkt- oder Projektplanung über deren Realisation bis hin zur Produkteliminierung entscheidet er.
Die Problematik, die sich für den Produktmanager in der Praxis ergibt, liegt darin, daß sich mehrere Produktmanager mit einem Funktionsmanager einigen müssen. Hierbei können **Konflikte** auftreten.

Profit-Center

◆ Produkte oder Produktgruppen bilden meist eigene **Profit-Center**, sind also für ihren Bereich auch auf der Kostenseite verantwortlich. Personalkosten, Herstellkosten usw. müssen durch den Verkauf abgedeckt werden, und der Gewinn kann dem Profit-Center zugerechnet werden.

7.5 Besondere Organisationsformen in Werbeagenturen

Neben den dargestellten Organisationsformen spielen in Werbeagenturen die Teamorganisation und das Projektmanagement eine Rolle.

Im Rahmen der **Teamorganisation** werden dauerhaft Teams auf allen Ebenen der Betriebshierarchie gebildet. Die Teamorganisation hat gegenüber der hierarchisch strukturierten Organisation den Vorteil, daß sie Leistungs- und Kreativitätspontentiale freisetzt.

Team-
organisation

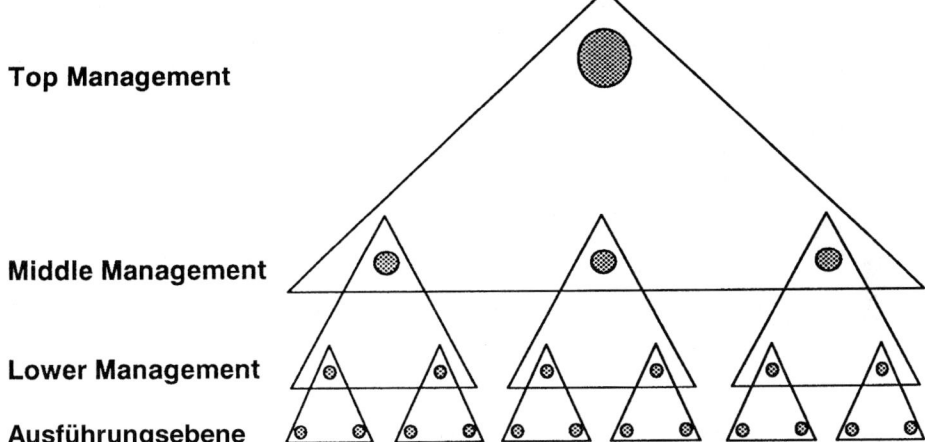

Beim **Projektmanagement** werden Mitarbeiter für eine befristete Aufgabe aus der Hierarchie herausgelöst einer Projektgruppe zugeteilt. Dies kann mit der gesamten Arbeitszeit oder nur für einen Teil der Zeit geschehen. Nach Beendigung der Aufgabe werden sie wieder in die Hierarchie eingegliedert. Die Verantwortung für das Projekt hat der Projektleiter, der i. d. R. auch die Projektgruppe zusammenstellt.

Projekt-
management

Vorteil des Projektmanagement ist es, dass flexibel auf die sich schnell ändernden Kundenbedürfnisse reagiert werden kann, dass Mitarbeiter nach Fähigkeit und Neigung eingesetzt werden können und dass das Projektteam unmittelbar für den Erfolg der Maßnahme verantwortlich ist.

7.6 Das Produktmanagement im Rahmen funktionsorientierter Organisationsformen

Der Produktmanager hat im Rahmen einer funktionsorientierten Organisationsstruktur die Aufgabe, **alle unternehmerischen Aktivitäten im Bezug auf sein Produkt oder seine Produktgruppe zu steuern und zu koordinieren**. Als Produktspezialist und Funktionsgeneralist ist er die Informationszentrale für alle sein Produkt oder seine Produktgruppe betreffenden Fragestellungen. Dabei sind unterschiedliche Formen der organisatorischen Eingliederung des Produktmanagements in das Unternehmen denkbar.

Aufgaben-
bündelung

Formen der organisatorischen Eingliederung

Der **Produktmanager als Stabsstelle der Unternehmensleitung** berät den Leiter des Unternehmens, der gleichzeitig wichtige Aufgaben im Marketing übernimmt.

◆ Das **Problem** dieser Organisationsform besteht darin, dass der Produktmanager zwar die Aufgabe hat, alle produktbezogenen Aktivitäten zu koordinieren und zu kontrollieren, dass ihm aufgrund der Tatsache, dass es sich um eine Stabsstelle handelt, aber die entsprechende **Weisungsbefugnis fehlt.**

Das **Produktmanagement als Linieninstanz** eignet sich insbesondere für kleinere Unternehmen mit begrenztem Produktionsprogramm. Hier ist der Produktmanager den Funktionsmanagern gleichgestellt, und er hat Weisungsbefugnis gegenüber nachgeordneten Stellen.

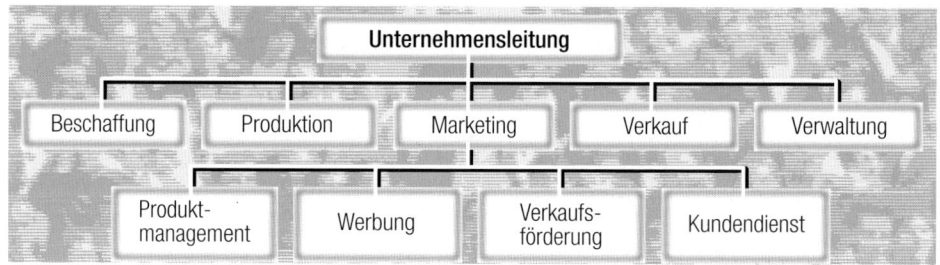

◆ Die **Nachteile** der Linienorganisation, wie z.B. die langwierigen Kommunikationswege und die Schwierigkeiten der Koordinierung, gelten auch für diesen Ansatz.

Das **Produktmanagement im Rahmen der Matrixorganisation** versucht die genannten Nachteile zu vermeiden.
Im Hinblick auf das von ihm zu betreuende Produkt widmet sich der Produktmanager der **Koordination und Kontrolle aller produktbezogenen Maßnahmen** des Marketing-Mix von der Produkteinführung bis zur Elimination. Darüber hinaus wirkt er bei der Entwicklung und Umsetzung der Marketing-Konzeption seines Produktes mit.

Aufgaben des Produktmanagers/ zusammenfassende Darstellung

Im Einzelnen nimmt er folgende **Aufgaben** wahr:

◆ **Marktinformationsbeschaffung**
   – Ermittlung der Wettbewerbssituation durch Auswertung innerbetrieblicher und außerbetrieblicher Datenquellen
   – Analyse der relevanten Kundenschichten
   – Prognose von Marktentwicklungen

◆ **Produktpolitik**
  – Planung und Koordination produktbezogener Ziele und Maßnahmen
  – Anpassung des Produktes an die sich ändernden Nutzenerwartungen und Verbrauchsgewohnheiten der Kunden (Produktrelaunch)
  – Erarbeitung von Vorschlägen für Produktinnovationen
  – Information über den Zeitpunkt der Herausnahme des Produktes aus dem Markt (Produktelimination)
◆ **Kontrahierungspolitik**
  – Beratung über die kundenbezogene Festsetzung der Preise und Konditionen
  – Beratung bei der Festlegung der preispolitischen Strategie
◆ **Distributionspolitik**
  – Einbeziehung in die Koordination aller Maßnahmen der unternehmensinternen und -externen Distributionsorgane
◆ **Kommunikationspolitik**
  – Beteiligung bei Auswahl und Einsatz der Instrumente der Kommunikationspolitik
  – Vorbereitung und Auswertung von Verkaufsgesprächen

Die Arbeit des Produktmanagers findet im **Marketing-Produkt-Plan** ihren konkreten Niederschlag. Dieser konkretisiert die übergeordnete Marketingstrategie in Form von operativen Zielen und Maßnahmen.

Auszug aus dem Marketing-Produkt-Plan des Reisebüros Ökotours:

1. *Lageanalyse*
1.1. *Situationsanalyse*
     – *zur unternehmensspezifischen Ausgangslage*
     – *zur Wettbewerbssituation*
     – *zu den relevanten Kundenschichten*
1.2. *Marketingziele*
     – *Marktausschöpfung- oder -ausweitung*
     – *Marktanteil und Umsatz*
     – *Gewinn und Deckungsbeitrag*
2. *Der operative Produktplan*
2.1. *Produktpolitik*
     – *Produktinnovation, -modifikation, -elimination*
     – *Markenbildung*
     – *Verpackung*
2.2. *Kontrahierungspolitik*
     – *Preise*
     – *Konditionen*
2.3. *Distributionspolitik*
     – *Wahl der Absatzwege*
     – *Verbesserung der physischen Distribution*
2.4. *Kommunikationspolitik*
     – *Instrumenteneinsatz*
     – *Bekanntheitsgrad*
     – *Produktimage*
3. *Produktbezogenes Marketing-Mix*
4. *Plandurchführung*
     – *Zeitplanung*
5. *Plankontrolle*

Kooperation   Aufgrund der dargestellten Funktionen der Koordination, der Information und der Kontrolle bei i. d. R. fehlender Weisungsbefugnis ist der Produktmanager auf die enge und kooperative Zusammenarbeit mit allen betrieblichen Funktionsbereichen angewiesen. Diese Zusammenarbeit wird durch eine eindeutige **Stellenbeschreibung**, die allen Abteilungsleitern bekannt ist und mit diesen abgestimmt wurde, erleichtert.

Mit diesem Instrument erhält der Leser einen sofortigen Einblick in die Aufgaben, Kompetenzen und Anforderungen, die mit einem Arbeitsplatz verbunden sind. Zu beachten ist, dass sich Stellenbeschreibungen nicht auf Mitarbeiter, sondern ausschließlich auf Arbeitsplätze beziehen. Als wesentliche Elemente sollte eine Stellenbeschreibung Informationen zum **Instanzenbild**, **Aufgabenbild** sowie zum **Leistungsbild** enthalten.

Mit Instanzenbild ist im Wesentlichen die Kenntlichmachung der Stelle innerhalb der Unternehmenshierarchie gemeint. Dazu gehören neben der Stellenbezeichnung vor allem Angaben über Über- und Unterstellungsverhältnisse, Regelung der aktiven und passiven Stellvertretung, Zusammenarbeit mit anderen Stellen sowie besondere Vollmachten des Stelleninhabers.

Im Aufgabenfeld als Kern einer Stellenbeschreibung sollten Funktion und Zweck der Stelle (manchmal auch Ziel der Stelle genannt) kurz und knapp umrissen sein, ergänzt durch die wesentlichen Hauptaufgaben, die mit dem Arbeitsplatz verbunden sind. In der Regel kann eine Stelle mit ca. sieben bis acht Fachaufgaben hinreichend charakterisiert werden.

Das Leistungsbild als dritter Bereich einer Stellenbeschreibung bezieht sich auf die Anforderungen, die an den Stelleninhaber zu stellen sind. Damit sind in erster Linie erforderliche Ausbildungen, Berufserfahrung sowie spezielle Kenntnisse gemeint. Darüber hinaus können Ergänzungen zu Persönlichkeitsanforderungen (z. B. Führungsfähigkeit) und Leistungsstandards im Leistungsbild verankert werden.

Ökotours GmbH
50931 Köln

Stellenbeschreibung

Stellenbezeichnung:	Produktmanager
Bereich:	Produkte für Geschäftskunden (Business Travel)
Stellenbeschreibung des Vorgesetzten:	Marketingleiter
Rangebene des Vorgesetzten:	Abteilungsleiter
Anzahl der führenden Mitarbeiter:	–

Notwendige Ausbildung: Betriebswirtschaftliches Studium an einer Fachschule (staatl. gepr. Betriebswirt) oder Fachoberschule (Dipl. Betriebswirt) mit Schwerpunkt Marketing

Notwendige Berufserfahrung:
– mindestens vier Jahre Berufserfahrung im Produktmanagement und im Vertrieb der Touristik-Branche
– Beherrschung des gesamten Marketing-Instrumentariums

Besondere Kenntnisse und Fähigkeiten:
– gute schriftliche und mündliche Kenntnisse in Englisch und Französisch
– analytisches, konzeptionelles Denkvermögen und konstruktive Arbeitsweise
– Flexibilität im Arbeitsstil
– Marktkenntnisse, insbesondere des Wettbewerber-Umfeldes
– Fähigkeit, zielorientiert seine Tätigkeit zu planen und zu realisieren
– Kenntnisse interner Abläufe in vergleichbaren Organisationen
– anwendungsorientierte DV-Kenntnisse
– ausgeprägte Kommunikationsfähigkeit, Durchsetzungsvermögen und Teamfähigkeit

Kurze Zusammenfassung des Aufgabengebietes: Volle Verantwortung für ein definiertes Marktsegment sowie eine definierte Produktgruppe mit Planung, Durchführung und Kontrolle aller notwendigen Marketing-Aktivitäten, die zur Erreichung der Marketing- und Funktionsbereichsziele der Abteilung notwendig sind.

Wichtige Zuständigkeiten:
1. Erstellung von Markt- und Wettbewerbsstudien als Entscheidungshilfen für die Bearbeitung alter bzw. neuer Marktsegmente
2. Förderung bestehender Produkte mit dem Ziel, den Absatz zu sichern und die Marktposition zu verbessern
3. Eigenverantwortliche Planung, Durchführung und Kontrolle aller relevanten Marketingaktivitäten für die jeweilige Produktgruppe in Bezug auf bestehende Produkte, Produktinnovationen und Produkteliminationen
4. Erarbeitung von Positionierungsvorschlägen bezüglich Produkt, Sortiment, Preis und Vertrieb
5. Mitgestaltung der Absatz-/Umsatzkennzahlen für den Verantwortungsbereich in Abstimmung mit Vertrieb, Kostenrechnung und Marketingleitung.
6. Erstellung von Marketingplan und Funktionsbereichsplänen in Abstimmung mit den Zielen
7. Erstellung von Verkaufsunterlagen, Werbemitteln und Maßnahmen der Verkaufsförderung, sowie Durchführung von Messeaktivitäten für den Verantwortungsbereich
8. Erarbeitung von Dokumentationen im Rahmen des Marketing-Controlling
9. Abstimmung und Zusammenarbeit mit allen verantwortlichen Stellen

Kontakte:
– innerbetriebliche Kontakte 40 %
– außerbetriebliche Kontakte 30 %

1) Erstellt von Vorgesetztem _____

2) geprüft von Abteilungs-/Hauptabteilungsleiter: _____

Anforderungen   Die **Anforderungen** an die Person des Produktmanagers sind hoch. Sie umfassen alle Kompetenzbereiche beruflicher Handlungskompetenz.

◆ Im Rahmen der **Fachkompetenz** sind gute Fachkenntnisse in allen Funktionsbereichen und ein umfassendes produktspezifisches Fachwissen erforderlich.

◆ Die **Methodenkompetenz** des Produktmanagers sollte ein ausgeprägtes analytisches Denkvermögen und planerische und organisatorische Fähigkeiten umfassen.

◆ Die Notwendigkeit zur sachgerechten und funktionsbereichsübergreifenden Kommunikation, zur Gestaltung gruppendynamischer Prozesse, zur Motivation von Mitarbeitern und zur Wahrnehmung seiner Aufgaben ohne entsprechende Weisungsbefugnis erfordert **Human- und Sozialkompetenz.**

Die funktionsorientierte Organisationsstruktur ist auch heute noch die verbreitetste Organisationsform **in der Praxis.** Mit wachsender Breite des Produktionsprogramms und immer differenzierteren Anforderungen der Märkte wird eine produkt- oder kundenbezogene Steuerung und Koordination der Unternehmensaktivitäten jedoch immer dringlicher. Da für diesen Schritt tief greifende Veränderungen erforderlich sind, scheuen sich viele Unternehmen vor dieser vollständigen Umgestaltung. Hier bietet sich die Einführung des Produkt-Managements als erster Schritt auf dem Weg zu einer produktorientierten Marketingorganisation bzw. der Matrixorganisation an.

A Aufgaben

● **Wiederholungsaufgaben**

1. Stellen Sie das Konzept des integrierten Marketing vor, und grenzen Sie dieses von anderen Formen der Eingliederung des Marketing in ein Unternehmen ab!

2. Erläutern Sie Unterschied und Zusammenhang zwischen der Aufbau- und der Ablauforganisation!

3. Machen Sie an einem Beispiel deutlich, welche Bestimmungsgrößen die Organisationsgestaltung eines Unternehmens beeinflussen!

4. Erläutern Sie den Unterschied zwischen einer Stabs- und einer Linienfunktion!

5. Stellen Sie die Grundformen der Marketingorganisation grafisch dar, und erläutern Sie die jeweiligen Vor- und Nachteile!

6. Erläutern Sie die Matrixoganisation anhand eines Unternehmens Ihrer Wahl!

7. Stellen Sie das Konzept des Produktmanagement vor. Gehen Sie dabei insbesondere auf die Aufgaben des Produktmanagers ein!

8. Erläutern Sie den Marketing-Produkt-Plan eines Unternehmens anhand eines Beispiels Ihrer Wahl!

9. „*Gesucht wird ein Produktmanager als Stabsstelle unseres Marketingdirektors. Seine Aufgabe ist die selbstständige Planung und Durchführung aller mit dem Einsatz des absatzpolitischen Instrumentariums verbundenen Aktivitäten. Volle Gewinnverantwortlichkeit für das Ergebnis sind selbstverständlich und werden im Rahmen einer leistungsgerechten Vergütung berücksichtigt.*"

   Nehmen Sie zu dem vorliegenden Auszug aus einer Stellenanzeige Stellung.

10. Formulieren Sie ein Anforderungsprofil für einen Produktmanager. Unterscheiden Sie dabei in die erforderliche Fach-, Methoden-, Sozial- und Humankompetenz.

11. Die Stein OHG ist ein traditionsreiches Familienunternehmen der Metall verarbeitenden Industrie. Das Produktprogramm umfasst eine Vielzahl von hochqualitativen Elektro-Kleingeräten für Küche und Bad:
    Kaffee- und Teeautomaten, Kompakt-Küchenmaschinen,
    Rührgeräte, Allesschneider,
    Toaster, Haartrockner,
    Bügeleisen, Personen- und Küchenwaagen
    sowie weitere Kleingeräte für den Haushalt.
    Die Stein OHG behauptet sich seit mehreren Jahrzehnten erfolgreich im Wettbewerb mit namhaften Konzernen. In vielen Produktgruppen des Elektro-Kleingerätemarktes ist das Unternehmen Marktführer, u.a. bei Kaffeeautomaten, Rührgeräten und Allesschneidern. Die Grundlage des bisherigen Markterfolges von Stein-Produkten ist nach Aussage der Geschäftsleitung ein konsequentes integriertes Marketing in einer Produkt-Matrixorganisation.
    a) Erläutern und begründen Sie anhand des vorliegenden Beispiels die Effektivität des integrierten Marketing!
    b) Erklären und bewerten Sie die Matrix-Organisation!
    c) Machen Sie einen Vorschlag für eine Struktur der Matrix-Organisation der Stein OHG und stellen Sie diese grafisch dar!

12. Erläutern Sie die Unternehmenshierarchie anhand von Beispielen aus Ihrem Unternehmen!

13. Stellen Sie die Vor- und Nachteile einer Stabsstelle aus der Sicht des Mitarbeiters und des Unternehmens gegenüber!

14. Erläutern Sie die besonderen Organisationsformen in Werbeagenturen!

15. Stellen Sie die Vorteile der Teamorganisation für eine Werbeagentur dar!

16. Im Rahmen der produktorientierten Marketingorganisation kann der Produktgruppe volle Gewinnverantwortlichkeit zugeschrieben werden. Die Gruppe wird dann als „**Profit-Center**" bezeichnet. Stellen Sie Vor- und Nachteile dieses Konzeptes gegenüber!

17. Erläutern Sie den Unterschied zwischen Stellen und Instanzen!

18. Interpretieren Sie die auf S. 319 dargestellte Stellenbeschreibung!

19. Erläutern Sie die im Kapitel Kommunikationspolitik (vgl. S. 264) dargestellte Aufbauorganisation einer Werbeagentur und ordnen Sie diese in die Grundformen der Organisationsgestaltung ein!

20. Beschaffen Sie sich weitere Informationen über die Netzplantechnik und erläutern Sie Wesen und Vorteile dieses Verfahrens!

● **Betriebliche Handlungssituation**

Die **Schneider GmbH** ist ein mittelgroßes Markenartikelunternehmen, das diverse Körperpflegemittel in Massenfertigung herstellt. Zum Produktprogramm gehören folgende Artikelgruppen:

◆ Haarpflegemittel (Shampoos, Festiger, Sprays, Gels, Lacke),

◆ Mundpflegemittel (Zahncremes, Mundwässer),

◆ Hautpflegemittel (Allround-Cremes, Gesichtscremes, Handcremes),

◆ Sonnenschutzmittel (Sonnencremes, Sonnenmilch, Sonnenöl).

Nach den Branchenriesen Becker und Bauer ist die Schneider GmbH drittgrößter Anbieter im Gesamtmarkt (Marktanteil ca. 19 %). In allen Marktsegmenten herrscht durch die zunehmend verstärkten Aktivitäten von Billiganbietern ein starker Wettbewerb um die Gunst der Kunden.

Der Bereich „Absatz" ist in der Schneider GmbH wie folgt organisiert:

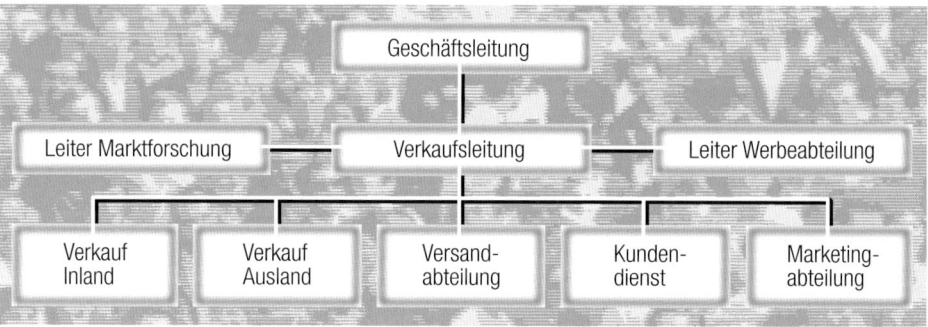

1. Erklären und beurteilen Sie die Organisation des Absatzbereiches der Schneider GmbH. Skizzieren Sie eine Ihrer Meinung nach bessere organisatorische Lösung. Angesichts des starken Wettbewerbs sind sich die Marketingfachleute bei Schneider einig, dass eine Profilierung gegenüber den Mitbewerbern nur über eine absolute Kundenorientierung und ein Produktangebot mit herausragendem Preis-Leistungs-Verhältnis erreicht werden kann. Hierfür ist die Ermittlung neuer genereller Konsumtrends durch Marktforschung eine unabdingbare Voraussetzung.

2. Besonderen Wert legt man im Hause Schneider auf die Analyse der relevanten Kundenschichten und deren Bedürfnisse. Formulieren Sie Fragen zur Festellung der relevanten Bedürfnisse (Umfang, Bedeutung und Intensität) von Frauen bezogen auf den Produktbereich „Handcreme". Begründen Sie Ihren Fragenkatalog!

3. Die Wirksamkeit des Marketing wird in starkem Maße durch seine Institutionalisierung in der Unternehmensorganisation beeinflusst.

a) Welche organisatorischen Voraussetzungen müssen erfüllt sein, damit ein Unternehmen integriertes Marketing betreiben kann?

b) Erklären und bewerten Sie die funktionsorientierte Marketingorganisation, die Eingliederung des Marketing in Form einer Stabstelle und das Produkt-Matrixmanagement!

4. Stellen Sie jede der drei Fragen mithilfe einer anderen Präsentationstechnik dar. Begründen Sie dabei die Wahl des entsprechenden Verfahrens.

C Literatur

Meffert, H., Marketing, Wiesbaden 2000

Nieschlag, R., u. a., Marketing, Berlin 1997

Weis, H., Marketing, Ludwigshafen 2001

8   Marketing-Controlling

Auf dem Schreibtisch des für Computerdisketten zuständigen Produktmanagers eines Chemiekonzerns treffen eine Vielzahl von Informationen zusammen. So findet er nach einer Geschäftsreise folgende Informationen vor:

Eine Studie mit dem Titel „Die veränderten Arbeitsbedingungen in der Informationsgesellschaft" ist eingegangen. Zum Quartalsende liegen die Deckungsbeiträge nach Produkten, Gebieten, Kundengruppen und Absatzkanälen aufgeschlüsselt vor. Daneben sind Daten über die Entwicklung des Marktes, der Umsätze, die Marktanteile und die Preise am Markt aufbereitet worden. Die Außendienstmitarbeiter haben ihre Monatsberichte verfasst, und die Absatzhelfer sind über ihre Wünsche und Anregungen befragt worden. Die Rechtsabteilung weist auf veränderte gesetzliche Bestimmungen hin, und der Leiter der Abteilung Forschung und Entwicklung bittet um einen Termin, da er ein neuartiges Verfahren zur Selbstreinigung von Disketten vorstellen möchte. Einer der wichtigsten Abnehmer bittet in einem Schreiben um dringende Anpassung der Größe der Transportverpackung an seine hausinternen Palettenmaße, und der zuständige Mitarbeiter der Werbeabteilung schickt eine Aktennotiz, in der er auf die Notwendigkeit einer Überarbeitung der Werbekonzeption hinweist. Neben diesen Informationen geht dem Produktmanager ein Gespräch mit dem Mitarbeiter eines Ministeriums durch den Kopf, in dem dieser von einem bevorstehenden Handelskrieg mit Japan berichtet hat, der zu drastischen Einfuhrbeschränkungen auch bei Disketten führen könne. Da fällt sein Blick auf die Tageszeitung, die mit einer Meldung über Computerviren-verseuchte Disketten aus Fernost aufmacht.

Im Wirtschaftsteil liest er das Zitat des Tages, es lautet:

„Der heutige Unternehmer steht innerhalb von zehn Jahren dreimal vor Problemen, zu deren Lösung sein Vater und sein Großvater ein Leben lang Zeit hatten." (Jean Fourastie)

Der Produktmanager bestellt sich bei seiner Sekretärin zunächst einen Kaffee und denkt über Möglichkeiten der Kanalisierung, der Prüfung und Beurteilung, der Verarbeitung sowie der Speicherung und Weitergabe all dieser Informationen nach.

Der immer komplexer und komplizierter werdende Marketing-Prozess macht es erforderlich, ein System zu installieren, das dem Marketing-Management im Rahmen seiner Planungs- und Kontrollaufgaben zuarbeitet, damit den Entscheidungsträgern **die richtigen Informationen zum richtigen Zeitpunkt im richtigen Umfang und in der richtigen Aufbereitung** zur Verfügung stehen.

Ziel des
Controlling
Die Bereitstellung von Methoden und Informationen für arbeitsteilig ablaufende Planungs- und Kontrollprozesse sowie die funktionsübergreifende Unterstützung und Koordination solcher Prozesse wird durch das **Controlling** wahrgenommen.

Voraussetzung für ein effizient arbeitendes Marketing-Controlling ist der Aufbau eines empfängerorientierten **Marketing-Informationssystems**, das die Informationen problemadäquat und rechtzeitig zur Verfügung stellt, das Wesentliche herausstellt, Erfolge und Schwachstellen aufzeigt und die Basis für Steuerungsmöglichkeiten im Marketing darstellt.

Voraus-
setzungen

8.1 Aufbau eines Marketing-Informationssystems

Die Flut an zur Verfügung stehenden Informationen muss nicht zwangsläufig zu besser fundierten Marketing-Entscheidungen führen. Oft ist der Produktmanager nicht in der Lage, Wichtiges von Unwichtigem zu trennen, die Glaubwürdigkeit von Informationen zu prüfen, deren Gültigkeitsbereich festzulegen oder die Fülle der Informationen überhaupt zu verarbeiten.

Notwendigkeit
und Aufbau
eines
Marketing-
Informations-
systems

Hier kann es zu der paradoxen Situation des **Informationsmangels im Informationsüberfluss** kommen.

Der Versuch einer Lösung dieses Problems liegt in der Einführung eines **Marketing-Informationssystems (MAIS)**, das den Informationsbedarf des am Marketing-Prozeß beteiligten Managements befriedigen soll.

◆ Bei einem Marketing-Informationssystem handelt es sich um

Merkmale
eines
Marketing-
Informations-
systems

„... eine planvoll entwickelte und geordnete Gesamtheit von organisatorischen Regelungen bezüglich der Träger informatorischer Aufgaben, der Informationswege zwischen ihnen, der Informationsrechte und Pflichten, sowie der Methoden und Verfahren der Informationsverarbeitung in diesem Gefüge."
(Nieschlag, Dichtl, Hörschgen, Marketing, S. 920).

◆ Das Marketing-Informationssystem wird i. d. R. **EDV-gestützt** betrieben, da die Fülle der Informationen nur so erfasst, verarbeitet und gespeichert werden kann.

◆ Erste Versuche, die nahezu unendlich scheinende Speicherkapazität der Datenverarbeitungsanlagen zum Aufbau **vollintegrierter Gesamtsysteme** zu nutzen, sind einer gewissen Ernüchterung gewichen. Der Versuch, die Konsequenzen komplexer Marketing-Strategien im Modell zu simulieren, scheiterte an der Beschaffung, Analyse, Aufbereitung und Interpreation der für ein solches Totalmodell erforderlichen Datenmenge und den damit verbundenen Kosten.

◆ **In der Praxis** haben sich aus diesem Grund partielle Marketing-Informationssysteme bewährt, die sich auf Teilbereiche des Marketing, wie z. B. die Marketingstatistik, die Marketingkosten- und Erfolgsrechnung, Außendienstberichtswesen und -steuerung, die Absatz- oder die Mediaplanung, beschränken. Diese **Teil- oder Subsysteme** sollten jedoch immer in ein Gesamtsystem eingebettet sein, das eine Verknüpfung der Daten und eine spätere Integration der Teilsysteme möglich macht.

8.1.1   Grundkomponenten eines Marketing-Informationssystems

Grund-
komponenten

Marketing-Informationssysteme bestehen in der Regel aus vier **Grundkomponenten**, einer Datenbank, einer Methodenbank, einer Modellbank und einem Kommunikationssystem.

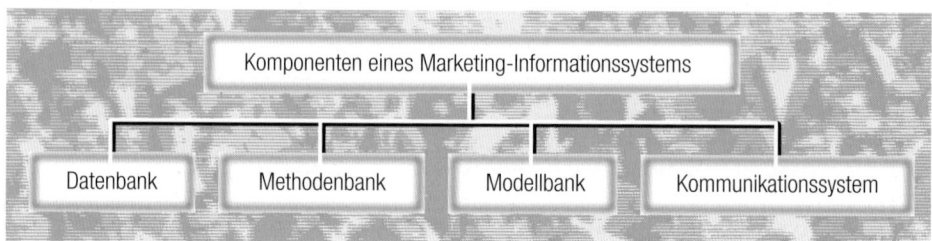

Datenbank

◆ In der **Datenbank** werden die für die Marketingentscheidung notwendigen Informationen gespeichert. Informationsquellen sind z. B. die Marktforschung, das Rechnungswesen, der Außendienst, der Handel, Fachzeitschriften oder sonstige außerbetriebliche Informationsquellen.

Die dem Produktmanager vorliegenden Informationen lassen sich anhand ihrer Quellen wie folgt strukturieren:

Marktforschung:	*Studie „Veränderte Arbeitsbedingungen in der Informationsgesellschaft"*
Rechnungswesen:	*Deckungsbeiträge*
Außendienst:	*Monatsberichte*
	Wünsche der Absatzhelfer
Rechtsabteilung:	*Veränderte gesetzliche Bestimmungen*
Forschung und Entwicklung:	*Neues Reinigungsverfahren*
Werbeabteilung:	*Überarbeitung der Konzeption*
Kunden:	*Anpassung der Transportverpackung*
Medien:	*Virenverseuchte Disketten der Mitbewerber*
Sonstige Quellen:	*Bericht über den bevorstehenden Handelskrieg*

Methodenbank

◆ Die **Methodenbank** stellt die für die Aufbereitung der Daten erforderlichen mathematisch-statistischen Verfahren zur Verfügung.

Modellbank

◆ Die **Modellbank** umfasst quantitative Marketing-Modelle, wie z. B. das Portfolio-Modell oder Modelle des Käuferverhaltens.

Aufgrund der Daten des Rechnungswesens lässt sich der Produktmanager die von ihm betreuten Produkte in Form einer Portfolio-Matrix darstellen.
Die Ergebnisse der Marktforschungsstudie über die veränderten Arbeitsbedingungen in der Informationsgesellschaft haben zu einer Korrektur des definierten Marktpotenzials geführt.
Die Presseberichte über virenverseuchte Konkurrenzprodukte beeinflussen die Prognose des Marktwachstums der eigenen Produkte.

◆ Das **Kommunikationssystem** umfasst die benutzerfreundliche Hard- und Softwareausstattung.

Kommunikationssystem

Der Produktmanager kann auf das MAIS über Laptop und Modem von jedem Telefonanschluss aus zugreifen. So kann er Daten des Rechnungswesens auch während eines Kundenbesuchs abrufen und eine Konzeption mit Rückgriff auf das MAIS am häuslichen Schreibtisch vorbereiten.

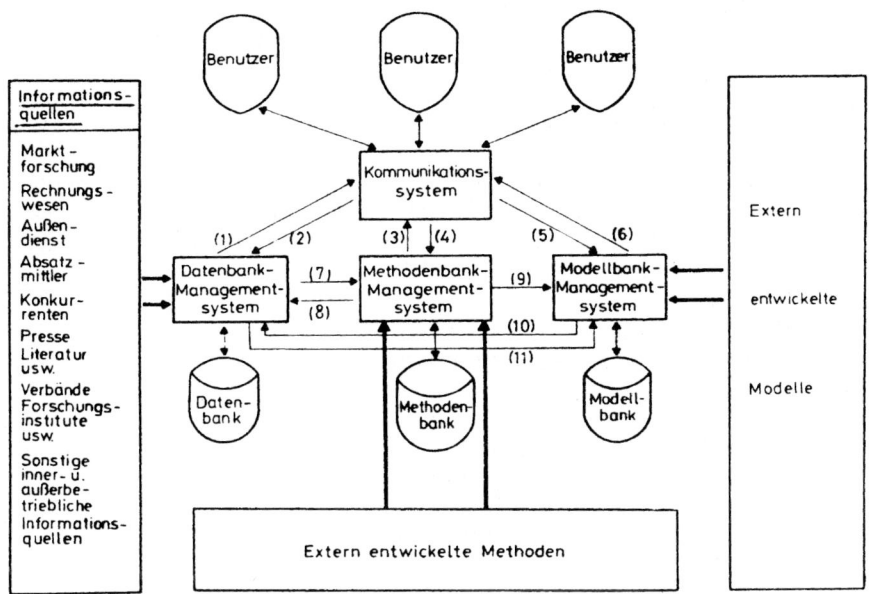

aus: Nieschlag u. a., Marketing, Berlin 1985, S. 921

8.1.2 Arten von Marketing-Informationssystemen

Im Rahmen der Marketing-Informationssysteme lassen sich grundsätzlich Dokumentations-, Planungs- und Kontrollsysteme unterscheiden.

Systemarten

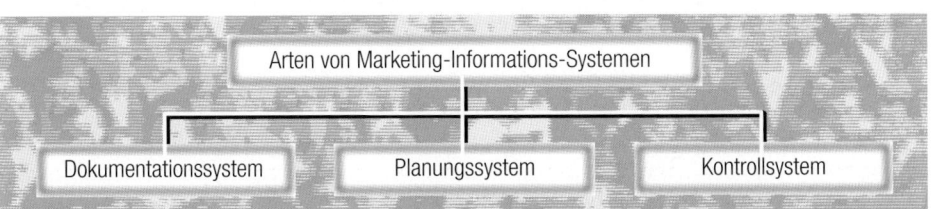

◆ **Dokumentationssysteme** speichern potenziell wichtige Informationen in einer Weise, die es dem Anwender ermöglicht, auf diese bei Auftreten des entsprechenden Informationsbedarfs jederzeit zuzugreifen. Dokumentationssysteme können vom Unternehmen selbst erstellt werden, oder es wird auf externe Datenbanken on line oder off line zugegriffen.

Dokumentationssystem

Planungs-
system

◆ **Planungssysteme** erfordern ein Höchstmaß an Flexibilität und Verknüpfbarkeit der Daten. Darüber hinaus wird häufig auch noch die Dialogfähigkeit des MAIS gefordert. Dialogfähige oder interaktive Datenbanken ermöglichen die Mensch-Maschine-Kommunikation in der Weise, dass eine Problemlösung im Rückgriff auf das Planungssystem schrittweise erarbeitet wird.

Kontroll-
system

◆ **Kontrollsysteme** dienen der Auskunft und Berichterstattung über inner- und außerbetriebliche Entwicklungen hinsichtlich der Umsätze, der Deckungs-beiträge, der Vertriebskosten, der Produktionskosten usw.

8.1.3   Anforderungen an Marketing-Informationssysteme

Anforderungen

An ein Marketing-Informationssystem sind folgende **Anforderungen** zu stellen:

◆ In das System sind alle relevanten Daten aufzunehmen. Es sollte alle Daten aus den Bereichen des Marketing-Mix, wie z.B. Marktforschung, Forschung und Entwicklung, Rechnungswesen und Statistik, Distribution und Kommunikation, berücksichtigen. Daneben sind die relevanten Umweltdaten, wie z.B. Marktanteile, Marktstrukturdaten der öffentlichen Statistiken und gesetzliche Bestimmungen, zu erfassen.

◆ Die erhobenen Daten müssen **schnell verarbeitbar** und **verknüpfbar** sein.

◆ Es sollte der **freie Zugang zu Einzelinformationen** und eine beliebige Aggregation der Daten möglich sein. Dies setzt voraus, dass die Daten grundsätzlich in unaggregierter Form gespeichert werden.

◆ Das Informationssystem muss **in sich geschlossen** sein, d.h. es muss alle wichtigen Eingangs- und Ausgangsdaten erfassen.

◆ Das Marketing-Informationssystem muss **auf die spezifischen Anforderungen des Unternehmens zugeschnitten** sein.

8.2   Marketingplanung als Controllingaufgabe

Um die Erreichung des Unternehmensziels und der Funktionsbereichsziele dauer-haft zu gewährleisten, bedarf es **systematischer Planung und Kontrolle**.

8.2.1   Marketingplanung

Aufgaben und
Inhalt der
Marketing-
Planung

Als Planung wird die gedankliche Vorwegnahme künftigen Handelns verstanden. Sie umfasst Ziele und Mittel und ist eindeutig zukunftsorientiert. Die **Marketing-Planung** betrifft dabei alle Maßnahmen, die das zukünftige Verhalten im Funktionsbereich des Marketing betreffen.

Phasen der
Marketing-
Planung

Der **Prozess der Marketing-Planung** kann in folgenden Phasen ablaufen:

◆ Analyse der unternehmensspezifischen Ausgangslage, der Wettbewerbssituation, der relevanten Kundenschichten und der Umwelt,

- ◆ Festlegung der Marketing-Ziele,
- ◆ Erarbeitung alternativer langfristiger Strategien und operativer Maßnahmen zur Erreichung der Ziele,
- ◆ Durchdenken der mutmaßlichen Wirkungen, die mit der Realisation der alternativen Strategien und Maßnahmen verbunden sind,
- ◆ Festlegung auf die einzusetzenden Strategien und Maßnahmen in den Submix-Bereichen und ihre Kombination im Marketing-Mix,
- ◆ Verteilung der finanziellen Mittel auf die Aktionsbereiche,
- ◆ Entwicklung eines Marketing-Plans als Rahmen für alle Marketing-Aktivitäten.

8.2.2 Marketingkontrolle

Aufgabe der **Marketing-Kontrolle** ist es, die im Rahmen der Marketing-Planung angenommenen Werte den Ist-Werten gegenüberzustellen, die Ursachen für die Abweichungen zu ermitteln und Hinweise für Korrekturmaßnahmen zu geben.

Aufgaben und Inhalt der Marketing-kontrolle

Marketing-Kontrolle kann dabei als **ex-post-Vergleich** von Soll- und Istgrößen oder als Parallelkontrolle in Form eines **selbststeuernden Systems** erfolgen.

Marketing-Kontrollen (Soll-Ist-Vergleiche und Abweichungsanalysen)		
Kontrolle der Produkt-Markt-Beziehungen (Absatzsegmente)	**Kontrolle der Marketing-organisationseinheiten**	**Kontrolle der Marketingmaßnahmen**
Zum Beispiel in Bezug auf: ■ Produkte oder Produktgruppen ■ Kunden oder Kundengruppen ■ Verkaufsgebiete ■ Absatzwege ■ Auftragsarten oder Auftragsgrößen	Zum Beispiel in Bezug auf: ■ Produktmanagement ■ Key Account Management ■ Verkaufsbüros ■ Außendienststellen ■ Kundendienstabteilung	Zum Beispiel in Bezug auf: ■ Werbe- oder andere Kommunikationsmaßnahmen ■ Preisforderungen ■ Physische Distribution (etwa Strecken- oder Lagergeschäft) ■ Akquisitorische Distribution (etwa Besuchstouren) ■ Änderungen der Produktgestaltung

Kontrolldimensionen im Marketing   (Quelle: Köhler 1993, S. 394)

◆ Wesentlicher **Nachteil** der Marketing-Kontrolle im Sinne des einfachen Regelkreises ist es, dass die Ursache der Abweichungen nicht erforscht wird und dass sich die Kontrolle nur auf die Ergebnisse erstreckt und nicht auch die Planungsgrundlagen einbezieht.

Phasen der Marketingkontrolle

Der **Prozess des Marketing-Kontrolle** kann in folgenden Phasen ablaufen:

◆ Überprüfung der Angemessenheit der Analyse der unternehmensspezifischen Ausgangslage, der Wettbewerbssituation, der Kunden und der Umwelt
◆ Überprüfung der Angemessenheit der Marketingziele
◆ Überprüfung der Zielbezogenheit der Strategien und operativen Maßnahmen
◆ Überprüfung der Angemessenheit der Budgets
◆ Vergleich der Soll-Ist-Werte hinsichtlich ausgewählter Zielsetzungen und Analyse der Differenzen.

Werden die Erforschung der Ursachen für Planabweichungen und die veränderten Bedingungen für die Zielerreichung in die Marketing-Kontrolle einbezogen und werden konkrete Empfehlungen für veränderte Maßnahmen gegeben, sprechen wir vom **Marketing-Controlling**.

8.2.3   Marketing-Controlling

Aufgaben und Inhalt des Marketing-Controlling

„Controlling wird heute als eine Führungsaufgabe aufgefasst, die Planung und Kontrolle mit der Informationsversorgung koordiniert. Seine Aufgabe besteht im Wesentlichen in der Entwicklung und Bildung der organisatorischen Basis für Marketing-Planung und -Kontrolle, der Bereitstellung entscheidungs- und benutzergerechter Planungs- und Kontrollinstrumente, der informatorischen Unterstützung der Planungs- und Kontrollprozesse sowie in deren Koordination."
(Nieschlag, Dichtl, Hörschgen, Marketing, S. 877)

Der konkrete **Planungsauftrag** an den Controller umfasst dabei folgende Aufgaben:

Aufgabenkatalog für den Controller

◆ Erstellung des Arbeitsprogramms in Form eines Pflichtenheftes oder Handbuches
◆ Gestaltung und Weiterentwicklung der Gesamtarchitektur des Planungssystems
◆ Formulierung der Anforderungen an die informationstechnische Infrastruktur
◆ Aufzeigen von Problemsituationen, Wahlmöglichkeiten und Konsequenzen
◆ Bereitstellung von Methoden und Beratung
◆ Bewusstmachung von Handlungsoptionen hinsichtlich Zeit, Qualität und Kosten
◆ Festlegung des Zeit- und Informationsbedarfs und der Planungsschritte
◆ Koordination des Informationsaustauschs
◆ Überprüfung der Pläne auf Vollständigkeit und Plausibilität
◆ Präsentation der Planungsergebnisse

Ansätze

Die unterschiedlichen **Ansätze des Marketing-Controlling** lassen sich wie folgt gliedern:

◆ **Jährliche Plankontrolle** durch Vergleich der Planvorgaben mit den Ist-Werten. Als Ansatzpunkte bieten sich Umsatz und Marktanteil, Erlös- und Kostenanalysen und die Analyse der Kundeneinstellung.

◆ **Profitabilitätskontrolle** zur Untersuchung, ob und mit welchen Produkten das Unternehmen Geld verdient. Ansatzpunkte sind die nach Produkten, Gebieten, Kundengruppen oder Absatzkanälen aufgeschlüsselten Deckungsbeiträge.

Umsatzkennzahlen		
Kennzeichnung	**Definition**	**Indikator für**
Kapitalumschlag	$\dfrac{\text{Umsatz je Zeiteinheit}}{\text{Ø Kapitaleinsatz im Gesamtunternehmen}}$	Gesamtkapitaleffizienz
Lagerumschlag	$\dfrac{\text{Umsatz je Zeiteinheit}}{\text{Ø Kapitaleinsatz im Lager}}$	Lagerkapitaleffizienz
Umsatz je Beschäftigten	$\dfrac{\text{Umsatz je Zeiteinheit}}{\text{Ø Anzahl der im Unternehmen Beschäftigten}}$	Personaleffizienz
Umsatz je Vertriebsperson	$\dfrac{\text{Umsatz je Zeiteinheit}}{\text{Ø Anzahl der im Betrieb Beschäftigten}}$	Vertriebspersonaleffizienz
Umsatz je Flächeninhalt	$\dfrac{\text{Umsatz je Zeiteinheit}}{\text{Fläche des Gesamtunternehmens}}$	Raumeffizienz
Umsatz je Verkaufs-flächeneinheit	$\dfrac{\text{Umsatz je Zeiteinheit}}{\text{verkaufswirksame Flächen}}$	Verkaufsflächeneffizienz

Deckungsbeitragskennzahlen		
Bezeichnung	**Definition**	**Indikator für**
Kapitalstabilität	$\dfrac{\text{Deckungsbeitrag je Zeiteinheit}}{\text{Ø Kapitaleinsatz im Gesamtunternehmen}}$	Gesamtkapitaleffizienz
Lagerkapitalrentabilität	$\dfrac{\text{Deckungsbeitrag je Zeiteinheit}}{\text{Ø Kapitaleinsatz im Lager}}$	Lagerkapitaleffizienz
Deckungsbeitrag je Beschäftigten	$\dfrac{\text{Deckungsbeitrag je Zeiteinheit}}{\text{Ø Anzahl der im Gesamtunternehmen Beschäftigten}}$	Personaleffizienz
Deckungsbeitrag je Flächeneinheit	$\dfrac{\text{Deckungsbeitrag je Zeiteinheit}}{\text{Fläche des Gesamtunternehmens}}$	Raumeffizienz
Deckungsbeitrag je Verkaufsflächeneinheit	$\dfrac{\text{Deckungsbeitrag je Zeiteinheit}}{\text{verkaufswirksame Fläche}}$	Verkaufsflächeneffizienz

◆ **Effizienzkontrollen** zur Beurteilung und Optimierung von Marketing-Prozessen. Ansatzpunkte sind die Entscheidungen im Marketing Mix.

◆ **Strategisches Controlling** i. S. eines Marketing-Audit[1]. Das Marketing-Audit beurteilt die Arbeitsweise des Marketing-Management in einem Unternehmen und überprüft die Entstehung und den Ablauf von Marketingmaßnahmen. Es umfasst die systematische und regelmäßige Revision von Prämissen, Zielen und Strategien des Marketing sowie die zu deren Umsetzung ergriffenen Maßnahmen. Ziel ist die Früherkennung planungs- und systembedingter Risiken und Fehlentwicklungen im Marketing.

Strategisches Controlling als komplexer Ansatz

---

[1] **audit** lateinischen Ursprungs Auditor = Zuhörer, **audire** = hören, vernehmen, erfahren, Audit demnach Anhörung

Prämissen-
Prüfung

– Das **Prämissen-Audit** prüft die der Marketing-Planung zugrunde liegenden Annahmen. Der Controller stellt sich hier folgende Fragen:

1. *„Sind alle entscheidungsrelevanten Prämissen erkannt, durchdacht und schließlich aufgelistet worden?"*
2. *„Wurden die für die Entscheidung verfügbaren Informationen berücksichtigt?"*
3. *„Wie aktuell, zuverlässig und präzise waren die Informationen über die Umweltsituation?"*

(Nieschlag u. a., S. 894)

Ziel- und
Strategie-
Prüfung

– Das **Ziel- und Strategie-Audit** prüft, ob die Zielformulierung präzise und operational erfolgt ist und ob diese hinsichtlich Ausmaß, Inhalt und zeitlichem Bezug im Unternehmen einheitlich interpretiert wird. Fragen des Controllers sind:

1. *„Sind die Marketing-Ziele auf die Unternehmensziele abgestimmt?"*
2. *„Erscheinen die Marketing-Ziele und -Strategien der derzeitigen und zukünftigen Unternehmenssituation angemessen?"*
3. *Harmonieren die Marketing-Strategien mit den Marketing-Zielen?"*

(Nieschlag u. a., S. 895)

Maßnahmen-
Prüfung

– Das **Maßnahmen-Audit** prüft die zur Erreichung der Marketing-Ziele und -Strategien eingesetzten Maßnahmen des Marketing-Mix. Hier geht es um folgende Fragen:

1. *„Sind die geplanten und realisierten Maßnahmen der Unternehmenssituation angemessen?"*
2. *„Erscheinen sie mit den Marketing-Zielen und -Strategien vereinbar?"*
3. *„Wurde das Budget zielkonform auf die einzelnen Elemente des Marketing-Mix verteilt?"*

(Nieschlag u. a., S. 896)

Prüfung der
Planungs-
und Kontroll-
prozesse

– Das **Prozess- und Organisationsaudit** prüft die Ordnungsmäßigkeit und Zweckmäßigkeit der Planungs- und Kontrollprozesse.

◆ Das **Prozessaudit** überprüft, ob die Informationsbeschaffung und -verarbeitung ordnungsgemäß und methodisch zweckmäßig erfolgt.
◆ Das **Organisationsaudit** beschäftigt sich mit der Marketing-Organisation und deren Beziehungen zu den anderen Funktionsbereichen des Unternehmens. Zu klärende Fragen sind:

1. *„Sind die Planungs- und Kontrollprozesse systematisch gestaltet?"*
2. *„Ist eine für Planung und Kontrolle ausreichende Informationsversorgung gewährleistet?"*
3. *„Stimmen formale und informale Autoritäts- und Machtstruktur überein?"*
(Nieschlag u.a., S. 896 f)

Unter **organisatorischen Gesichtspunkten** kann das Marketing-Controlling von unternehmensinternen Controllern oder von unternehmensexternen Institutionen, wie z. B. Unternehmensberatungs- oder Wirtschaftsprüfungsgesellschaften, durchgeführt werden.

A Aufgaben

● Wiederholungsaufgaben

1. Erläutern Sie Bedeutung und Aufgaben der Marketing-Kontrolle!

2. Stellen Sie die Situation des Informationsmangels im Informationsüberfluss an einem Beispiel Ihrer Wahl dar!

3. Erläutern Sie die Notwendigkeit eines Marketing-Informationssystems für ein effizientes Marketing-Controlling!

4. Nach ersten Versuchen mit vollintegrierten Gesamtsystemen hat man sich in der Praxis zunächst auf den Einsatz von Teil- oder Subsystemen beschränkt. Erläutern Sie diesen Schritt und stellen Sie ein Subsystem Ihrer Wahl dar!

5. Stellen Sie die Grundkomponenten eines Marketing-Informationssystems grafisch dar und erläutern Sie diese anhand eines konkreten Unternehmens!

6. Im Rahmen der Marketing-Informations-Systeme lassen sich grundsätzlich Dokumentations-, Planungs- und Kontrollsysteme unterscheiden. Erläutern Sie die unterschiedlichen Systeme anhand eines konkreten Beispiels!

7. Stellen Sie den Prozess der Marketing-Planung und der Marketing-Kontrolle gegenüber!

8. Marketing-Kontrolle wird oft auch als selbststeuerndes System im Sinne eines Regelkreises dargestellt. Nehmen Sie zu diesem Ansatz kritisch Stellung!

9. *„Controlling ist die englische Übersetzung des deutschen Begriffs Kontrolle. Deshalb ist Marketing-Controlling nichts anderes als Marketing-Kontrolle."*

   Nehmen Sie zu dieser Aussage kritisch Stellung!

10. Stellen Sie unterschiedliche Ansätze des Marketing-Controlling vor und erläutern Sie diese anhand eines konkreten Beispiels!

11. Das strategische Controlling kennt das Prämissen-, Ziel- und Strategie-, Maßnahmen- und Prozeß- und Organisationsaudit. Erläutern Sie die unterschiedlichen Ansätze!

12. Ein Unternehmen produziert zu produktbezogenen Fixkosten in Höhe von 90.000,00 EUR und variablen Stückkosten von 4,00 EUR.

    a) Als Produktmanager werden Sie beauftragt, die Break-even-Menge für die Alternativpreise von 5,00, 6,00, 7,00, 8,00, und 9,00 EUR zu errechnen!

    b) Erläutern Sie anhand der grafischen Ermittlung der Gewinnschwelle die Abhängigkeit von Break-even-Menge und Preis!

13. Erläutern Sie Umsatz- und Deckungsbeitragskennzahlen anhand eines Beispiels Ihrer Wahl!

● Betriebliche Handlungssituation

Sie sind Assistent des Marketingleiters eines mittelständischen Unternehmens. In dieser Eigenschaft bittet Sie Ihr Chef, Vorschläge zur besseren Kontrolle des Außendienstes zu erarbeiten. Bisher wurden von den Verkaufsleitern lediglich die Besuchsberichte durchgesehen und die monatlichen Ist-Umsätze kontrolliert. Der Marketingleiter möchte insbesondere wissen, welche Kennzahlen zur Kontrolle herangezogen werden können und welche Kennzahlen die Messung der persönlichen Verkaufsleistung ermöglichen. Das Ergebnis sollen Sie auf einer Sitzung der Funktionsbereichsleiter präsentieren.

Im Rahmen Ihrer Ausbildung haben Sie Grundwissen im Bereich des Marketing-Controlling erworben. Sie möchten deshalb die gestellte Aufgabe in den Zusammenhang eines Controlling-Ansatzes für Ihr Unternehmen stellen und weiterreichende Vorschläge machen. Als Sie dies dem Marketingleiter erläutern, ist er damit einverstanden. Er sei schon immer der Meinung gewesen: „Vertrauen ist gut, Kontrolle ist besser!"

B Methodische Empfehlungen

● Die empfängerorientierte Präsentation

Stellen Sie die erarbeitete Lösung im Rahmen einer empfängerorientierten Präsentation vor. Stellen Sie die Lösung der gestellten Aufgabe an den Anfang, und begründen Sie diese dann schrittweise. Legen Sie besonderen Wert auf die Erklärung des Unterschiedes zwischen Kontrolle und Controlling.

Die Wahl der einzusetzenden Präsentationstechniken ist Ihnen überlassen. Achten Sie diesmal insbesondere auf Ihr **verbales und nonverbales Verhalten**.

Bei der empfängerorientierten Präsentation sollten Sie folgende **Regeln** beachten:

1. Halten Sie Blickkontakt mit den Zuhörern.
2. Wenden Sie sich dem Publikum freundlich zu.
3. Versuchen Sie locker und entspannt zu wirken.
4. Engagieren Sie sich für Ihre Lösung. Nur wer von seiner Lösung überzeugt ist, kann andere überzeugen.
5. Unterstützen Sie Ihre Aussagen durch geeignete Gesten.
6. Achten Sie auf die Betonung und die angemessene Lautstärke Ihrer Sprache.
7. Versuchen Sie frei zu sprechen.
8. Sprechen Sie langsam und legen Sie Pausen ein.
9. Formulieren Sie in kurzen Sätzen.
10. Passen Sie das Sprachniveau der Zielgruppe an.
11. Heben Sie den Nutzen der Lösung für die Teilnehmer hervor.
12. Falls Fragen gestellt werden, wenden Sie sich dem Fragesteller zu und hören Sie ihm aktiv zu. Falls notwendig wiederholen Sie die Frage.

C Literatur

Behrens, G., Werbewirkungsanalyse, Paderborn 1982

Böcker, F., Marketing-Kontrolle, Berlin 1996

Meffert, H., Marketing, Wiesbaden 2000

Horvarth, P., Controlling, München 1999

Mann, R., Praxis strategischen Controlling, München 1989

Nieschlag, R., u.a., Marketing, Berlin 1997

Sommer, K., Marketing-Audit, Bern 1984

Weis, H., Marketing, Ludwigshafen 2001

Ziegenbein, K., Controlling, Ludwigshafen 2002

Literaturverzeichnis

Becker, J., Der Strategietrend im Marketing, 2000

Becker, J., Marketing-Konzeption, München 2001

Behrens, K. Ch., Absatzwerbung, Wiesbaden 1998

Behrens, K. C., Hrsg., Handbuch der Marktforschung, Wiesbaden 1974

Behrens, K. Ch., Hrsg., Handbuch der Werbung, Wiesbaden 1985

Behrens, G., Werbewirkungsanalyse, Köln 1982

Behrens, G., Werbewirkungsanalyse, Paderborn 1982

Berekoven, L., u. a., Marktforschung, Wiesbaden 2001

Böcker, F., Marketing-Kontrolle, Berlin 1996

Bruhn, M., Marketing, Grundlagen für Studium und Praxis, 2001

Dichtl, E., Raffee, H., Niedetzky, H.-M., Reisende oder Handelsvertreter, München 1994

Elias, K., Schneider, K. H., Handlungsfeld Kommunikation, Köln 1999

Horvarth, P., Controlling, München 1999

Hüttel, K., Produktpolitik, Ludwigshafen 1998

Hüttner, M., Grundzüge der Marktforschung, Berlin 2002

Hundhausen, C., Public Relations, Berlin 1990

Kroeber-Riel, W., Konsumentenverhalten, München 1999

Koppelmann, U., Grundlagen der Verpackungsgestaltung, Herne 1971

Koppelmann, U., Grundlagen des Produktmarketing, Berlin 2000

Kuhlmann, E., Verbraucherpolitik, München 1990

Mann, R., Praxis strategischen Controlling, München 1989

Media, Planung für Märkte, Hamburg 2001

Meffert, H., Bruhn, M., Marktstrategien im Wettbewerb, Schriften Unternehmensführung und Marketing, Hrsg.: Meffert, H., u. a., Wiesbaden 1994

Meffert, H., Marktforschung, Wiesbaden 2000

Meffert, H., Steffenhagen, H., Freter, H., Hrsg., Konsumentenverhalten und Information, Wiesbaden 1995

Meffert, H., Steffenhagen, H., Konflikte zwischen Industrie und Handel, Wiesbaden 1998

Meffert, H., Marketing, Wiesbaden 2000

Meffert, H., Marketing, Grundlagen marktorientierter Unternehmensführung, Wiesbaden 2000

Meffert, H., Marketing-Fallstudien, Wiesbaden 1993

Meffert, H., Marketing und Neue Medien, Stuttgart 1985

Nieschlag, R., u. a., Marketing, Berlin 1997

Poth, L. G., Praxis der Marketing-Logistik, Heidelberg 1995

Poth/Poth, Gabler Marketing, Begriffe von A–Z, 1999

Rogge, H. J., Marktforschung, München 1992

Rogge, H., Werbung, Ludwigshafen 1996

Schmalen, H., Preispolitik, Stuttgart 1995

Simon, H., Das große Handbuch der Strategiekonzepte, 2000

Simon, H., Preisstrategien für neue Produkte, Opladen 1976

Simon, H., Preismanagement, Wiesbaden 1992

Sommer, K., Marketing-Audit, Bern 1984

Specht, G., Distributionsmanagement, Stuttgart 1998

Tietz, B., Zentes, H., Die Werbung der Unternehmung, Hamburg 1986

Weis, H. C., Marketing, Ludwigshafen 2001

Weis, H. C., Verkauf, Ludwigshafen 2000

Weis, H. C., u. a., Marktforschung, Ludwigshafen 2000

Wiegemann, H.-H., Modelle zur Preisentscheidung im Marketing, Berlin 1977

Ziegenbein, K., Controlling, Ludwigshafen 2002

Verzeichnis der methodischen Empfehlungen

Bildquellenverzeichnis

Bob Bomliz Group Bonn GmbH, Bonn, S. 204, 240, 241; Elisabeth Galas, Köln, S. 71, 72, 94, 102, 127, 141, 194; Globus Infografik, Hamburg, S. 130, 132, 191; Imu-Infografik, Essen, S. 132; RAL, Umweltbundesamt, Berlin, S. 113; SevenOne Media GmbH, Unterföhring, S. 257-260

Leider konnten wir nicht zu allen Abbildungen die Inhaber der Rechte ermitteln. Sollte jemand davon betroffen sein, so bitten wir ihn, sich zu melden.

Sachwortverzeichnis

Lehrbuchreihe „Fachschule für Wirtschaft"

Herausgeber: Blank, Dr. Christ, Dr. Schneider

Anger, Christ, Müller, Kiel
Personalwirtschaft
2. Auflage
552 Seiten, DIN C5,
€ 32,80,
BV EINS 1671

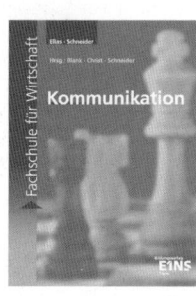

Elias, Schneider, Bott
Kommunikation
3. Auflage, 267 Seiten, DIN C5,
€16,50, BV EINS 1672

Schneider, Blank, Christ, Anger
Betrieb
2. Auflage, 288 Seiten, DIN C5
€ 20,90, BV EINS 1673

Hilgers, Laufenberg, Hahn
Rechnungswesen
2. Auflage, 192 Seiten, DIN C5
€ 15, BV EINS 1674

Kaiser, Blank, Christ, Schneider
Wirtschaftsrecht
4. Auflage, 445 Seiten, DIN C5
€ 23,20, BV EINS 5872

Schauerte
Volkswirtschaft
288 Seiten, DIN C5
€ 20,90, BV EINS 1676

Bohla, Schauerte, Stolzenberg
Mathematik
352 Seiten, DIN C5
€ 24,60, BV EINS 1679

Hotline: **0180 3 031321** (€ 0,09/Min.)
Fax: 02241 3976-191
E-Mail: info@bv-1.de
www.Bildungsverlag1.de

Bildungsverlag
E1NS
Gehlen Kieser Sta